Spanish
Three Years
REVIEW TEXT

The Nassi/Levy
SPANISH
THREE YEARS
REVIEW TEXT

Stephen L. Levy

Head, Foreign Language Department
Roslyn (New York) Public Schools

Robert J. Nassi

Former Teacher of Spanish
Los Angeles Valley Junior College
Los Angeles, California

When ordering this book, please specify *either* **R 469 P**
or the NASSI/LEVY SPANISH THREE YEARS, Review Text

Dedicated to serving

AMSCO

our nation's youth

AMSCO SCHOOL PUBLICATIONS, INC.
315 Hudson Street / New York, N.Y. 10013

With grateful acknowledgment to the coauthors,
Bernard Bernstein
Theodore F. Nuzzi

Revised 1993

Cover photograph of Medellín, Colombia, by H. Kanus/Shostal Associates.

ISBN 0-87720-537-X

A la memoria de mis queridos padres por
su inspiración, su apoyo y su amor.

—S.L.L.

Preface

The NASSI/LEVY SPANISH THREE YEARS is designed to give students a comprehensive review and thorough understanding of the elements of the Spanish language and the highlights of Hispanic culture. Abundant and varied exercises help students master each phase of the work.

ORGANIZATION

For ease of study and reference, the book is divided into seven Parts. Parts One to Four are organized around related grammatical topics. Part Five covers the culture of Spain and Part Six the culture of Spanish America. Both cultural parts treat language, geography, history, life-style, science, literature, music, art, and architecture. Part Seven provides materials for comprehensive practice and testing of the speaking, listening, reading, and writing skills.

GRAMMAR

Each grammatical chapter deals fully with one major grammatical topic or several closely related ones. Explanations of structure are brief and clear. All points of grammar are illustrated by many examples, in which the key elements are typographically highlighted.

A book intended for third-level review of Spanish assumes that students have completed a basic sequence. Care has been taken, however, especially in the critical *Part One: Verbs*, to avoid the use of complex structural elements that are treated in other parts of the book. To enable students to concentrate on the structural practice, the vocabulary has been carefully controlled and systematically "recycled" throughout the grammatical chapters.

In order to enrich the scope of the book, a number of grammatical elements not usually found in books of this type are included. Among these elements are common expressions with verbs (Chapter 16), common expressions with prepositions (in Chapter 20), common adverbial expressions (Chapter 21), and fractions (in Chapter 23).

EXERCISES

For maximum efficiency in learning, the exercises directly follow the points of grammar to which they apply. Carefully graded, the exercises proceed from simple assimilation to more challenging manipulation of elements and communication. To provide functional continuity of a grammatical topic, the exercises are set in contexts. Many are also personalized to stimulate student response.

While the contents of the exercises afford extensive audiolingual practice, the book also encourages reinforcement through written student responses, including English to Spanish exercises intended to sharpen composition skills. The grammatical chapters conclude with Mastery Exercises, in which all grammatical aspects in the chapter are again practiced in recombinations of previously covered elements. All directions to exercises are in Spanish.

FLEXIBILITY

The topical organization and the integrated completeness of each chapter permit the teacher to follow any sequence suitable to the objectives of the course and the needs of the students. This flexibility is facilitated by the detailed table of contents at the front of the book and the comprehensive grammatical index at the back. Teachers as well as students will also find the book useful as a reference source.

CULTURE

The cultural chapters in Parts Five and Six are entirely in Spanish. Every effort was made to keep the narratives clear and readable. In addition to their wealth of cultural information, these narratives provide extensive reinforcement of structural and syntactical elements reviewed in Parts One through Four. To encourage students to read for comprehension with minimal interference from footnote referencing, footnoted meanings have been limited to unusual words and idioms. These footnotes are keyed by number to the text line in which the footnoted element occurs. Each cultural chapter includes exercises designed to test comprehension.

OTHER FEATURES

The Appendix features complete model verb tables and the principal parts of common irregular verbs, along with basic rules of Spanish punctuation and syllabication. Spanish-English and English-Spanish vocabularies and a comprehensive Index complete the book.

The NASSI/LEVY SPANISH THREE YEARS is a thoroughly revised and updated edition. With its comprehensive coverage of the elements of Spanish, clear and concise explanations, extensive practice materials, functional vocabulary, and readable cultural narratives, the book will help students strengthen their skills in the Spanish language. As students pursue proficiency, they will also gain valuable insights into the cultures of the Hispanic world.

Thanks are due to our consultants who reviewed substantial parts of the manuscript and made valuable suggestions: Dr. Linda L. Lesack, George Washington High School, Philadelphia, PA; Dr. Marta E. B. Perez, Farmingdale (NY) High School; Mr. Albert R. Turner, Glenbrook South High School, Glenview, IL; and Dr. Alan D. Weiner, Beverly Hills (CA) High School.

Contents

PART ONE
Verbs

PART TWO
Nouns; Pronouns; Prepositions

PART THREE
Adjectives; Adverbs; Numbers

PART FOUR
Other Structures

PART FIVE
Civilization: Spain

PART SIX
Civilization: Spanish America

PART

ONE

VERBS

C•H•A•P•T•E•R

1

Present Tense

1. Regular Verbs

The present tense of regular verbs is formed by dropping the infinitive ending (**-ar, -er, -ir**), and adding the following endings:

cantar:	**cant**	*-o, -as, -a, -amos, -áis, -an*
vender:	**vend**	*-o, -es, -e, -emos, -éis, -en*
recibir:	**recib**	*-o, -es, -e, -imos, -ís, -en*

EJERCICIO A

La familia Gómez cuenta lo que hace cuando es el cumpleaños de alguien en México. ¿Qué dicen ellos?

EJEMPLO: Ellos / tocar un disco
Ellos tocan un disco.

1. Yo / comprar una tarjeta
2. Los tíos / mandar flores
3. La madre / preparar un pastel
4. Nosotros / buscar un regalo

5. Tú / cantar las Mañanitas
6. Los amigos / llamar por teléfono
7. La abuela / organizar una cena

EJERCICIO B

Los niños hablan de lo que hacen en la escuela. ¿Qué dicen ellos? Siga el ejemplo del Ejercicio A:

1. yo / abrir las ventanas
2. María / no correr en el patio
3. Los alumnos / comer en la cafetería
4. Tú / recibir buenos informes
5. Nosotros / aprender la lección
6. La maestra y yo / vivir cerca de la escuela
7. Ellos / escribir la tarea

EJERCICIO C

En su casa todos ayudan con los quehaceres. Cuente lo que hace cada persona, usando las sugerencias:

SUGERENCIAS: pasar la aspiradora, lavar las ventanas, sacudir los muebles, barrer el piso, usar el lavaplatos, arreglar las camas, sacar la basura

1. Mi madre	4. Mi hermana
2. Mi padre	5. Yo
3. Mis abuelos	6. Mis hermanos y yo

2. Verbs Irregular in the Present Tense

The following verbs are irregular only in the first person singular of the present tense:

caber (*to fit, to be room for*): ***quepo***, **cabes, cabe, cabemos, cabéis, caben**

caer (*to fall*): ***caigo***, **caes, cae, caemos, caéis, caen**

conocer (*to know, to be acquainted with*): ***conozco***, **conoces, conoce, conocemos, conocéis, conocen**

Like **conocer:**

aborrecer *to hate, to loathe*	**merecer** *to deserve*
agradecer *to thank*	**nacer** *to be born*
aparecer *to appear*	**obedecer** *to obey*
carecer *to lack*	**ofrecer** *to offer*
crecer *to grow*	**parecer** *to seem*
desaparecer *to disappear*	**permanecer** *to remain*
desconocer *to be ignorant of*	**pertenecer** *to belong*
establecer *to establish*	**reconocer** *to recognize*
estremecerse *to shudder*	

dar (*to give*): ***doy***, **das, da, damos, dais, dan**

hacer (*to make, to do*): ***hago***, **haces, hace, hacemos, hacéis, hacen**

Like **hacer: deshacer** (*to undo*); **satisfacer** (*to satisfy*)

poner (*to put, to set*): ***pongo***, **pones, pone, ponemos, ponéis, ponen**

Like **poner:**

componer *to compose*	**imponer** *to impose*
disponer *to dispose*	**oponer(se)** *to oppose*
exponer *to expose*	**proponer** *to propose*

saber (*to know*): ***sé***, **sabes, sabe, sabemos, sabéis, saben**

salir (*to go out*): ***salgo***, **sales, sale, salimos, salís, salen**

traducir (*to translate*): ***traduzco***, **traduces, traduce, traducimos, traducís, traducen**

Like **traducir: conducir** (*to conduct, to lead*); **producir** (*to produce*); **reducir** (*to reduce*)

traer (*to bring*): ***traigo***, **traes, trae, traemos, traéis, traen**

CHAPTER 1: Present Tense   3

Like **traer: atraer** (*to attract*)

valer (*to be worth*): *valgo*, **vales**, **vale**, **valemos**, **valéis**, **valen**
ver (*to see*): *veo*, **ves**, **ve**, **vemos**, **veis**, **ven**

NOTE: Most verbs ending in **-cer** or **-cir** and having a vowel directly before the **c**, change the **c** to **zc** in the first person singular (see **conocer** and **traducir**).

EXCEPTIONS: **decir** (*digo*), **hacer** (*hago*), **cocer** (*cuezo*)

IMPORTANT: Irregular verbs that change **c** to **zc** are identified in the vocabulary lists by **zc** in parentheses after the verb: **conocer** (zc).

EJERCICIO D

Usted trata de recordar lo que oyó en unos diálogos breves. En cada diálogo, complete las frases, usando la forma correcta del verbo de la primera frase:

EJEMPLO: —Yo **voy** al cine.
—¿___**Va**___ Alicia al cine contigo?
—Sí, ¿___**vas**___ tú también?

1. —¿**Traen** Concha y Federico sus discos?
   —Sí, y yo _____ mis discos también.
   —Tú siempre _____ los mismos discos.
2. —¿Qué **hacen** Uds. esta noche?
   —Yo no _____ nada, pero Alicia _____ la tarea.
   —¡Tú nunca _____ nada!
3. —¿Dónde **ponemos** las maletas?
   —Yo siempre las _____ en la alcoba.
   —Enrique las _____ cerca de la puerta.
4. —¿Dónde **establecen** Uds. su casa?
   —Yo _____ mi casa en Los Angeles.
   —Y nosotros _____ la nuestra en Chicago.
5. —¿**Sabe** Ud. a qué hora termina la película?
   —Yo no _____ a qué hora termina.
   —Entonces nosotros no _____ si debemos entrar.
6. —¿**Da** Ud. una propina al mozo?
   —Yo siempre le _____ una propina.
   —Casi todos nosotros le _____ propinas.
7. —¿**Conoces** tú a ese chico?
   —No, yo no lo _____.
   —Nosotros no lo _____ tampoco.
8. —¿Quién **propone** esta fiesta?
   —El que la _____, necesita dinero.
   —Pues, yo no _____ nada.

9. —Nosotros **obedecemos** las leyes siempre.
   —¡Ja! Tú nunca _____ las leyes.
   —Antes no, pero ahora sí, yo las _____.
10. —¿Cuánta gente **cabe** en tu carro?
    —Creo que _____ seis personas.
    —Si no van dos personas, entonces _____ yo.

EJERCICIO E

Ud. recibió esta carta de un amigo que está estudiando en Chile. Complete la carta con la forma correcta de los verbos dados en paréntesis:

Querido(-a) amigo(-a),

Yo _____ mucho tu carta. Aquí te cuento algunas noticias mías.
    1 (agradecer)

Ahora yo _____ a un club deportivo. Varios amigos míos
        2 (pertenecer)

_____ al mismo club también y me _____ que voy a diver-
3 (pertenecer)   **4 (parecer)**

tirme mucho. El club _____ muchas actividades y _____
              5 (ofrecer)   **6 (permanecer)**

abierto hasta muy tarde todos los días. Yo _____ de la escuela a
                                          7 (salir)

las dos y media y voy al club. Yo me _____ la ropa deportiva y
                              8 (poner)

_____ muchos ejercicios. Ya _____ a muchos jóvenes y
9 (hacer)   **10 (conocer)**

ahora nosotros _____ planes para ir a Viña del Mar. Cuando
              11 (hacer)

regreso a casa yo _____ las tareas. Yo _____ que te gustaría
                12 (hacer)   **13 (saber)**

esta vida. No _____ de nada y yo me _____ cuando
            14 (carecer)   **15 (estremecer)**

recuerdo mi apatía antes de hacer el viaje. Es una experiencia que

_____ la pena. Hasta pronto y saludos.
16 (valer)

3. Other Verbs With Irregular Forms in the Present Tense

decir (to say, to tell): *digo, dices, dice*, **decimos, decís,** *dicen*
estar (to be): *estoy, estás, está*, **estamos, estáis,** *están*
haber (to have): *he, has, ha, hemos,* **habéis,** *han*
ir (to go): *voy, vas, va, vamos, vais, van*
oír (to hear): *oigo, oyes, oye,* **oímos, oís,** *oyen*
ser (to be): *soy, eres, es,* **somos, sois,** *son*
tener (to have): *tengo, tienes, tiene,* **tenemos, tenéis,** *tienen*

Like **tener:** **contener** to contain   **mantener** to maintain
                detener to detain   **obtener** to obtain
                entretener to entertain   **sostener** to sustain
    venir (to come): *vengo, vienes, viene,* **venimos, venís,** *vienen*

EJERCICIO F

Después de ver una película policíaca, Ud. y varios amigos creen que oyen ruidos. Algunos dicen . . . .

> EJEMPLO: Tú / oír gritos
> **Tú dices** que **oyes** gritos.

1. Sarita / oír disparos
2. Carlos y yo / oír pasos
3. Los hermanos / oír voces
4. Yo / oír suspiros
5. Tú / oír música
6. Elena y Clara / oír una sirena

EJERCICIO G

Diga lo que estas personas tienen y lo que van a hacer:

> EJEMPLO: Pedro / tener hambre / ir a comer
> **Pedro tiene** hambre y **va** a comer.

1. Claudia / tener sed / ir a tomar un refresco
2. Ellos / tener sueño / ir a dormir
3. Tú / tener dolor de cabeza / ir a tomar una aspirina
4. Mi hermano y yo / tener calor / ir a nadar
5. Yo / tener suerte / ir a jugar la lotería

EJERCICIO H

Ud. regresa de un viaje a la América del Sur y le ayuda al agente de inmigración en el aeropuerto. Ud. le dice de dónde son los turistas que llegan. Diga de dónde son estas personas:

> EJEMPLO: Este señor / ser de Colombia.
> **Este señor es** de Colombia.

1. Yo / ser de los Estados Unidos
2. Estos niños / ser de Chile
3. Esta señora / ser de Bolivia
4. El joven / ser de México
5. Esta muchacha y yo / ser de los Estados Unidos

EJERCICIO I

Hay una fiesta en el gimnasio de la escuela. Diga a qué hora viene cada persona al gimnasio:

> EJEMPLO: Silvia / 6:30
> **Silvia viene** a las seis y media.

1. Pablo / 8:00
2. Tú / 7:15
3. Carmen y Ana / 7:45

4. Yo / 6:00
5. Roberto y yo / 6:25
6. Ustedes / 8:10

EJERCICIO J

Diga dónde están sus amigos durante el verano:

> EJEMPLO: Alfredo / en el campo
> **Alfredo está** en el campo.

1. Ricardo / en España
2. Yo / en la ciudad
3. Tú / en el mar

4. Paula y Esteban / en la escuela
5. Los hermanos López / en la granja

EJERCICIO K

Ud. cuida a dos niños mientras sus padres salen. Usando las sugerencias, escriba cinco frases para describir lo que pasa:

> SUGERENCIAS:
>
> | | |
> |---|---|
> | Yo | oír los gritos de los niños |
> | Los niños | venir a las once |
> | Sus padres | no tener sueño |
> | Los vecinos | estar en la sala |
> | La niña | ser bueno(a) |
> | Los niños y yo | ir a mirar la televisión |

EJERCICIO L

Ud. habla con un alumno extranjero en la escuela. Conteste las preguntas que él le hace:

1. ¿Adónde van tú y tus amigos los fines de semana?
2. ¿Qué tienes ganas de hacer esta noche?
3. ¿Qué haces cuando estás aburrido?
4. ¿Por qué dices que tus amigos son simpáticos?
5. ¿Cuál es el primer ruido que oyes por la mañana?
6. ¿A qué hora vienen tus amigos?
7. ¿Dónde están ellos ahora?

4. Uses of the Present Tense

a. The present tense may have the following meanings in English:

Pablo *sale.*	*Paul leaves (is leaving).*
Van **a casa.**	*They go (are going) home.*
¿Estudia **Ud. español?**	*Do you study Spanish?*
No hablo **español.**	*I do not speak Spanish.*

b. The present tense is often used instead of the future to ask for instructions or to refer to an action that will take place in the immediate future:

¿Lo *pongo* aquí?	*Shall I put it here?*
¿Qué *hacemos* ahora?	*What shall we do now?*
***Llamo* más tarde.**	*I'll call later.*
Después *comemos*.	*We'll eat afterwards.*

c. The construction **hace** + an expression of time + **que** + the present tense is used to express an action or event that began in the past and continues in the present. In such situations, the question is expressed by **¿Cuánto tiempo hace que** ...? + the present tense or **¿Hace cuánto tiempo que** ...? + the present tense:

Hace un año que *vivo* aquí.	*I have been living here for a year.*
Hace una hora que *esperamos*.	*We have been waiting for an hour.*
¿Cuánto tiempo hace que Ud. ***trabaja*?**	*How long have you been working?*

NOTE: The present tense + **desde hace** + an expression of time is also used to express a past action or event that continues in the present. In such situations, the question is expressed by **¿Desde cuándo** ...? + the present tense:

***Vivo* aquí desde hace un año.**	*I have been living here for a year.*
¿Desde cuándo *trabaja* Ud.?	*How long have you been working?*

EJERCICIO M

Ud. le cuenta a un amigo desde cuándo Ud. hace o no hace varias cosas. Escriba las frases de dos maneras según los ejemplos:

EJEMPLOS: montar a caballo (seis años)
Hace seis años que monto a caballo.
Monto a caballo **desde hace seis años.**

no ir a un museo (dos meses)
No voy a un museo **desde hace dos meses.**
Hace dos meses que no voy a un museo.

1. estudiar el español (cuatro años)
2. aprender a conducir (tres meses)
3. no jugar con el equipo de béisbol (dos años)
4. no pasar la Navidad en Puerto Rico (cinco años)

5. vivir en esta casa (diez años)
6. no comer un helado (una hora)
7. salir con esos amigos (dos semanas)

EJERCICIO N

A Ud. no le gusta hacer las cosas en el momento. Diga cuándo va a hacer estas cosas, usando las expresiones siguientes:

> hoy por la tarde (noche, mañana) más tarde mañana
> esta noche (tarde, mañana) después

> EJEMPLO: ir a la biblioteca
> **Voy** a la biblioteca **más tarde.**

1. arreglar el cuarto
2. preparar la tarea
3. ayudar a su hermano
4. leer una novela
5. estudiar para el examen
6. devolver los libros a la biblioteca

EJERCICIO O

Ud. pasa el verano en un campamento y acaba de conocer a unos jóvenes. Exprese de dos maneras las preguntas que Ud. les hace para saber desde cuándo hacen ellos estas cosas:

> EJEMPLO: venir a este campamento
> **¿Cuánto tiempo hace que** Uds. **vienen** a este campamento?
> **¿Desde cuándo vienen** Uds. a este campamento?

1. saber remar
2. pescar
3. practicar el esquí acuático
4. conocer a estas muchachas
5. salir juntos
6. ser amigos
7. hacer excursiones

◆ MASTERY EXERCISES ◆

EJERCICIO P

Conteste las preguntas que le hace un primo acerca de la escuela:

1. ¿Saludan Uds. al profesor al entrar en la clase?
2. ¿Dónde pones tus libros en la escuela?
3. ¿Debes estudiar mucho?
4. ¿A qué hora salen Uds. de la escuela?
5. ¿Pasas mucho tiempo charlando con tus amigos?
6. ¿Tienes que trabajar después de las clases?
7. ¿Eres un buen alumno (una buena alumna)?

8. ¿Qué haces el día antes de un examen?
9. ¿Cuánto tiempo hace que no preparas una tarea?
10. ¿Qué hacen Uds. cuando el profesor está ausente?

EJERCICIO Q

Ud. está en una fiesta y ve que un amigo suyo está agitado porque la persona que él invitó a la fiesta no le hace caso. Escriba las preguntas que Ud. hace, según las respuestas dadas:

EJEMPLO: **¿Cuánto tiempo hace que sales con ella?**
Hace diez días que salgo con ella.

1. Están juntos desde hace dos horas.
2. Hace una hora y media que bailan juntos.
3. Yo la conozco desde hace un mes.
4. Hace dos días que él tiene interés en conocerla.
5. Estoy agitado desde hace una hora más o menos.

EJERCICIO R

¿Qué le dice Ud. a un amigo cuando bajan del autobús escolar?

EJEMPLO: I'll see you later.
Te veo después.

1. Will you help me with the assignment?
2. I'll be in your house at 7:00 P.M.
3. I'll bring my textbooks.
4. Will you have the new magazine at home?
5. Will we listen to the Julio Iglesias record tonight?
6. We'll study later.
7. I'll call you in fifteen minutes.

EJERCICIO S

Hace una hora que Ud. espera a un amigo que no llega. Escriba una nota que Ud. le deja en la puerta, en la cual le dice lo siguiente:

you are furious because you have been waiting for him/her for an hour;
you do not understand why he/she is not here;
he/she always arrives on time;
you do not deserve this;
will he/she call you to explain;
you will not be at home until 8:00 P.M.

Present Tense of Stem-Changing Verbs

1. Stem-Changing Verbs Ending in -*ar* and -*er*

Stem-changing verbs ending in **-ar** or **-er** change the stem vowel in the present tense as follows:

e to **ie**	in all forms except for those for
o to **ue**	**nosotros** and **vosotros**

pensar (*to think*): **pienso, piensas, piensa, pensamos, penséis, piensan**

querer (*to want, to love, to wish*): **quiero, quieres, quiere, queremos, queréis, quieren**

mostrar (*to show*): **muestro, muestras, muestra, mostramos, mostráis, muestran**

volver (*to return, to come or go back*): **vuelvo, vuelves, vuelve, volvemos, volvéis, vuelven**

Like **pensar:**

> **acertar** *to hit the mark, to guess right*
> **apretar** *to tighten, to squeeze; to be tight*
> **atravesar** *to cross*
> **cerrar** *to close*
> **comenzar** *to begin, to commence*
> **confesar** *to confess*
> **despertar(se)** *to awaken; (to wake up)*
> **empezar** *to begin*
> **encerrar** *to lock in; to contain*
> **gobernar** *to govern*
> **helar** *to freeze*
> **nevar** *to snow*
> **quebrar** *to break*
> **remendar** *to patch, to mend*
> **sentar(se)** *to seat, (to sit down)*

Like **querer:**

> **ascender** to ascend; to promote
> **defender** to defend
> **descender** to descend
> **encender** to light; to ignite
> **entender** to understand
> **perder** to lose

Like **mostrar:**

> **acordarse (de)** to remember
> **acostar(se)** to put to bed, (to go to bed)
> **almorzar** to eat lunch
> **contar** to count; to tell
> **costar** to cost
> **encontrar** to find, to meet
> **jugar (u** to **ue)** to play (games, sports) *
> **recordar** to remember
> **renovar** to remodel, to renew
> **tronar** to thunder
> **volar** to fly

Like **volver:**

> **conmover** to move (emotionally)
> **devolver** to return, to give back
> **doler** to pain, to ache
> **llover** to rain
> **mover** to move
> **oler (o** to **hue)** to smell
> **poder** to be able
> **resolver** to solve; to resolve
> **soler** to be in the habit of, to be
>   accustomed to

EJERCICIO A

¿Qué hace su familia? Cuente lo que hace cada persona:

> EJEMPLO: Mi mamá / despertar a mi papá
> **Mi mamá despierta** a mi papá.

1. Mi papá / leer el periódico
2. Mis hermanos / cerrar las puertas
3. Yo / empezar a estudiar

---

*The verb **jugar** is conjugated as follows: ** juego, juegas, juega, jugamos, jugáis, juegan.**

4. Mi abuelo / contar su dinero
5. Nosotros / descender al comedor
6. Tú / contar un chiste

EJERCICIO B

¿Qué hacen estas personas? Cuente lo que hace cada persona:

> EJEMPLO: Raúl / atravesar la calle
> **Raúl atraviesa** la calle.

1. El jefe / ascender a los empleados
2. La mamá / remendar los calcetines
3. Los jóvenes / almorzar en la cafetería
4. Tú y yo / resolver el problema
5. Sarita / encontrar una novela buena
6. Tú / devolver el regalo
7. Juan y Eduardo / contar el dinero
8. Rafael y yo / defender a los niños
9. Yo / comenzar a trabajar
10. Los actores / conmover al público

EJERCICIO C

Ud. llama al Cine Real para obtener información. Complete las frases con la forma correcta del verbo:

Señorita: Buenas tardes, Cine Real. ¿En qué _____ ayudarle?
          1 (poder)

Usted: Buenas tardes. ¿ _____ Ud. darme alguna información, por favor? **2** (poder)

Señorita: Sí, cómo no. ¿Qué _____ Ud. saber?
          3 (querer)

Usted: ¿A qué hora _____ la función?
          4 (comenzar)

Señorita: La función _____ a las 5:10, las 7:30 y las 9:50.
          5 (empezar)

Usted: ¿Y cuánto _____ las entradas?
          6 (costar)

Señorita: Cada entrada _____ cuatro pesos.
          7 (costar)

Usted: ¿Y a qué hora _____ la taquilla?
          8 (cerrar)

Señorita: Las taquillas _____ quince minutos después de la última función. **9** (cerrar)

Usted: Debemos apresurarnos. Nosotros _____ llegar tarde.
          10 (soler)

Señorita: Sí, deben apresurarse. Es una lástima si Uds. se _____
          11 (perder)
esta película. Mucha gente _____ verla y a veces la
          12 (querer)

cola _____ a formarse una hora antes. Pero Uds.

13 (comenzar)

_____ comprar las entradas para cualquier función.

14 (poder)

Usted: Gracias, señorita. Yo _____ su consejo muy útil.

15 (encontrar)

Señorita: De nada. Adiós.

EJERCICIO D

Conteste las preguntas que le hace un joven chileno que visita su escuela:

1. ¿Atraviesas varias calles para llegar a la escuela?
2. ¿Juegan Uds. al ajedrez?
3. ¿A qué hora te despiertas los sábados?
4. ¿Dónde almuerzan tú y tus amigos todos los días?
5. ¿Suelen Uds. ir al cine?
6. ¿Entiendes el francés?
7. ¿Recuerdas mi número de teléfono?
8. ¿Dónde te encuentro el sábado?

2. Stem-Changing Verbs Ending in -*ir*

Stem-changing verbs ending in -**ir** change the stem vowel in the present tense as follows:

> e to **ie**
> o to **ue**   in all forms except those for **nosotros** and **vosotros**
> e to **i**

consentir (*to consent*): **consiento, consientes, consiente, consentimos, consentís, consienten**

dormir (*to sleep*): **duermo, duermes, duerme, dormimos, dormís, duermen**

pedir (*to ask for, to request*): **pido, pides, pide, pedimos, pedís, piden**

Like **consentir:**

    advertir *to notify, to warn*
    convertir *to convert*
    divertirse *to enjoy oneself, to have a good time*
    hervir *to boil*
    mentir *to lie*
    preferir *to prefer*

referir *to recount; to refer*
sentir *to regret, to feel sorry*
sentirse *to feel (well, ill)*

Like **dormir:**

dormirse *to fall asleep*
morir(se) *to die*

Like **pedir:**

despedirse (de) *to take leave (of), to say goodbye (to)*
gemir *to groan, to moan*
impedir *to prevent*
medir *to measure*
reír(se) *to laugh*
reñir *to quarrel, to scold*
repetir *to repeat*
servir *to serve*
sonreír(se) *to smile*
vestir(se) *to dress (oneself)*

NOTE:

1. The verb **adquirir** (*to acquire*) is like **consentir: adquiero, adquieres, adquiere, adquirimos, adquirís, adquieren.**

2. The verb **reír** (and **sonreír**) has an accent mark over the letter **i** in all forms: **río, ríes, ríe, reímos, reís, ríen.**

EJERCICIO E

Diga qué pasatiempo prefiere cada persona:

EJEMPLO: Manuel / el béisbol
Manuel **prefiere** el béisbol.

1. Sofía / el tenis
2. Tú / el fútbol
3. Eduardo y Carlos / el volibol
4. Yo / la natación
5. Luz y yo / las damas
6. Ricardo / el ajedrez
7. Mi padre / el dominó

EJERCICIO F

¿Dónde duermen estas personas? Diga dónde duerme cada persona:

EJEMPLO: Yo / en casa de mi amigo
Yo **duermo** en casa de mi amigo.

1. Mi madre / en el sofá
2. Lola / en la hamaca

3. Mi abuelo / en el sofá
4. Los niños / en el coche
5. Yo / en la sala

6. Tú / en el comedor
7. Rafael y yo / en el patio

EJERCICIO G

Diga a quién riñe cada persona:

> EJEMPLO: Los padres / a sus hijos
> **Los padres riñen** a sus hijos.

1. Yo / a mi hermanito
2. La profesora / a los alumnos
3. El jefe / a los trabajadores

4. Tú / a tu perro
5. Nosotros / a nuestros amigos
6. Clara y Luis / a su gato

EJERCICIO H

¿Cómo reaccionan estas personas? Cuente lo que hacen, usando la forma correcta del verbo indicado:

> EJEMPLO: Pablo y Lourdes no entienden la tarea. (pedir ayuda al profesor)
> **Por eso** Pablo y Lourdes **piden** ayuda al profesor.

1. María quiere comprar tela para hacer cortinas nuevas. (medir las ventanas)
2. Yo preparo té para mi mamá. (hervir el agua)
3. Los señores están en México y necesitan pesos, pero sólo traen dólares. (convertir los dólares en pesos)
4. La policía está en la esquina porque hay un accidente automovilístico. (impedir el paso)
5. Carlos habla con su abuelo pero él no oye bien. (repetir las frases)
6. Tú preparas la cena y toda tu familia está en la mesa. (servir la cena)
7. Tú quieres usar el coche pero tus padres dicen que no. (reñir con ellos)
8. Todo el mundo escucha un chiste que Rafael cuenta. (reír a carcajadas)
9. Encontramos un ladrón en casa. (advertir a la policía)
10. Alfonso quiere pasar la noche en casa de un amigo. (pedir permiso a sus padres)
11. El payaso es muy bueno. (divertir mucho a los niños)
12. El señor lee el termómetro. La temperatura está en 20°F. (sentir frío)
13. La fiesta termina y los jóvenes se van a casa. (decir adiós)
14. Mi padre está muy cansado y hay un programa aburrido en la televisión. (dormir en el sillón)
15. La madre mira el reloj y cree que van a llegar tarde. (vestir a su hijito rápidamente)

3. Verbs Ending in *-uir*

In verbs ending in **-uir** (except **-guir**),* a **y** is inserted after the **u** in all forms except those for **nosotros** and **vosotros**:

huir (*to flee*): **huyo, huyes, huye, huimos, huís, huyen**

Like **huir**:

concluir to conclude, to end
construir to construct
contribuir to contribute
destruir to destroy
distribuir to distribute
incluir to include
influir to influence, to have influence
sustituir to substitute

EJERCICIO I

Cuente lo que pasa en cada dibujo. Use los verbos **concluir, construir, contribuir, distribuir, destruir:**

EJEMPLO:

Carlos construye una casa de muñecas.

1. Los obreros . . . .

3. La señora . . . .

2. La película . . . .

4. Carmen . . . .

*See Chapter 3, page 22.

5. Elías . . . .   **6.** El niño . . . .

EJERCICIO J

¿Qué hacen estas personas al ver un tigre en la calle? Cuente lo que hacen:

> EJEMPLO: Pedro
> **Pedro huye** al ver un tigre.

1. Los niños
2. Carolina
3. Yo
4. Roberto y yo

5. Tú
6. El señor
7. Todo el mundo

EJERCICIO K

La emisora WABO pide contribuciones para los pobres. ¿Cómo responde el locutor a estas preguntas que le hacen en una entrevista?

1. ¿Qué contribuye Ud.?
2. ¿Qué contribuye el público?
3. ¿Quién distribuye las cosas?
4. ¿Sobre quiénes influyen Uds.?
5. ¿Cuándo concluye este proyecto?

4. Verbs Ending in *-iar* and *-uar*

Some verbs ending in **-iar** or **-uar** stress the **i** or the **u** (**í, ú**) in all forms except those for **nosotros** and **vosotros**. In the **vosotros** form, the **a** takes an accent mark.

enviar (*to send*): **envío, envías, envía, enviamos, enviáis, envían**

continuar (*to continue*): **continúo, continúas, continúa, continuamos, continuáis, continúan**

Like **enviar**:

> **confiar (en)** *to rely (on), to confide (in)*
> **espiar** *to spy*

fiarse (de) *to trust*
guiar *to guide*
resfriarse *to catch cold*
variar *to vary*

Like **continuar:**

actuar *to act*
graduarse *to graduate*

NOTE: All stem-changing verbs are identified in the vocabulary lists by the type of change (**ie, ue, i, y, í, ú**) after the verb: **pensar (ie).**

EJERCICIO L

En una reunión familiar, las tías hablan de sus hijos. Ellas dicen . . . .

EJEMPLO: Roberto / graduarse de la secundaria
Roberto se gradúa de la secundaria.

1. Clarisa / graduarse de la primaria
2. Los gemelos / graduarse de la universidad
3. Pilar / graduarse de la preparatoria
4. Elena /graduarse de la escuela de belleza
5. Jorge y Javier / graduarse de la Facultad de Leyes

EJERCICIO M

Ud. está en el consultorio del médico. Responda a las preguntas que le hace el médico:

1. ¿En qué estación se resfría Ud. más fácilmente? (en el invierno)
2. ¿De qué tipo de medicina se fía Ud.? (las aspirinas)
3. ¿Cuándo varía Ud. su dieta? (los fines de semana)
4. ¿Adónde envía Ud. estas formas? (a la compañía de seguros)
5. ¿En quién confía Ud.? (en los buenos amigos)

◆ MASTERY EXERCISES ◆

EJERCICIO N

Usted va a presentar este anuncio en una emisora. Complete las frases con la forma correcta de los verbos:

¿_____ Ud. una comida sabrosa que no _____ mucho? Si
　　1 (querer)　　　　　　　　　　　　　　**2** (costar)

Ud. _____ al Restaurante Dos Caminos, Ud. y sus invitados
    3 (venir)

_____ todo lo mejor. Una comida completa _____ sólo
4 (encontrar)   5 (costar)

cincuenta pesos e _____ el café y la propina. En el Restaurante
                     6 (incluir)

Dos Caminos nosotros _____ la comida desde la una y media y la
                   7 (servir)

cocina no _____ hasta las cinco todos los días. Ud. no
       8 (cerrar)

_____ encontrar un lugar mejor. Nuestros meseros _____
9 (poder)   10 (atender)

a los clientes con cortesía y _____ la comida rápidamente. Uds.
                     11 (servir)

_____ bien cuando _____ al Restaurante Dos Caminos que
12 (acertar)   13 (venir)

_____ en la esquina de la calle Dolores y la Avenida Juárez. Uds.
14 (encontrarse)

no _____ reservación.
     15 (requerir)

EJERCICIO O

Usted está en una zapatería y se prueba zapatos. Conteste las preguntas que le hace el dependiente:

Dependiente: ¿Le puedo mostrar algo?
Ud: *(Tell him that you want to try on these black shoes.)*
Dependiente: ¿Qué número calza Ud.?
Ud: *(Tell him to measure your foot.)*
Dependiente: ¿Cómo los siente?
Ud: *(Tell him that they are tight.)*
Dependiente: ¿Le muestro otro par de zapatos?
Ud: *(Ask him to show you the blue pair.)*
Dependiente: ¿Se refiere Ud. a éstos?
Ud: *(Tell him that yes, you want to try those on.)*
Dependiente: ¿Cuál de los dos prefiere Ud.?
Ud: *(Tell him which pair you prefer.)*
Dependiente: ¿Quiere Ud. otra cosa?
Ud: *(Ask him the price.)*
Dependiente: Cincuenta y cinco dólares.
Ud: *(Tell him that you prefer a less expensive pair.)*
Dependiente: Lo siento. Ahora no tenemos nada más barato.
Ud: *(Thank him and tell him that you will return next week.)*

EJERCICIO P

En una carta que Ud. escribe a un amigo por correspondencia que vive en Costa Rica, Ud. le explica cómo es el invierno en el norte de los Estados Unidos. Exprese las frases en español:

1. In the winter it snows a lot and the lakes freeze over.
2. It also rains often and the rain freezes too.
3. The trees are very pretty because they are dressed in white.
4. The weather influences the things people do.
5. The children play in the snow and they cross the streets on sleighs.
6. My father lights a fire in the fireplace, and we sit in front of it when we return home from school.
7. Many people prefer to stay at home if they are unable to go out in their car.
8. In reality, they lock themselves in their houses.
9. Many people flee from the cold and travel south.
10. My grandparents prefer the warm weather, and they usually go to Arizona.
11. When it snows a lot and the snow measures 6 or 8 inches, they close the schools.
12. I will graduate from high school next year and I want to live in a warm climate.
13. What place do you recommend?
14. We return to school tomorrow.
15. When do they close the schools in Costa Rica?

Spelling Changes in the Present Tense

Verbs with changes in spelling are not truly irregular. The spelling change occurs before certain letters in order to preserve the original sound in accordance with the rules for Spanish pronunciation.

1. Verbs Ending in -*cer* or -*cir*

In verbs ending in **-cer** or **-cir**, **c** changes to **z** before **o** or **a**:

vencer (to conquer, to overcome): **ven*z*o, vences, vence, vencemos, vencéis, vencen**

   Like **vencer:**

      convencer to convince
      ejercer to exert, to exercise, to practice (a profession)

2. Verbs Ending in -*ger* or -*gir*

In verbs ending in **-ger** or **-gir**, **g** changes to **j** before **o** or **a**:

dirigir (to direct): **diri*jo*, diriges, dirige, dirigimos, dirigís, dirigen**

   Like **dirigir:**

      afligir to afflict, to grieve
      coger to seize, to grasp, to catch
      escoger to choose, to select
      exigir to demand, to require
      fingir to pretend
      proteger to protect
      recoger to gather, to pick up

3. Verbs Ending in -*guir*

In verbs ending in **-guir**, **gu** changes to **g** before **o** or **a**:

distinguir (*to* distinguish): **distingo, distingues, distingue, distinguimos, distinguís, distinguen**

Like **distinguir: extinguir** *to* extinguish

NOTE:
1. Some verbs with spelling changes also have stem changes. (See Chapter 2, pages 11 and 14.) Some verbs of this type are:

   cocer (*to* cook): *cuezo, cueces, cuece,* **cocemos, cocéis,** *cuecen*

   Like **cocer: torcer** *to* twist, *to* turn

   corregir (*to* correct): *corrijo, corriges, corrige,* **corregimos, corregís,** *corrigen*

   Like **corregir: elegir** *to* elect, *to* choose

   seguir (*to* follow, *to* continue): *sigo, sigues, sigue,* **seguimos, seguís,** *siguen*

   Like **seguir:**

   > **conseguir** *to* get, *to* obtain, *to* succeed in
   > **perseguir** *to* pursue, *to* persecute
   > **proseguir** *to* continue, *to* proceed

2. Verbs ending in **-car, -gar,** and **-zar** have no spelling changes in the present tense. Changes occur only in the preterite (see Chapter 4), in commands (see Chapter 16), and in the present subjunctive (see Chapter 13).
3. Verbs with spelling changes are identified in the vocabulary lists by the type of change (**z, j, g**) in parentheses after the verb: **vencer (z).**

EJERCICIO A

Usando las sugerencias, diga a quién convencen estas personas:

SUGERENCIAS: a los niños   a mis padres
                    a su jefe   al juez
                    al enfermo   a tu hermano
                    a los alumnos   a nuestros amigos

EJEMPLO: El médico
              El médico **convence a los enfermos.**

1. El abogado
2. Yo
3. Los padres
4. Roberto y yo
5. El maestro
6. Tú

EJERCICIO B

Diga la profesión que ejercen estas personas, usando las sugerencias:

SUGERENCIAS: salvavidas / abogado / dentista / profesor / carpintero /dependiente / enfermera

EJEMPLO: María cuida a los enfermos en el hospital.
María ejerce la profesión de enfermera.

1. Yo trabajo en un almacén y vendo ropa de niños. Yo . . . .
2. Mi padre enseña a los alumnos. Mi padre . . . .
3. Elena defiende a los criminales en la corte. Elena . . . .
4. Mi tío arregla los dientes de muchas personas. Mi tío . . . .
5. Pablo y yo cuidamos a los nadadores en la playa. Pablo y yo . . . .
6. Tú construyes muchas cosas de madera. Tú . . . .

EJERCICIO C

Unos amigos están en una tienda de deportes. Mire cada dibujo y describa lo que escogen las personas:

EJEMPLO:

Pilar escoge un guante de béisbol.

1. Alberto . . . .

3. Elena y Ana . . . .

2. Tú . . . .

4. Yo . . . .

5. Sarita y yo . . . .

EJERCICIO D

¿Qué hacen las personas cuando no quieren hacer algo? Diga lo que fingen estas personas en cada situación:

> EJEMPLO: David no quiere sacar la basura. (estar ocupado)
> **David finge estar ocupado.**

1. Luis no quiere ir a la escuela hoy. (estar enfermo)
2. Yo no quiero bailar con esa persona. (estar cansado)
3. La niña no quiere cantar para los invitados. (tener dolor de garganta)
4. Tú no quieres ayudar a tu papá a las ocho de la mañana. (estar dormido)
5. Mi abuelo no me contesta cuando le pido dinero. (ser sordo)
6. Lisa y yo no contestamos cuando nuestros amigos nos llaman. (estar distraídos)

EJERCICIO E

¿Es todo igual? En cada frase use la forma correcta de distinguir *para decir si todo es igual o no:*

1. Rafael le habla de «tú» a la profesora de español.
   Él no _____ entre «tú» y «Ud.».
2. ¿Ves bien cuando no hay luz?
   No, en la oscuridad yo no _____ nada.
3. ¿Es éste un suéter verde o marrón?
   Nosotros no _____ los colores.
4. En ese cine el precio de las entradas es igual para todo el mundo.
   Ellos no _____ entre los adultos y los niños.
5. Mis hermanitos son gemelos.
   Nadie _____ quién es Ramón y quién es Raúl.

EJERCICIO F

Le entrevistan a Ud. sobre sus impresiones de su escuela para un artículo en el periódico escolar. Conteste las preguntas que le hacen:

1. ¿Quién corrige las faltas en su clase de español?
2. ¿Quién convence a los estudiantes para que estudien más?
3. ¿Distinguen los profesores entre los alumnos preparados y los que no están preparados?
4. ¿Eliges tú los cursos que sigues?
5. ¿Cómo consiguen Uds. sacar buenas notas?
6. ¿Exigen los profesores mucho a sus alumnos?
7. ¿Finges tú estar distraído cuando no quieres contestar en una clase?
8. ¿Escogen Uds. a sus profesores?
9. ¿Quién protege los derechos de los estudiantes?
10. ¿Quién dirige esta escuela?

♦ MASTERY EXERCISES ♦

EJERCICIO G

En la clase de cocina, Silvia siempre quiere hacer lo mismo que hacen los otros alumnos. ¿Cómo responde ella cuando se le dice que . . . .?

EJEMPLO: Tú cueces legumbres hoy.
Yo cuezo legumbres también.

1. Javier recoge las habas.
2. Elena extingue el fuego.
3. Uds. siguen las instrucciones.
4. Nosotros corregimos la receta.
5. Carolina y Luis consiguen platos limpios.
6. Arturo escoge otra receta.
7. La profesora exige mucho cuidado en la cocina.

EJERCICIO H

Exprese en español lo que dicen los candidatos en la campaña para elegir al alcalde del pueblo:

1. The firemen put out all fires.
2. The politicians don't choose their friends for jobs.
3. The police protect the people.
4. I do not protect the criminals.
5. I demand a lot from my employees.
6. The police pursue criminals.
7. The garbage collectors pick up the garbage according to the official schedule.
8. I do not pretend to hear your complaints.
9. We follow your advice.
10. I distinguish between good and bad.
11. You elect the best candidate.
12. We don't twist your arm.
13. We demand support from the people.

Preterite Tense

1. Regular Verbs

The preterite tense of regular verbs is formed by dropping the infinitive ending (**-ar, -er, -ir**), and adding the following endings:

invitar:	**invit**	**-é, -aste, -ó, -amos, -asteis, -aron**
correr:	**corr**	**-í, -iste, -ió, -imos, -isteis, -ieron**
admitir:	**admit**	

EJERCICIO A

Describa una llamada telefónica que hizo Amelia:

> EJEMPLO: Yo / llamar por teléfono a Clara
> **Yo llamé** por teléfono a Clara.

1. Clara / contestar el teléfono
2. Yo / saludar a Clara
3. Nosotros / hablar de la fiesta del sábado pasado
4. Enrique y Carlos / invitar a muchas personas
5. Sus padres / preparar muchas cosas para comer
6. Todo el mundo / pasar un buen rato allí
7. Tú / cantar y bailar mucho
8. Yo / regresar a casa tarde

EJERCICIO B

Describa cómo pasó el sábado cada persona, usando las sugerencias:

> SUGERENCIAS: lavar el carro
> preparar una cena especial
> trabajar en el jardín
> mirar la televisión
> limpiar la casa
> visitar un museo
> estudiar en la biblioteca
> contestar unas cartas
> guardar la ropa de verano

EJEMPLO: **Sarita visitó un museo.**

1.	Mi hermana	5.	Mi madre
2.	Mi abuela	6.	Mi padre
3.	Yo	7.	Mis hermanos y yo
4.	Mis hermanitos	8.	Tú

EJERCICIO C

Jorge le cuenta a Carlos sobre el lugar donde Eduardo y él trabajaron durante el verano. Conteste las preguntas que Carlos le hace a Jorge:

1. ¿Dónde trabajaron Uds.? (en el supermercado)
2. ¿Cuánto tiempo pasaron Uds. trabajando allí? (yo/20 horas a la semana; Eduardo/15 horas)
3. ¿Cuánto dinero ganaste tú? (80 dólares)
4. ¿Qué compraste con el dinero? (una bicicleta)
5. ¿Y qué compró Eduardo con su dinero? (una raqueta de tenis)
6. ¿Quién más trabajó allí contigo? (Raquel)
7. ¿A qué hora regresaron Uds. a casa la última noche? (10:00 P.M.)
8. ¿Les gustó el trabajo? (sí)

EJERCICIO D

Cuente lo que pasó el sábado pasado:

EJEMPLO: Claudia / aprender un baile nuevo
Claudia aprendió un baile nuevo.

1. Manuel y Pablo / no asistir a la fiesta
2. Rosita / recibir un carro de sus padres
3. Tú / salir con tus primos
4. Mis padres / vender el automóvil
5. Llover / todo el día
6. Yo / conocer a la novia de mi hermano
7. Mis abuelos / volver de Europa
8. Rocío y yo / correr en una carrera
9. Usted / comer paella por primera vez
10. Juan y Pedro / cumplir dieciséis años

EJERCICIO E

Complete la carta que escribe Rogelio sobre su amigo Víctor:

Querido Alberto,

Cuando mi amigo Víctor _____ a pasar el verano en la playa, él
                          1 (salir)

_____ invitarme a pasar unos días allí con él. Víctor _____
2 (prometer)   3 (decidir)

de repente ir a la playa por dos meses. Él _____ su motocicleta
4 (vender)
para tener dinero con qué vivir. Unos amigos suyos le _____
5 (prometer)
alojamiento con ellos. Víctor _____ a estos amigos el año pasado
6 (conocer)
cuando él _____ a una reunión de motociclistas. Víctor me
7 (asistir)
_____ una carta y cuando yo la _____, _____ en
8 (escribir)   9 (recibir)   10 (responder)
seguida. Víctor _____ con su palabra. Yo no _____
11 (cumplir)   12 (perder)
tiempo. _____ mi ropa en una maleta y _____ en seguida.
13 (meter)   14 (salir)
_____ sólo una vez durante mi visita y _____ a muchas
15 (llover)   16 (conocer)
personas. También yo _____ por toda la playa. Entonces yo
17 (correr)
_____ por qué le gusta a Víctor la vida de la playa.
18 (comprender)

Tu amigo,
Rogelio

EJERCICIO F

Conteste las preguntas que le hace un amigo sobre su accidente:

1. ¿Cuándo ocurrió el accidente? (hace tres días)
2. ¿Dónde sucedió? (cerca del estadio)
3. ¿Qué perdiste en el accidente? (la bicicleta)
4. ¿Cuándo saliste del hospital? (ayer)
5. ¿Sufriste mucho después del accidente? (un poco)
6. ¿Vendieron tus padres tu bicicleta? (Sí)
7. ¿Cuánto recibieron por ella? (5 dólares)
8. ¿Prometiste no volver a hacer lo mismo? (Sí)

EJERCICIO G

¿Conoce Ud. a alguna persona que hace muchísimas cosas en un día?
Cuente lo que hizo esa persona ayer, usando los verbos indicados:

EJEMPLO: despertar
Mi mamá *despertó* a la familia a las cinco de la mañana.

1. preparar
2. limpiar
3. trabajar
4. salir
5. asistir
6. volver
7. escribir
8. meter
9. mirar
10. cerrar

EJERCICIO H

Conteste las preguntas que le hace un amigo acerca de una fiesta de sorpresa a la que Ud. asistió:

1. ¿A qué hora llegaste a la fiesta?
2. ¿Quiénes entraron después?
3. ¿Cuántos años cumplió tu amigo?
4. ¿Qué regalos recibió?
5. ¿Asistieron muchas personas a la fiesta?
6. ¿Quién preparó la comida?
7. ¿Qué comiste?
8. ¿Conociste a todos los invitados?
9. ¿Cuándo regresaste a casa?
10. ¿Llamaste para dar las gracias?

2. Verbs that Change *i* to *y* in the Preterite

Verbs ending in **-er** or **-ir,** and containing a vowel immediately before the ending, change in the third person singular from **-ió** to **yó** and in the third person plural from **-ieron** to **-yeron**. The **i** has an accent mark in all the other forms:

caer:	ca	
creer:	cre	
leer:	le	**-í, -íste, -yó, -ímos, -ísteis, -yeron**
oír:	o	
poseer:	pose	

NOTE:
1. Exceptions: **traer, atraer,** and all verbs ending in **-guir.**
2. Verbs that end in **-uir (construir, contribuir, distribuir, huir, incluir,** and others) also belong in this group, but no accent appears in the endings **-uiste, -uimos,** and **-uisteis.**

EJERCICIO I

Describa lo que Ud. ve en estos dibujos, usando los verbos **construir, distribuir, huir, incluir, leer** *y* **oír** *en el pretérito:*

EJEMPLO:

El niño **se cayó** de la bicicleta.

1. Carmen . . . .

4. El hombre rico . . . .

2. Los jóvenes . . . .

5. Los señores . . . .

3. El ladrón . . . .

6. La cuenta . . . .

EJERCICIO J

Escriba cinco preguntas que Ud. haría en una entrevista con un cientí-
fico famoso que acaba de recibir un premio. Use los verbos concluir,
contribuir, creer, influir, leer *y* oír:

EJEMPLO: **¿Dónde oyó Ud. la noticia?**

3. Verbs Ending in *-car, -gar,* and *-zar*

Verbs ending in **-car, -gar, and -zar** change in the first person singular
of the preterite as follows:

> **c** changes to **qu**
> **g** changes to **gu**
> **z** changes to **c**

atacar (*to attack*): **ataqué, atacaste, atacó, atacamos, atacasteis,
atacaron**

Like **atacar:**

acercarse *to approach*

aplicar to apply
arrancar to root out, to pull out
buscar to look for, to seek
colocar to place, to put
comunicar to communicate
dedicar to dedicate, to devote
educar to educate
embarcarse to embark
equivocarse to be mistaken
explicar to explain
fabricar to make, to manufacture
indicar to indicate
marcar to designate, to mark
masticar to chew
pescar to fish
publicar to publish
replicar to reply; to contradict (argue)
sacar to take out
sacrificar to sacrifice
significar to mean
suplicar to beg, to implore
tocar to touch, to play (music)

pagar (to pay [for]): **pagué, pagaste, pagó, pagamos, pagasteis, pagaron**

Like **pagar:**

agregar to add
ahogarse to drown
apagar to put out, to extinguish
cargar to load
castigar to punish
colgar to hang
encargar to put in charge; to entrust; to order (goods)
entregar to deliver, to hand over
jugar to play (games, sports)
llegar to arrive
madrugar to rise early
negar to deny
obligar to obligate, to compel
pegar to stick, to beat
rogar to ask, to beg

cruzar (*to cross*): **crucé, cruzaste, cruzó, cruzamos, cruzasteis, cruzaron**

Like **cruzar:**

abrazar *to embrace, to hug*
alcanzar *to reach, to overtake*
almorzar *to eat lunch*
amenazar *to threaten*
avanzar *to advance*
comenzar *to begin, to commence*
deslizarse *to slip, to glide*
empezar *to begin*
gozar *to enjoy*
lanzar *to throw*
realizar *to fulfill*
rezar *to pray*
tropezar *to stumble*

EJERCICIO K

¿Qué hicieron estas personas anoche?

EJEMPLO:　Yo / pescar en el río
　　　　　Yo pesqué en el río.

1. Yo / colocar mi ropa en el armario
2. Yo / buscar mis zapatos rojos
3. Yo / tocar la guitarra
4. Yo / comunicar la noticia a mis padres
5. Yo / fabricar un avión de plástico
6. Yo / explicar una película a mi hermanito
7. Yo / sacar la basura

EJERCICIO L

Su hermana busca unos discos en la casa. Conteste las preguntas que le hace:

1. ¿Dónde colocaste los discos? (en el estante)
2. ¿Los buscaste allí? (Sí)
3. ¿Quién los tocó? (yo)
4. ¿Cuándo los sacaste del album? (anoche)
5. ¿Indicaste qué discos perdiste? (no)
6. ¿Cuánto tiempo dedicaste a buscarlos? (toda la mañana)
7. ¿Los marcaste con tu nombre? (no)

EJERCICIO M

Según Esteban, ¿cómo pasó el día de ayer?

> EJEMPLO: madrugar ayer
> **Yo madrugué** ayer.

1. colgar mi ropa del día anterior
2. llegar a la escuela temprano
3. cargar muchos libros
4. entregar el trabajo en la clase de inglés
5. encargar a Rosa de la reunión del comité
6. jugar tenis
7. castigar a mi perro
8. apagar la luz a las nueve

EJERCICIO N

Conteste las preguntas que le hace un amigo acerca de una excursión en que él no participó:

1. ¿A qué hora llegaste a la escuela? (7:30 A.M.)
2. ¿Quién se encargó de la excursión? (Roberto)
3. ¿Quiénes cargaron la comida en el autobús? (nosotros)
4. ¿A quién le entregaste el boleto? (al chofer)
5. ¿Dónde colgaste tu saco? (en el autobús)
6. ¿Qué jugaron Uds. en el camino? (las damas)
7. ¿Se ahogó alguien en el lago? (nadie)
8. ¿Te castigaron? (no)
9. ¿Cuánto pagaste por la excursión? ($25)
10. ¿Quién se negó a pagar? (tú)

EJERCICIO O

Amelia dice que ella siempre hace lo mismo que sus amigas. ¿Cómo responde Amelia al oír decir que . . . .?

> EJEMPLO: Claudia empezó una clase de yoga.
> **Yo** también **empecé** una clase de yoga.

1. Sarita abrazó a su abuelo al verlo.
2. Patricia se deslizó en el hielo.
3. Carlota e Inés almorzaron en el restaurante nuevo.
4. Carmen realizó su sueño en el viaje.
5. Lourdes avanzó mucho en el curso.
6. Pilar y tú alcanzaron a nadar cien metros.
7. Yo empecé a leer una novela muy interesante.
8. Mis primas gozaron de la visita.

EJERCICIO P

David quiere conocer mejor a un amigo nuevo de Venezuela. Conteste las preguntas:

1. ¿A quién abrazaste antes de salir de Caracas?
2. ¿Con quién almorzaste ayer?
3. ¿Qué clases comenzaste a tomar?
4. ¿Avanzaste mucho en el estudio del inglés?
5. ¿Realizaste un sueño al venir aquí?
6. ¿Gozaste de la ceremonia en la escuela ayer?
7. ¿Empezaste a acostumbrarte a nuestro modo de vivir?

EJERCICIO Q

Usando los verbos indicados, complete esta carta que Javier les escribió a sus padres del campamento de verano:

Queridos padres,

No comprendo por qué Uds. me _____ a venir a este campa-
                              1 (obligar)

mento. Yo _____ mucho pero Uds. no me _____. El
      2 (rogar)   **3 (oír)**

consejero que _____ de mi grupo es muy antipático. Cuando
              4 (encargarse)

yo _____ mis cosas junto a mi cama, él me _____. Cuando
   5 (colocar)   **6 (castigar)**

yo _____ mi ropa, él la _____. Mis compañeros son más o
   7 (colgar)   **8 (sacar)**

menos simpáticos. Pero ellos ya _____ a aburrirme. Ayer Juan y
                          9 (empezar)

yo _____ volibol y _____ el partido. El domingo pasado
   10 (jugar)   **11 (perder)**

unos compañeros y yo _____ en una cafetería cerca del cam-
               12 (almorzar)

pamento. Entre los pocos pasatiempos a que _____, me
                       13 (dedicarse)

_____ más la pesca. Anteayer Rafael y yo _____ en el lago
14 (gustar)   **15 (pescar)**

y él _____ tres peces grandes. Yo sólo _____ uno chiquito.
   16 (pescar)   **17 (pescar)**

Yo sé que Uds. _____ un sueño y _____ mucho al man-
        18 (realizar)   **19 (sacrificarse)**

darme aquí. Sin embargo, yo _____ cuando _____ este
        20 (equivocarse)   **21 (escoger)**

lugar. Tengo que despedirme porque el consejero ya _____
                         22 (apagar)

las luces.

                                     Su hijo,
                                     Javier

4. Stem-Changing Verbs Ending in *-ir*

Verbs ending in **-ir** that have a stem change in the present tense also have a stem change in the preterite. In the preterite tense, the stem vowel changes in the third person singular and plural, from **e** to **i** or from **o** to **u**:

> **convertir** (to convert): **convertí, convertiste, convirtió, convertimos, convertisteis, convirtieron**

> **servir** (to serve): **serví, serviste, sirvió, servimos, servisteis, sirvieron**

> **dormir** (to sleep): **dormí, dormiste, durmió, dormimos, dormisteis, durmieron**

NOTE:

1. The verbs **reír** and **sonreír** are conjugated in the preterite as follows:

> **reí, reíste, rió, reímos, reísteis, rieron**
> **sonreí, sonreíste, sonrió, sonreímos, sonreísteis, sonrieron**

2. Verbs ending in **-ir** that have **ñ** directly before the ending (**ceñir, gruñir, reñir**) drop the **i** of the ending in the third person singular and plural (**riñó, riñeron**). Note that, because of the **ñ**, the sound of the ending is still regular.

EJERCICIO R

¿Qué hicieron ellos cuando oyeron la noticia? Cuente lo que hizo cada persona cuando oyó la noticia:

> EJEMPLO: María / sonreír
> María **sonrió.**

1. los padres / reñir a los hijos
2. Gabriel / mentir a su madre
3. Susana / repetir la noticia
4. Tú / preferir no estar allí
5. Yo / sentirse mal
6. Beto y Raúl / servir la cena
7. Juan y yo / vestirse rápidamente
8. El abuelo / gruñir
9. Mi tío / dormirse en el sofá
10. Uds. / advertir a los demás

EJERCICIO S

Diga cuál de sus parientes hizo una de estas cosas ayer durante una reunión en su casa. Use estas sugerencias:

SUGERENCIAS: divertirse mucho
servir los refrescos
reñir a los nietos
despedirse de nosotros
reírse mucho
medir la terraza
sonreír dos veces
dormirse en la hamaca

1. Mi madre
2. Mis padres
3. Mi tía
4. Mis abuelos

5. Mi primo
6. Yo
7. Mis primos
8. Todos mis parientes

5. Verbs Irregular in the Preterite

a. The following verbs have an irregular stem in the preterite. The endings for these verbs are **-e, -iste, -o, -imos, -isteis, -ieron** (**-eron** if **j** precedes the ending):

andar:	*anduve, anduviste, anduvo, anduvimos, anduvisteis, anduvieron*
caber:	*cupe, cupiste, cupo, cupimos, cupisteis, cupieron*
estar:	*estuve, estuviste, estuvo, estuvimos, estuvisteis, estuvieron*
haber:	*hube, hubiste, hubo, hubimos, hubisteis, hubieron*
hacer:	*hice, hiciste, hizo, hicimos, hicisteis, hicieron*
poder:	*pude, pudiste, pudo, pudimos, pudisteis, pudieron*
poner:	*puse, pusiste, puso, pusimos, pusisteis, pusieron*
querer:	*quise, quisiste, quiso, quisimos, quisisteis, quisieron*
saber:	*supe, supiste, supo, supimos, supisteis, supieron*
tener:	*tuve, tuviste, tuvo, tuvimos, tuvisteis, tuvieron*
venir:	*vine, viniste, vino, vinimos, vinisteis, vinieron*
decir:	*dije, dijiste, dijo, dijimos, dijisteis, dijeron*
producir:	*produje, produjiste, produjo, produjimos, produjisteis, produjeron*
traer:	*traje, trajiste, trajo, trajimos, trajisteis, trajeron*

b. The verbs **dar, ser,** and **ir** are also irregular in the preterite. **Dar** takes the endings of regular **-er, -ir** verbs; **ser** and **ir** have the same forms in the preterite:

> **dar:**   *di, diste, dio, dimos, disteis, dieron*

> **ser** ⎱
> **ir**   ⎰ *fui, fuiste, fue, fuimos, fuisteis, fueron*

NOTE:

1. The third person singular of **hacer** is spelled **hizo.** The **c** changes to **z** to avoid the **k** sound.

2. All compounds of **poner** (**proponer**, etc.), **tener** (**detener**, etc.), **hacer** (**satisfacer**, etc.), **venir** (**convenir**, etc.), and **traer** (**atraer**, etc.) are conjugated in the same manner as the basic verb.

3. All verbs ending in **-ducir** are conjugated like **producir:**

   conducir (*to lead, to drive*): *conduje, -iste, -o, -imos, -isteis, -eron*
   traducir (*to translate*): *traduje, -iste, -o, -imos, -isteis, -eron*

4. The accent mark is omitted in the preterite forms of **dar, ver, ser,** and **ir.**

EJERCICIO **T**

Después de tener un día libre durante una excursión a Madrid, los compañeros de excursión cuentan cómo pasaron el día. ¿Qué dijeron ellos?

> EJEMPLO: Yo / andar por El Retiro
> **Yo anduve** por El Retiro.

1. Los señores Castro / ir a una corrida de toros
2. Graciela / hacer una excursión a Toledo
3. Los parientes de Ana / venir a visitarla
4. Yo / estar en la Plaza Mayor
5. Micaela y yo / ir de compras
6. Tú / querer visitar El Prado
7. Nosotros / poder ver una tuna
8. Gerardo y Pablo / estar en el estadio
9. Yo / querer conocer el metro
10. La señorita Alvarez / andar por la Gran Vía
11. Ellos / ver una zarzuela
12. Sofía / poder conseguir boletos para el teatro
13. Tú / ir a una tertulia

14. Elena / querer ir al Valle de los Caídos

15. El guía / ponerse a descansar

EJERCICIO U

Ud. acaba de volver a casa después de pasar el fin de semana en casa de un amigo que vive en otra ciudad. Escriba diez frases, usando las sugerencias, que describan sus actividades durante el fin de semana.

> SUGERENCIAS: ir al cine (teatro, circo, etc.)
> hacer empanadas
> andar por la ciudad
> estar en el centro
> poner tarjetas postales
> poder ver un desfile
> dar una fiesta
> tener ganas de ver una película
> conducir un carro

6. Uses of the Preterite Tense

The preterite tense expresses a particular single action or event completed at a specific time in the past:

Comenzó a leer el libro **ayer.**	*He began to read the book yesterday.*
Cesó de llover **a las cuatro.**	*It stopped raining at 4 o'clock.*
Carlos me **visitó el mes pasado.**	*Charles visited me last month.*

NOTE: The verbs **conocer** (*to know, to be acquainted with*), **saber** (*to know*), **tener** (*to have*), **querer** (*to want*), and **poder** (*to be able*) often have a different meaning in the preterite:

Le **conocí** en México.	*I met him in Mexico.* (began to know)
¿Cuándo **supieron** la verdad?	*When did they find out (learn) the truth?* (began to know)
Tuve carta de él esta mañana.	*I received a letter from him this morning.* (it came into my possession)
No **quiso** hacerlo.	*He refused to do it.* (final decision)
Pude convencerle.	*I managed to convince him.* (finally was able)

EJERCICIO V

Un político de su pueblo (ciudad) acaba de regresar de un viaje al espacio. Ud. lo entrevista para un artículo en el periódico de su escuela. Escriba las diez preguntas que Ud. va a hacerle. Use las sugerencias siguientes:

SUGERENCIAS: Cuándo, Quién(es), (De) Dónde, Adónde, Por qué, Cuánto(s)

ir, hacer, pasar, visitar, conocer, andar, saber, estar, poder, poner, querer, venir, tener, empezar

EJEMPLOS: **¿Cuánto tiempo pasó Ud. en el espacio?**
¿Quiénes fueron con Ud.?

EJERCICIO W

Imagínese que Ud. es ese político y conteste las preguntas del Ejercicio V.

EJEMPLOS: **Yo pasé una semana en el espacio.**
Varios astronautas fueron conmigo.

◆ MASTERY EXERCISES ◆

EJERCICIO X

Cuando Ud. llega de la escuela su mamá no está en la casa. Encuentra una lista en la que ella escribió doce cosas que tenía que hacer ese día. Cuente lo que ella hizo.

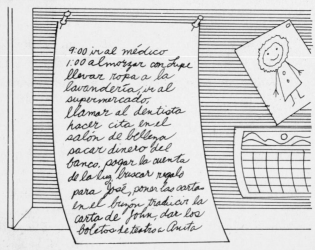

EJERCICIO Y

Sus abuelos acaban de regresar de un viaje al extranjero. Conteste las preguntas que le hace un amigo:

1. ¿Cuánto tiempo estuvieron ellos fuera?
2. ¿Te trajeron muchos regalos?
3. ¿Qué ciudad les impresionó más, Roma o París?
4. ¿Hicieron el viaje solos?
5. ¿Tuviste que ir al aeropuerto cuando llegaron?
6. ¿Cómo supiste que el avión se demoró?
7. ¿Llegaste al aeropuerto a tiempo?
8. ¿Quién fue contigo al aeropuerto?
9. ¿Condujiste tú el carro?
10. ¿Cuándo empezaste a conducir en la ciudad?
11. ¿Pudiste estacionar el carro cerca de la terminal?
12. ¿Tuvieron ellos alguna dificultad en la aduana?
13. ¿Quién los vio cuando salieron de la aduana?
14. ¿Les dio gusto verte?
15. ¿Cargaste tú las maletas al carro?
16. ¿A qué hora se despidieron Uds. de ellos?

EJERCICIO Z

Exprese estas frases en español para explicar el problema que Ud. tiene con un juguete que compró:

1. Last week I bought a toy for my nephew.
2. It didn't work when I returned home.
3. I tried to return it to the store in which I bought it.
4. They told me that I broke it.
5. I paid $36 for the toy.
6. It was the last toy they sold.
7. I worked hard to earn the money.
8. I didn't give my nephew a birthday gift.
9. I was unable to fix it.
10. My friend tried to fix it but it broke again.
11. The store denied its responsibility and didn't want to exchange it.
12. I sent a copy of my letter to the manager of the store.

CHAPTER 5

Imperfect Tense

1. Regular Verbs

The imperfect tense of regular verbs is formed by dropping the infinitive ending (**-ar, -er, -ir**), and adding the following endings:

tomar:	tom	*-aba, -abas, -aba, -ábamos, -abais, -aban*
leer:	le	*-ía, -ías, -ía, -íamos, -íais, -ían*
subir:	sub	

EJERCICIO A

Héctor habla de la vida de su pueblo. Él dice . . . .

EJEMPLO: Nosotros / cenar a las diez.
Nosotros cenábamos a las diez.

1. Yo / comprar un helado por cinco centavos
2. Todo el mundo / bañarse en el lago
3. Nosotros / almorzar a las dos
4. Los niños / cantar villancicos en la calle
5. Las personas / celebrar todas las fiestas
6. Mis amigos y yo / jugar fútbol en la calle
7. Mis padres / andar por el parque todos los domingos
8. El circo / llegar a mi pueblo en abril
9. Los muchachos y las muchachas / no caminar juntos
10. Tú / comprar todo en el mercado

EJERCICIO B

Unos jóvenes recuerdan cosas que ellos o sus parientes hacían. Ellos dicen . . . .

EJEMPLO: Yo / dormir hasta las dos de la tarde.
Yo dormía hasta las dos de la tarde.

1. Mis amigos y yo / subir a los árboles
2. Carmen / escribir poemas románticos
3. Elías / vestirse de gaucho
4. Mi hermanito / repetir lo que todos / decir

5. Tú / seguir a tu hermana mayor
6. Yo / compartir todo lo que yo / tener
7. Uds. / construir castillos de arena
8. Beto / volver con la cara sucia
9. Yo / beber la leche con una pajita
10. Sarita / tener miedo de la oscuridad

EJERCICIO C

Escriba seis frases en que Ud. cuenta lo que Ud. u otra persona hacía antes. Use las sugerencias siguientes:

SUGERENCIAS:	jugar	comer	vivir
	trabajar	perder	dormir(se)
	arreglar	poner	abrir

EJEMPLO: **Yo ponía la mesa todos los días.**

EJERCICIO D

Conteste estas preguntas que Ud. le hace a su abuela:
1. ¿Dónde vivías de niña?
2. ¿Con quién jugabas?
3. ¿Tenías muchos novios?
4. ¿Trabajaban tú y tus hermanos por la tarde?
5. ¿Te castigaban mucho tus padres?
6. ¿Qué hacías los sábados?
7. ¿Leías novelas románticas?
8. ¿Asistían tú y tus amigas a muchas fiestas?
9. ¿Cosías tu propia ropa?
10. ¿Querían Uds. viajar a otros países?

2. Verbs Irregular in the Imperfect Tense

There are three verbs that are irregular in the imperfect tense. They are:

ir:	*iba, ibas, iba, íbamos, ibais, iban*
ser:	*era, eras, era, éramos, erais, eran*
ver:	*veía, veías, veía, veíamos, veíais, veían*

EJERCICIO E

Diga adónde iban estas personas los domingos:

EJEMPLO: Carlos / al estadio
    Carlos iba al estadio.

1. Las hermanas / al cine
2. Yo / a la iglesia
3. Rafael y Juan / a la corrida de toros
4. Tú / al parque
5. Elena y yo / a la piscina
6. Ud. / a casa de sus abuelos

EJERCICIO F

Diga de qué país eran estas personas que se conocieron en una fiesta:

> EJEMPLO: Ud. / de Colombia
> **Ud. era de Colombia**

1. Yo / de España
2. Pedro / de Puerto Rico
3. Las señoritas / de México
4. Nosotros / de Costa Rica
5. Tú / de Guatemala
6. Nilda / de Bolivia

EJERCICIO G

Diga dónde veían estas muchachas a un señor todos los días. Use estas sugerencias:

> SUGERENCIAS: en la parada del autobús   en la entrada de su oficina
> en la estación del metro   en la esquina de su casa
> en el ascensor   en un taxi
> en la cafetería

> EJEMPLO: María
> **María lo veía en un taxi todos los días.**

1. Carlota
2. Ana y Pilar
3. Yo
4. Mi jefa
5. Alicia y yo
6. Tú

EJERCICIO H

¿Quién hacía estas cosas? Diga quién las hacía:

> lavar el carro los sábados
> ir al supermercado todos los días
> visitar a los abuelos los domingos
> jugar béisbol los sábados por la mañana
> ver a los amigos los viernes por la noche
> ir al campamento cada verano
> ponerse furioso cuando los padres salían
> ver una película los sábados

1. Mis padres
2. Mi hermanito
3. Mis amigos
4. Mi hermano

5. Mi abuela
6. Mi padre

7. Yo
8. Mis hermanos y yo

3. Uses of the Imperfect Tense

The imperfect tense expresses continuous or repeated past actions, events, or situations. It is also used to describe the circumstances surrounding a past action or event.

a. The imperfect is used to describe what was happening, used to happen, or happened repeatedly in the past:

Los pájaros **cantaban.**	The birds *were* singing.
Vivíamos en esta calle.	We *used to live* on this street.
Tomás *llegaba* tarde **a menudo.**	Thomas *would arrive (arrived)* often late.

b. The imperfect is used to describe persons or things in the past:

Pedro *era* rubio y *tenía* los ojos azules.	Peter *was* blond and *had* blue eyes.
La sala *estaba* llena de gente.	The living room *was* full of people.

c. The imperfect expresses a state of mind in the past with the verbs **creer, pensar, querer,** and **saber:**

Creían (Pensaban, Sabían) que era importante.	They *believed (thought, knew)* that it *was* important.
Queríamos comprar un coche nuevo.	We *wanted* to buy a new car.

d. The imperfect expresses the time of day in the past:

Eran las ocho.	It *was* eight o'clock.

e. The imperfect is used to describe a situation that was going on in the past when another past single action or event expressed in the preterite occurred:

Comíamos **cuando nos llamó.**	We *were eating* when he called us.

EJERCICIO I

Ud. habla de las fiestas de su juventud. Conteste las preguntas que le hace un amigo:

1. ¿Dónde eran las fiestas? (en casa de Raquel)
2. ¿Quiénes estaban allí? (todo el mundo)

3. ¿Quién servía los refrescos? (Raquel)
4. ¿Qué clase de vestido llevaba ella puesto? (un vestido de fiesta)
5. ¿Qué clase de aretes usaba ella? (de oro)
6. ¿Dónde estaba ella mientras llegaban los invitados? (en la puerta)
7. ¿Qué clase de música tocaban? (música latina)
8. ¿Sabías tú que Elena iba siempre allí? (No)
9. Al verla, ¿bailabas siempre con ella? (Sí)
10. ¿A qué hora empezaba a irse la gente? (a las doce)

EJERCICIO J

Ud. acaba de visitar una casa modelo. Conteste las preguntas para describir la casa:

1. ¿De cuántos pisos era la casa?
2. ¿Cuántos cuartos tenía?
3. ¿Había muebles bonitos?
4. ¿De qué color era la alfombra?
5. ¿De qué color estaban pintadas las paredes?
6. ¿Cuántos dormitorios había?
7. ¿Era grande la cocina?
8. ¿Qué clase de muebles tenía?
9. ¿Había muchas flores en el jardín?
10. ¿Cobraban por entrar?

EJERCICIO K

Imagínese que Ud. presenció un robo. Describa al ladrón:

> EJEMPLO: Eran las seis de la tarde. Era un joven alto. Medía seis pies y pesaba unas doscientas libras.

EJERCICIO L

Cuente lo que hacían estas personas cuando se apagó la luz. Use estas sugerencias:

SUGERENCIAS:
preparar la cena
bañar a los niños
dormir la siesta
escribir una carta

hacer las tareas
hablar por teléfono
comer el almuerzo
jugar naipes

1. Ernesto
2. Los padres
3. Yo
4. Enrique y tú

5. Sarita y yo
6. Mi abuelo
7. La tía Lourdes
8. Don Álvaro

4. *Hacía* + Time Expression + *que* + the Imperfect Tense

The construction **hacía** + an expression of time + **que** + the imperfect tense is used to describe an action or event that began in the past and continued in the past. In such situations the question is expressed by **¿Cuánto tiempo hacía que...?** + the imperfect tense or **¿Hacía cuánto tiempo que...?** + the imperfect tense:

Hacía un mes que *viajaban.*   They had been traveling for a month.

¿Cuánto tiempo hacía que *dormían?*   How long had they been sleeping?

NOTE: The imperfect tense + **desde hace** + an expression of time is also used to describe an action or event that began in the past and continued in the past. In such situations, the question is expressed by **¿Desde cuándo...?** + the imperfect tense:

Viajaban **desde hacía un mes.**   They had been traveling for a month.

¿Desde cuándo *dormían?*   How long had they been sleeping?

EJERCICIO M

A Pedro le gusta saber desde cuándo sus amigos hacían ciertas cosas. Escriba de dos maneras las preguntas que hace Pedro, usando las expresiones ¿Cuánto tiempo hacía que...? y ¿Desde cuándo...?:

EJEMPLO: María / tocar el violín
¿Cuánto tiempo hacía que María **tocaba** el violín?
¿Desde cuándo tocaba María el violín?

1. Jorge / trabajar en el banco
2. Esteban / tener su propio carro
3. Anita y Carmen / viajar juntas
4. Tú / correr en las carreras
5. Nosotros / ser amigos
6. Alicia / vivir con sus abuelos
7. Uds. / no ir a trabajar los sábados

EJERCICIO N

Conteste las preguntas del ejercicio M, usando la información dada:

EJEMPLO: (cinco años)
Hacía cinco años que María **tocaba** el violín.
María **tocaba** el violín **desde hacía cinco años.**

1. (tres meses)	4. (dos años)	6. (un mes)
2. (una semana)	5. (15 años)	7. (4 semanas)
3. (un año)		

♦ MASTERY EXERCISES ♦

EJERCICIO O

Usando las expresiones, describa los dibujos para expresar lo que hacían estas personas:

EXPRESIONES: todos los días   todas las noches   a menudo
cada fin de semana   cada sábado

EJEMPLO:

Arturo y Juan
**Arturo y Juan jugaban tenis
cada fin de semana.**

1.

El señor Ramos

4.

Los hermanos García

2.

Sarita y María

5.

Los niños

3.

Roberto

6.

Mi madre

EJERCICIO P

Conteste las preguntas que le hace un periodista a un escritor célebre:

1. ¿Qué edad tenía Ud. al llegar a este país?
2. ¿En qué ciudad quería vivir Ud.?
3. ¿Con quién vivía Ud.?
4. ¿Sabía Ud. hablar inglés al llegar a este país?
5. ¿Estudiaba Ud. mucho?
6. ¿Era Ud. un alumno. listo?
7. ¿Iba Ud. al museo a menudo?
8. ¿Desde cuándo soñaba con ser escritor?
9. ¿Qué escribía Ud. cuando era niño?
10. ¿Buscaba Ud. la ayuda de sus profesores?
11. ¿De dónde sacaba Ud. los temas de sus cuentos?
12. ¿Cuánto tiempo hacía que Ud. no regresaba a su país?
13. ¿Ahorraba Ud. el dinero que ganaba?
14. ¿Visitaba Ud. las ciudades que describía en sus novelas?
15. ¿Pasaba Ud. mucho tiempo en esas ciudades?
16. ¿Desde cuándo trabajaba Ud. en su primera novela?

EJERCICIO Q

Exprese en español esta carta que Emilio recibió de un amigo que estaba estudiando en Madrid:

Dear Emilio,

(1) Last week the sun was shining every day. (2) It was cool and I was able to walk around the city. (3) Every day I followed the same routine. (4) I got up very early because I liked to see the sunrise. (5) Then I got dressed and I ran in El Retiro. (6) Nothing could be heard except the birds that were singing. (7) Upon returning home, I bathed and went out in order to have breakfast. (8) I ate breakfast in a small café that was close to El Prado. (9) Each day I ate the same breakfast, churros and hot chocolate. (10) Then I used to go to my classes. (11) My classmates and I ate lunch every day in the cafeteria of the university. (12) In the afternoon, I went to the library because I had to write a paper. (13) In the evenings we always went out. (14) Sometimes we went to the theater, or to the movies, or we used to sit at a table in a café. (15) While I was in the café, I used to count the number of people that passed on the street. (16) I wanted to learn well the numbers in Spanish! (17) I used to return home about 8:30 P.M. and had dinner with the family with whom I was living.

Regards,
Federico

Preterite and Imperfect Tenses Compared

The uses of the preterite and imperfect tenses are summarized in the chart below:

PRETERITE

1. Expresses specific actions or events completed in the past:

    Estuvieron **contentos de verlo.**
    They were glad to see him.

2. Expresses a specific action or event at a specific point in time:

    Hoy llegó **a casa temprano.**
    Today he arrived home early.
    El sol *salió a las cinco de la mañana.*
    The sun came out at 5 A.M

3. States a particular action:

    Tuvo **un accidente.**
    He had an accident.

IMPERFECT

1. Describes ongoing or continuous actions or events in the past:

    Estaban **contentos con su casa.**
    They were content with their house.

2. Describes habitual or repeated actions or events in the past:

    Llegaba **temprano** *muy a menudo.*
    He arrived early very often.
    El sol *brillaba por las mañanas.*
    The sun shone in the mornings.

3. Describes the circumstances or conditions surrounding an action:

    La carretera *era* **peligrosa.**
    The road was dangerous.

4. Describes persons, things, or a state of mind:

    Era **muy alto.**
    He was very tall.
    El cielo *estaba* **azul.**
    The sky was blue.
    Quería **estudiar música.**
    He wanted to study music.

EJERCICIO A

En cada trozo aparecen las formas del pretérito y del imperfecto de los verbos. Escoja las formas que deben usarse:

1. Yo (nacía, nací) en Santiago en 1960. En aquel entonces mi padre (tenía, tuvo) unos cuarenta años. En su temprana juventud (iba, fue) a la América Hispana de arquitecto. De la Argentina (pasaba, pasó) a Chile, donde (conocía, conoció) a una chilena. Allí (se casaba, se casó) y allí (veía, vio) nacer a sus tres hijos. Al llegar a Nueva York, mi familia (tenía, tuvo) largos años de lucha contra la miseria. Durante esa época, sólo (soñábamos, soñamos) con mejorar nuestra fortuna y (esperábamos, esperamos) días mejores.

2. Esta mañana (abría, abrió) los ojos y (saltaba, saltó) de la cama. (Se vestía, Se vistió) y (salía, salió). La mañana (era, fue) hermosa. En los árboles las aves (cantaban, cantaron) alegremente. Los niños que (jugaban, jugaron) en el patio (parecían, parecieron) más risueños que nunca. Toda la naturaleza (llevaba, llevó) un aspecto más joven, más verde, más vivo. Suspirando de placer, Luisita (volvía, volvió) a pensar en el baile de la noche anterior.

3. (Eran, Fueron) ya las cuatro de la tarde. Ramón y Elena (estaban, estuvieron) sentados en la sala. De las otras habitaciones (se oía, se oyó) el lejano rumor de voces, de gente que (hablaba, habló) en tono animado. Elena (se levantaba, se levantó) y (se acercaba, se acercó) a la ventana. (Miraba, Miró) afuera y (veía, vio) que todavía (caía, cayó) la lluvia. (Experimentaba, Experimentó) una sensación de tristeza.

EJERCICIO B

Complete los pasajes siguientes, usando la forma apropiada del pretérito o del imperfecto de los verbos entre paréntesis:

1. Alrededor de la mesa la familia _____ , chicos y mayores
(cenar)
comiendo, riendo y hablando a la vez. De repente _____ la
(sonar)
campana del pueblo. ¡Fuego! Todos _____ la mesa y
(dejar)
_____ a correr hacia la plaza. Allí _____ una escena
(echarse)   (ver)
horrible. _____ la casa de un vecino. Por todas partes
(arder)
_____gente que _____ y _____ esfuerzos
(encontrarse)   (gritar)   (hacer)
inútiles para extinguir el fuego. De pronto _____ en una
ventana la figura de una mujer.   (aparecer)

2. Él _____ camino de la estación cuando _____ con un
   (ir)   (tropezar)
   amigo que le _____ para charlar un momento. Al llegar a la
                  (detener)
   estación, _____ que el tren ya _____ allí. _____
              (notar)   (estar)   (darse)
   prisa pero _____ tarde. _____ a pasearse por el andén,
                (llegar)   (comenzar)
   impaciente, lleno de enojo. _____ el reloj. Las nueve menos
                                 (mirar)
   veinte. Le _____ solamente veinte minutos para llegar a la
                (quedar)
   oficina y seguramente no llegaría a tiempo.

3. Hernán Cortés _____ el conquistador de México. Cuando
                    (ser)
   _____ los españoles, los indios nunca habían visto caballos
   (llegar)
   y _____ que hombre y caballo _____ una sola persona.
      (creer)   (ser)
   También _____ que Cortés mismo _____ su antiguo dios,
             (creer)   (ser)
   que _____ para gobernarlos. Con solamente 400 soldados, y
         (volver)
   con la ayuda de Marina, una india que _____ de guía e intér-
                                            (hacer)
   prete, Cortés _____ conquistar la capital azteca, Tenochtitlán
                   (poder)
   (que es hoy la Ciudad de México).

EJERCICIO C

Ud. está muy desilusionado(a) porque nadie fue a una fiesta que Ud.
organizó. Conteste las preguntas que le hace un primo:

1. ¿A cuántas personas invitaste?
2. ¿Les dijiste la fecha correcta?
3. ¿Sabían tu dirección y número de teléfono?
4. ¿Por qué dabas la fiesta?
5. ¿Esperabas recibir regalos?
6. ¿Qué hiciste al ver que nadie llegaba?
7. ¿Qué descubriste?

EJERCICIO D

Conteste las preguntas que le hace su padre sobre una ventana rota en
casa de un vecino:

1. ¿Dónde estabas tú esta tarde?
2. ¿Con quién jugabas?
3. ¿A qué jugaban?
4. ¿Viste cuando la pelota pasó por la ventana?
5. ¿Qué hicieron Uds. entonces?

6. ¿Por qué no me dijiste nada cuando yo llegué a casa?
7. ¿Quién rompió la ventana?
8. ¿De quién era la pelota?

EJERCICIO E

Diez años después de graduarse de la escuela secundaria, Ud. va a una reunión. Cuente lo que Ud. hizo durante esos diez años:

> EJEMPLO: Cuando me gradué de la escuela, me matriculé en la universidad. Quería llegar a ser ingeniero.

EJERCICIO F

Exprese estas frases en español para contarle este cuento a un amigo que sólo habla español:

1. Richard never thought it was possible to win first prize in the lottery.
2. Nevertheless, every week he bought a lottery ticket.
3. He knew that, although he didn't win, the money was used to support education.
4. One day, while he was waiting for the bus, he saw an old woman selling lottery tickets in the street.
5. Although the line for the bus was very long, he left it and approached the old woman.
6. He bought a lottery ticket from her.
7. When he returned to the bus stop, there was no room on the bus.
8. He had to wait for another bus, but he felt very lucky.
9. That night he waited anxiously for the announcement of the winning number.
10. When he heard the number, he could not believe it.
11. He jumped up and down with joy and called all his friends.
12. On the following day he returned to the street where he bought the ticket.
13. He looked for the old woman, but he could not find her.
14. He asked all the shopkeepers if they knew her.
15. He wanted to share the prize with her.

EJERCICIO G

Escriba cinco frases en español con las que Ud. termina el cuento del ejercicio anterior.

Future Tense and Conditional

1. Future Tense of Regular Verbs

The future tense of regular verbs is formed by adding the following endings to the infinitive:

ayudar	
aprender	*-é, -ás, -á, -emos, -éis, -án*
escribir	

NOTE:
1. All future endings except **-emos** have an accent mark.
2. Verbs that have an accent mark in the infinitive (**oír, reír,** etc.) drop that accent in the future (**oiré, reiremos,** etc.).

EJERCICIO A

Diga lo que estas personas van a hacer mañana:

EJEMPLO: Luz / asistir a una conferencia
Luz asistirá a una conferencia.

1. Pedro / trabajar en el taller
2. Mi madre / ir de compras
3. Petra / visitar a sus amigas
4. Los amigos / jugar tenis
5. Yo / descansar todo el día
6. Tú / comer en el centro
7. Eduardo y yo / defender el título del equipo de fútbol
8. Raquel y María / aprender otra canción española
9. Mi abuelo / cortar la hierba
10. Los niños / vender limonada en la esquina

EJERCICIO B

Diga cuándo Ud. va a hacer estas cosas. Use estas sugerencias:

SUGERENCIAS: graduarse de la escuela   en dos años
viajar al extranjero   el año que viene

trabajar en una oficina	el verano próximo
casarse	mañana
comprar su propio carro	en diez años
subir una montaña	en seis meses

EJEMPLO: **Yo viajaré al extranjero el verano próximo.**

2. Verbs with Irregular Future

a. Verbs like **poder** drop the **e** of the infinitive and then add the endings of the future tense:

poder: *podr* **-é, -ás, -á, -emos, -éis, -án**

Like **poder: caber, haber, querer, saber**

b. In verbs like **poner,** the **e** (or **i**) of the infinitive is replaced by a **d** and the endings of the future tense are added:

poner: *pondr* **-é, -ás, -á, -emos, -éis, -án**

Like **poner: salir, tener, valer, venir**

c. The verbs **decir** and **hacer** are irregular in the future tense:

decir: *dir* **-é, -ás, -á, -emos, -éis, -án**

hacer: *har* **-é, -ás, -á, -emos, -éis, -án**

NOTE: Compounds of the irregular verbs are also irregular: **disponer,** *dispondré*; **contener,** *contendrán*; **convenir,** *convendrá*; **satisfacer,** *satisfaremos*; **contradecir,** *contradirá*; and others.

EJERCICIO C

Exprese la forma correcta del futuro de los verbos en esta carta que Enrique escribe a unos amigos que lo visitarán:

Queridos amigos,

Yo _____ ir a la estación por ustedes. Sé que todos ustedes
   1 (poder)

_____ ir juntos en mi carro, pero todo el mundo no _____
  2 (querer)   **3** (caber)

a la vez. Yo _____ que hacer dos viajes a la estación. Mientras
        4 (tener)

tanto, los demás _____ esperar en un café cerca de la estación.
                5 (poder)

Yo _____ todo lo posible por llevarlos a la fiesta rápidamente.
  6 (hacer)

Yo _____ de mi casa temprano. Según el horario, ustedes
7 (salir)

_____ en el tren de las 7:35. Creo que todas las maletas
8 (venir)

_____ en el carro también. Si no, Roberto y yo _____
9 (caber)   10 (poder)

volver a la estación por ellas. _____ muchas personas en la fiesta.
11 (haber)

Creo que su viaje _____ la pena. Sé que Elena _____
12 (valer)   13 (tener)

mucho gusto de verlos y tanto ella como yo _____ todo lo posible
14 (hacer)

para que se diviertan. Después Uds. nos _____ cómo les fue.
15 (decir)

Saludos,
Enrique

EJERCICIO D

Imagínese que Ud. y varios amigos van a vender cosas en el mercado de las pulgas el sábado próximo. Diga lo que hará cada persona, usando las sugerencias:

SUGERENCIAS:

Yo	tener que estar allí temprano
Mis amigos y yo	hacer los carteles
Usted	poner los precios
Ellos	poner todo en orden
Ustedes	querer ser el cajero
Tú	decir los precios
Todos nosotros	querer vender
	salir al mediodía
	poder atender a los clientes
	querer irse temprano

EJERCICIO E

Conteste las preguntas que le hace un(a) amigo(a) sobre una cita que Ud. tendrá con un(a) joven desconocido(a):

1. ¿Dónde se encontrarán el viernes por la noche?
2. ¿A qué hora estará él (ella) allí?
3. ¿Adónde irán Uds.?
4. ¿Qué clase de ropa tendrás que llevar?
5. ¿Qué harán Uds. después?
6. ¿Podrás invitarlo(la) a la fiesta de Javier?
7. ¿Me dirás cómo te fue?

3. Uses of the Future Tense

a. The future tense is used in Spanish, as in English, to express future time:

| **Vendremos** mañana. | We will come tomorrow. |
| ¿Cuándo **irán Uds.?** | When will you go? |

b. The future is used to express wonderment or probability at the present time and is often equivalent to English *I wonder, probably, must be, can:*

¿Cuántos años *tendrá?*	I wonder how old he is. (How old can he be?)
¿Qué hora *será?*	I wonder what time it is. (What time can it be?)
Serán **las dos.**	It is probably (It must be) two o'clock.
Estará **cansado.**	He must be (He is probably) tired.

NOTE: The expression **deber de** followed by an infinitive may also be used to express probability at the present time:

| **Deben de estar** cansados. | They must be tired. |
| **Debe de ser** la una. | It is probably one o'clock. |

EJERCICIO F

Diga cuándo estas personas harán las cosas:

EJEMPLO: Ramón / aprender a esquiar / el año próximo
Ramón aprenderá a esquiar el año próximo.

1. Carmen / sacar la basura / más tarde
2. Elena y yo / visitar a los abuelos / la semana que viene
3. Tú / poder hablar español / después del verano
4. Lina / tener que trabajar / los fines de semana
5. Uds. / venir a comer / por la noche

EJERCICIO G

Conteste las preguntas que le hace un compañero de viaje en una excursión en autobús por la ciudad de Wáshington:

1. ¿Qué edificio será ése? (el Capitolio)
2. ¿Dónde estarán todos los políticos hoy? (en casa; es sábado)
3. ¿A qué hora comeremos? (a las doce)
4. ¿Qué hora será ahora? (las diez y media)
5. ¿Cuántas paradas haremos en esta excursión? (tres)
6. ¿Cuál será la próxima parada? (la Casa Blanca)
7. ¿Le gustará al guía hacer la misma excursión todos los días? (Sí)
8. ¿Qué clase de regalos venderán en la tienda de recuerdos? (vasos y camisetas)
9. ¿Cuántas personas habrá en este autobús? (cuarenta y siete)
10. ¿Cuándo podremos dormir la siesta? (por la tarde)

♦ MASTERY EXERCISES — FUTURE TENSE ♦

EJERCICIO H

¿Cómo será el mundo cuando Ud. tenga 35 años? Conteste estas preguntas:

1. ¿En qué año tendrá Ud. 35 años?
2. ¿Dónde vivirá Ud.?
3. ¿Cómo se ganará Ud. la vida?
4. ¿Estarán los miembros de su familia en la misma ciudad?
5. ¿Habrá paz en el mundo?
6. ¿Vendrán personas de otros planetas a la tierra?
7. ¿Qué clase de música estará de moda?
8. ¿Qué usarán Uds. para pagar las cuentas?
9. ¿Cabrá todo el mundo en el país?
10. ¿Qué clase de edificios se construirán?

EJERCICIO I

Exprese estas frases en español, para ayudarle a una amiga que hará un viaje a México para visitar a unos primos:

1. I will leave Chicago on Monday morning at 8:00 A.M.
2. My parents will take me to the airport.
3. The plane will probably arrive late.
4. Will you be at the airport to meet me?
5. I will have three suitcases.
6. How will we go from the airport to your house?
7. Will the suitcases fit in your car?
8. Will all of my cousins be at the airport?
9. I will stay in Mexico for one month.
10. Will it be possible to visit Acapulco?
11. I will bring my Spanish dictionary.
12. I know that you and I will have a good time together.

4. Conditional of Regular Verbs

The conditional of regular verbs is formed in the same way as the future tense. The following endings are added to the infinitive:

ayudar aprender escribir }	-ía, -ías, -ía, -íamos, -íais, -ían

NOTE: Verbs that have an accent mark in the infinitive (**oír, reír**, etc.) drop that accent in the conditional (**oiría, reiríamos**, etc.).

EJERCICIO J

Unas amigas quieren hacer un viaje al extranjero durante el verano. Diga lo que ellas harían en el viaje:

EJEMPLO: Elena / visitar las iglesias
Elena visitaría las iglesias.

1. Gabriela / comer tapas en España
2. Josefina y Graciela / ir a acampar
3. Beatriz y yo / ir de compras todos los días
4. Tú / tomar todas las excursiones
5. Yo / conocer a muchos jóvenes
6. Clara y Anita / encontrar las discotecas

EJERCICIO K

Ud. no sabe el pronóstico del tiempo para mañana. Diga las cosas que haría o no haría en las circunstancias dadas. Use las sugerencias, siguiendo los ejemplos:

SUGERENCIAS: mirar la televisión   dar un paseo por el parque
ir al cine   jugar tenis
ir a la playa   estudiar para un examen
limpiar su cuarto   nadar en la piscina
leer una revista   dormir hasta el mediodía
montar en bicicleta   jugar baloncesto

1. Si hace buen tiempo, **yo no iría al cine. Yo nadaría en la piscina.**
2. Si hace mal tiempo, **yo no montaría en bicicleta. Yo limpiaría mi cuarto.**

5. Verbs Irregular in the Conditional

a. Verbs like **poder** drop the **e** of the infinitive and then add the endings of the conditional:

poder: *podr* **-ía, -ías, -ía, -íamos, -íais, -ían**

Like **poder: caber, haber, querer, saber**

b. In verbs like **poner,** the **e** (or **i**) of the infinitive is dropped and replaced by a **d** and the endings of the conditional are added:

poner: *pondr* **-ía, -ías, -ía, -íamos, -íais, -ían**

Like **poner: salir, tener, valer, venir**

c. The verbs **decir** and **hacer** are irregular in the conditional:

decir: *dir* ⎫
hacer: *har* ⎭ **-ía, -ías, -ía, -íamos, -íais, -ían**

NOTE: Compounds of the irregular verbs are also irregular: **disponer,** *dispondría*; **contener,** *contendría*; **satisfacer,** *satisfaríamos*, and others.

EJERCICIO L

Varios compañeros de clase no comprendieron lo que dijo el profesor. Diga lo que cada alumno cree que dijo el profesor:

EJEMPLO: él / poner los ejemplos en la pizarra
Él pondría los ejemplos en la pizarra.

1. no haber clases el viernes
2. los alumnos / poder salir temprano
3. unos alumnos / tener que esperar hasta las cuatro
4. el director / venir a la clase el viernes
5. Ricardo y yo / no decir nada
6. tú / salir en una excursión el viernes
7. valer la pena estudiar mucho
8. la clase / querer una fiesta el viernes
9. yo / hacer los tacos para la fiesta
10. todo el mundo / no caber en el autobús
11. nadie / saber la respuesta a las preguntas
12. mis compañeros y yo / poner los libros debajo de las sillas

EJERCICIO M

Diga seis cosas que Ud. haría con un millón de dólares. Puede usar las sugerencias o pensar en otras:

SUGERENCIAS: ponerlo en el banco, hacer donaciones, salir al extranjero, poder comprar una casa, querer compartirlo con sus parientes, tener que ayudar a sus . . .

EJERCICIO N

Diga lo que Ud. haría en estas circunstancias:

EJEMPLO: Tu mamá espera invitados a cenar y necesita ayuda. (poner la mesa) **Yo pondría** la mesa.

1. Tu amigo te presenta a una prima suya que acaba de llegar de Caracas. (decirle mucho gusto)
2. Tienes planes para salir con unos amigos pero hace mal tiempo. (no salir con ellos)

3. Tu abuela no puede hacer las compras porque está enferma hoy. (hacer las compras por ella)
4. Tus padres te dicen que debes venir a la casa antes de las diez. (venir a la casa temprano)
5. Tus padres van a una boda y no quieren dejar a tu hermanita sola. (tener que cuidarla)

6. Uses of the Conditional

a. The conditional is generally used as in English:

Ana no lo **pondría** allí.	Anna would not put it there.
Me gustaría verlo.	I would like to see it.
¿**Podría Ud.** mostrármelo?	Would you be able to (Could you) show it to me?

NOTE:
1. When *would* has the sense of *used to*, the imperfect tense is used in Spanish:

Arturo nos **visitaba a menudo.** Arthur *would* often (used to) visit us.

2. When *would* has the sense of *to be willing* (*to want*), the preterite tense of **querer** is used in Spanish:

No **quiso** pagar la cuenta. He wouldn't (wasn't willing to, refused to) pay the bill.

b. The conditional is used to express wonderment or probability in past time and is often equivalent to English *I wonder, probably, must have, could*, etc.:

¿**Qué hora sería** cuando salió? I wonder *what time it was when he went out.* (What time could it have been when he went out?)

Serían las dos. It *was probably (It must have been) two o'clock.*

NOTE: The expression **deber de** in the imperfect followed by an infinitive may also be used to express probability in past time:

Debían de estar cansados. They must have been tired.
Ella debía de tener veinte años. She must have been twenty years old.

EJERCICIO O

Varios amigos leen el periódico para buscar trabajo para el verano. Según los anuncios, ¿qué clase de trabajo harían estas personas?

EJEMPLO:

> Se busca
> vendedor de ropa de niños.
> Preséntese en Galerías Gómez,
> Calle Mayor, 3.

Yo vendería ropa de niños.

1.

> Se busca
> persona para tomar
> recados telefónicos.
> Llame al 625-15-55.

Elena

3.

> Se necesita
> joven responsable
> para entregar flores a domicilio.
> Florería Naturaleza,
> Calle del Jardín, 18.

Jorge

2.

> Familia busca
> persona responsable
> para cuidar tres niños
> durante la mañana
> Sra. Flores, 516-59-18

Roberto

4.

> Se buscan
> dos señoritas para cajeras
> en la taquilla del cine Roble.
> Preséntese en persona,
> Lunes de 9 a 11.

Dolores y María

5.

> Se buscan
> jóvenes fuertes y corteses
> para servir mesas.
> Restaurante de Oro,
> Calle Principal, 104.

Javier y Octavio

EJERCICIO P

Conteste las preguntas que le hace un agente de viajes:

1. ¿Adónde le gustaría ir a Ud.?
2. ¿Cuándo podría salir la familia?
3. ¿Y en qué fecha volverían Uds.?
4. ¿Cuántos días pasaría la familia allí?
5. ¿Haría Ud. el viaje solo(a)?
6. ¿Cuánto dinero querría Ud. gastar en el viaje?
7. ¿Harían Uds. excursiones allí?
8. ¿Tendría Ud. que alquilar un coche allí?

9. ¿Preferiría la familia quedarse en un hotel o en una casa de huéspedes?

10. ¿Cómo pagaría Ud. la cuenta, al contado o con tarjeta de crédito?

♦ MASTERY EXERCISES — CONDITIONAL ♦

EJERCICIO Q

Complete esta carta que Raquel le escribió a una amiga. Use los verbos entre paréntesis en el modo potencial:

Querida Amelia,

León me escribió que _____ a visitarme. Dijo que me _____
             1 (venir)   **2** (llamar)

antes de venir. Le aseguré que _____ en casa y le prometí que
                                       3 (estar)

no _____ otra cosa. A eso de las cuatro de la tarde él llamó para
  4 (hacer)

decirme que no _____ venir. Él _____ que posponer la
            5 (poder)   **6** (tener)

visita a otra fecha y le _____ venir el domingo próximo. Quería
                         7 (gustar)

saber si yo _____ libre ese día porque _____ invitarme al
            8 (estar)   **9** (querer)

cine. Nosotros _____ a ver el último estreno en el Cine Azteca.
           10 (ir)

EJERCICIO R

El año escolar acaba de terminar. Diga cinco cosas que Ud. haría de manera diferente el año que viene:

    EJEMPLO: **Me levantaría más temprano todos los días.**

EJERCICIO S

Ud. y un amigo quieren pasar el verano estudiando en España. Exprese en español estas frases que Ud. le escribe al director de un programa:

1. A friend and I would like to take a trip to Spain.

2. We would not like to travel alone.

3. We would enroll in a summer program.

4. We would be able to spend two months in Spain.

5. We would also want to travel within Spain.

6. Where would we live? We would prefer to live with a Spanish family.

7. Could you recommend a family to us?

8. What would we need to travel to Spain?

9. How much would the trip cost?

10. Would we receive credit for the summer program?

Gerundio; Progressive Tenses

The **gerundio** is generally equivalent to the English present participle.

1. *Gerundios* of Regular Verbs

The **gerundio** of regular verbs is formed by dropping the infinitive endings (**-ar, -er, -ir**) and adding **-ando, -iendo**:

cantar:	cant*ando*	singing
comer:	com*iendo*	eating
abrir:	abr*iendo*	opening

2. *Gerundios* Ending in *-yendo*

The **gerundio** of **-er** and **-ir** verbs with stems ending in a vowel is formed by adding **-yendo**:

caer:	ca*yendo*
creer:	cre*yendo*
leer:	le*yendo*
oír:	o*yendo*
traer:	tra*yendo*

3. Irregular *Gerundios*

a. In the **gerundio**, stem-changing **-ir** verbs change the stem vowel from **e** to **i** and from **o** to **u**:

decir:	*diciendo*	pedir:	*pidiendo*
dormir:	*durmiendo*	sentir:	*sintiendo*
morir:	*muriendo*	venir:	*viniendo*

b. Other irregular **gerundios**

ir:	*yendo*	poder:	*pudiendo*

NOTE: In reflexive verbs, the reflexive pronoun is usually added to the **gerundio** and a written accent is required: **vestirse:** *vistiéndose;* **reírse:** *riéndome;* **bañarse:** *bañándonos;* and so on.

4. *Gerundio* in Progressive Tenses

The **gerundio** is used with forms of the verbs **estar, seguir, continuar,** and with verbs of motion, to stress that an event is (or was or will be) in progress or is continuing at the moment indicated. These tenses are called progressive tenses:

Los niños están jugando.	*The children are playing.*
Salió llorando.	*He went out crying.*
Los tiempos van cambiando.	*Times are changing.*
Siga Ud. leyendo.	*Keep on reading.*
Continuarán estudiando.	*They will continue studying.*
	(They will continue to study.)
Venían corriendo.	*They came running.*

NOTE: The **gerundios** of **estar, ir,** and **venir** are not used to form the progressive tenses of these verbs. Instead, the simple tenses are used:

Ella viene aquí.	*She is coming here.*
Rosa iba al parque.	*Rose was going to the park.*

5. Other Uses of the *Gerundio*

The **gerundio** is often the equivalent of *by* + an English present participle:

Viajando, se aprende mucho.	*By traveling, one learns much.*
Estudiando, saldrás bien en los exámenes.	*By studying, you will pass the examinations.*

EJERCICIO A

Diga lo que están haciendo las personas en los dibujos:

EJEMPLO:

Arturo y Homero están jugando tenis.

1. Pepe . . . .

5. Sarita . . . .

2. Elena y Esteban . . . .

6. Carlos . . . .

3. La señora . . . .

7. El niño . . . .

4. Los señores Cabal . . . .

8. Las muchachas . . . .

EJERCICIO B

Ud. está en la cola para entrar en el cine. Diga cómo salieron del cine estas personas:

> EJEMPLO: María / bailar
> **María salió bailando.**

1. Los niños / temblar
2. Eduardo / reír
3. La señora Tomás / llorar
4. Tú / pensar
5. Daniel y Fernando / correr
6. Leonardo / gritar

EJERCICIO C

Describa lo que Ud. vio cuando entró en su casa el sábado por la tarde:

EJEMPLO: Cuando entré en la casa, mi mamá **estaba cosiendo** un vestido nuevo. Mi hermana **estaba tocando** el piano y el perro **estaba cantando**. Mi padre **estaba tratando de dormir** la siesta.

EJERCICIO D

Ud. va a pasar las vacaciones en el pueblo donde viven sus abuelos. ¿Qué le cuenta su abuelo acerca de las personas del pueblo? Use el verbo estar *o* seguir *o* continuar, *según el caso:*

EJEMPLO: El señor Vargas / vender trigo
El señor Vargas **sigue vendiendo** trigo.

1. Don José / cultivar naranjas
2. Doña Petra / morirse
3. Los hermanos Pinto / estudiar
4. El señor Rangel / cortar leña
5. Don Arturo / ser el banquero
6. Rosita / cuidar a sus hermanitos
7. El hermano de Pedro / decir mentiras
8. El pobre anciano / pedir limosna
9. Tu abuelita / oír ruidos
10. El tío Octavio / perder las llaves

EJERCICIO E

Es el Año Nuevo y Ud. está trabajando en una emisora. Ud. está describiendo cómo las personas están pasando la noche en un restaurante popular. Complete las frases siguientes, usando el gerundio de uno de los verbos dados (cada verbo debe usarse solamente una vez):

comenzar	divertirse
caer	tirar
tocar	comer
celebrar	cantar
besar	bailar

1. La orquesta está _____ muchas canciones populares.
2. En una mesa un grupo de diez personas está _____ la cena tradicional.
3. Varias personas están _____ el Año Nuevo con champaña.
4. Los jóvenes continúan _____ .
5. Ahora los globos están _____ del techo.
6. La gente está _____ la canción tradicional.
7. Todo el mundo está _____ a comer las doce uvas.
8. Todos los esposos están _____ a sus esposas.
9. Muchas personas siguen _____ serpentinas.
10. Parece que todo el mundo está _____ .

EJERCICIO F

Ud. y su familia acaban de comer la cena. Diga lo que está haciendo cada persona de su familia. Use el verbo estar o seguir o continuar con gerundios:

EJEMPLO: **Mi abuelo está mirando la televisión.**

1. Mi madre
2. Mi padre
3. Mi hermano

4. Mi hermana
5. Yo

EJERCICIO G

Exprese en español lo que una profesora les dijo a sus estudiantes al terminar las clases:

1. By studying every day, you can receive good grades.
2. By traveling, you will see many interesting things.
3. By working in the summer, you can earn enough money.
4. By reading a lot, you can increase your vocabulary.
5. By helping others, you can feel satisfaction.
6. By following the rules, you do not make mistakes.

♦ MASTERY EXERCISES ♦

EJERCICIO H

Diga lo que el médico aconseja a los enfermos, usando los verbos **beber, comer, dormir, fumar, hacer** *y* **tomar** *(cada verbo debe usarse solamente una vez):*

1. Continúe _____ ocho horas cada noche.
2. Siga _____ la misma medicina.
3. Siga _____ mucha fruta fresca.
4. Siga _____ mucho ejercicio.
5. Continúe _____ cinco vasos de agua al día.
6. Siga_____ menos.

EJERCICIO I

Exprese en español los preparativos que Ud. está haciendo para celebrar las bodas de oro de sus abuelos:

1. We will be celebrating the anniversary for two days.
2. The guests will continue arriving in the afternoon.
3. The orchestra will be playing in the living room while we eat.

4. The waiters will keep on serving food in the tent in the garden until late.
5. The children will be happy playing in the garden.
6. My grandparents will be standing at the door, greeting everyone.
7. Everyone will be having a good time, eating well and dancing.

EJERCICIO J

Describa lo que Ud. estará haciendo en el año 2000 (su trabajo, su familia, sus pasatiempos, etc.).

Past Participle; Compound Tenses

1. Past Participles

a. Past participles of regular verbs

The past participle of regular verbs is formed by dropping the infinitive ending and adding **-ado** or **-ido**:

tomar:	**tom*ado***	*taken*
comer:	**com*ido***	*eaten*
sufrir:	**sufr*ido***	*suffered*

b. Past participles ending in **-ído**

The past participles of **-er** and **-ir** verbs with stems ending in a vowel have an accent mark:

caer:	**ca*ído***	**oír:**	**o*ído***
creer:	**cre*ído***	**reír:**	**re*ído***
leer:	**le*ído***	**traer:**	**tra*ído***

c. Irregular past participles

The following verbs and compounds of these verbs have irregular past participles:

abrir: *abierto* opened	**poner:** *puesto* put
cubrir: *cubierto* covered	**resolver:** *resuelto* resolved,
decir: *dicho* said	solved
escribir: *escrito* written	**romper:** *roto* broken
hacer: *hecho* done	**ver:** *visto* seen
imprimir: *impreso* printed	**volver:** *vuelto* returned
morir: *muerto* died	

Also, **descubrir** (*descubierto*), **deshacer** (*deshecho*), **imponer** (*impuesto*), **devolver** (*devuelto*), and others.

EJERCICIO A

Complete esta carta que Sofía le escribió a Clara, usando los participios pasados de los verbos indicados:

Querida Clara,

¿No has _____ mis dos últimas cartas? ¿Por qué no me has
       1 (recibir)

_____? He _____ de llamarte por teléfono, pero nadie ha
2 (escribir)   **3 (tratar)**

_____. Ya he _____ de mi viaje y también te he
4 (contestar)   **5 (regresar)**

_____ varias tarjetas postales de las ciudades que he _____.
6 (mandar)   **7 (visitar)**

¡Ya han _____ las vacaciones! ¡Qué lástima! Pero Rafael y yo
    8 (terminar)

hemos _____ de un viaje estupendo. Ya hemos _____ al
    9 (disfrutar)   **10 (volver)**

trabajo, pero no hemos _____ los días que hemos _____ en
           11 (olvidar)   **12 (pasar)**

la Costa del Sol. Tú nunca has _____ allí, ¿verdad? Desde que
                   13 (estar)

hemos _____ a casa, hemos _____ ese viaje a todos
    14 (llegar)   **15 (recomendar)**

nuestros amigos. Rafael y yo hemos _____ que jamás hemos
                        16 (decir)

_____ playas más bonitas. Y todo el mundo ha _____ tan
17 (ver)   **18 (ser)**

simpático. Ya hemos _____ en hacer otro viaje allí pronto.
           19 (pensar)

Me sorprendió no haber _____ noticias tuyas. Sé que has
            20 (tener)

_____ a casa de tu hermana y que has _____ cuidando a
21 (ir)   **22 (estar)**

tus sobrinos mientras que tu hermana ha _____ un viaje a París.
                   23 (hacer)

¿Se han _____ bien los niños? Ha _____ mucho trabajo,
    24 (portar)   **25 (ser)**

¿verdad?

                                    Hasta pronto,
                                    Sofía

2. Compound Tenses

The past participle is used with the various tenses of the verb **haber** (*to have*) to form the compound tenses.

a. Present perfect tense

The present perfect tense is used to describe an action that began in the past and continues up to the present or an action that took place in the past but is connected with the present. It is formed with the present tense of **haber** and the past participle:

I have entered (eaten, lived) here lately.

he }		hemos }	
has }	entrado (comido, vivido)	habéis }	entrado (comido, vivido)
ha }	aquí últimamente.	han }	aquí últimamente.

b. Pluperfect (past perfect) tense

The pluperfect tense is used to describe an action that was completed in the past before another action took place. It is formed with the imperfect tense of **haber** and the past participle:

I had entered (eaten, lived) here before.

había }	entrado (comido,	habíamos }	entrado (comido,
habías }	vivido) aquí	habíais }	vivido) aquí
había }	antes.	habían }	antes.

c. Preterite perfect tense

The preterite perfect tense is used mainly in literary style to indicate that the action or event had just ended. It usually follows such expressions as **cuando** (*when*); **apenas** (*scarcely, hardly*); **después (de) que** (*after*); **luego que, en cuanto, así que, tan pronto como** (*as soon as*). In conversation and informal writing, the preterite perfect is replaced by the preterite or the pluperfect tense. The preterite perfect is formed with the preterite tense of **haber** and the past participle:

I had entered (eaten, lived)

hube }		hubimos }	
hubiste }	entrado (comido,	hubisteis }	entrado (comido,
hubo }	vivido)	hubieron }	vivido)

LITERARY: **Apenas hube llegado** cuando me llamó.
INFORMAL: **Apenas había llegado** cuando me llamó.
} *I had scarcely arrived when he called me.*

LITERARY: **En cuanto hubo entrado,** todos se levantaron.
INFORMAL: **En cuanto entró,** todos se levantaron.
} *As soon as he had entered, everyone got up.*

d. Future perfect tense

The future perfect tense is used to describe an action or event that will have been completed in the future. It is formed with the future tense of **haber** and the past participle:

I shall (will) have entered (eaten, lived), etc.

| habré
habrás
habrá | } | entrado (comido,
vivido) | habremos
habréis
habrán | } | entrado (comido,
vivido) |

NOTE:

1. The future perfect may be used to express probability in past time:

| ¿Lo **habrá terminado?** | *I wonder if he has finished it.*
(Can he have finished it?) |
| **Habrán perdido** las llaves. | *They (have) probably lost the*
keys.
(They must have lost the keys.) |

2. The expression **deber de** followed by the perfect infinitive may be substituted for the future perfect in expressing probability in past time:

| **Deben de haber perdido** las
llaves. | *They must have lost the keys.* |
| **Debe de haber tomado** el libro. | *He must have taken the book.* |

e. Conditional perfect tense

The conditional perfect tense is used to describe an action or event that would have been completed in the past. It is formed with the conditional tense of **haber** and the past participle:

I would have entered (eaten, lived), etc.

| habría
habrías
habría | } | entrado (comido,
vivido) | habríamos
habríais
habrían | } | entrado (comido,
vivido) |

NOTE: The conditional perfect is used to express probability in past time:

| ¿Lo **habría terminado?** | *I wonder if he had finished it.*
(Could he have finished it?) |
| **Habrían perdido** las llaves. | *They had probably lost the*
keys. |

f. Perfect infinitive

The perfect infinitive is formed with the infinitive of **haber** and the past participle:

haber entrado (comido, vivido) *to have entered (eaten, lived)*

g. Perfect participle

The perfect participle is formed with the **gerundio** of **haber** and the past participle:

habiendo entrado (comido, vivido) *having entered (eaten, lived)*

EJERCICIO B

Cuente lo que han hecho estas personas para un picnic en el parque:

EJEMPLO: Arturo / comprar el pan
Arturo ha comprado el pan.

1. Graciela / preparar la ensalada
2. Tú / traer una manta
3. Elena y Roberto / sacar fotos
4. Javier / encender el fuego
5. Yo / cocinar las salchichas
6. Sarita / poner la mesa
7. Jorge y yo / llevar una canasta de frutas
8. Ricardo / buscar dónde comprar los refrescos
9. Beatriz / organizar unos juegos
10. Todo el mundo / contribuir dinero

EJERCICIO C

Es sábado y Ud. ha dormido hasta el mediodía. Cuente lo que los otros miembros de su familia han hecho mientras Ud. dormía. Use las sugerencias o piense en otras:

SUGERENCIAS: limpiar la sala   sacar al perro
lavar el carro   cortar la hierba del jardín
ir de compras   hacer los ejercicios físicos
arreglar el cuarto

1. Mi padre   4. Mis hermanos
2. Mi madre   5. _____
3. Mi hermana   6. _____

EJERCICIO D

Conteste las preguntas que le hace un joven colombiano:

1. ¿Ha visto Ud. muchos partidos de béisbol?
2. ¿Han terminado ya las clases para este año?
3. ¿Ha decidido Ud. cómo va a pasar las vacaciones?
4. ¿Ha ido Ud. a los conciertos al aire libre durante el verano?
5. ¿Le han gustado esos conciertos?
6. ¿Ha buscado Ud. trabajo?
7. ¿Ha visitado Ud. Colombia?

8. ¿Han hecho Ud. y sus amigos algún viaje al extranjero?
9. ¿Ha escuchado Ud. las noticias del día?
10. ¿Ha jugado Ud. dominó alguna vez?

EJERCICIO E

Cuente lo que estas personas habían hecho antes de la llegada de los invitados a la fiesta:

EJEMPLO: Anita / decorar el cuarto
Anita había decorado el cuarto.

1. Raúl / traer los refrescos
2. Gabriel y Alfonso / poner las mesas
3. Marta / cortar la carne
4. Yo / comprar los platos de papel
5. Tú / preparar los refrescos
6. Carlos / arreglar las sillas
7. Mi madre / cocinar una paella
8. David y yo / escoger los discos
9. Mi papá / bajar el tocadiscos
10. Gloria / apagar el televisor

EJERCICIO F

Diga qué comodidades encontró la señora Cajal en su último viaje:

EJEMPLO: Cuando llegamos al cuarto del hotel, . . .
el botones / subir las maletas
el botones ya había subido las maletas.

1. Cuando llegamos al cuarto del hotel, . . .
   a. la camarera / limpiar el cuarto
   b. el gerente / poner flores frescas
   c. el guía / mandar una botella de vino al cuarto
2. Cuando íbamos a los restaurantes, . . .
   a. el guía / hacer la reservación
   b. el mesero / poner pan y mantequilla en la mesa
   c. el capitán / pedir agua mineral
3. Cuando visitábamos los museos, . . .
   a. el guía / conseguir las entradas
   b. el chofer / estacionar cerca de la puerta de salida

EJERCICIO G

Es el último día de su clase de español. Diga cinco cosas que Ud. no había hecho hasta este año. Use las sugerencias o piense en otras:

SUGERENCIAS: declamar un poema en español
comer en un restaurante español

escribir una carta comercial
hacer un viaje a España
preparar una piñata
leer una obra de teatro

EJERCICIO H

Diga quién(es) habrá(n) hecho estas travesuras durante una excursión al parque:

> EJEMPLO: Jaime / quitar las flores
> **Jaime habrá quitado** las flores.

1. Ramón / romper la ventana
2. Tú / dejar la basura en el suelo
3. Mi hermanito / perder el guante de béisbol
4. Rosa / caerse al lago
5. Los niños / esconder la comida
6. Nosotros / llenar los globos de agua
7. Uds. / chocarse con otros barcos en el lago

EJERCICIO I

Cuente lo que habrán pensado sus padres cuando Ud. salió con unos amigos por un fin de semana:

> EJEMPLO: llevar un suéter
> **¿Habrá llevado** un suéter?

1. llevar un paraguas
2. tener bastante dinero
3. comer bien
4. comprar el boleto de vuelta
5. nadar en la piscina
6. jugar tenis
7. conocer a muchos jóvenes
8. darles propina a los meseros
9. gastar todo el dinero
10. olvidar llamarnos por teléfono

EJERCICIO J

Diga lo que Ud. habría hecho en estas circunstancias:

> EJEMPLO: Dos carros chocaron en la esquina. (llamar a la policía)
> **Yo habría llamado** a la policía.

1. Un anciano se cayó en la calle. (ayudarle a levantarse)
2. Se le olvidó a su madre comprar leche. (ir a la tienda a comprarla)
3. Un amigo estuvo en el hospital por cinco días. (visitarlo en el hospital)
4. Su padre no quería hablar con alguien por teléfono. (decir que no estaba en casa)
5. Su hermanito tenía mucha hambre. (prepararle un sandwich)

6. Ayer fue el cumpleaños de una amiga suya. (darle flores)
7. Un amigo suyo no tenía dinero para ir al cine con Ud. (prestarle 5 dólares)

EJERCICIO K

Diga lo que Ud. habría hecho en estas circunstancias:

1. No pudo cerrar la llave del baño.
2. Oyó ruidos extraños en la casa por la noche.
3. Olió gas en la cocina.
4. Perdió todo su dinero y no pudo subir al autobús.
5. Ud. rompió un florero valioso de su mamá.
6. Su perro mordió a un niño en la calle.

EJERCICIO L

Cuente lo que hicieron estas personas habiendo terminado estas cosas:

> EJEMPLO: Carlos escribió una carta. (ponerla en un sobre)
> **Habiendo escrito** la carta, **Carlos la puso** en un sobre.

1. María acostó a su hijito. (apagar la luz)
2. Ellos comieron la merienda. (lavar los platos)
3. Lourdes y yo salimos del cine. (volver a casa)
4. Mi hermana lavó la ropa. (ponerla en la secadora)
5. Los amigos jugaron una partida de ajedrez. (tomar un refresco)
6. Tú compraste ropa nueva. (guardarla en el armario)
7. Yo cerré el libro. (dejarlo en la mesa)

EJERCICIO M

El director de su escuela va a presentar unos premios a unos estudiantes de intercambio de países hispanos. Ayúdele a expresar lo siguiente en español:

> EJEMPLO: For having studied hard.
> **Por haber estudiado mucho.**

1. For having won many races.
2. For having drawn the best poster.
3. For having written the best poem.
4. For having helped others.
5. For having built the best train.
6. For having learned the most English.
7. For having prepared the best skits.

♦ MASTERY EXERCISES ♦

EJERCICIO N

Describa en diez frases lo que Ud. y un amigo han hecho antes de salir de viaje al extranjero. Use las sugerencias o piense en otras:

SUGERENCIAS: sacar el pasaporte
comprar el boleto
hacer la reservación
escribir a los hoteles
cambiar dinero
confirmar la reservación del vuelo
hacer la maleta
lavar la ropa
leer las guías turísticas
visitar la oficina de turismo
hablar con otras personas
sacar dinero del banco

EJERCICIO O

Exprese en español sus planes para la universidad:

1. You have thought about several universities.
2. You have written requesting their catalogues.
3. Your parents have asked how much it will cost.
4. The four years will have cost more than ten thousand dollars.
5. Your parents have thought that was a lot of money.
6. Your sister's friend had recommended another university to you.
7. He had told you that many of his cousins had studied there.
8. Having sent your application early, you should have heard from them already.
9. To have been accepted at this university is an honor.
10. In four years you will have completed your studies.

Ser and Estar

1. Uses of *ser*

Ser is used:

a. to express an inherent quality or characteristic of the subject:

> Este vino *es de España.*
> La casa *es de madera.*
> Felipe *es bueno.*

b. to describe or identify the subject:

> María *es alta (joven).*
> Mi hermano *es médico (fuerte).*
> El coche *es nuevo (blanco).*
> Juana *es rica (feliz).*
> ¿Quién *es? Soy* yo (*es él*).

c. to express time, dates, and where an event takes place:

> ¿Qué *hora es? Son las dos.*
> ¿*Dónde es* el concierto? El concierto *es en el parque.*
> Hoy *es treinta de enero.*

d. with impersonal expressions:

> *Es necesario* estudiar.
> *Es importante* llegar a tiempo.

e. to express a passive action with the past participle (see Chapter 12, page 99):

> Las ventanas *fueron cerradas* por el profesor.
> La puerta *fue abierta* por el niño.

NOTE: The forms of **ser** are summarized in the section on irregular verbs in the Appendix, page 425.

EJERCICIO A

Conteste las preguntas que le hace un amigo nuevo:

1. ¿Quién es usted?
2. ¿De dónde es usted?
3. ¿Cuál es su nacionalidad?
4. ¿Cómo es usted?
5. ¿De qué es su casa?
6. ¿De qué color es su casa?
7. ¿Es usted un estudiante aplicado?
8. ¿Quién es el hijo mayor de su familia? ¿el hijo menor?
9. ¿Son simpáticos sus hermanos?
10. ¿Cómo es su cuarto?
11. ¿Cuáles son sus pasatiempos favoritos?
12. ¿Quién es su mejor amigo(a)?
13. Es importante estudiar, ¿verdad?
14. ¿Cuál es la fecha de hoy?
15. ¿Qué hora es?

EJERCICIO B

Ud. acaba de recibir una carta de una nueva amiga que vive en México.
Complete las frases con la forma apropiada del verbo ser:

Querido(-a) amigo(-a),

Yo _____ Gloria Carballo. Ahora vivo en México pero no _____
    1   2

mexicana. _____ de España y vivimos en México porque mi padre
              3

_____ el cónsul de España y le toca trabajar en México por dos años.
4

Nosotros _____ una familia grande y unida. Mis dos hermanos, Jorge y
        5

Víctor, _____ mayores y mi hermana Pilar _____ menor que yo.
       6   7

Mi mamá no trabaja pero como _____ la esposa de un diplomático,
                                     8

_____ importante que ella vaya a muchas funciones del gobierno
9

con mi padre. Yo creo que mis hermanos _____ guapos. También
                                                   10

_____ muy enérgicos y _____ buenos futbolistas. Ellos _____
  11   12   13

estudiantes de la universidad. La casa en que vivimos _____ muy
                                                     14

grande. _____de ladrillo. Las casas de México no _____ de madera
      15   16

porque _____ más frescas cuando hace calor si _____ de piedra. Esta
      17   18

casa _____ de un señor rico. Hay muchos cuartos. Mi dormitorio
19

_____ pequeño pero lindo. Da al jardín y _____ agradable sentarme
20   21

allí por la tarde. Mi hermana _____ celosa y siempre me dice: «Oye, tú
22

_____ la preferida de esta familia porque tu cuarto _____ el más
23   24

bonito.» Mis amigos _____ de muchas partes del mundo pero la
25

mayoría de ellos _____ mexicanos. Sus fiestas _____ muy
26   27

animadas y _____ bonito escuchar la música de los mariachis.
28

Todos mis amigos _____ simpáticos, pero Rocío Pérez _____ mi
29   30

mejor amiga. También mi hermana y yo _____ buenas amigas. Ahora
31

_____ las cuatro y media de la tarde y debo despedirme de ti porque
32

_____ la hora de mi clase de piano. Tocar un instrumento musical
33

_____ lindo, ¿verdad? En tu carta cuéntame de tus amigos y dime
34

cuáles _____ tus pasatiempos preferidos. _____ muy interesante
35   36

tener amistades de otros países, ¿verdad?

Hasta pronto.

2. Uses of *estar*

Estar is used:

a. to express the location, position, or situation of the subject:

> Madrid *está en España.*
> *¿Dónde está* la casa?
> Felipe *está delante de la biblioteca.*

b. to indicate a state or condition of the subject:

> María *está cansada (sentada).*
> El coche *está lleno (sucio).*
> Ellos *están alegres (tristes).*
> Luis *está enfermo (bien).*
> La puerta *está abierta (cerrada).*
> El gato *está vivo (muerto).*

c. to form the progressive tenses (with the **gerundio**):

> Están cantando.
> Estaban jugando.

NOTE:

1. A condition may be a phase: **Juan está enfermo (triste);** a tempo-rary state: **Está cansado (sentado);** or the result of an action: **La puerta está cerrada.** Note that a condition does not identify, de-scribe, or express a characteristic.
2. The forms of **estar** are summarized in the section on irregular verbs in the Appendix, page 422.

d. in certain common expressions:

estar a punto de + infinitive *to be just about to*
estar para + infinitive *to be about to*
estar por *to be in favor of*
estar por + infinitive *to be inclined to*
estar conforme, estar de acuerdo (con) *to be in agreement (with),*
    to agree
estar de vuelta *to be back*

Espérame, *estoy a punto de* **terminar.**	*Wait for me, I'm just about to finish.*
Estoy para **salir.**	*I'm about to leave.*
Estoy por **el nuevo candidato.**	*I am in favor of the new candidate.*
Estoy por **ir de compras.**	*I am inclined to go shopping.*
No *está de acuerdo* **conmigo.**	*He doesn't agree with me.*
No *estoy conforme* **con su opinión.**	*I am not in agreement with your opinion.*

EJERCICIO C

Usted presenció un accidente. Conteste las preguntas que le hace un policía:

1. ¿Dónde estaba Ud. cuando los vehículos chocaron? (en la esquina)
2. ¿Estaban sentados o de pie los pasajeros del autobús? (sentados y de pie)
3. ¿Estaba lleno el autobús? (Sí)
4. ¿Dónde estaba el autobús? (parado en el semáforo)
5. ¿Dónde estaba el coche? (detrás del autobús)
6. ¿Cómo estaba la puerta del autobús? (abierta)
7. ¿Estaban bajándose algunos pasajeros del autobús? (Sí, tres personas)
8. ¿Quién estaba conduciendo el coche? (un señor)
9. ¿Qué estaban haciendo los pasajeros del coche? (hablando)
10. ¿Quién estaba sentado detrás del chofer del coche? (un niño)
11. ¿Qué estaba haciendo este niño? (jugando)
12. En su opinión, ¿cómo estaba el señor del coche? (distraído)

EJERCICIO D

David no se siente bien y va a la oficina de la enfermera de la escuela.
Habla con ella. Complete este diálogo con las formas apropiadas de
estar:

David: Buenas tardes.

Enfermera: Buenas tardes, David. ¿Cómo _____ tú hoy?
                                          1

David: Yo no _____ bien. _____ enfermo. Me duele todo el
                       2   3
            cuerpo.

Enfermera: Sí, tú _____ muy pálido. ¿Desde cuándo _____ tú así?
                      4   5

David: Hoy por la mañana yo _____ bien. Luego, cuando yo
                                     6

            _____ en la clase de inglés, me dio tos.
                7

Enfermera: ¿_____ tus padres en casa ahora?
               8

David: No. Mi padre _____ trabajando y mi madre _____
                             9   10
            visitando a mis abuelos porque mi abuelo _____ en el
                                                         11
            hospital. Ella no _____ de vuelta hasta las cinco.
                                  12

Enfermera: ¿_____ tu padre en su oficina ahora?
               13

David: No lo creo. Él debe _____ en la oficina de uno de sus
                                    14
            clientes. Él _____ a punto de salir para allá cuando yo
                            15
            llamé.

Enfermera: ¿Dónde _____ tus hermanos?
                      16

David: Uno _____ estudiando en la universidad y los otros dos
                   17

            _____ trabajando. Ellos _____ lejos de aquí.
                18   19

Enfermera: ¿Dónde _____ situada la oficina de tu médico?
                      20

David: Su oficina _____ en la Calle Madero, pero él no va a
                          21

            _____ allí hasta las seis.
                22

Enfermera: Aquí hace frío porque las ventanas _____ abiertas. Tú
                                                    23
            deberías _____ en casa.
                        24

David: Yo _____ de acuerdo. Mis tíos _____ en casa ahora y su
                  25   26
            casa _____ cerca de la escuela.
                    27

Enfermera: Voy a llamarlos. Si ellos no _____ ocupados, tú puedes ir
                                             28
            a su casa.

3. Adjectives Used with *ser* or *estar*

a. Some adjectives may be used with either **ser** or **estar,** but the meaning of an adjective used with **ser** will differ from its meaning when used with **estar:**

Julio *es bueno (malo).*	Julio is good (bad).	(characteristic)
La sopa *está buena (mala).*	The soup is good (bad).	(condition)
Es listo.	He is clever (smart).	(characteristic)
Está listo.	He is ready.	(condition)
Es pálido.	He is pale-complexioned.	(characteristic)
Está pálido.	He is pale.	(condition)
Es seguro.	It is safe (reliable).	(description/ characteristic)
Está seguro.	He is sure.	(condition/state of mind)
Él es vivo.	He is sharp (quick).	(characteristic)
Él está vivo.	He is alive.	(state/phase)
Es viejo (joven).	He is old (young).	(description)
Está viejo (joven).	He looks old (young).	(condition)
Él es aburrido.	He is boring.	(characteristic)
Él está aburrido.	He is bored.	(condition/state)

b. Adjectives used with **ser** and **estar** agree with the subject in gender and number:

Alicia está ocupada.	Alicia is busy.
Eran pobres.	They were poor.

EJERCICIO E

Complete esta descripción que hace Arturo de un domingo de primavera, con las formas apropiadas de ser *o* estar:

Hoy _____ domingo. _____ el dos de mayo y empieza a hacer buen
      1   2

tiempo, porque nosotros _____ en primavera. _____ las ocho de la
                      3   4

mañana cuando me levanto. Las ventanas de mi cuarto _____ abiertas
                                              5

y el aire que entra _____ fresco. _____ un buen día para _____ en
                 6   7   8

el parque. Mis amigos _____ de acuerdo, pero ellos _____ traba-
                    9   10

jando y no pueden acompañarme. No me gusta _____ solo, pero la úni-
                                                    11

ca persona que _____ dispuesta a pasar el día conmigo _____ mi
12 13
hermano menor. Mi hermana mayor _____ lista e interesante, pero hoy
14
ella _____ muy preocupada. No le gusta su trabajo. Ella _____ bus-
15 16
cando un trabajo nuevo y va a _____ ocupada hoy porque _____ es-
17 18
cribiendo cartas a varias compañías. Yo _____ seguro de que mis
19
padres van a _____ furiosos si no quiero llevar a mi hermano menor.
20
_____ cansado de salir con él porque siempre me _____ haciendo
21 22
muchas preguntas. Él _____ un chico bueno, pero él nunca _____
23 24
satisfecho. Le gusta _____ sentado delante de la casa y hablar con las
25
personas que _____ caminando por la calle. No quiero _____ malo,
26 27
pero voy a decirles a mis padres que hoy yo voy a _____ fuera hasta
28
muy tarde. Entonces no tendré que _____ cuidando a mi hermano
29
menor. Yo _____ muy listo, ¿verdad?
30

EJERCICIO F

Teresa le cuenta a su madre sobre su viaje a España y las personas que conoció. Complete las frases con las formas correctas de ser o estar:

1. Elena _____ cubana pero ahora ella y su familia _____ viviendo en España.
2. Lionel _____ muy listo en la escuela pero nunca _____ listo para salir a tiempo.
3. Su padre _____ médico pero él _____ en el hospital porque _____ enfermo.
4. El museo _____ enfrente de la casa en que vivía.
5. El señor Vargas _____ ingeniero. Sus hijos siempre _____ jugando en el patio.
6. Los vestidos de la señora Vargas _____ de colores muy vivos y siempre _____ limpios.
7. El señor Vargas les dice a sus hijos que _____ importante honrar a sus padres.
8. Las ventanas _____ abiertas y los muebles _____ llenos de polvo.
9. Comíamos en un restaurante que _____ cerca de la casa, pero la sopa nunca _____ caliente.
10. Mamá, tú todavía _____ pálida de la sorpresa.

Usted ha conocido a alguien por medio de una carta. Conteste las preguntas que le hizo a Ud. en la carta:

1. ¿De dónde es Ud.?
2. ¿Dónde está Ud. ahora?
3. ¿Cómo está Ud. hoy?
4. ¿Quién está al lado de Ud.?
5. ¿Qué está Ud. haciendo ahora?
6. ¿Qué quiere Ud. ser algún día?
7. ¿Cómo es Ud.: alto/alta o bajo/baja; rubio/rubia o moreno/morena; gordo/gorda o delgado/delgada?
8. ¿Es Ud. un amigo/una amiga fiel?
9. ¿Dónde está situada su casa?
10. ¿Es su casa de piedra, de madera o de ladrillos?
11. ¿Está rodeada de árboles su escuela?
12. ¿Está Ud. atento/atenta cuando hablan sus profesores?
13. ¿Está Ud. de acuerdo con lo que dicen?
14. ¿Quién fue elegido presidente de los Estados Unidos?
15. ¿Está Ud. conforme con las ideas del nuevo presidente?
16. ¿Por quién estuvo Ud.?
17. ¿Estaba Ud. ocupado/ocupada ayer?
18. ¿Qué estaba Ud. haciendo?
19. ¿Es Ud. un estudiante ejemplar?
20. ¿Dónde están sus amigos/amigas ahora?
21. ¿Qué hace Ud. cuando está cansado/cansada?
22. ¿Es Ud. una persona perezosa?
23. ¿Por qué está Ud. alegre hoy?
24. ¿A qué hora está Ud. de vuelta en su casa por las tardes?

♦ MASTERY EXERCISES ♦

EJERCICIO H

Escoja la forma correcta del verbo ser *o* estar *para completar los trozos siguientes:*

1. (Estaban, Eran) las tres de la tarde. (Estaba, Era) un día hermoso de agosto. Los árboles (estaban, eran) cargados de frutas que más tarde (estarían, serían) recogidas por niños y mayores. El aire (estaba, era) lleno del rumor de pájaros e insectos que se aprovechaban de la luz del sol. En los campos de trigo y de maíz, los agricultores (estaban, eran) trabajando entre gritos y risas. El cielo (estaba, era) completamente libre de nubes. (Estaba, Era) una escena de belleza ideal. «Esto (está, es) vivir» pensaba el turista, respirando fuerte. La tristeza que había sentido antes iba cambiando. Ahora (estaba, era) alegre.

2. Luisito (está, es) un muchacho de trece años. (Está, Es) alto y rubio y tiene una sonrisa de ángel. (Está, Es) bueno, listo y simpático, pero bastante pícaro y atrevido. Ayer se subió a un manzano y comió un par de manzanas verdes. Ahora (está, es) enfermo, con fiebre, y tiene que (estar, ser) en cama todo el día. Le visité esta mañana y (estaba, era) pálido. Le pregunté:«¿Cómo (estás, eres)?» Me contestó con voz muy débil:«(Estoy, Soy) muy mal hoy.» El médico dice que la enfermedad no (está, es) grave, y que dentro de dos o tres días Luisito (estará, será) tan bien como antes.

3. Los aztecas (estaban, eran) dueños del Valle de México. Su capital (estaba, era) Tenochtitlán (que hoy día (está, es) la Ciudad de México). (Estaba, Era) situada en un lago y (estaba, era) completamente rodeada de agua. Para llegar allí, (estaba, era) necesario cruzar por medio de uno de los numerosos puentes. En el centro de la ciudad (estaba, era) el palacio del emperador. (Estaban, Eran) una raza bárbara y militar y se habían hecho propietarios de mucho terreno ajeno. Cuando llegó Cortés, muchas naciones (estaban, eran) sujetas al poder de los aztecas. Su gobierno (estaba, era) severo y cruel, y practicaban el culto del sacrificio humano en los altares de sus templos.

4. El director de la expedición (estuvo, fue) el Sr. Suárez. (Estaba, Era) un hombre de mucha experiencia, de origen gallego, que había (estado, sido) navegante y que había (estado, sido) en muchos puertos. (Estaba, Era) martes, el treinta de enero, cuando salimos y nos dirigimos al África, donde, según él, (estaba, era) el tesoro. El mar (estaba, era) tranquilo. Una noche (estábamos, éramos) sentados en el salón, cuando uno de los compañeros de la empresa le preguntó si (estaba, era) seguro de que el mapa (estaba, era) genuino. Lleno de risa, se levantó de su asiento.

5. El Sr. Torres (estaba, era) de España. (Estaba, Era) español de nacimiento. Había venido a Buenos Aires para (estar, ser) administrador del negocio de su padre, en la industria de la lana. (Estaba, Era) viudo y vivía con sus hijas y sus nietos. Su trabajo (estaba, era) fácil, y tenía muchas horas libres. Su casa (estaba, era) situada en la avenida principal de la ciudad y (estaba, era) de buena construcción, de ladrillos. Tenía una biblioteca que también (estaba, era) despacho, con gran número de libros, cuadros y curiosidades. (Estaba, Era) muy aficionado a la lectura y prefería obras de historia. La puerta siempre (estaba, era) abierta para los amigos y conocidos.

EJERCICIO I

Lea este cuento sobre un viaje que hicieron Roberto y Luis. Complete cada frase con la forma correcta de ser o estar:

Roberto y Luis _____ viajando en automóvil. _____ de noche. El
                    1   2
cielo _____ muy oscuro y _____ lleno de nubes. Los jóvenes _____
          3   4   5
para atravesar un puente. El puente parecía _____ muy viejo. Ellos
                                              6
querían _____ seguros de que el puente _____ muy seguro. Roberto
            7   8
_____ manejando el coche. El coche _____ detenido delante de la
    9   10
entrada al puente. Luis _____ leyendo un letrero que decía: «El puente
                          11
_____ inspeccionado por las autoridades hace un mes.» Los jóvenes
    12
_____ decididos a llegar a su destino antes del amanecer. Roberto
    13
_____ preocupado, pero Luis le dijo que no debía _____ preocupado
    14   15
porque el puente _____ seguro.
                    16

EJERCICIO J

Exprese en español este diálogo que tiene lugar en casa de Alicia:

Juan: Who is it?
Señor: It is I, Mr. Rivera. Is Alicia at home?
Juan: She is in the living room. She is speaking on the telephone.
Señor: Will she be busy for a long time?
Juan: I doubt it. She was about to hang up. Here she is now.
Señor: Hello, Alicia. Are you ready for your violin lesson?
Alicia: I'm ready but I am worried because I have not been practicing
         every day.
Señor: You are a smart girl. You know that it is important to practice
         every day.
Alicia: I agree with you but I have been very busy.
Señor: This work was written by a famous composer. He was German.
Alicia: It is very beautiful.
Señor: What time is it?
Alicia: It is five-thirty. My parents will be back soon.
Señor: Today I have been running from one side of the city to the other
         and I am very tired.
Alicia: At what time will you be here next week?
Señor: I'll be here at the same time. This has been a good lesson today.
Alicia: So long.
Señor: And remember that it is very important to practice every day.
         Good-bye.

Reflexive Verbs

1. Reflexive Constructions in Simple and Compound Tenses

The reflexive pronouns (**me, te, se, nos, os, se**) generally precede the verb in the simple and compound tenses:

PRESENT TENSE

(yo) *me* **lavo**	(nosotros, -as) *nos* **lavamos**
(tú) *te* **lavas**	(vosotros, -as) *os* **laváis**
(Ud., él, ella) *se* **lava**	(Uds., ellos, -as) *se* **lavan**

PRETERITE
me lavé, te lavaste, etc.

IMPERFECT
me lavaba, te lavabas, etc.

FUTURE
me lavaré, te lavarás, etc.

CONDITIONAL
me lavaría, te lavarías, etc.

PRESENT PERFECT TENSE

(yo) *me* **he lavado**	(nosotros, -as) *nos* **hemos lavado**
(tú) *te* **has lavado**	(vosotros, -as) *os* **habéis lavado**
(Ud., él, ella) *se* **ha lavado**	(Uds., ellos, -as) *se* **han lavado**

PLUPERFECT
me había lavado, te habías lavado, etc.

FUTURE PERFECT
me habré lavado, te habrás lavado, etc.

CONDITIONAL PERFECT
me habría lavado, te habrías lavado, etc.

NOTE: The reflexive pronoun is another form of object pronoun, either direct or indirect. It indicates that the subject and the object of the verb are the same person or thing:

Nosotros levantamos el baúl.	*We lift the trunk.*
Nosotros *nos* levantamos.	*We stand up. (We lift ourselves.)*
Pongo el sombrero en la mesa.	*I put the hat on the table.*
***Me* pongo el sombrero.**	*I put on my hat. (I put the hat on myself).*

EJERCICIO A

En ocho frases, cuente quién hace estas cosas por la mañana en su casa:

Yo	bañarse rápidamente	peinarse por quince minutos
Mi madre	afeitarse	despertarse solo
Mi padre	cepillarse los dientes	no desayunarse
Mi hermano	vestirse de prisa	levantarse con dificultad
Mi hermana	despedirse con un beso	
Mis hermanos		

EJEMPLO: **Yo me visto de prisa.**

EJERCICIO B

Ud. es consejero/consejera de un grupo de niños en un campamento de verano. Diga cuál de los niños ha hecho estas cosas:

EJEMPLO: Roberto / encerrarse en el baño
Roberto se ha encerrado en el baño.

1. Clara y Sarita / dormirse en el cine
2. Javier / acostarse debajo de un árbol
3. Los gemelos / quedarse en la piscina
4. Eduardo / esconderse en el bosque
5. Carlos / irse sin permiso
6. Gabriel y Raúl / negarse a comer
7. Otro consejero y yo / enfadarse
8. Yo / ponerse nervioso(a)

EJERCICIO C

Cuente lo que pasó en estas circunstancias. Use las sugerencias o piense en otras:

SUGERENCIAS: quedarse enfadarse resfriarse
casarse escaparse pararse
quejarse pasearse mojarse
enojarse desmayarse ahogarse
despertarse esconderse bañarse
asustarse irse

EJEMPLO: Nevó ayer y yo **me quedé en casa.**

1. Llovió ayer y los jugadores de béisbol . . . .
2. Carlos esperó a Anita por una hora y ella no llegó. Carlos . . . .
3. Mi papá no oyó el despertador por la mañana y él . . . .
4. Las niñas vieron un ratoncito y ellas . . . .
5. Pedro y Graciela fueron novios por un año. Ayer en la iglesia ellos . . . .
6. Yo conducía el carro cuando vi la luz roja del semáforo. Entonces yo . . . .
7. Tú usaste mi blusa nueva. Yo . . . .
8. El médico le puso una inyección a mi hermanito. Él . . . .
9. El niño no quería tomar la medicina. Él . . . .
10. Elena y yo fuimos al parque donde nosotros . . . .
11. Yo atrapé una rana pero la rana _____ de la caja en que la tenía.
12. La señora Pérez oyó malas noticias y ella . . . .
13. El perro no pudo nadar en el río y . . . .
14. No me gustó la película que daban en el cine y yo . . . .
15. Roberto se cayó en la calle. Cuando llegó a casa él . . . .

2. Reflexive Commands

The reflexive pronoun in affirmative commands follows the verb and is attached to it. In a negative command, the reflexive pronoun precedes the verb:

¡láve*se* Ud.!   ¡láven*se* Uds.!
¡láva*te* tú!   ¡lava*os* vosotros!
¡no *se* lave Ud.!   ¡no *se* laven Uds.!
¡no *te* laves tú!   ¡no *os* lavéis vosotros!

NOTE: When the reflexive pronoun is attached to the affirmative command, there is an accent mark on the stressed vowel of the verb of the **tú, Ud.,** and **Uds.** forms.

EJERCICIO D

¿Cuáles son cinco órdenes que sus padres le dan a Ud. por la mañana? Use las sugerencias o piense en otras:

SUGERENCIAS: despertarse ahora   levantarse rápidamente
bañarse primero   cepillarse los dientes
lavarse el pelo   vestirse ahora mismo
desayunarse bien   peinarse antes de salir

EJEMPLO: **¡Despiértate ahora!**

EJERCICIO E

Alfredo y su hermano nunca hacen lo que su madre quiere. ¿Cuáles son las órdenes que ella les da?

EJEMPLO: quedarse en la cama
              ¡No se queden en la cama!

1. tardarse en el baño
2. quejarse del desayuno
3. irse sin despedirse
4. cepillarse el pelo en la sala
5. olvidarse de preparar la tarea
6. acostarse en el sofá
7. quitarse los zapatos

EJERCICIO F

En cada caso, ¿qué orden daría Ud.? Use la sugerencia dada en paréntesis:

EJEMPLO: Tu hermano va a salir de la casa con tu raqueta de tenis. (irse)
              ¡No te vayas con mi raqueta de tenis!

1. Ud. está cuidando a dos niños y ellos ya tienen mucho sueño. (acostarse)
2. Tú y tu hermana están sentados en la sala cuando suena el teléfono. Tú no quieres contestar el teléfono. (levantarse)
3. Una amiga de su mamá llama a la puerta. Ud. la invita a entrar en la sala para esperar a su mamá. (sentarse)
4. Su amigo acaba de arreglar su bicicleta y Uds. van a comer. (lavarse las manos)
5. Ud. y un amigo van a luchar. Su amigo lleva gafas. (quitarse las gafas)
6. Su madre no le permite a un amigo acompañarle a Ud. al centro. (enfadarse)
7. Ud. no salió bien en un examen y va a decírselo a sus padres. (ponerse furiosos)
8. Ud. está en el parque de diversiones y va a subir a la montaña rusa con un amigo miedoso. (asustarse)

3. Reflexive Constructions with Infinitives and the *Gerundio*

When used with an infinitive or a **gerundio,** the reflexive pronoun may follow the verb and be attached to it or it may precede the conjugated form of the verb:

INFINITIVE:	Voy a **peinarme** ahora.	*Me* **voy** a **peinar** ahora.
	Acabamos de **desayunarnos.**	*Nos* acabamos de **desayunar.**
GERUNDIO:	María **está lavándose** la cara.	María *se* **está lavando** la cara.
	Tú **estabas lavándote** el pelo.	Tú *te* **estabas lavando** el pelo.

NOTE: With the **gerundio,** an accent mark is placed on the stressed vowel of the verb if the reflexive pronoun is attached to it:

Estamos **lavándonos.**   Estaba **desayunándome.**

EJERCICIO G

Complete, con la forma apropiada de los verbos dados, este diálogo telefónico entre Carmen y Luz sobre una fiesta que tendrá lugar el sábado:

Carmen: ¿Piensas _____ en la fiesta de Rosa?
         1 (divertirse)

Luz: Claro que sí. Y quiero _____ allí hasta muy tarde.
         2 (quedarse)

Carmen: Hasta qué hora te dejarán tus padres _____ en la
         fiesta?   **3 (quedarse)**

Luz: Hasta medianoche. Si llego después, ellos van a _____ .
                                                        4 (enfadarse)

Carmen: ¿Qué piensas _____ ?
                      5 (ponerse)

Luz: Todas las chicas van a _____ blusa y falda. Pero yo
                                6 (ponerse)

         prefiero _____ un vestido nuevo que acabo de
                  7 (ponerse)
         comprar.

Carmen: ¿Podré _____ en tu casa? Trabajo el sábado y tendré
                8 (vestirse)

         que _____ para llegar a la fiesta a tiempo. Si debo
             9 (apresurarse)

         volver a casa a _____ antes de ir a la fiesta, no llegaré
                         10 (cambiarse)

         nunca. También así podrás ayudarme a _____ .
                                               11 (peinarse)

Luz: ¡Por supuesto que puedes _____ aquí! Así tendremos
                                    12 (vestirse)
          tiempo para decidir en quiénes debemos _____ en la
          fiesta.   13 (fijarse)
Carmen: Bueno, debo _____ ahora porque tengo mucho que
                       14 (irse)
          hacer. Y gracias, porque ahora podré _____ .
Luz: De nada. Hasta el sábado.   15 (tranquilizarse)
Carmen: Adiós.

EJERCICIO H

*Use los verbos siguientes para explicar por qué ciertas personas a
quienes Ud. conoce, van a, deben, pueden, quieren, o prefieren hacer
la acción del verbo:*

> EJEMPLO: acostarse
>   **Cuando mi padre tiene sueño, prefiere acostarse ense-
>   guida.**

1. quejarse	**5.** apresurarse	**8.** alegrarse
2. preocuparse	**6.** resfriarse	**9.** fijarse
3. lavarse	**7.** afligirse	**10.** despertarse
4. enojarse		

4. Summary of the Position of Reflexive Pronouns

SIMPLE TENSE COMPOUND TENSE	*Se* **lava.** *Nos* **hemos lavado.**	*He washes himself.* *We have washed ourselves.*
INFINITIVE	**Quiero lavar***me***. or *Me* **quiero lavar.**	*I want to wash myself.*
GERUNDIO	**Estamos lavándo***nos***. or *Nos* **estamos lavando.**	*We are washing ourselves.*
COMMANDS	**Láven***se* **Uds.** (affirmative) but **No** *se* **laven Uds.** (negative)	*Wash yourselves.* *Don't wash yourselves.*

5. Uses of Reflexive Verbs

a. Some verbs have special meanings when used reflexively:

BASIC MEANING	REFLEXIVE MEANING
aburrir *to bore*	**aburrirse** *(to bore oneself) to become bored*
acostar *to put to bed*	**acostarse** *(to put oneself to bed) to go to bed*
bañar *to bathe (someone)*	**bañarse** *(to bathe oneself) to take a bath*
cansar *to tire*	**cansarse** *(to tire oneself) to become tired*
colocar *to place (something)*	**colocarse** *to place oneself; to get a job*
engañar *to deceive*	**engañarse** *to deceive oneself; to be mistaken*
esconder *to hide (something)*	**esconderse** *to hide (oneself)*
parar *to stop (something)*	**pararse** *to stop oneself, to stop*
poner *to put (something)*	**ponerse** *to place oneself; to put (something) on; to become*
sentar *to seat*	**sentarse** *(to seat oneself) to sit down*

b. Some verbs are always used reflexively in Spanish but not usually in English:

acordarse (de) *to remember*
apoderarse (de) *to take possession (of)*
apresurarse (a) *to hurry*
aprovecharse (de) *to avail oneself (of); to profit (by); to take unfair advantage (of)*
arrepentirse (de) *to repent, to regret*
atreverse (a) *to dare (to)*
burlarse (de) *to make fun (of)*
desayunarse *to have breakfast*
desmayarse *to faint*
empeñarse (en) *to insist (on)*
enterarse (de) *to find out about*

escaparse (de) *to escape (from)*
fiarse (de) *to trust*
figurarse *to imagine*
fijarse (en) *to stare (at), to notice*
irse *to go away*
negarse (a) *to refuse (to)*
olvidarse (de) *to forget*
parecerse (a) *to resemble*
pasearse *to stroll*
quejarse (de) *to complain*
reírse (de) *to laugh (at), to make fun (of)*
tratarse (de) *to concern, to be a question (of)*

c. Reflexive verbs express reciprocal action corresponding to English *each other, one another:*

Nos escribimos.	*We write to each other.*
Pepe y Elena **se aman.**	*Joe and Helen love one another.*

NOTE: **Uno a otro (Una a otra)** or **el uno al otro (la una a la otra)** may be added to clarify or reinforce the meaning of the reflexive pronoun:

Las muchachas **se miran.**	*The girls look at each other (or look at themselves).*
Las muchachas se miran *una a otra* (**la una a la otra**).	*The girls look at each other.*
Pepe y Elena se aman *uno a otro* (**el uno al otro**).	*Joe and Helen love each other.*

d. Reflexive verbs are often used to express a passive action when the subject is a thing (not a person) and when the agent (doer) is not indicated (see page 101).

Aquí *se habla* **español.**	*Spanish is spoken here.*
Estos libros *se venderán* **hoy.**	*These books will be sold today.*

EJERCICIO I

Manolo y sus amigos hablan de un concierto al que asistieron. ¿Qué dicen? Forme frases según el ejemplo, usando el pretérito de los verbos dados:

EJEMPLO: La policía / colocar / barricadas en la entrada
La policía colocó barricadas en la entrada.

1. Los policías / colocarse delante de ellas
2. Unos muchachos / sentar / a la gente
3. Ellos / sentarse / en los pasillos
4. Roberto / esconder / una grabadora en su mochila
5. Él / esconderse / cerca del foro
6. Tres personas / desmayarse
7. La primera parte del concierto / cansar al público
8. En la segunda parte / el público / no cansarse de aplaudir
9. Nadie / apresurarse / a salir
10. Los policías / empeñarse / en mantener el orden
11. Muchas personas / quejarse / del calor
12. Varios policías / parar / un disgusto entre dos aficionados
13. Yo / pararse / para ver la escena
14. Nosotros / acordarse / del primer concierto de este grupo
15. Los comerciantes / aprovecharse / del público

EJERCICIO J

Conteste estas preguntas que le hace Rafael a Carmen sobre su novio:

> EJEMPLO: ¿Desde cuándo lo conoces? (hace 2 años)
> **Nosotros nos conocemos desde hace dos años.**

1. ¿Dónde lo conociste? (en una fiesta)
2. ¿Con qué frecuencia le escribes? (cada semana)
3. ¿Cuándo hablas con él por teléfono? (todos los domingos)
4. ¿Cuándo lo ves? (durante las vacaciones)
5. ¿Lo amas mucho? (Sí)

EJERCICIO K

Ricardo está preparando los carteles para una fiesta que el Círculo Español va a ofrecer el sábado. Ayúdele a escribir los carteles:

> EJEMPLO: entrar / por aquí
> **Se entra** por aquí.

1. aquí / cambiar / dinero
2. aquí / sacar / fotos
3. aquí / comprar / las entradas
4. vender / refrescos / aquí
5. jugar / dominó / aquí
6. vender / helado / aquí
7. prohibir / entrar / por aquí
8. salir / por aquí
9. leer / horóscopos
10. oír / discos allí

◆ MASTERY EXERCISES ◆

EJERCICIO L

Conteste estas preguntas que le hace un alumno de intercambio en su escuela:

1. ¿Se ponen Uds. tristes cuando terminan las vacaciones?
2. ¿Se quejan Uds. cuando el profesor les da muchas tareas?
3. ¿Por qué se enfada el profesor a veces con Ud.?
4. ¿Se entrega Ud. a su trabajo con entusiasmo?
5. ¿Se callan los alumnos mientras está hablando el profesor?
6. ¿Admite Ud. su error cuando se equivoca?
7. ¿Se apresura Ud. a regresar a casa después de las clases?
8. ¿Se enfadan sus padres cuando Ud. llega a casa tarde?
9. ¿Cuándo se graduará Ud. de esta escuela?
10. ¿En qué universidad se matriculará Ud.?
11. ¿Qué quiere Ud. hacerse?
12. ¿Cómo se divierte Ud. cuando está con sus amigos?

EJERCICIO M

Claudio le explica a un amigo lo que hace en el campamento durante el verano. Ayúdele a expresarlo en español:

1. They wake us at 6:00 A.M.
2. I never get up immediately.
3. Then we bathe ourselves and go to the dining room to have breakfast.
4. On Mondays we wash our clothes.
5. When I don't feel well, I stay in bed all day.
6. If I don't like the food, I refuse to eat.
7. The other guys hurry to participate in all the activities.
8. I become bored if I have to participate in everything.
9. In the afternoons, we put on our bathing suits and swim in the lake.
10. One year I tried to escape from the camp.
11. I wouldn't dare to try it again.
12. I always forget to bring my baseball glove.
13. We get dressed every night for dinner.
14. We try to behave ourselves.
15. My friends and I write to each other twice a week.
16. I usually enjoy myself in camp.

Passive Constructions

In the active voice, the subject generally performs some action. In the passive voice, the subject is acted upon:

ACTIVE: **El alumno *compró* el libro.**   *The student bought the book.*

PASSIVE: **El libro *fue comprado por* el alumno.**   *The book was bought by the student.*

1. Formation and Use of the Passive

If the agent (doer) is mentioned or implied, the passive construction in Spanish is similar to English: subject + form of **ser** + past participle + **por** + agent (doer):

Estas carreteras *fueron construidas por* el gobierno.   *These highways were built by the government.*

Todos mis amigos *han sido invitados por* Carlos.   *All my friends have been invited by Charles.*

La fiesta *será celebrada por* los habitantes.   *The festival will be celebrated by the inhabitants.*

Colón salió de España el 3 de agosto; América *fue descubierta* el 12 de octubre. (doer, Columbus, implied)   *Columbus left Spain on August 3; on October 12, America was discovered.*

NOTE:

1. In the passive, the past participle is used like an adjective and agrees with the subject in gender and number.
2. The agent is preceded by **por.** If the past participle expresses feeling or emotion, rather than action, **por** may be replaced by **de:**

Es amado (respetado, admirado) *de* todos.   *He is loved (respected, admired) by all.*

Era temido (odiado, envidiado) *de* la gente.   *He was feared (hated, envied) by the people.*

EJERCICIO A

Hilda está muy orgullosa del papel que desempeñó su familia en el desarrollo de la ciudad. Cuente lo que le muestra Hilda a una amiga nueva durante un paseo por la ciudad. Use los verbos construir, dedicar, pagar, plantar, regalar, terminar:

EJEMPLO:

Este rascacielos fue construido por mi abuelo.

1.

2.

3.

4.

5.

6.

7.

8.

EJERCICIO B

En una fiesta, Gabriela cuenta quién preparó cada cosa. ¿ Qué dijo ella? Use la voz pasiva:

EJEMPLO: Manolo compró los refrescos.
Los refrescos fueron comprados por Manolo.

1. Estela preparó el pastel.
2. Javier y Eduardo cocinaron la carne.
3. Vicente colgó los adornos.
4. Isabel puso la mesa.
5. Sergio consiguió las tortillas.
6. Yo invité a los amigos.

7. Taco Rico entregó los tacos.

8. Luis escogió los discos.

9. Raquel y yo hicimos los preparativos.

10. Mi mamá pagó las cuentas.

EJERCICIO C

Leonardo está leyendo en el periódico sobre la tormenta de anoche y quiere explicárselo a Jorge en español. Exprese lo siguiente en español:

1. The city was surprised by a storm last night.

2. Many trees were destroyed by the rains.

3. The lights were put out by a bolt of lightning.

4. The streets were flooded by the river.

5. The schools were closed by the authorities.

2. Substitute Constructions for the Passive

a. If the agent (doer) is not mentioned or implied and the subject is a thing, the reflexive construction is preferred in Spanish. In such constructions, the subject usually follows the verb:

Aquí *se habla* español.	Spanish is spoken here.
Aquí *se hablan* español y francés.	Spanish and French are spoken here.
¿A qué hora *se cierran* las tiendas?	At what time are the stores closed?
Se publicó el libro.	The book was published.
Se perdieron los documentos.	The documents were lost.
Desde aquí *se pueden* ver los monumentos.	From here the monuments can be seen.

EJERCICIO D

El Círculo Español está preparando una cena. Diga en qué tienda(s) se vende o se compra lo que van a necesitar:

carne molida	tortillas	queso
tomates	lechuga	rábanos
aceite	vinagre	cebollas
crema	servilletas	platos de papel
tenedores	cuchillos	

EJEMPLO: **En la lechería se vende crema.**
En la lechería se venden crema y queso.

Es su primer día de trabajo en una oficina. ¿Qué le dice su jefe?

> EJEMPLO: llegar temprano a la oficina
> **Se llega temprano** a la oficina.

1. contestar el teléfono en seguida
2. recibir el correo por la mañana
3. leer las cartas con cuidado
4. escribir las cartas a máquina
5. tomar una hora de almuerzo
6. llevar las cartas al correo
7. comprar sellos en el correo
8. archivar la correspondencia a diario
9. poner los recados en los escritorios
10. salir de la oficina a las cinco

Conteste las preguntas que le hace un primo que está de visita en su casa:

1. ¿A qué hora se cerrarán las tiendas el sábado?
2. ¿Cuándo se estrenará otra película en el cine?
3. ¿Hasta qué hora se servirá la comida en el restaurante?
4. ¿Dónde se podrá encontrar una raqueta de tenis?
5. ¿Cuándo se oirá el pronóstico del tiempo para mañana?
6. ¿Dónde se comprarán regalos baratos?
7. ¿Qué se venderá en la tienda de la esquina?
8. ¿En qué tienda se regalarán tarjetas postales?
9. ¿Dónde se podrá recibir el mejor tipo de cambio?
10. ¿Cuánto se cobrará por entrar en el parque de diversiones?

b. The pronoun **se** may also be used as an indefinite subject. In such constructions, **se** is not reflexive and is used only with the third person singular of the verb:

se dice: *it is said, one says, people say, they say, you say*
se cree: *it is believed, one believes, people believe, they believe, you believe*
se sabe: *it is known, one knows, people know, they know, you know*

The forms **dicen** (*they say*), **creen** (*they believe*), and **saben** (*they know*) are used without **se**:

Se dice }
Dicen } que es muy rico.
It is said }
They say } *that he is very rich.*

c. The indefinite **se** may be used to express the passive when the doer is indefinite (not mentioned or implied) and a person is acted upon:

Se mató *al hombre.*	*The man was killed.* [Someone killed the man.]
Se *le* mató.	*He was killed.* [Someone killed him.]
Se mató *a los hombres.*	*The men were killed.* [Someone killed the men.]
Se *les* mató.	*They were killed.* [Someone killed them.]
Se castigará *a la niña.*	*The child will be punished.* [Someone will punish the child.]
Se *la* castigará.	*She will be punished.* [Someone will punish her.]
Se castigará *a las niñas.*	*The children will be punished.* [Someone will punish the children.]
Se *las* castigará.	*They will be punished.* [Someone will punish them.]

NOTE: Although the person acted upon is a direct object, the forms **le** and **les** (instead of **lo** and **los**) are used for the masculine.

d. Instead of the indefinite **se** construction, the active third person plural is often preferred:

Mataron al hombre (a los hombres).	*They killed the man (the men).* [indefinite]
Lo (Los) mataron.	*They killed him (them).* [indefinite]
Castigarán a la niña (a las niñas).	*They will punish the child (the children).* [indefinite]
La (Las) castigarán.	*They will punish her (them).* [indefinite]

3. Summary of Passive and Substitute Constructions

	AGENT (DOER) EXPRESSED	AGENT (DOER) NOT EXPRESSED
	PASSIVE CONSTRUCTION SIMILAR TO ENGLISH	REFLEXIVE
THING	**Las camisas *serán vendidas por* el dependiente.**	***Se venderán* las camisas.**
PERSON	**El alcalde *fue elegido por* el pueblo.**	INDEFINITE
		Se eligió* al alcalde.** (Se le* eligió.**) ***Eligieron* al alcalde.** (***Lo eligieron.***)

EJERCICIO G

Una madre da una lección a su hijo. Complete las frases de dos maneras, con las formas necesarias del verbo apropiado:

EJEMPLO: _____ gracias.
   Se dice gracias. **Dicen** gracias.

VERBOS: atravesar   entrar   necesitar   aprender
   comer   saber   poner   decir
   pasar   subir   pagar

1. _____ por la escalera.
2. _____ estudiando.
3. _____ la calle en la esquina.
4. _____ la mesa antes de comer.
5. _____ por la puerta.
6. _____ por favor.
7. _____ que para comprar algo _____ dinero.
8. _____ en el comedor.
9. _____ el río por medio del puente.
10. En el autobús _____ al entrar.

EJERCICIO H

Paco es un niño que siempre repite lo que dicen todos. Su mamá acaba de hablar por teléfono con una amiga suya. Imitando a Paco, repita de dos maneras lo que dijo su mamá:

EJEMPLO: Nombraron de jefe al Sr. Gómez.
   Se nombró de jefe al Sr. Gómez.
   Se le nombró de jefe.

1. Cogieron al hombre que robó la plata.
2. Acusaron al hombre del crimen.
3. Encerraron al ladrón en la cárcel.
4. Castigaron al ladrón.
5. Condenarán mañana al acusado.

♦ MASTERY EXERCISES ♦

EJERCICIO I

El hermanito de Felipe hace muchas preguntas. Conteste las preguntas que él le hace mientras Ud. espera a su hermano:

1. ¿Cómo se dice «railroad» en español?
2. ¿A qué hora se cena en su casa?
3. ¿Qué se lee en un periódico?
4. ¿En dónde se compran medicinas?
5. ¿A quiénes se cura en un hospital?
6. ¿En dónde se encierra a los criminales?
7. ¿En qué países se habla portugués?
8. ¿Por quién fue descubierto el Nuevo Mundo?
9. ¿Se venden guantes en una panadería?
10. ¿Es respetado el presidente de la gente?
11. ¿Por qué se castigará a los niños?
12. ¿Se sabe si hay civilización en la luna?
13. ¿Qué se dice cuando uno recibe un regalo?
14. ¿Por quién fue firmada la Declaración de Independencia?
15. ¿Por quién fue construido este puente?

EJERCICIO J

Escriba una carta a un(a) amigo(a) que vive en Lima, en la que Ud. describe una fiesta local que se celebra en su ciudad (pueblo, barrio). Piense en estas cosas:

cuándo se celebra; cómo se celebra; si se cierran los negocios o no; qué actividades se ofrecen; por quién(es) es organizada la celebración; etc.

EJERCICIO K

Describa una fiesta a la que Ud. asistió. Use formas de la voz pasiva donde sea posible:

EJEMPLO: La fiesta fue dada por mi amiga Alba. Se celebraba el cumpleaños de su novio, Jaime. Se invitó a todos los amigos de Jaime y de Alba. Se comenzó la celebración a las dos de la tarde....

Subjunctive

1. Subjunctive in Spanish

Chapters 1 through 12 in this book deal with verb constructions in the indicative mood. The term *mood* describes the form of the verb showing the subject's attitude. In this and the next chapter, you will see how the subjunctive mood enables speakers of Spanish to express a variety of attitudes through different verb forms and constructions.

a. The indicative and the subjunctive

The indicative mood states facts and expresses certainty or reality. The subjunctive mood expresses uncertainty, doubt, wishes, desires, conjecture, supposition, and conditions that are unreal or contrary to fact. The subjunctive occurs much more frequently in Spanish than in English.

b. Use of the subjunctive

In Spanish, the subjunctive normally occurs in dependent clauses introduced by a conjunction or a relative pronoun.

2. Forms of the Subjunctive

a. Present subjunctive of regular verbs

The present subjunctive of most verbs is formed by dropping the ending **-o** of the first person singular (**yo** form) of the present indicative and adding the following endings:

> **-ar** verbs: *-e, -es, -e, -emos, -éis, -en*
>
> **-er** }
> **-ir** } verbs: *-a, -as, -a, -amos, -áis, -an*

INFINITIVE	PRESENT INDICATIVE YO FORM	PRESENT SUBJUNCTIVE
tomar	tomo	tome, tomes, tome, tomemos, toméis, tomen
comer	como	coma, comas, coma, comamos, comáis, coman
escribir	escribo	escriba, escribas, escriba, escribamos, escribáis, escriban

caber	quepo	quepa, -as, -a, etc.
coger	cojo	coja, -as, -a, etc.
conocer	conozco	conozca, -as, -a, etc.
destruir	destruyo	destruya, -as, -a, etc.
distinguir	distingo	distinga, -as, -a, etc.
salir	salgo	salga, -as, -a, etc.

b. Spelling changes in the present subjunctive

In the present subjunctive of verbs ending in **-car, -gar,** and **-zar, c** changes to **qu, g** to **gu,** and **z** to **c.** These spelling changes are the same as those that occur in the **yo** form of the preterite (see page 31).

INFINITIVE	PRETERITE YO FORM	PRESENT SUBJUNCTIVE
buscar	busqué	busque, -es, -e, etc.
pagar	pagué	pague, -es, -e, etc.
alzar	alcé	alce, -es, -e, etc.

NOTE: In the verb **averiguar,** the **u** changes to **ü** before an **e** in order to keep the sound of the **u,** which otherwise would be silent:

PRETERITE: **averigüé**

PRESENT SUBJUNCTIVE: **averigüe**

c. Stem-changing verbs in the present subjunctive

(1) Stem-changing **-ar** and **-er** verbs have the same stem changes in the present subjunctive as in the present indicative (**e** to **ie, o** to **ue**):

cerrar: cierre, cierres, cierre, cerremos, cerréis, cierren

volver: vuelva, vuelvas, vuelva, volvamos, volváis, vuelvan

(2) Stem-changing **-ir** verbs have the same stem changes in the present subjunctive as in the present indicative (**e** to **ie**, **o** to **ue**, **e** to **i**). In the **nosotros** and **vosotros** forms, the stem vowel **e** changes to **i** and the stem vowel **o** changes to **u**:

sentir:	*si*enta, *si*entas, *si*enta, *si*ntamos, *si*ntáis, *si*entan
dormir:	*du*erma, *du*ermas, *du*erma, *du*rmamos, *du*rmáis, *du*erman
pedir:	*pi*da, *pi*das, *pi*da, *pi*damos, *pi*dáis, *pi*dan

(3) Some verbs ending in **-iar** or **-uar** have an accent mark on the **i** or the **u** (**í**, **ú**) in all forms except those for **nosotros** and **vosotros**.

enviar:	env*í*e, env*í*es, env*í*e, enviemos, enviéis, env*í*en
continuar:	contin*ú*e, contin*ú*es, contin*ú*e, continuemos, continuéis, contin*ú*en

d. Present subjunctive of irregular verbs

The following verbs have irregular forms in the present subjunctive:

dar:	*dé*, des, *dé*, demos, deis, den
estar:	*esté*, *estés*, *esté*, estemos, estéis, *estén*
haber:	*haya*, *hayas*, *haya*, *hayamos*, *hayáis*, *hayan*
ir:	*vaya*, *vayas*, *vaya*, *vayamos*, *vayáis*, *vayan*
saber:	*sepa*, *sepas*, *sepa*, *sepamos*, *sepáis*, *sepan*
ser:	*sea*, *seas*, *sea*, *seamos*, *seáis*, *sean*

NOTE: The subjunctive form **vaya** is used colloquially to express *what a*:

¡*Vaya* **lío en que estoy metido!**
What a mess I am involved in!

¡*Vaya* **memoria la suya!** Sabe todas las fechas históricas.
What a memory he has! He knows all the historical dates.

e. Imperfect subjunctive

The imperfect subjunctive of all verbs is formed by dropping the **-ron** ending of the third person plural of the preterite tense and adding either the **-ra** or **-se** endings:

-ra, -ras, -ra, '-ramos, -rais, -ran
-se, -ses, -se, '-semos, -seis, -sen

INFINITIVE	PRETERITE THIRD PLURAL	IMPERFECT SUBJUNCTIVE
llegar	**llegaron**	**llegara, llegaras, llegara, llegáramos, llegarais, llegaran** *or* **llegase, llegases, llegase, llegásemos, llegaseis, llegasen**
vender	**vendieron**	**vendiera, vendieras, vendiera, vendiéramos, vendierais, vendieran** *or* **vendiese, vendieses, vendiese, vendiésemos, vendieseis, vendiesen**
dormir	**durmieron**	**durmiera, durmieras**, etc., *or* **durmiese, durmieses**, etc.
pedir	**pidieron**	**pidiera**, etc., *or* **pidiese**, etc.
decir	**dijeron**	**dijera**, etc., *or* **dijese**, etc.
ir, ser	**fueron**	**fuera**, etc., *or* **fuese**, etc.
creer	**creyeron**	**creyera**, etc., *or* **creyese**, etc.

NOTE: The **nosotros** form of the imperfect subjunctive is the only form that has an accent mark (on the vowel immediately before the ending).

f. Perfect subjunctive and pluperfect subjunctive

(1) The perfect subjunctive consists of the present subjunctive of **haber** plus a past participle:

haya ⎫ **hayamos** ⎫
hayas ⎬ **entrado** **hayáis** ⎬ **entrado**
haya ⎭ **hayan** ⎭

(2) The pluperfect subjunctive consists of the imperfect subjunctive of **haber** plus a past participle:

hubiera (hubiese) ⎫ **hubiéramos (hubiésemos)** ⎫
hubieras (hubieses) ⎬ **dicho** **hubierais (hubieseis)** ⎬ **dicho**
hubiera (hubiese) ⎭ **hubieran (hubiesen)** ⎭

3. Uses of the Subjunctive

The subjunctive in dependent clauses is introduced by the conjunction **que**.

a. The subjunctive is used after verbs and expressions of advice, command, demand, desire, hope, permission, preference, prohibition, request, suggestion:

aconsejar *to advise*	**insistir (en)** *to insist*	**preferir** *to prefer*
decir *to tell (to order)*	*(on)*	**prohibir** *to forbid, to*
dejar *to let, to allow*	**mandar** *to*	*prohibit*
desear *to wish, to*	*command, to order*	**querer** *to wish, to*
want	**¡Ojalá (que)...!** *I*	*want*
esperar *to hope*	*wish (hope) that*	**rogar** *to beg, to*
exigir *to require, to*	*...! If only...!*	*request*
demand	**pedir** *to request, to*	**sugerir** *to suggest*
hacer *to make, to*	*ask for*	**suplicar** *to beg, to*
cause	**permitir** *to permit, to*	*plead*
	allow	

Le aconsejaron que *saliera* en seguida.	They advised him to leave at once.
Les digo que *entren*.	I tell them to enter (that they should enter).
Quieren que *lleguemos* temprano.	They want us to arrive early.
¡Ojalá que Uds. no *se enfermen*!	I hope (that) you don't become ill!
Espero que *se queden* aquí.	I hope (that) they remain here.
El profesor no permite que los alumnos *hablen* en la clase.	The teacher does not permit the pupils to speak in class.
Mis padres prefieren que yo no *mire* ese programa de televisión.	My parents prefer that I do not watch that television program.
Te ruego que *vengas*.	I beg you to come.

NOTE:

1. In all of the examples above, the verb in the main clause and the verb in the dependent clause have different subjects. If the subjects in both clauses are the same, **que** is omitted and the infinitive is used instead of the subjunctive:

Ellos quieren *ir* a la fiesta.	They wish to go to the party.
Mis hermanos prefieren *ver* esa película.	My brothers prefer to see that movie.

2. The verbs **dejar, hacer, mandar, permitir,** and **prohibir** may be followed by either the subjunctive or the infinitive:

Me manda que *salga*.
Me manda *salir*. } *He orders me to leave.*

Déjele que *hable*.
Déjele *hablar*. } *Let him speak.*

EJERCICIO A

Escriba diez frases con los comentarios que hace Roberto sobre estas personas:

Mi madre	aconsejar	yo	pintar el cuarto
Mi padre	decir	mi hermano(a)	lavar el coche
Mis padres	desear	mis hermanos	estudiar más
El profesor	esperar	mis hermanos y yo	acostarse temprano
Mi tío	exigir	tú	no salir por la noche
Tú	hacer		buscar trabajo
Yo	insistir (en)		descansar después de
	pedir		cenar
	preferir		ir de compras
	rogar		llegar temprano
			quedarse en casa

EJEMPLO: **Mi padre *insiste* en que mi hermana no *salga* por la noche.**

b. The subjunctive is used after verbs and expressions of feeling or emotion, such as fear, joy, sorrow, regret, surprise:

alegrarse (de) *to be glad*	**temer** *to fear*
sentir *to be sorry, to regret*	**tener miedo (de)** *to fear,*
sorprenderse (de) *to be surprised*	*to be afraid*

Temían que no *volviera*. — *They were afraid that he would not return.*

Me alegro de que Uds. lo *hayan visto*. — *I am glad that you have seen it.*

Sentimos que ellos no *puedan* hacer el viaje con nosotros. — *We regret (We are sorry) that they cannot make the trip with us.*

¿Se sorprenden Uds. de que *haya* examen hoy? — *Are you surprised that there is an examination today?*

EJERCICIO B

Unos parientes de Rosa acaban de llegar de Quito. ¿Qué dice Rosa?

EJEMPLO: yo / sorprenderse / ellos / saber hablar inglés
Yo me sorprendo de que ellos sepan hablar inglés.

1. yo / alegrarse / ellos / haber venido
2. yo / alegrarse / ellos / quedarse aquí por un mes
3. yo / temer / ellos / no tener bastante dinero
4. yo / tener miedo / ellos / ir a aburrirse
5. yo / sentir / ellos / no poder quedarse aquí por más tiempo
6. yo / lamentar / nosotros / no haberlos conocido hasta ahora

EJERCICIO C

Describa la reacción de estas personas en cada circunstancia. Use los verbos dados entre paréntesis:

EJEMPLO: Adolfo acaba de recibir una carta de sus primos en que dicen que aceptan su invitación. (alegrarse)
Adolfo se alegra de que sus primos hayan aceptado su invitación.

1. Los jardineros cortaron el árbol favorito de la señora Leña. Ella está muy triste. (sentir)
2. Robaron la casa de mi abuela. Ahora ella está muy asustada. (lamentar)
3. Al salir del examen final, Rafael le cuenta a un amigo que el examen fue muy fácil. (alegrarse)
4. Los padres de Rocío le regalaron un coche. Ella no puede creerlo. (sorprenderse)

EJERCICIO D

¿Qué sienten estas personas al saber lo siguiente?

Todo el mundo	alegrarse
Mi padre	sorprenderse
Los trabajadores	temer
Los dueños	tener miedo de
Yo	sentir
Mis amigos y yo	

EJEMPLO: Cancelan muchos vuelos a causa de la neblina.
Todo el mundo tiene miedo de que cancelen muchos vuelos a causa de la neblina.

1. El gobierno ha aumentado los impuestos.
2. Ahora hay más trabajos.
3. Se han acabado las huelgas.
4. Cada empleado recibirá un aguinaldo bueno.

5. Van a mejorar el servicio de correos.
6. Habrá escasez de agua potable en las ciudades del norte.
7. Las universidades rechazan mil solicitudes de estudiantes.
8. Un cantante popular dará un concierto especial.
9. Los «Azules» han ganado el campeonato mundial.
10. Los campesinos no producen bastante trigo.

EJERCICIO E

Ud. acaba de cambiar de escuela. Escriba cinco frases en las que Ud. describe sus emociones al entrar en la nueva escuela. Use uno de los verbos siguientes en cada frase: alegrarse (de), sentir, sorprenderse (de), temer *o* tener miedo (de):

EJEMPLO: **Yo temo que nadie me hable.**

EJERCICIO F

Cambie las frases que Ud. escribió en el ejercicio E al pasado del subjuntivo:

EJEMPLO: Yo **temía** que nadie me **hablara (hablase).**

C. The subjunctive is used after verbs and expressions of doubt, disbelief, denial:

dudar to doubt	**no creer** not to believe	**negar** to deny

Dudamos que lo *sepan.* We doubt that they know it.
No creo que Pedro lo *halle.* I don't believe that Peter will find it.

Niegan que esto *sea* importante. They deny that this is important.

NOTE:
1. The verb **creer,** when used interrogatively, indicates uncertainty and is usually followed by the subjunctive:

   ¿Cree Ud. que *vengan?* Do you believe that they are coming?

2. **Creer, no dudar,** and **no negar** indicate belief or certainty and are usually followed by the indicative:

   Creo (No dudo, No niego) que Pedro lo **hallará.** I believe (I don't doubt, I don't deny) that Peter will find it.

EJERCICIO G

Su hermanito nunca cree lo que Ud. le cuenta. Repita lo que dice su hermanito, usando no creo o dudo:

> EJEMPLO: Yo conozco a Michael Jackson.
> **Dudo que tú conozcas** a Michael Jackson.

1. Nosotros te regalaremos una bicicleta.
2. Eduardo juega tenis todos los días.
3. Mi maestro hará un viaje a la luna.
4. Este anillo vale más de mil dólares.
5. Hay un programa interesante en la televisión.
6. Unos marcianos llegan hoy.
7. Tú y yo prepararemos la cena hoy.
8. Estela tiene dieciséis años.
9. Yo salgo con mis amigos esta noche.
10. Mis padres te van a castigar.

EJERCICIO H

Diga quién duda o no cree lo siguiente (yo, tú, mis amigos, mis padres, mi profesor):

1. Rafael se graduará con su clase.
2. Yo saco buenas notas en los exámenes.
3. Mis hermanos y yo nos acostamos temprano hoy.
4. Sofía busca otro trabajo.
5. Nosotros vamos a la playa el sábado.
6. Tú me prestas tu carro nuevo.
7. Carlos trae sus discos favoritos a la fiesta.

EJERCICIO I

¿Quién niega estas cosas?

> EJEMPLO: La casa está terminada. (el ingeniero)
> **El ingeniero niega que la casa esté terminada.**

1. Los impuestos son altos. (el presidente)
2. Yo trabajo bien aquí. (mi jefe)
3. El examen es difícil. (la profesora)
4. Los niños pueden romper la ventana. (la madre)
5. Roberto hace muchas llamadas personales. (la telefonista)

EJERCICIO J

¿Qué piensa Carlos mientras escucha el pronóstico del tiempo? Use dudar, no creer o negar en cada frase:

EJEMPLO: La tormenta puede causar muchos daños.
Dudo que la tormenta pueda causar muchos daños.

1. La tormenta comenzará a eso de las siete.
2. Los vientos serán muy fuertes.
3. Uds. no deben salir de su casa.
4. Habrá muchos relámpagos y truenos.
5. Las autoridades ayudarán a las personas.
6. Las lluvias inundarán las calles.
7. Habrá muchos heridos.
8. Perderemos el servicio de teléfonos.
9. El desastre durará varias horas.
10. Se apagará la luz.
11. Nosotros debemos tomar todas las precauciones posibles.
12. Es un aviso importante para todos los ciudadanos.

d. The subjunctive is used after impersonal expressions of possibility, doubt, uncertainty, necessity, emotion, and the like. If the impersonal expression indicates certainty, the indicative is used:

es dudoso *it is doubtful*	**es menester** ⎱
es importante *it is important*	**es necesario** ⎬ *it is necessary*
es imposible *it is impossible*	**es preciso** ⎰
es lástima *it is a pity*	**es posible** *it is possible*
es mejor ⎱ *it is better*	**es probable** *it is probable*
más vale ⎰	**es importante** *it is important*

Es preciso que yo lo *compre*.	It is necessary that I buy (for me to buy) it.
Era *importante* que lo *viéramos*.	It was important that we see (for us to see) it.
Más vale que *llegues* temprano.	It is better for you to arrive early.
Es probable que *vayan*.	It is probable that they will go.
Es posible que Juan *esté* enfermo.	It is possible that John is sick.

But:

Es cierto que *irán*.	It is certain that they will go.
Es evidente que él no lo *sabe*.	It is evident that he does not know it.
Es verdad que Juan *está* enfermo.	It is true that John is sick.

EJERCICIO K

Ud. y un amigo hablan de una fiesta que Ud. va a dar en su casa. Uds. dicen . . . .

> EJEMPLO: Es probable / Rodolfo / no querer cantar
> **Es probable que Rodolfo no quiera cantar.**

1. Es preciso / mi mamá / ir al supermercado
2. Es dudoso / Elena / traer su tocadiscos
3. Es importante / tú / estar aquí temprano
4. Es posible / yo / hablar con Tomás más tarde
5. Es mejor / los hermanos Soto / no venir
6. Es imposible / Sarita / tener otro compromiso
7. Es probable / Beto / llegar del aeropuerto a tiempo
8. Es necesario / nosotros / preparar comida para veinte personas
9. Es menester / yo / ayudarle a mi mamá
10. Más vale / todo el mundo / divertirse

EJERCICIO L

Juan trabaja de aeromozo y habla con los pasajeros. Escriba en diez frases lo que dice:

Es necesario	el capitán	hacer un anuncio
Es importante	los pasajeros	seguir las instrucciones de seguridad
Es dudoso	los niños	obedecer la señal de no fumar
Es mejor	todo el mundo	tomar su asiento en seguida
Es posible	nosotros	permanecer sentado(s)
	yo	poner sus cosas debajo del asiento
		llegar a tiempo
		ayudar a los otros pasajeros
		prestar mucha atención

> EJEMPLO: **Es probable que nosotros evitemos una tempestad.**

EJERCICIO M

Escriba siete cosas que Ud. cree necesarias o importantes para mejorar las condiciones de la ciudad en que Ud. vive. Use una expresión impersonal en cada frase:

> EJEMPLOS: Es importante que los ciudadanos obedezcan las leyes.
> Es menester que los parques estén limpios.

Mientras Ud. estaba de vacaciones un vecino cuidó sus plantas. Usando la expresión impersonal dada en cada frase, responda al comentario de su vecino:

> EJEMPLO: Es menester que esta planta tenga sombra. (Es claro)
> **Es claro que esta planta tiene sombra.**

1. Es evidente que yo he regado las plantas. (Es dudoso)
2. Es necesario que las plantas estén al sol. (Es verdad)
3. Es posible que yo haya cortado esta planta. (Es claro)
4. Es lástima que esta planta haya muerto. (Es cierto)
5. Es dudoso que yo haya dañado las plantas. (No cabe duda)

4. Sequence of Tenses

The tense of the subjunctive depends on the form of the main verb:

VERB IN MAIN CLAUSE	VERB IN DEPENDENT CLAUSE
Present Indicative Present Perfect Future Command	Present Subjunctive or Perfect Subjunctive
Imperfect Preterite Conditional Pluperfect	Imperfect Subjunctive or Pluperfect Subjunctive

No **permite**
[present]
He does not permit

No **permitirá**
[future]
He will not permit

No **ha permitido**
[present perfect]
He has not permitted

No **permita Ud.**
[command]
Do not permit

que los jóvenes **entren.**
[present subjunctive]
*the youngsters to enter
(that the youngsters enter).*

No **permitía**
[imperfect]
He did not permit

No **permitió**
[preterite]
He did not permit

No **permitiría**
[conditional]
He would not permit

No **había permitido**
[pluperfect]
He had not permitted

que los jóvenes **entraran (entrasen)**
[imperfect subjunctive]

*the youngsters to enter
(that the youngsters enter).*

Dudo que lo **hayan visto**.
[present]   [perfect subjunctive]
I doubt that they have seen it.

Dudaba que lo **hubieran (hubiesen) visto**.
[imperfect]   [pluperfect subjunctive]
I doubted that they had seen it.

EJERCICIO O

Complete estos cuentecitos con la forma correcta de los verbos dados en paréntesis:

1. La madre de Juan espera visita esta noche. Ella desea que Juan le
   _____. Le dice a Juan que _____ la mesa primero.
   <u>1 (ayudar)</u>   <u>2 (poner)</u>
   Después es necesario que Juan _____ al mercado. Juan quiere
   <u>3 (ir)</u>
   _____ su bicicleta pero su madre le prohibió que _____
   <u>4 (usar)</u>   <u>5 (ir)</u>
   allí en bicicleta. Es lástima que Juan no _____ ir en bicicleta
   <u>6 (poder)</u>
   porque su madre quiere _____ todo listo y los invitados
   <u>7 (tener)</u>
   llegan en quince minutos.

2. Hoy es un día horrible para Rafael. Sus padres mandaron que él
   _____ a la peluquería. No cabe duda de que Rafael _____
   <u>1 (ir)</u>   <u>2 (cumplir)</u>
   porque si no, sus padres no van a permitir que él _____ a sus
   <u>3 (acompañar)</u>
   amigos al campo el domingo. ¡Pobre Rafael! Él no creía que la
   peluquería _____ cerrada aquel día. No buscó otra porque
   <u>4 (estar)</u>
   temía que otro peluquero le _____ mal el pelo. Ahora es probable
   <u>5 (cortar)</u>

que Rafael _____ todo el día en casa. ¡Ojalá que no _____
6 (pasar)   7 (esperar)
tanto la próxima vez!

3. Ayer pasé un día interesante en la corte. El juez prohibió que el
preso _____ contra el castigo. Pero no cabía duda de que el
1 (protestar)
preso _____ inocente. Su abogado le había aconsejado que
2 (creerse)
_____ la verdad. Era evidente que el jurado no le _____
3 (decir)   4 (creer)
cuando dio su declaración. Según el veredicto, es necesario que el

preso _____ en la cárcel por cinco años, por lo menos. Es
5 (permanecer)
dudoso que _____ otro juicio porque el abogado teme que
6 (haber)
_____ a otros testigos.
7 (llamar)

4. Es posible que el primer día de clases no le _____ a Luis.
1 (agradar)
Este año hicieron que él _____ unas materias muy difíciles.
2 (tomar)
El año pasado el profesor exigió que sus estudiantes _____
3 (hacer)
muchos trabajos y era difícil que muchos alumnos _____ una
4 (sacar)
buena nota. Sus amigos le aconsejaron que no _____ nunca a
5 (faltar)
la clase porque el profesor no aprueba que los alumnos _____
6 (perder)
su clase. Es seguro que Luis _____ que estudiar mucho este
año.   7 (tener)

5. Esperaban que la nieve _____ los montes con un manto
1 (cubrir)
blanco. Los amigos deseaban _____ a esquiar y para hacerlo,
2 (ir)
era preciso que _____ mucho. Joaquín pidió que su padre le
3 (nevar)
_____ cien dólares para la excursión. Su padre sabía que era
4 (prestar)
dudoso que Joaquín le _____ el dinero, pero quería que su
5 (devolver)
hijo _____. Sólo le suplicó que _____ cuidado porque
6 (divertirse)   7 (tener)
era probable que los montes _____ cubiertos de hielo por la
8 (estar)
lluvia del otro día. Al despedirse de los jóvenes el padre murmuró:
«¡Ojalá que yo _____ ir a esquiar también! Es evidente que
9 (poder)
estos jóvenes _____ divertirse».
10 (saber)

Un profesor les habla a sus alumnos en un examen. Complete estos comentarios con la forma correcta de los verbos entre paréntesis:

1. ¿Es posible que Ud. _____ decir otra cosa? (querer)
2. Exijo que tú _____ más. (estudiar)
3. Prefiero que no lo _____ de esta manera. (decir)
4. Me sorprendí de que Ud. _____ eso. (pensar)
5. Es lástima que Ud. no lo _____ aún. (aprender)
6. Dudo que alguien te _____. (comprender)
7. Me alegré de que tú _____ el final del cuento. (adivinar)
8. Pide que yo te lo _____ otra vez. (explicar)
9. Es verdad que tú _____ muy claramente. (escribir)
10. Sería mejor que tú _____ después de la clase para recibir ayuda especial. (venir)

♦ MASTERY EXERCISES ♦

EJERCICIO **Q**

Usando las expresiones dadas, escriba ocho frases que formarán una carta en la que Ud. acepta la invitación de un(a) amigo(a):

1. Me alegré de
2. No creía
3. Insisto en
4. Es dudoso
5. Sentí
6. Quería
7. Será necesario
8. Espero

EJERCICIO **R**

Exprese en español estos anuncios de protesta que los alumnos van a publicar en una edición especial del periódico escolar:

1. It will be necessary that we elect a new president.
2. We feared that they would raise the price of the tickets.
3. It's a pity that she has not maintained her enthusiasm.
4. I doubt that there is much danger.
5. They do not allow me to begin my projects.
6. They tell me that I should stay with them.
7. If only a catastrophe does not occur!
8. We fear that he will not act carefully.
9. It was a pity that we could not be there.
10. I don't doubt that he is courageous.
11. They wanted to divide the amount into three equal parts.
12. They preferred to keep the secret.
13. They begged us not to complain.
14. It is better that they have lost.
15. Do you believe that we are right?

Subjunctive (Continued)

1. Subjunctive in Dependent Adverb Clauses

Adverb clauses are introduced by certain conjunctions and answer questions that state or imply *when?*, *where?*, *how?*, *why?*, and similar question words.

a. The subjunctive is used in dependent clauses that express uncertainty, doubt, purpose, anticipation, or proviso. Such clauses are usually introduced by the following conjunctions:

a fin de que⎫ **para que** ⎭ *in order that, so that* **a menos que** *unless* **antes (de) que** *before*	**con tal que** *provided that* **en caso de que** *in case (that)* **sin que** *without*

Terminaré el trabajo **antes de que** ellos *vuelvan.*	I will finish the work before they return [whenever that may be].
Leyó el artículo despacio **para que** *pudiéramos* entenderlo.	He read the article slowly so that we could understand it. [We may or may not have understood it.]
Salió **sin que** yo lo *supiera.*	He left without my knowing it [in such a way that I would not know it].

EJERCICIO A

Conteste las preguntas que le hace a una amiga a quien no le gusta hacer nada sin Ud.:

EJEMPLO: ¿Deseas ir a la fiesta?
Iré a la fiesta con tal que tú vayas también.

1. ¿Deseas jugar tenis?
2. ¿Deseas ir de compras?
3. ¿Deseas asistir a la reunión?
4. ¿Deseas visitar a María?
5. ¿Deseas ver una película?

EJERCICIO B

Conteste las preguntas que Ud. le hace a una hermana menor que no hace nada sola:

> EJEMPLO: ¿Vas a comer?
> **No comeré a menos que tú comas también.**

1. ¿Vas a almorzar?
2. ¿Vas a dormir la siesta?
3. ¿Vas a arreglar tu cuarto?
4. ¿Vas a ayudarle a mamá?
5. ¿Vas a dar un paseo?

EJERCICIO C

Conteste las preguntas que le hace un amigo, usando la expresión sin que:

> EJEMPLO: ¿Viste a Tomás?
> **No, él se fue sin que yo lo viera.**

1. ¿Hablaste con Carlos?
2. ¿Le diste el dinero a Jaime?
3. ¿Le mostraste la foto a Pedro?
4. ¿Le leíste la carta a Alfonso?
5. ¿Invitaste a Gloria?

EJERCICIO D

Conteste las preguntas que su tía le hace a su mamá mientras esperan la visita de unos primos:

> EJEMPLO: ¿Llegan mañana? (antes de que)
> **Sí, te llamaré antes de que lleguen.**

1. ¿Vienen mañana? (antes de que)
2. ¿Vuelven hoy? (con tal que)
3. ¿Se van esta tarde? (en caso de que)
4. ¿Se marchan esta mañana? (a menos que)
5. ¿Saldrán por la noche? (con tal que)

EJERCICIO E

Haga una pregunta como respuesta a las preguntas que le hace un amigo con quien Ud. va a salir el domingo:

> EJEMPLO: ¿Va a nevar?
> **¿Qué haremos en caso de que nieve?**

1. ¿Va a llover?
2. ¿Va a hacer frío?
3. ¿Va a costar mucho?
4. ¿Vas a llegar tarde?
5. ¿Vas a tener que trabajar?

Ud. va a viajar por España con un pariente que visita a España por primera vez. Cuente lo que Uds. van a hacer:

> EJEMPLO: Alquilaremos un carro / para que / tú / conocer los pueblos
> Alquilaremos un carro **para que tú conozcas** los pueblos.

1. Iremos a la Costa del Sol / con tal que / no costar mucho
2. Mandaré tarjetas postales / antes de que / yo / gastar todo el dinero
3. Llevaré mi cámara / en caso de que / no vender fotos
4. No iré a Barcelona / a menos que / tú / acompañarme
5. Visitaremos El Prado / a menos que / tú / aburrirse
6. Pasaremos tiempo en El Retiro / para que / tú / remar en el lago
7. Te llevaré al Palacio Real / a fin de que / nosotros / ver los tesoros
8. Nos quedaremos en Granada / con tal que / no hacer mucho calor

EJERCICIO G

*Diga por qué un millonario ha comprado las cosas indicadas. Use una expresión diferente en cada frase: **para que, a fin de que, a menos que, antes (de) que, con tal que, en caso de que,** o **sin que:***

> EJEMPLO: un avión
> **Compró un avión para que su mujer pudiera viajar más fácilmente.**

1. un televisor
2. tres entradas para el partido de fútbol
3. una casa grande
4. un carro lujoso
5. un reloj de oro
6. una casa en la playa
7. una grabadora de video

b. The following conjunctions require the subjunctive if uncertainty, doubt, anticipation, or indefiniteness is implied. Otherwise, the indicative is used:

aunque *although, even though, even if*	**en cuanto** ⎫
cuando *when*	**luego que** ⎬ *as soon as*
de manera que ⎫ *so that*	**tan pronto como** ⎭
de modo que ⎭	**así que**
	hasta que *until*
después (de) que *after*	**mientras** *while*

Aunque cueste mucho dinero, lo compraré.	*Aunque costó* mucho dinero, lo compré.
Although it may cost a lot of money, I'll buy it. [I don't know how much it costs.]	Although it cost a lot of money, I bought it. [It did cost a lot of money.]
Espere Ud. *hasta que* **ellos vengan.**	**Esperó** *hasta que* **ellos vinieron.**
Wait until they come [whenever that may be].	He waited until they came. [They did arrive.]
Te llamaré *cuando llegue* **a casa.**	**Siempre me llama** *cuando llega* **a casa.**
I will call you when I arrive home [whenever that may be].	He always calls me when he arrives home [his normal custom].
Leyó despacio, *de modo que* **ellos** *pudieran* **entender.**	**Leyó despacio,** *de modo que* **ellos** *pudieron* **entender.**
He read slowly, so that they would be able to understand. [It's not known if they understood.]	He read slowly, so that they were able to understand. [They understood.]
Dijo que lo haría *así que le pagáramos.*	**Lo hizo** *así que le pagamos.*
He said he would do it as soon as we paid him.	He did it as soon as we paid him.

NOTE: If the subjects of the main and the dependent clauses are the same, **que** is usually omitted and the infinitive is used:

Terminaré el trabajo *antes de volver.*	I will finish the work before I return (before returning).
Espere Ud. *hasta volver* **a casa.**	Wait until you return home (until returning home).
Leyó el artículo despacio *para entenderlo.*	He read the article slowly in order to understand it.
Salió *sin decir* **adiós.**	He left without saying good-bye.

EJERCICIO H

Cuente lo que Miguel dice que no va a hacer ahora que no habla con su hermano:

EJEMPLO: cuidarlo / tener tiempo
          No voy a cuidarlo aunque yo tenga tiempo.

1. ayudarle / necesitar ayuda
2. comprarle un regalo / ser su cumpleaños
3. prestarle el guante de béisbol / querer usarlo
4. darle de comer / tener hambre
5. devolverle la cámara / ser suya

EJERCICIO I

¿Cómo dice Adela que ayuda a unas amigas?

EJEMPLO: Prometen avisarme / cuando / ellas / estar listas
Prometen avisarme **cuando ellas estén** listas.

1. Sé que les gustará el apartamento / luego que / ellas / verlo
2. Revisan los muebles / de modo que / el dueño / no enojarse
3. Deciden mudarse / en cuanto / ellas / firmar el contrato
4. No les entregará el apartamento / hasta que / ellas / pagar el alquiler
5. Tomarán el apartamento / aunque / no ser muy grande

EJERCICIO J

Cambie las frases del Ejercicio I al pasado:

EJEMPLO: Prometieron avisarme / cuando / ellas / estar listas
Prometieron avisarme **cuando estuvieran** listas.

1. Sabía que les gustaría el apartamento / luego que / ellas / verlo
2. Revisaron los muebles / de modo que / el dueño / no enojarse
3. Decidieron mudarse / en cuanto / ellas / firmar el contrato
4. No les entregaba el apartamento / hasta que / ellas / pagar el alquiler
5. Tomaban el apartamento / aunque / no ser muy grande

EJERCICIO K

Lola es la directora de un teatro de aficionados. Conteste las preguntas que le hace un miembro del grupo:

EJEMPLO: ¿Cuándo se cerrará la puerta? (después de que / todos / llegar)
La puerta se cerrará después de que lleguen todos.

1. ¿Cuándo se quitarán el abrigo los señores? (así que/ ellos/ entrar en / el teatro)
2. ¿Se callará el público? (en cuanto / alzarse el telón)
3. ¿Cómo arreglaremos los asientos? (de modo que / el público / poder ver la función)

4. ¿Cuándo se apagarán las luces? (tan pronto como / el locutor / aparecer en el escenario)

5. ¿Se presentará la función si no hay público? (aunque / haber sólo dos personas)

6. ¿Cuándo se limpiará el escenario? (después de que / la gente / salir del teatro)

C. The subjunctive is used after compounds of **-quiera** and similar indefinite expressions:

dondequiera	*wherever*
cualquier(a) (pl. **cualesquiera**)	*whatever, any*
quienquiera (pl. **quienesquiera**)	*whoever*
cuandoquiera	*whenever*
por + adj. or adv. + **que**	*however, no matter how*

No se lo daré, *quienquiera* **que sea.**	*I will not give it to him, whoever he may be.*
Aceptaré *cualquier* **puesto que Ud.** *me ofrezca.*	*I will accept any job (that) you offer me.*
***Por difícil que sea,* lo haré.**	*However (No matter how) difficult it may be, I will do it.*

EJERCICIO L

Conteste las preguntas que alguien le hace a Ud. sobre otro amigo:

EJEMPLOS: ¿Cuándo irá?
Cuandoquiera que vaya, no importa.

¿Quién será?
Quienquiera que sea, podrá entrar.

¿Es interesante?
Por interesante que sea, no lo invitaré.

1. ¿Dónde viajará él?
_____, hará nuevos amigos.

2. ¿Es largo el viaje?
_____, él lo aguantará.

3. ¿Cuándo llegará?
_____, será bien recibido.

4. ¿Quién lo verá?
_____, se asombrará.

5. ¿Es valiente Vicente?
_____, tendrá que acostumbrarse.

6. ¿Qué hotel escogerá?
_____, le parecerá caro.

7. ¿Dónde vivirá?
_____, se quejará.

EJERCICIO M

Después de leer las dos frases, combínelas en una sola, usando cuandoquiera, dondequiera, quien(es)quiera, cual(es)quiera *o* por ... que:

EJEMPLO: No sé quién lo hará. Todo el mundo puede hacerlo bien.
Quienquiera que lo haga, lo hará bien.

1. No sé a qué hora ellos vendrán. Los esperamos de todos modos.
2. No sabemos cuánto pesa la mesa. Sólo sabemos que necesitarán cuatro hombres para moverla.
3. No sé qué blusa vas a escoger. Todas te quedarán bien.
4. No sé por qué trabajas tanto. Recibirás el mismo sueldo.
5. No sabemos quién comprará este televisor. Será una verdadera ganga.

2. Subjunctive in Relative Clauses

The subjunctive is used in relative clauses if the person or thing in the main clause is indefinite, nonexistent, or desired but not yet attained:

SUBJUNCTIVE	INDICATIVE
Busca un apartamento que *sea* **cómodo y barato.** She is looking for an apartment that is comfortable and cheap. [She may never find one.]	**Tiene un apartamento que** *es* **cómodo y barato.** She has an apartment that is comfortable and cheap. [She has one.]
¿Conoce Ud. a alguien que *quiera* **trabajar?** Do you know anyone who wants to work? [indefinite]	**Conoce a alguien que** *quiere* **trabajar.** He knows someone who wants to work [definite person].
No encuentro a nadie que *pueda* **ayudarme.** I can't find anyone who can help me. [nonexistent]	**Encontré a un hombre que** *puede* **ayudarme.** I found a man who can help me. [There is such a person.]

EJERCICIO N

¿Qué buscaban varias vecinas en las casas que compraron?

EJEMPLO: tres baños
Buscábamos una casa que tuviera tres baños.

1. un comedor grande
2. una piscina
3. un jardín amplio
4. un techo de barro
5. cinco dormitorios
6. un sistema de seguridad

EJERCICIO O

Tomás está dirigiendo una campaña política. Repita lo que él dice que van a hacer sus compañeros:

> EJEMPLO: Claudia / un señor / sacar fotos
> **Claudia busca un señor que saque fotos.**

1. Fernando / alguien / hablar español
2. Javier / varios jóvenes / llenar sobres
3. Graciela / personas / repartir folletos
4. Tú / una muchacha / escribir bien a máquina
5. Yo / alguien / poder hacer llamadas telefónicas
6. María y Pablo / dos jóvenes / saber conducir bien

EJERCICIO P

Cuente lo que contesta el señor Lobos cuando sus amigos le recuerdan lo que dijo antes de hacer un viaje al extranjero:

> EJEMPLO: Querías encontrar un cochero que condujera bien.
> **No encontré ningún cochero que condujera bien.**

1. Buscabas un guía que conociera bien la ciudad.
2. Deseabas encontrar un restaurante barato donde sirvieran buenas comidas.
3. Querías hablar con alguien que hubiera hecho el mismo viaje.
4. Buscabas un guía turístico que tuviera un plano claro de la ciudad.
5. Querías encontrar gente que quisiera hacer una excursión a la costa.

3. Conditional Sentences

A conditional sentence consists of a condition (**si** clause) and a result (result clause). There are two basic types of conditions, "real" conditions and "unreal" or "contrary-to-fact" conditions.

4. Real Conditions

Real conditions describe situations that are likely, certain, or factual. The indicative is used in both the **si** clause and the result clause to express a real condition:

Si estudias más, sacarás mejores notas.

If you study more, you will receive better grades. [You will almost certainly receive them.]

Si me telefoneó ayer, no estaba en casa.	If he called me yesterday, I was not at home. [He did call, and I was out.]	

5. Contrary-to-Fact Conditions

a. The imperfect and pluperfect subjunctives are used in contrary-to-fact conditions, as follows:

	SI-CLAUSE	RESULT CLAUSE
PRESENT TIME	Imperfect Subjunctive, **-se** or **-ra** form	Conditional (preferred in simple tenses) or Imperfect Subjunctive, **-ra** form only
PAST TIME	Pluperfect Subjunctive, **-se** or **-ra** form	Conditional Perfect or Pluperfect Subjunctive, **-ra** form only

Si tú *estudiases (estudiaras)* más, *sacarías (sacaras)* mejores notas.	If you studied more, you would receive better grades. [You don't receive good grades.]
Si tú *hubieses (hubieras)* estudiado más, *habrías (hubieras) sacado* mejores notas.	If you had studied more, you would have received better grades. [You didn't receive good grades.]

NOTE: The present subjunctive is never used in a **si** clause.

EJERCICIO Q

Lea las frases en que Eduardo dice lo que hará. Luego cámbielas para decir lo que él haría en esas circunstancias:

EJEMPLO: Si necesito dinero, se lo pediré a mi padre.
Si **necesitase (necesitara)** dinero, se lo **pediría** a mi padre.

1. Si nos levantamos tarde, no llegaremos a tiempo.
2. Si me ofrecen un puesto, lo aceptaré.
3. Si trabajo allí, ganaré mucho dinero.
4. Si me das el dinero, lo compraré.
5. Si vienen tarde, no los esperaré.

6. Si hace mal tiempo, nos quedaremos en casa.
7. Si vemos a Jorge, se lo contaremos.

EJERCICIO R

¿Qué haría Ud. en estas circunstancias?

> EJEMPLO: ir de compras
> **Si fuera de compras, compraría un regalo para mis padres.**

1. visitar un museo
2. hacer un viaje
3. gastar mucho dinero
4. escribir una novela
5. conocer a un actor (una actriz)
6. construir una casa
7. ganar la lotería
8. ser médico

EJERCICIO S

Cuente lo que su abuelo dice que hubiera hecho de manera diferente y cuál hubiera (habría) sido el resultado:

> EJEMPLO: vivir en la ciudad
> **Si hubiera vivido en la ciudad, habría (hubiera) ido al teatro a menudo.**

1. ahorrar dinero
2. practicar un deporte
3. tener su propio negocio
4. seguir un curso en la universidad
5. no vender la casa
6. aprender a pintar
7. viajar al extranjero

b. The imperfect and pluperfect subjunctives are also used after **como si** (*as if*):

Ud. le trata **como si *fuera*** un niño.	*You treat him as if he were a child* [but he isn't].
Me miró **como si yo *hubiera cometido*** un crimen.	*He looked at me as if I had committed a crime* [but I didn't].

EJERCICIO T

*Repita los comentarios que hace un dependiente sobre los clientes que entran en el almacén, usando **como si:***

> EJEMPLO: Ese señor / hablar / ser el dueño
> Ese señor habla **como si fuera** el dueño.

1. Esa señora / hablar / nosotros / vender cosas defectuosas
2. Aquel joven / comprar / ser millonario
3. Esos niños / gritar / estar en su propia casa
4. Aquella señora / mirarme / yo / poner los precios
5. Este hombre / quejarse / ser un niño
6. Esas ancianas / vestirse / ser jóvenes
7. Este muchacho / hacer preguntas / no saber nada

C. The **-ra** forms of the imperfect subjunctive of **querer, poder,** and **deber** may be used instead of the conditional of these verbs to express a polite request or statement:

Quisiera comprarlo.	*I would like to buy it.*
¿Pudiera Ud. hacerlo hoy?	*Could you do it today?*
Debiéramos verlo.	*We should (ought to) see it.*

EJERCICIO U

Carolina le escribe a su amiga Lola. Complete esta carta con la forma correcta de los verbos dados entre paréntesis:

Querida Lola,

Yo _____ invitarlas a ti y a tu hermana a una fiesta. Tú _____
   1 (querer)   2 (deber)

pensarlo bien porque Raúl va a asistir. Tú y Gloria _____ tomar
                                               3 (poder)

el autobús que llega aquí a las seis y media. Mi mamá y yo _____
                                             4 (querer)

ir a esperarlas en la terminal, pero estaremos muy ocupadas. Voy a hablarle a José para ver si él _____ ir a la terminal. Mientras
                                  5 (poder)

tanto, Uds. _____ decidir si vendrán o no. ¿ _____ tú
      6 (deber)   7 (poder)

llamarme por teléfono en cuanto recibas esta carta? Gracias.

Saludos de
Carolina

EJERCICIO V

Teresa y Norma van a ir de compras. Ensayan lo que le van a decir al dependiente. Complete las frases con la forma correcta de **querer, poder** *o* **deber,** *según el caso:*

1. Buenas tardes. Nosotras _____ comprar unos regalos.
2. ¿_____ Ud. mostrarnos un anillo?
3. No _____ ser muy caro.
4. Yo _____ ver algo más económico y no _____ tener piedras.
5. ¿_____ (nosotras) ver esos aretes?
6. ¿_____ Ud. envolverlos como regalo? Gracias.

♦ MASTERY EXERCISES ♦

EJERCICIO W

Complete los cuentecitos que siguen con la forma correcta de los verbos dados entre paréntesis:

1. Quería _____ un regalo especial que le _____ a su
       1 (encontrar)   **2** (gustar)

   esposa. Pasó días buscándolo en las tiendas. Por fin vio un alfiler precioso
   con cadena de oro. Era muy caro. «Por mucho que _____,
            3 (costar)

   lo compraré» dijo. «Ahora es necesario que lo _____ para
            4 (esconder)

   que ella no lo _____, porque no quiero que _____
        5 (ver)   **6** (saber)

   nada de esto antes de la Navidad». Entró en casa con cara risueña y
   buscó un lugar que _____ seguro, pero sin éxito. Su esposa lo
        7 (ser)

   miraba con expresión extraña.

   —¿Por qué me miras como si _____ un criminal?—gritó él,
            8 (ser)

   con enojo.

   —_____ que no me _____ —contestó ella.
        9 (querer)   **10** (gritar)

2. El médico le aconsejó que _____ cama porque tenía un
            1 (guardar)

   catarro. No quería _____ todo el día en casa; no obstante, su
        2 (pasar)

   madre insistió en que lo _____. Pasó un día desagradable.
        3 (hacer)

   Sintió no _____ ver a sus amigos. A la mañana siguiente,
        4 (poder)

   apenas se despertó, le dijo a su madre que _____ bien y que
            5 (estar)

   tenía el propósito fijo de salir. Pero ella le prohibió que _____
            6 (salir)

   hasta que no _____ el médico.
        7 (llegar)

   —¡Ojalá que _____ pronto! Porque si no _____, saldré
        8 (venir)   **9** (venir)

   aún sin su permiso—dijo.

   —No creo que _____ eso—le contestó su madre con calma,
        10 (hacer)

   pero en tono firme.

3. Colón negaba que el mundo _____ llano. Pidió a su majestad
            1 (ser)

   la reina Isabel que le _____ a realizar su sueño:
        2 (ayudar)

   —Si yo _____ unas naves, _____ encontrar una nueva
        3 (tener)   **4** (poder)

ruta occidental que me _____ a las Indias.
5 (conducir)

Además de las naves, buscó unos navegantes que no _____
6 (tener)

miedo de _____ al mar infinito. Pero no había nadie que
7 (salir)

_____ a confiarse a la furia y violencia de los elementos. Sin
8 (atreverse)

embargo, Colón no se resignó al fracaso total de su proyecto. Tenía
el espíritu firme.

«Aunque _____ que buscarlos en las cárceles, los encontraré»
9 (tener)

se dijo «y cuando los _____ , podremos embarcarnos».
10 (encontrar)

4. Si _____ español, iré a España. Quienquiera que _____
   1 (aprender)   2 (haber)

hecho tal viaje dice que es un país encantador. No dudo que

_____ razón. Es probable que _____ en la primavera.
3 (tener)   4 (ir)

Espero _____ un viaje directo, en avión, con tal que _____
       5 (hacer)   6 (tener)

bastante dinero.

Así que _____ allí, trataré de ver las diversas cosas que tiene
        7 (llegar)

la España actual. Después de unos días en Madrid, recorreré el país
de un extremo a otro sin descanso. Adondequiera que _____ ,
                                                       8 (ir)

estoy seguro de _____ sacar muchas fotos para mostrárselas
                9 (poder)

más tarde a mis amigos íntimos. Es lástima que ellos no _____
acompañarme.   10 (poder)

5. Antes de que _____ el sol, ya corrían a través de los campos.
                1 (salir)

Importaba que _____ a su destino, un pueblo cercano, a una
              2 (llegar)

distancia de diez millas de allí, de modo que _____ reunirse
                                              3 (poder)

con los otros.

—Luego que _____ , podremos descansar—dijo el jefe.
           4 (llegar)

—Por rápidamente que _____ nuestros caballos—dijo un
                     5 (correr)

soldado con amargura—es imposible que _____ allí a tiempo.
                                       6 (estar)

—En todo caso—dijo el jefe con ira—es necesario _____
                                                 7 (creer)

en un milagro, hacer esfuerzos como si _____ posible. Hay
                                        8 (ser)

que andar sin tardanza, sin que el enemigo _____ cuenta.
                                            9 (darse)

Cuando _____ , vieron con emoción a sus compañeros
       10 (llegar)

esperando debajo de los árboles.

EJERCICIO X

Exprese en español lo que un guía le dice a un turista que viaja en una excursión:

1. As soon as we reach the inn, we will be able to rest.
2. I would like to ask for your help.
3. If someone wastes time, we will never arrive at our destination.
4. They can have a cup of coffee provided that they return in ten minutes.
5. It is evident that they are hungry and thirsty.
6. No matter how firm I try to be, they always get their way.
7. Could you please hurry?
8. If we had departed earlier, we would not have had to rush now.
9. Whoever wants coffee should have it now.
10. As soon as they return, we will leave.
11. They are looking for a store that sells souvenirs.
12. I don't know any store that doesn't accept traveler's checks.
13. Yesterday one man left a store without getting his change.
14. We will wait here until the last person comes out of the store.
15. If I had finished my studies, I would not have become a travel guide.

15

Commands

1. Formal Commands

Formal commands with **Ud.** and **Uds.**, both affirmative and negative, are always expressed by the present subjunctive (see the Appendix, page 416).

tomar				
tomar		*tome Ud.*		*tomen Uds.*		take
volver		*vuelva Ud.*		*vuelvan Uds.*		return
venir	(no)	*venga Ud.*	(no)	*vengan Uds.*	(don't)	come
ir		*vaya Ud.*		*vayan Uds.*		go
dar		*dé Ud.*		*den Uds.*		give

NOTE: With reflexive verbs, the reflexive pronoun is attached to the affirmative command and there is an accent mark on the next-to-last syllable of the verb. If the verb has only one syllable, it does not carry an accent mark: **dese.** In negative commands, the reflexive pronoun precedes the verb:

lavarse	*lávese Ud.*	*lávense Uds.*
	no se lave Ud.	*no se laven Uds.*

despedirse	*despídase Ud.*	*despídanse Uds.*
	no se despida Ud.	*no se despidan Uds.*

EJERCICIO A

¿Cuáles son las instrucciones para hacer una llamada de un teléfono público en México?

EJEMPLO: descolgar el auricular
Descuelgue Ud. el auricular.

1. escuchar el tono de marcar
2. poner la moneda
3. marcar el número
4. esperar hasta que alguien conteste
5. oprimir el botón de la moneda
6. hablar con la persona

7. colgar el auricular
8. comunicarse con la telefonista si hay algún problema

EJERCICIO B

¿Qué consejos les da Ud. a los que quieren ser buenos ciudadanos?

> EJEMPLO: leer el periódico todos los días
> **Lean Uds.** el periódico todos los días.

1. escuchar las noticias todos los días
2. no dejar de votar en las elecciones
3. participar en las actividades de su comunidad
4. ofrecer ayuda a los menos afortunados
5. contribuir a las obras de caridad
6. conocer a sus vecinos
7. respetar los derechos de otros
8. ser honrados
9. escribir cartas al gobierno
10. elegir a sus representantes

EJERCICIO C

Repita lo que la señora Perales les dice a sus hijos cuando los deja con una niñera:

> EJEMPLOS: portarse bien   no pelearse
> **Pórtense bien.**   **No se peleen.**

1. no salir a la calle
2. no acercarse a la piscina
3. bañarse a las siete
4. no olvidarse de cepillarse los dientes
5. ponerse la bata después de bañarse
6. no quedarse en la sala
7. acostarse temprano
8. dormirse rápidamente
9. no levantarse de la cama
10. no aprovecharse de la niñera

2. Indirect Commands

a. Indirect commands are also expressed by the present subjunctive and are usually introduced by **que**:

Que hable él (ella).	Let (Have) him (her) speak.
Que oigan la verdad.	Let (Have) them hear the truth.

Que sean felices.   May they be happy.
Que lo haga Juana.   Let (Have) Jane do it.

EJERCICIO D

Ud. es el (la) director(a) de una obra de teatro en su escuela. Repita lo que debe hacer todo el mundo:

EJEMPLO: Enrique / pintar el decorado
           Que Enrique pinte el decorado.

1. Sarita / hacer el vestuario
2. Jorge y Arturo / arreglar las luces
3. Carlos / hacer el papel del payaso
4. Clara / ser la locutora
5. ellos / poner las sillas
6. Pepe / bajar y alzar el telón
7. Laura e Inés / recoger los boletos
8. Miguel / tocar el piano

EJERCICIO E

Beto es un niño a quien no le gusta hacer nada. ¿Quién debe hacer estas cosas, según él?

EJEMPLO: No quiero sacar al perro. (mi hermano)
           Que lo saque mi hermano.

1. No quiero ir a la tienda. (Conchita)
2. No quiero hacer la tarea. (la maestra)
3. No quiero comer los guisantes. (los perros)
4. No quiero poner la mesa. (mi mamá)
5. No quiero ayudarte. (tus amigos)

b. Let us (Let's)

(1) The first person plural of the present subjunctive is used to express *Let us:*

Esperemos un momento.   Let us *wait a moment.*
Salgamos ahora.   Let us *leave now.*

(2) *Let us go* is expressed by **vamos.** In the negative, the regular subjunctive form **vayamos** is used:

Vamos al teatro hoy.   Let us go *to the theater today.*
No vayamos al teatro hoy.   Let us *not go to the theater today.*

(3) **Vamos a** + infinitive may also be used to express *Let us*:

> *Vamos a* **cantar** (or **Cantemos**).   *Let us sing.*
> *Vamos a* **aprender** (or   *Let us learn the lesson for*
>   **Aprendamos) la lección para   *tomorrow.*
>   mañana.**

(4) In expressing the affirmative *Let us* with reflexive verbs, the final **-s** of the verb ending is dropped before adding the reflexive pronoun **nos**. An accent is placed on the stressed syllable:

> *Sentémonos* (= **Sentemos** +   *Let's sit down.*
>   **nos**).
> *Vámonos* (= **Vamos** + **nos**).   *Let's go (away).*

EJERCICIO F

Cuente cómo Ud. y un amigo/una amiga piensan celebrar el cuatro de julio. Su amigo(a) está de acuerdo con sus sugerencias:

> EJEMPLO: dar una fiesta
>   **Demos** una fiesta.
>   **Sí, vamos a dar** una fiesta.

1. levantarse temprano
2. ir al centro
3. marchar en el desfile
4. comprar cohetes
5. reunirse con otros amigos
6. inflar muchos globos
7. colgar la bandera
8. divertirse mucho

EJERCICIO G

Su amigo es muy indeciso. ¿Qué dice cuando Ud. le sugiere algo durante un viaje al centro?

> EJEMPLO: ¿Nos paramos en las tiendas?
>   **Sí, parémonos en las tiendas, pero no nos paremos ahora.**

1. ¿Nos sentamos en el parque?
2. ¿Nos desayunamos en ese restaurante?
3. ¿Nos quejamos del servicio?
4. ¿Nos acercamos al parque zoológico?
5. ¿Nos vamos pronto?

3. Familiar Commands

a. Regular verbs

(1) The singular (**tú**) form of the familiar affirmative command is the same as the third person singular of the present indicative.

(2) The plural (**vosotros**) form of the familiar affirmative command is formed by changing the **-r** ending of the infinitive to **-d**.

(3) The negative familiar command forms are all expressed by the present subjunctive.

	AFFIRMATIVE	NEGATIVE
mirar	*mira* **tú** *mirad* **vosotros**	*no mires* **tú** *no miréis* **vosotros**
correr	*corre* **tú** *corred* **vosotros**	*no corras* **tú** *no corráis* **vosotros**
dormir	*duerme* **tú** *dormid* **vosotros**	*no duermas* **tú** *no durmáis* **vosotros**

NOTE: The familiar plural forms (**vosotros, -as**) are rarely used in Latin America. Formal plural commands (**ustedes**) are used instead.

EJERCICIO H

Cuente lo que la maestra les dice a los alumnos:

EJEMPLO: (hablar) Niños, ___**hablad**___ español en la clase;
no ___**habléis**___ inglés.

1. (terminar)   Alumnos, _____ la tarea; no _____ la práctica.
2. (continuar)   Niños, _____ la lectura; no _____ la conversación.
3. (empezar)   Niños, _____ el examen; no _____ la tarea.
4. (dibujar)   Alumnos, _____ un castillo; no _____ una granja.
5. (escribir)   Alumnos, _____ un cuento; no _____ una novela.

EJERCICIO I

La señora Peña tiene problemas con sus hijos. ¿Qué dijo el señor Peña al enterarse de estos problemas?

EJEMPLO: Carlos no se sienta a la mesa.
Carlos, **siéntate** a la mesa; **no te sientes** en el escritorio.

1. Inés no se lava la cara.
   Inés, _____ la cara; no _____ el pelo.
2. Jorge no se despierta temprano.
   Jorge, _____ temprano; no _____ al mediodía.
3. Juan no se acerca a los libros.
   Juan, _____ a los libros; no _____ al refrigerador.
4. Pablo no se viste en seguida.
   Pablo, _____ en seguida; no _____ tan despacio.
5. Alicia no se pasea cuando hace sol.
   Alicia, _____ cuando hace sol; no _____ cuando llueve.

EJERCICIO J

Su hermanito cree que es muy listo. Cuente lo que él les aconsejó a unos amigos:

> EJEMPLO: José no lee su libro.
> José, **lee** tu libro; **no leas** la revista.

1. Rosa no obedece a su madre.
   Rosa, _____ a tu madre; no _____ a tu amiga.
2. Pedro no cierra la boca.
   Pedro, _____ la boca; no _____ los ojos.
3. Alfredo no busca a su gato.
   Alfredo, _____ a tu gato; no _____ al perro.
4. Carolina no vuelve a su asiento.
   Carolina, _____ a tu asiento; no _____ a la pizarra.
5. Alberto no trae su cámara.
   Alberto, _____ tu cámara; no _____ tu tocadiscos.

b. Irregular verbs

The only irregular commands occur in the affirmative singular (**tú**). All other familiar commands are regular:

decir	*di* tú	decid vosotros	no digas tú	no digáis vosotros
hacer	*haz* tú	haced vosotros	no hagas tú	no hagáis vosotros
ir	*ve* tú	id vosotros	no vayas tú	no vayáis vosotros
poner	*pon* tú	poned vosotros	no pongas tú	no pongáis vosotros
salir	*sal* tú	salid vosotros	no salgas tú	no salgáis vosotros
ser	*sé* tú	sed vosotros	no seas tú	no seáis vosotros
tener	*ten* tú	tened vosotros	no tengas tú	no tengáis vosotros
valer	*val* tú	valed vosotros	no valgas tú	no valgáis vosotros
venir	*ven* tú	venid vosotros	no vengas tú	no vengáis vosotros

EJERCICIO K

Micaela va a tomar parte en una competencia. Cuente lo que le dice su madre, usando la forma correcta de los verbos dados entre paréntesis:

EJEMPLO: (tener) ¡No ____tengas____ prisa!
(ir) ¡____Ve____ con Dios!

1. (hacer) ¡_____ lo mejor que puedas!
2. (decir) ¡No _____ tonterías!
3. (tener) ¡_____ paciencia!
4. (decir) ¡_____ la verdad!
5. (ser) ¡No _____ perezosa!
6. (poner) ¡_____ mucha atención a las reglas!
7. (tener) ¡_____ cuidado!
8. (ser) ¡_____ buena!
9. (salir) ¡_____ en seguida!
10. (ir) ¡No _____ a llegar tarde!
11. (venir) ¡_____ a casa en cuanto termines!
12. (hacer) ¡No _____ caso a tus amigas!
13. (tener) ¡No _____ miedo!
14. (ser) ¡_____ muy lista!
15. (hacer) ¡_____ muchas preguntas!

EJERCICIO L

¿Qué dirían estas personas en las circunstancias siguientes?

EJEMPLO: Anita: Ya son la once y media y tengo una cita a las doce.
Su amiga: (no tener prisa) ¡**No tengas prisa**!

1. Roberto: Mira, tu perro anda en el otro jardín.
   Tú: (venir acá)
2. Carlos: Yo no rompí la lámpara. Ésta no es mi pelota.
   Su madre: (no decir mentiras)
3. Sarita: ¡Ay! Hay un ratoncito allí.
   Su amigo: (no tener miedo)
4. Pilar: No sé si debo ir al baile con Ernesto.
   Luz: (no ser tonta / ir con él)
5. Pablo: ¿Dónde debo poner el dinero?
   Papá: (poner el dinero en la mesa)

4. Object Pronouns With Commands

a. Object pronouns (including reflexive pronouns) are attached to affirmative commands. An accent mark is required if the original stress was on the next-to-last syllable. In negative commands, object pronouns precede the verb:

Ayúde*le* Ud.	No *le* ayude Ud.
Tráigan*lo* Uds.	No *lo* traigan Uds.
Hagámos*lo.*	No *lo* hagamos.
Levánta*te* tú.	No *te* levantes.
Aprended*lo* vosotros.	No *lo* aprendáis vosotros.
Di*les* el secreto.	No *les* digas el secreto.

b. With indirect commands introduced by **que**, the object pronoun always precedes the verb:

Que *lo* haga Juana.	Que no *lo* haga Juana.
Que *se* vayan en seguida.	Que no *se* vayan en seguida.

c. In the affirmative **vosotros** form of reflexive verbs, the final **-d** is dropped before adding the reflexive pronoun **os**:

Sentaos (= **Sentad** + **os**).	Sit down.
Divertíos (= **Divertid** + **os**).	Enjoy yourselves.

Exception:

Idos	Go away

EJERCICIO M

¿Qué les dijo este padre a sus hijos?

EJEMPLO: Los niños no se divierten mucho.
Niños, *divertíos* un poco; no *os divirtáis* demasiado.

1. Los niños no se portan bien.
   Niños, _____ bien; no _____ mal.
2. Sus hijos no se ríen de tonterías.
   Hijos, _____ de tonterías; no _____ de la verdad.
3. Las chicas no se reúnen en el salón.
   Chicas, _____ en el salón; no _____ en el jardín.
4. Pablo e Inés nunca se ponen serios.
   Pablo e Inés, _____ serios, pero no _____ tristes.
5. Sus hijos no se dedican a la caridad.
   Hijos, _____ a la caridad; no _____ a los placeres.

EJERCICIO N

Conchita es una hermanita celosa. Cuente lo que ella y su hermana Elsa dicen cuando su madre quiere hacer algo por Elsa. Siga el ejemplo:

EJEMPLO: ¿Quieres que te prepare el desayuno?
Elsa: **Sí, prepáramelo, mamá.**
Conchita: **No se lo prepares.**

1. ¿Quieres que te envuelva el regalo?
2. ¿Prefieres que yo lave tu ropa hoy?
3. ¿Deseas que yo cambie el programa?
4. ¿Necesitas que yo te ayude?
5. ¿Quieres que tú y yo busquemos el vestido hoy?
6. ¿Prefieres que yo compre los refrescos?
7. ¿Deseas que tu papá y yo te acompañemos?

◆ MASTERY EXERCISES ◆

EJERCICIO O

¿Cuáles son las reglas que deben seguirse en caso de un huracán?

EJEMPLO: tener cuidado y no estar nerviosos
Tengan Uds. cuidado y **no estén** nerviosos.

1. comprar bastante comida para una semana
2. conservar una linterna a la mano
3. preparar un aparato de radio portátil
4. poner cinta o tablas en las ventanas
5. quedarse dentro de la casa
6. cerrar todas las ventanas
7. correr las cortinas
8. no acercarse a las ventanas durante la tormenta
9. llenar la bañera de agua
10. hervir el agua antes de tomarla
11. no abrir el refrigerador a menudo
12. escuchar las noticias
13. no congestionar las líneas telefónicas
14. no dejar nada en la terraza ni en el patio
15. no salir hasta que la tormenta haya pasado

EJERCICIO P

¿Qué instrucciones le da Juan a un amigo para llegar a la playa?

> EJEMPLO: tomar el Camino Real
> **Toma** el Camino Real.

1. ir hacia el norte
2. seguir de frente
3. en el quinto semáforo, dar vuelta a la derecha
4. atravesar el puente
5. mantenerse en el carril izquierdo
6. pararse en el semáforo
7. doblar a la izquierda
8. continuar derecho
9. empezar a buscar dónde estacionar el carro
10. caminar una cuadra

EJERCICIO Q

A Susana le gusta encargarse de todo. Exprese en español lo que dijo al encontrarse con su amiga Rosita:

1. Rosita, tell me what happened.
2. Don't worry; everything will be all right.
3. Let them wait until noon.
4. Let's have coffee now.
5. Waiter, bring us two cups of coffee, please.
6. Don't forget the milk and the sugar.
7. Don't become angry, Rosita.
8. Let the children enjoy themselves.
9. Children, play over there and don't make noise.
10. Jaime, don't let them bother the other guests.
11. Don't be deceived, my friend, nothing is easy.
12. Do it now.
13. Don't wait any longer.
14. Children, don't say such things.
15. Let's leave now.

Common Expressions with Verbs

Many Spanish verbs are used idiomatically in certain expressions. A list of common expressions follows.

1. Expressions with *acabar*

acabar de + infinitive *to have just*
acabar por + infinitive *to end by, to finally*

Acabo de volver **de la escuela.**	*I have just returned from school.*
Se enfermó gravemente y *acabó por morir.*	*He became seriously ill and finally died.*

2. Expressions with *dar*

dar a *to face, to look out upon*
dar un abrazo *to embrace*
dar con *to come upon, to run into, to find*
dar cuerda (a) *to wind*
dar de beber (comer) a *to give a drink to (to feed)*
dar en *to strike against, to hit*
dar las gracias (a) *to thank*
dar gritos (voces) *to shout*
dar la hora *to strike the hour*
dar un paseo *to take a walk; to go for a ride*
dar por + past participle *to consider*
dar recuerdos (a) *to give regards (to)*
dar una vuelta *to take a stroll*
darse cuenta de *to realize*
darse la mano *to shake hands*
darse prisa *to hurry*

Las ventanas *dan a* **la avenida.**	*The windows face the avenue.*
Al llegar, le *dio un abrazo* **a su madre.**	*On arriving, he embraced his mother.*
Dimos con **Juan en el cine anoche.**	*We ran into John at the movies last night.*

Cada mañana le *doy cuerda* a mi reloj.	*Each morning I wind my watch.*
Pedro le *dio de beber* a su perro.	*Peter gave his dog a drink.*
La pelota *dio en* el techo.	*The ball hit the ceiling.*
Le *di las gracias* por el regalo.	*I thanked him for the gift.*
Los niños *dieron gritos* de alegría.	*The children shouted with joy.*
Dio voces, pidiendo ayuda.	*He shouted, asking for help.*
El reloj *dio la una*.	*The clock struck one.*
Dimos un paseo en su carro.	*We took a ride in his car.*
El profesor *dio por terminada* la lección.	*The teacher considered the lesson ended.*
Dale mis recuerdos a tu padre.	*Give my regards to your father.*
Por la tarde, *doy una vuelta* por el parque.	*In the afternoon I take a stroll in the park.*
No se *dio cuenta* de su error.	*He did not realize his mistake.*
Al encontrarse, *se dieron la mano*.	*Upon meeting, they shook hands.*
¡Dense prisa! Ya son las ocho.	*Hurry! It is already eight o'clock.*

EJERCICIO A

Julio cuenta lo que le pasó en el centro. Usando una expresión con dar(se) o acabar, exprese lo mismo que dice Julio:

EJEMPLO: Yo paseaba por la avenida Juárez.
Yo **daba un paseo** por la avenida Juárez.

1. Alfredo y yo andábamos por el centro.
2. Nos encontramos con el papá de Gloria y nos saludamos.
3. Él había dejado a Gloria en la biblioteca hacía un momento.
4. Eran las doce en el reloj de la torre.
5. El papá de Gloria no sabía que su reloj se había parado.
6. Él arregló su reloj para que anduviera.
7. Unos niños que gritaban en la esquina finalmente se callaron.
8. Una pelota que tiraron cayó contra una ventana y quebró el vidrio.
9. El papá de Gloria nos abrazó al despedirse.
10. Mandé saludos a su familia y él me agradeció los saludos.

EJERCICIO B

Después de una fiesta en casa de Rogelio, su mamá le hace unas preguntas. Contéstelas, usando las sugerencias entre paréntesis:

1. ¿Dónde estabas cuando dieron las doce? (acabar de salir de la fiesta)
2. ¿Cuántas veces le diste de comer al perro ayer? (dos)

3. ¿Cómo saludaste a los señores Roldán? (darse la mano)
4. ¿Por qué llegaste tan tarde a casa? (dar un paseo en carro)
5. ¿Por qué se dieron prisa tus primos? (era tarde)
6. ¿Cómo saludaste a tu tío? (dar un abrazo)
7. ¿Por qué le diste las gracias a Miguel? (el regalo)
8. ¿De qué te diste cuenta? (todos se divirtieron mucho)
9. ¿Qué piensas hacer esta mañana? (dar una vuelta con mis amigos)
10. ¿Le diste cuerda a tu despertador? (acabar de hacerlo)

3. Expressions with *dejar*

dejar caer *to drop*
dejar de + infinitive *to fail to, to stop, to neglect to*

Juanito *dejó caer* el vaso de leche.	*Johnny dropped the glass of milk.*
***Dejó de estudiar* y cerró el libro.**	*He stopped studying and closed the book.*

4. Expressions with *echar*

echar(se) a *to start to*
echar al correo *to mail*
echar la culpa *to blame*
echar de menos *to miss*

Al ver al policía, el ladrón *se echó a* correr.	*On seeing the policeman, the thief started to run.*
No te olvides de *echar* las cartas *al correo*.	*Don't forget to mail the letters.*
Le *echó la culpa* a su hermana.	*He blamed his sister.*
Los niños *echaron de menos* a su vecino.	*The children missed their neighbor.*

5. Expressions with *haber*

hay *there is, there are*
hubo ⎫
había ⎬ *there was, there were*

habrá *there will be*
habría *there would be*
ha habido *there has (have) been*

haber de + infinitive *to be (supposed) to, to have to*
haber que + infinitive *to be necessary*
haber (mucho) lodo *to be (very) muddy*
haber luna *to be moonlight*
haber neblina *to be foggy, misty*

haber (mucho) polvo *to be (very) dusty*
haber sol *to be sunny*

He de salir a las nueve.	*I am to leave at nine o'clock.*
Habrá que salir temprano.	*It will be necessary to leave early.*
Después de la lluvia *había lodo.*	*After the rain it was muddy.*
Anoche *hubo luna.*	*There was moonlight last night.*
Esta mañana *había neblina.*	*This morning it was foggy.*
Hay mucho polvo por el camino.	*It is very dusty on the road.*
No *hubo sol* ayer y llovió.	*It wasn't sunny yesterday and it rained.*

EJERCICIO C

Ofelia está de vacaciones y le escribe a su amiga Rosita. Complete la carta con las expresiones dadas:

Querida Rosita:

Por fin llegamos al hotel. El viaje fue terrible. _____ en el
                                                  1 (it was very dusty)

camino y _____ a lo largo del río. Por la mañana, cuando sali-
          2 (it was muddy)

mos, _____. El portero _____ mi maleta y _____
    3 (it was foggy)   **4** (dropped)   **5** (blamed)

a un pobre perro que se le atravesó. Se enojó conmigo, porque

_____ reír. _____ mucha gente buscando cuarto en el
6 (I started to) **7** (There were)

hotel. No sabían que _____ hacer reservaciones con tiempo.
                    8 (it is necessary)

Voy a aprovechar que _____ ahora para nadar en la piscina.
                    9 (it is sunny)

Pero antes quiero _____ esta carta. _____ escribirme.
                 10 (mail)   **11** (Don't fail)

Ya te _____.
     12 (miss)

                                                        Tu amiga
                                                        Ofelia

6. Expressions with *hacer*

hacer + time expression + **que** + preterite ⎫
preterite + **hace** + time expression   ⎬ *ago*
hace poco *a little while ago*   ⎭
hacer buen (mal) tiempo *to be good (bad) weather*

hacer (mucho) frío (calor) *to be (very) cold (warm)*
hacer (mucho) viento *to be (very) windy*
hacer caso *to pay attention, to heed, to notice*
hacer de *to work as, to act as*
hacer el papel de *to play the role of*
hacer pedazos (añicos) *to break to pieces, to tear to shreds, to smash*
hacer una pregunta *to ask a question*
hacer una visita *to pay a visit*
hacer un viaje *to take a trip*
hacerse + noun *to become*
hacerse tarde *to become (grow) late*
hacer(se) daño *to harm, to damage, to hurt (oneself)*

Hace una semana que vino a verme. *Vino a verme hace una semana.*	He came to see me a week ago.
El tren salió *hace poco.*	The train left a little while ago.
Ayer *hizo buen tiempo.*	Yesterday the weather was good.
En el invierno *hace frío.*	It is cold in the winter.
Ayer no salí porque *hacía viento.*	Yesterday I didn't go out because it was windy.
Ese muchacho no *hizo caso* **de mis consejos.**	That boy didn't heed my advice.
Diego *hizo de* **capitán en el juego.**	In the game, James acted as captain.
La actriz se negó a *hacer el papel de* **condesa.**	The actress refused to play the role of countess.
El muchacho *hizo pedazos* **el papel.**	The boy tore the paper to shreds.
Me *hizo una pregunta*, **pero no contesté.**	He asked me a question, but I didn't answer.
Anoche le *hice una visita* **a mi amigo.**	Last night I paid a visit to my friend.
Hice un viaje **a México el año pasado.**	I took a trip to Mexico last year.
Para *hacerse médico*, **es necesario estudiar mucho.**	In order to become a doctor, it is necessary to study a lot.
Se *hicieron* **muy buenos amigos.**	They became very good friends.
Se *hizo tarde* **y tuvimos que marcharnos.**	It became very late and we had to leave.
El frío *hizo daño* **a los árboles.**	The cold damaged the trees.
Se cayó y *se hizo daño.*	He fell and hurt himself.

EJERCICIO D

La emisora de su escuela transmite las noticias todos los días. Hoy Ud. va a dar las noticias sobre un huracán. Usando correctamente una de las expresiones dadas, complete el reporte siguiente:

En el noticiero de hoy yo _____ locutor del
                              1
boletín meteorológico. _____ unos minutos
                          2
me dieron este reporte sobre un huracán que
está pasando por el sur de los Estados Unidos.
Hoy por la mañana _____ en los pueblos de la
                      3
costa. De repente, a eso de las dos de la tarde,
empezó a _____. _____ y todo lo que no
            4   5
estaba amarrado voló. Estos objetos volantes
_____ las ventanas de tiendas y casas. Muchos
   6
habitantes no _____ los avisos que pasaron
                  7
tanto por la radio como por la televisión. El

huracán también _____ en los pueblos del
                      8
interior. _____ un momento, el alcalde
              9
_____ a uno de los pueblos e _____
   10   11
sobre los daños causados por el huracán. Un

anciano dijo que _____cincuenta años que
                      12
no veía un huracán tan fuerte.

1. hacer de
2. hacer
3. hacer buen tiempo
4. hacer mal tiempo
5. hacer mucho viento
6. hacer pedazos
7. hacer caso de
8. hacer mucho daño
9. hacer
10. hacer una visita
11. hacer preguntas
12. hacer

EJERCICIO E

Conteste las preguntas siguientes que le hace Pablo a un amigo:

1. ¿Cuándo harás un viaje al exterior?
2. ¿Cuánto tiempo hace que no viajas en avión?
3. ¿Quién hará el viaje contigo?
4. ¿Quién hará de guía?
5. ¿Te hace daño a los oídos viajar en avión?
6. ¿Qué tiempo hace ahora en la costa de España?
7. ¿A quién quieres hacerle una visita?
8. ¿Te gusta viajar cuando hace mal tiempo?

7. Expressions with *perder*

> **echarse a perder** *to be spoiled, to be ruined*
> **perder cuidado** *not to worry*
> **perder de vista** *to lose sight of*

La leche *se echó a perder.*	The milk *was* spoiled.
Pierda Ud. cuidado; **todo** **saldrá bien.**	Don't worry; everything will turn out right.
Lo siguieron, pero pronto *lo* *perdieron de vista.*	They followed him, but they soon lost sight of him.

8. Expressions with *ponerse*

> **ponerse** + adjective *to become, to turn*
> **ponerse a** + infinitive *to begin to, to set about*
> **ponerse de acuerdo** *to come to an agreement*

Al oír la noticia, el niño *se puso* *pálido.*	On hearing the news, the child became pale.
El día *se puso gris.*	The day turned grey.
La alumna *se puso a llorar.*	The pupil began to cry.
Por fin *se pusieron de acuerdo.*	Finally, they came to an agreement.

9. Expressions with *tener*

> **tener (mucho) calor (frío)** *to be (very) warm (cold)*
> **tener cuidado** *to be careful*
> **tener dolor de cabeza (estómago, etc.)** *to have a headache (stomach ache, etc.)*
> **tener éxito** *to be successful*
> **tener ganas de** *to feel like*
> **tener (mucha) hambre (sed)** *to be (very) hungry (thirsty)*
> **tener la culpa (de)** *to be to blame (for)*
> **tener lugar** *to take place*
> **tener miedo de** *to be afraid of*
> **tener por** *to consider*
> **tener prisa** *to be in a hurry*
> **tener que ver con** *to have to do with*
> **tener razón (no tener razón)** *to be right (to be wrong)*
> **tener (mucho) sueño** *to be (very) sleepy*
> **tener (mucha) suerte** *to be (very) lucky*
> **tener vergüenza (de** + infinitive**)** *to be ashamed (of)*

Tenía calor y se quitó el sobretodo.	He was warm and took off his overcoat.
Tengan cuidado al cruzar la calle.	Be careful when crossing the street.
Ayer *tuve dolor de estómago.*	Yesterday I had a stomach ache.
Él *tiene éxito* en todo lo que hace.	He is successful in everything he does.
A veces *tengo ganas de* bailar.	At times I feel like dancing.
Cuando *tengo sed*, tomo agua.	When I am thirsty I drink water.
El muchacho *tiene la culpa* de lo que pasó.	The boy is to blame for what happened.
¿Cuándo *tendrá lugar* la fiesta?	When will the party take place?
El niño *tiene miedo de* la oscuridad.	The child is afraid of the dark.
Lo tengo por persona honrada.	I consider him an honest person.
Tenía prisa y no pude detenerme a charlar.	I was in a hurry and could not stop to chat.
No *tengo nada que ver* con eso.	I have nothing to do with that.
¿*Tengo razón?*—No, *no tienes razón.*	Am I right?—No, you are wrong.
María *tenía sueño* y se acostó.	Mary was sleepy and went to bed.
No *tuvo suerte* y perdió el dinero.	He wasn't lucky and lost the money.
¿No *tienes vergüenza?*	Aren't you ashamed?

EJERCICIO F

Carolina lee una revista y se fija en las figuras que aparecen en los anuncios. ¿Qué piensa Carolina al verlas?

> EJEMPLO: Una señora lleva un abrigo grueso, una gorra, una bufanda y guantes.
> Ella **tendrá mucho frío.**

1. Se ve la cabeza de un señor. Tiene las manos en las sienes y una mirada de dolor. El señor . . . .
2. Es una noche oscura. Un niño acaba de despertarse en su cama y tiene una mirada de pavor. El niño . . . .
3. Una pareja está sentada en el mostrador de un café. Miran el menú y hablan. Ellos . . . .
4. Una señora se ve muy contenta. Tiene un cheque de la lotería en la mano. Ella . . . .

5. Un joven está con sus padres delante de una universidad. Es el día en que el joven se gradúa. El joven . . . .

6. Hay un letrero en la carretera. El símbolo representa la forma de una «s». Los conductores . . . .

7. Un participante en un programa de la televisión acaba de acertar la respuesta correcta. El participante . . . .

8. Un señor corre para alcanzar un autobús. Mira su reloj. El señor . . . .

9. Un niño se estira y bosteza delante del televisor. El niño . . . .

10. En un restaurante elegante un niño volcó una copa de vino tinto y manchó el vestido de su mamá. La mamá está furiosa. El niño . . . .

EJERCICIO G

Enrique no se siente bien. Cuente lo que le dice a su mamá. Use una expresión con **tener, ponerse** *o* **perder** *en cada frase:*

1. Mamá: ¿Qué tienes, hijo?
   Enrique:

2. Mamá: ¿Por qué te pusiste el suéter?
   Enrique:

3. Mamá: ¿Quieres tomar una sopa caliente?
   Enrique:

4. Mamá: ¿Tomaste la leche que te dejé anoche?
   Enrique:

5. Mamá: ¿Por qué te acostaste tan temprano anoche?
   Enrique:

6. Mamá: ¿Qué hiciste en la cama?
   Enrique:

7. Mamá: Voy a medirte la fiebre.
   Enrique:

8. Mamá: Sin embargo, no debes bajarte de la cama.
   Enrique:

10. Expressions with *volver*

> **volver a** + infinitive to . . . . again
> **volver en sí** to regain consciousness, to come to
> **volverse** + adjective to become

El cantante *volvió a cantar.*	The singer sang again.
El herido nunca *volvió en sí.*	The wounded man never regained consciousness.
Mi papá *se ha vuelto* **imposible.**	My father has become impossible.

11. Other Common Verbal Expressions

encogerse de hombros *to shrug one's shoulders*
guardar cama *to stay in bed*
hacer saber *to inform, to let (someone) know*
llegar a ser *to become, to get to be*
llevar a cabo *to carry out, to carry through*
oír hablar de *to hear about*
oír decir que... *to hear that*...
pensar + infinitive *to intend to*
quedarse con *to keep, to hold on to*
quedar en que... (**quedar en** + infinitive) *to agree that, to agree to*
querer decir *to mean*
sacar una fotografía *to take a picture*
valer la pena *to be worthwhile*

Al oír la noticia, sólo *se encogió de hombros*.	On hearing the news, he only shrugged his shoulders.
Tenía fiebre y tuvo que *guardar cama* por dos días.	He had a fever and had to stay in bed for two days.
Me *hizo saber* que no volvía hoy.	He let me know that he wouldn't return today.
Después de muchos años de estudio, logró *llegar a ser* médico.	After many years of study, he managed to become a doctor.
El capitán *llevó a cabo* las órdenes del general.	The captain carried out the general's orders.
En la clase de historia *oímos hablar de* Simón Bolívar.	In history class, we heard about Simon Bolivar.
***Oí decir que* te vas a Venezuela.**	I heard that you are going to Venezuela.
***Pienso viajar* a España este verano.**	I intend to travel to Spain this summer.
***Se quedó con* mi pluma.**	He kept (walked off with) my pen.
¿*En qué quedaste* con Miguel?	What did you and Michael agree to?
***Quedamos en encontrarnos* aquí.**	We agreed to meet here.
¿Qué *quiere decir* esta palabra?	What does this word mean?
Me gusta *sacar fotografías*.	I like to take pictures.
A veces *vale la pena* escuchar las noticias.	Sometimes it's worthwhile to listen to the news.

EJERCICIO H

Varios amigos hacen comentarios sobre diversos asuntos. Escoja la expresión necesaria y úsela en la forma correcta:

guardar cama	pensar	querer decir
hacer saber	perder cuidado	valer la pena
llegar a ser	ponerse a	volver a
oír hablar de	quedarse con	volver en sí

1. «El tiempo es oro» es un proverbio que _____ que no debemos malgastar el tiempo.
2. Mi hermana se desmayó al ver al ratoncito, pero a poco ella _____.
3. María me parece una chica simpática. ¿Qué has _____ ella?
4. Yo voy a España durante las vacaciones. ¿Qué _____ hacer tú?
5. Cuando puedo, siempre asisto a conciertos de música clásica. Quiero _____director de orquesta.
6. Mi tía no encontró el anillo la primera vez y _____ buscarlo.
7. Cuando fui a la feria con unos amigos, nos perdimos en el camino. Pero Jorge dijo: «_____, tengo un mapa».
8. Después de las vacaciones, Adolfo _____ estudiar seriamente.
9. Sarita me pidió mi vestido blanco para ir a una fiesta y _____ con él.
10. Es una película fabulosa. _____ que la veas pronto.
11. Después de dar a luz, Juanita tuvo que _____ por una semana.
12. Ojalá me _____ a tiempo si vienen o no.

EJERCICIO I

Ud. acaba de volver de un viaje al extranjero. Conteste las preguntas que le hace un tío:

1. ¿Sacó Ud. muchas fotografías durante sus vacaciones?
2. ¿Quién se quedó con las fotos?
3. ¿Cree que vale la pena viajar al extranjero?
4. ¿Cuándo vuelve a hacer otro viaje?
5. ¿Se puso nervioso (nerviosa) al subir al avión?
6. ¿Qué piensa hacer el verano próximo?
7. ¿Vale la pena visitar los museos?
8. ¿Le gusta ver cuadros de los que ha oído hablar?
9. ¿En qué quedó con los amigos que conoció en el viaje?
10. ¿Pudo llevar a cabo todos sus planes para el viaje?

♦ MASTERY EXERCISES ♦

EJERCICIO J

*En la clase de composición, los alumnos aprenden a expresar sus ideas de otra forma. Repita estas frases, sustituyendo correctamente la expresión subrayada por una expresión con **dar, haber, hacer** o **tener**:*

EJEMPLO: Quiero un apartamento con vista a los árboles y los bancos.
Quiero un apartamento **que dé** al parque.

1. La mamá se apresura porque desea preparar una comida especial para su familia.
2. El padre le agradeció al salvavidas por ayudar a su hijita.
3. Cada tarde los ancianos solían andar por la calle principal del pueblo.
4. Mañana es necesario que los niños se despierten a las cinco.
5. Cuando le tocaba al hermano menor hacer algo en la casa, siempre decía que le dolía la cabeza.
6. Al ver al joven con quien rehusó ir al baile, Elsa se apenó de no haberlo aceptado.
7. El baile será el sábado por la noche en el gimnasio del colegio.
8. Cuando el profesor devolvió los exámenes, Martín temió mirar el suyo.
9. El mes pasado el frío dañó la cosecha de los campesinos.
10. Cuando mis hermanitos juegan, Ricardo es el médico y Gloria es la enfermera.

EJERCICIO K

Complete la carta que Emilio les escribió a sus padres de la universidad, usando expresiones con **acabar, dar, dejar, echar, haber, hacer** *o* **tener:**

Queridos padres:

Siempre me olvido de _____ mi reloj y nunca sé la hora ni la fecha
1 (to wind)

en que vivo. Anoche, al quitarme el reloj lo _____ y se rompió
2 (to drop)

definitivamente. Esta mañana me desperté de repente y _____
3 (to realize)

que era tarde cuando el reloj de la iglesia _____ las nueve. Me
4 (to strike)

pareció que _____ dormirme. Había pasado una mala noche
5 (to have just)

porque algo que comí me _____ y _____.
6 (to hurt)   7 (to have a stomach ache)

Me levanté rápidamente y _____ porque las clases en la
8 (to hurry)

universidad habían comenzado _____. Un amigo trató de
9 (an hour ago)

_____, pero no pude detenerme. Cuando salí a la calle,
10 (to ask me a question)

_____. Yo _____ porque cuando iba a _____
11 (to be windy)   12 (to be lucky)   13 (to start to)

correr, otro amigo pasó con su carro. Queríamos llegar a la universidad
rápidamente, pero _____ _____ con la policía.
14 (to be necessary)   15 (to be careful)

Cuando llegué al laboratorio, _____ la reacción del profesor y
16 (to be afraid)

también _____ haber llegado tan tarde. Al entrar yo en
                17 (to be ashamed of)
la clase, el profesor _____ hablar y me miró tan fijamente que yo
                        18 (to stop)
_____ dar media vuelta y salir corriendo. Después de la clase,
    19 (to feel like)
mis compañeros _____ reír, _____ y
                    20 (to start to)   21 (to shake hands with me)
fuimos a tomar un café. Yo sé que tengo que ser más responsable si
quiero _____ un buen científico. ¡_____ toda la
          22 (to become)   23 (Give my regards to)
familia! Yo los _____ a todos.
                    24 (to miss)

                                                        Su hijo,
                                                        Emilio

EJERCICIO L

Complete el diálogo que oyó Pepe mientras esperaba en una oficina,
usando correctamente una forma de las expresiones de la columna de
la derecha:

1.	Secretaria:	¿En qué puedo servirle, señor?	quedar en
	Señor:	Yo _____ verme con el Sr.	acabar de
		Vargas aquí hoy.	hacer
2.	Secretaria:	Lo siento, pero él _____ salir	dar con
		de la oficina.	ponerse de
	Señor:	_____ una semana que _____	acuerdo
		él en la calle y _____	perder cuidado
		para encontrarnos hoy.	hacer saber
3.	Secretaria:	_____, señor. Yo le _____	volver a
		que Ud. estuvo aquí.	oír decir que
	Señor:	Gracias, señorita, porque no	pensar
		tengo tiempo de _____ a	tener razón
		visitarlo hoy. _____	tener lugar
		_____salir de viaje.	tener suerte
		¿Es cierto?	
4.	Secretaria:	Sí señor, _____. El va a una	
		conferencia que _____ en	
		Bogotá.	
	Señor:	¡Qué _____!	

EJERCICIO M

A Ramoncito le fascina hacer muchas preguntas sobre cualquier tema.
Conteste las preguntas que él hace:

1. ¿Sabes responder cuando el maestro te hace una pregunta?
2. ¿Qué tomas cuando tienes sed?
3. ¿Cuántas veces al día le das de comer a tu gato (perro)?

4. ¿Qué haces cuando tienes sueño?
5. Cuando hay mucho ruido en tu casa, ¿quién tiene la culpa generalmente?
6. Cuando tienes prisa, ¿te echas a correr?
7. ¿A quiénes les haces visita los domingos?
8. ¿Qué quieres llegar a ser?
9. ¿Crees que tus padres tienen razón en lo que te aconsejan?
10. ¿Les haces caso?
11. ¿Qué haces cuando tienes dolor de muelas?
12. ¿Te gusta salir cuando hace frío y hay neblina?
13. Cuando haces un viaje, ¿sacas fotos?
14. Cuando pides prestado un lápiz, ¿lo devuelves o te quedas con él?
15. ¿Sabes qué quiere decir «hacer cola»?
16. ¿Crees que vale la pena estudiar español?
17. ¿Qué piensas hacer cuando dejes de ir a la escuela?
18. ¿Te gusta volver a ver las buenas películas?
19. Cuando sacas malas notas, ¿te pones triste o te pones bravo?
20. Cuando te enfermas y tienes que guardar cama, ¿cómo se lo haces
    saber a tu escuela?

EJERCICIO N

*Exprese en español lo que Alicia le cuenta a una amiga de habla
hispana:*

1. In the play, Javier plays the part of a waiter.
2. It was warm, but it was also foggy, and he hurried to arrive early at
   the theater.
3. Although he was hungry, he was afraid to eat before the rehearsal.
4. He knew where the rehearsal was going to take place.
5. His girl friend plays the role of the princess in the play.
6. She was sleepy, and cold, and when she began to eat, she realized she
   was also hungry.
7. She strolled across the stage without paying attention to the script.
8. She dropped the tray of food and it smashed when it hit the floor.
9. She started to cry and the director became nervous.
10. Javier stopped eating and approached her to embrace her.
11. The director told them that to be successful it was necessary to work
    hard.
12. The director considered the rehearsal finished.
13. He told them: ''Tomorrow it will be necessary to rehearse this scene
    again.''
14. The actors had heard a long time ago that the director was good.
15. Javier and Gloria agreed to go to the theater together the next day.

PART

TWO

NOUNS
PRONOUNS
PREPOSITIONS

Nouns and Articles

1. Gender of Nouns

All nouns in Spanish are either masculine or feminine.

a. Nouns that refer to male beings are masculine. Nouns that refer to female beings are feminine:

MASCULINE	FEMININE
el hombre *man*	**la mujer** *woman*
el rey *king*	**la reina** *queen*
el príncipe *prince*	**la princesa** *princess*
el poeta *poet*	**la poetisa** *poet*

b. Nouns that end in **-o** are usually masculine. Nouns that end in **-a** are usually feminine:

MASCULINE	FEMININE
el hijo *son*	**la hija** *daughter*
el tipo *type*	**la distancia** *distance*
el zapato *shoe*	**la bota** *boot*

c. A few nouns that end in **-o** are feminine:

la mano *hand*	**la radio** *radio*
la foto* *photo*	**la moto*** *motorcycle*

d. Some nouns that end in **-a** are masculine:

el clima *climate*	**el planeta** *planet*
el día *day*	**el problema** *problem*
el drama *drama*	**el programa** *program*
el idioma *language*	**el telegrama** *telegram*
el mapa *map*	**el tranvía** *streetcar*

e. Nouns ending in **-dad**, **-tad**, **-tud**, **-umbre**, **-ie**, or **ión** are normally feminine:

---

* **La foto** is an abbreviation of **la fotografía. La moto** is an abbreviation of **la motocicleta.**

la ciudad city	la unión union
la dificultad difficulty	
la juventud youth	Exceptions:
la certidumbre certainty	
la especie species, kind	el avión airplane
la excepción exception	el camión truck

f. Masculine nouns that refer to people and end in **-or**, **-és**, or **-n** add **a** for the feminine equivalents:

MASCULINE	FEMININE
el escultor sculptor	la escultora sculptress
el francés Frenchman	la francesa Frenchwoman
el alemán German	la alemana German

Exceptions:

el emperador emperor	la emperatriz empress
el actor actor	la actriz actress

NOTE: If a masculine noun bears an accent mark on the last syllable, the accent is dropped in the equivalent feminine form:

el fran*cés*   la fran*cesa*   el ale*mán*   la ale*mana*

g. Some nouns are either masculine or feminine depending on their meaning:

MASCULINE	FEMININE
el capital capital (money)	la capital capital (city)
el cura priest	la cura cure
el guía guide (male)	la guía guidebook, guide (female)
el policía policeman	la policía police force, policewoman

h. Some nouns referring to people do not change their form but distinguish their gender only by the article:

el (la) artista artist	el (la) joven youth
el (la) dentista dentist	el (la) mártir martyr
el (la) testigo witness	el (la) modelo model

i. Days of the week, months of the year, and names of rivers and oceans are masculine:

el lunes Monday	(el) septiembre September
el Amazonas the Amazon (river)	el Pacífico the Pacific (ocean)

j. The gender of other nouns must be learned individually.

EJERCICIO A

Ricardo cuida a su primo. Para entretenerlo, le hace identificar varias cosas. ¿Qué responde el niño?

EJEMPLO:

el papel

EJERCICIO B

Dorotea ha hecho el árbol genealógico de su familia. Identifique a estas personas:

EJEMPLO: María Pérez de García es ____la madre____ de Eduardo.

1. Juan García es _____ de Eduardo y Luz.
2. Eduardo es _____ de Sarita.
3. Dorotea es _____ de Jaime y Cándida.
4. Gabriel es _____ de Jaime.
5. María Pérez de García es _____ de Carlos y Sarita.
6. Carlos es _____ de Eduardo.
7. Sarita es _____ de Juan García.
8. Carlos es _____ de María Pérez de García.
9. Luz es _____ de Dorotea, Cándida y Jaime.
10. Jaime es _____ de Sarita y Eduardo.
11. Raúl es _____ de Eduardo.
12. María Pérez de García es _____ de Dorotea, Cándida y Jaime.

EJERCICIO C

*Lolita va a participar en un concurso de vocabulario. Lea el significado
y luego dé la palabra apropiada:*

EJEMPLO: un grupo de muchas personas
           la muchedumbre (la multitud)

1. un representante de la iglesia
2. un lugar como Chicago
3. la persona que preside en la corte
4. donde guardan a los prisioneros
5. una obra representada en el teatro
6. el hombre que escribe versos
7. la parte temprana de la vida
8. lo contrario de «la duda»
9. el sistema de leyes de una nación
10. lo que habla una persona
11. cuando las personas duermen
12. un sinónimo de «el gusto»
13. veinticuatro horas
14. el hijo de un rey
15. las oficinas centrales del gobierno
16. el acto de repartir cosas
17. lo que buscan para el cáncer
18. un hábito de una cultura
19. el símbolo de los enamorados
20. lo que tiene una persona sana y justa

2. Plural of Nouns

a. Nouns ending in a vowel form the plural by adding **s**:

el líquido liquid	**los líquidos** liquids
la conquista conquest	**las conquistas** conquests
el hombre man	**los hombres** men

b. Nouns ending in a consonant (including **-y**) form the plural by adding **es**:

el papel paper	**los papeles** papers
el rey king	**los reyes** kings, rulers

NOTE:
1. Nouns ending in **-z** change the **-z** to **-c** before adding **es**: **el lápiz, los lápices; la actriz, las actrices**.
2. An accent mark is added or dropped to keep the original stress:

el joven	**los _jóvenes_**	**el francés**	**los franceses**
el examen	**los exámenes**	**la reunión**	**las reuniones**

3. Except for nouns ending in **-és**, nouns ending in **s** do not change in the plural:

el (los) lunes	**el (los) paréntesis**
la (las) dosis	**la (las) síntesis**

4. In a mixed plural (masculine and feminine), the masculine plural form of the noun is used:

los hijos = **el hijo y la hija (los hijos y las hijas)**
los amigos = **el amigo y la amiga (los amigos y las amigas)**
los abuelos = **el abuelo y la abuela**
los señores Gómez = **el señor y la señora Gómez**

EJERCICIO D

Rosita fue de compras. Repita lo que cuenta, usando la forma plural de los sustantivos dados:

Al terminar la época de las _____ navideñas, los _____ ofrecen
                   1 (fiesta)   2 (almacén)
muchas _____ . En todos los _____ hay _____ en rebaja.
       3 (ganga)   4 (departamento)   5 (cosa)
A mí me gusta ir de compras los _____ . El sábado pasado todos los
                               6 (sábado)
_____ estaban en rebaja; también los _____ de diversas
 7 (suéter)   8 (traje)

_____ estaban a _____ reducidos. Vi que muchos _____
9 (tela)   10 (precio)   11 (joven)

compraron estas _____ de vestir. Entré en el departamento de los
                 12 (prenda)

_____ de deporte porque necesito una raqueta de tenis nueva.
13 (artículo)

Había allí muchas _____, porque daban las pelotas gratis. Todos
                  14 (persona)

los _____ estaban ocupados y no pude esperar porque tenía que
    15 (vendedor)

tomar dos _____ para llegar a casa. Sin embargo, mientras iba
          16 (autobús)

hacia la puerta de salida, no pude resistir una ganga especial. Vendían

_____ de _____ de unas _____ europeas a tres por el pre-
17 (lápiz)   18 (labio)   19 (marca)

cio de uno. Tuve que comprar dos _____ grandes para cargar todos
                                 20 (bolsa)

mis _____. En la cola del autobús encontré a los _____
    21 (paquete)   22 (señor)

Pareda que habían comprado dos _____ a colores para unos
                               23 (televisor)

_____ suyos. Al subir al autobús vi que había solamente dos
24 (pariente)

_____ para sentarse, y la señora Pareda y yo nos sentamos.
25 (lugar)

3. Forms of the Articles

a. There are four definite articles in Spanish corresponding to English
the:

	SINGULAR	PLURAL
MASCULINE	**el**	**los**
FEMININE	**la**	**las**

NOTE:

1. Feminine nouns that begin with the stressed sound of **a** (**a-** or
   ha-) take the article **el** in the singular. In the plural, the article is
   las:

   el agua *water*   **las aguas** *waters*
   el alma *soul*   **las almas** *souls*
   el hacha *ax*   **las hachas** *axes*

   But:

   la amiga }
   la alumna } initial **a** is not stressed

2. The masculine article **el** combines with the prepositions **de** and **a** to form **del** and **al**.
3. The neuter article **lo**, used with adjectives, does not vary in form:

   lo bueno *the good (that which is good)*

b. There are four indefinite articles in Spanish corresponding to English *a (an), some, several, a few:*

	SINGULAR	PLURAL
MASCULINE	**un**	**unos**
FEMININE	**una**	**unas**

EJERCICIO E

El sobrino de Graciela va a cumplir un año. ¿Qué cosas debe ella comprar para su fiesta?

EJEMPLO: platos   **unos platos**

1. pastel
2. servilletas
3. juguete
4. helados
5. cucharas
6. tenedores
7. refrescos
8. adornos
9. premios
10. invitaciones
11. vela
12. mantel de papel
13. vasos
14. globos
15. litros de leche

EJERCICIO F

Mientras Leonardo camina por las calles de Salamanca, él identifica lo que ve:

EJEMPLO: farmacia   **una farmacia**

1. peluquería
2. café
3. restaurante
4. lavandería
5. iglesia
6. perfumería
7. almacén
8. hospital
9. museo
10. universidad
11. cuartel de bomberos
12. carnicería
13. escuela
14. parque
15. asilo de ancianos
16. supermercado
17. río
18. terminal de autobuses
19. plaza
20. jardín

EJERCICIO G

Cuente lo que Gregorio saca de su maleta al llegar a casa de sus abuelos:

Gregorio saca de su maleta . . . .

4. Uses of the Articles in Spanish

a. The definite article is used in Spanish before the names of languages, except after **hablar**, **en**, or **de**:

El español **es importante hoy día.**	*Spanish is important nowadays.*

But:

Mi amigo *habla francés.*	*My friend speaks French.*
Todo el libro está escrito *en* **alemán.**	*The whole book is written in German.*
La clase *de español* **es interesante.**	*The Spanish class is interesting.*

NOTE:

1. If an adverb occurs between **hablar** and a name of a language, the article may be used with the language:

Habla bien el español.	*He speaks Spanish well.*

2. Current everyday usage tends to omit the definite article after the verbs **estudiar**, **aprender**, **leer**, **escribir**, **enseñar**, and **saber**:

Yo estudio portugués.	*I study portuguese.*
¿Sabes francés?	*Do you know French?*

b. The definite article is used before titles, except when addressing the person:

El señor Gómez **salió ayer.**	*Mr. Gómez left yesterday.*
¿Cómo está Ud., Señora Álvarez?	*How are you, Mrs. Alvarez?*

NOTE: The article is omitted before **don (doña)**, **Santo (San, Santa)**.

c. The definite article is used instead of the possessive adjective with parts of the body or wearing apparel when the possessor is clear:

Ella se lava *el pelo*.	She washes her hair.
Se puso *el sombrero*.	He put on his hat.

d. The definite article is used with the time of day:

Es *la una*.	It's one o'clock.
Me acuesto a *las diez*.	I go to bed at ten o'clock.

e. The definite article is used before nouns used in a general or abstract sense:

***El hombre* es mortal.**	Man is mortal.
***La libertad* es preciosa.**	Liberty is precious.
***Los diamantes* son caros.**	Diamonds are expensive.

f. The definite article is used before infinitives functioning as nouns. The article is often omitted, however, when the infinitive is the subject in a sentence. Infinitive nouns are always masculine:

***(El) mentir* es un vicio.**	Lying is a vice.

g. The definite article is used with the names of seasons:

Me gusta *la primavera* (*el verano*, *el otoño*, *el invierno*).	I like spring (summer, autumn, winter).

NOTE: The article may be omitted after the preposition **en**:

Voy a España *en (el) verano*.	I am going to Spain in the summer.

h. The definite article is used with the days of the week, except after the verb **ser** when expressing dates:

Iré al teatro *el domingo*.	I will go to the theater (on) Sunday.
***Los viernes* hay pruebas.**	(On) Fridays there are tests.
El examen fue *el lunes* pasado.	The exam was last Monday.

But:

Hoy *es jueves*.	Today is Thursday.
Se acordó que el día siguiente *era sábado* y no había clases.	He remembered that the following day was Saturday and there were no classes.

i. The definite article is used before names of rivers, oceans, and mountains:

los Andes the Andes
los Alpes the Alps
el Pacífico the Pacific

el Amazonas the Amazon (river)
el Orinoco the Orinoco (river)
el Mediterráneo the Mediterranean

j. The definite article is used before certain names of countries, states, and cities:

el Brasil Brazil
los Estados Unidos the United States
la Florida Florida
el Japón Japan
el Paraguay Paraguay
el Ecuador Ecuador

la Argentina Argentina
el Perú Peru
la Habana Havana
el Uruguay Uruguay
el Canadá Canada
el Cairo Cairo

NOTE:
1. Current everyday usage tends to omit the definite article before the names of countries:

Vivo en Estados Unidos desde hace dos años.

2. The definite article is used with geographical names that are modified:

América tiene muchas riquezas.
La **América del Sur tiene muchas riquezas.**

España está en Europa.
Me interesa *la* **España del siglo XV.**

k. The definite article is used before nouns of weight or measure. English uses the indefinite article:

un dólar *la libra*
diez centavos *la docena*

a dollar a pound
ten cents a dozen

EJERCICIO H

Javier habla con un alumno de intercambio de su escuela. Complete este diálogo con la forma apropiada del artículo definido donde sea necesario:

Javier: ¿De dónde eres?
Tomás: Soy de _____ Perú.
         1

Javier:	¿Hay montañas cerca de tu país?
Tomás:	Sí, _____ Andes.

2

Javier:	¿Vas allí a menudo?
Tomás:	Sí, _____ esquiar es mi deporte favorito.

3

Javier:	¿Qué estación te gusta más?
Tomás:	Me gusta más _____ invierno.

4

Javier:	¿Quién es ese señor?
Tomás:	Es _____ señor Lobos. Es _____ profesor de _____

5   6   7

inglés.

Javier:	¿Estudias _____ inglés?

8

Tomás:	Sí, puesto que vivo en _____ Estados Unidos _____ inglés

9   10

es un idioma importante para mí.

Javier:	¿Hablas otro idioma también?
Tomás:	Yo no, pero mi mamá habla _____ francés.
Javier:	¿Ves muchas películas?

11

Tomás:	Sí, suelo ir a _____ cine _____ viernes por _____ noche.

12   13   14

Javier:	¿Qué hora será?
Tomás:	Son _____ doce y media. ¿Por qué?

15

Javier:	Tengo una cita con _____ señora Bello. Ella es mi consejera.

16

Tomás:	Debes apresurarte. _____ llegar tarde no es una buena idea.

17

Javier:	Ella es muy simpática. ¿La conoces? Ella tiene _____ pelo largo.

18

Tomás:	No la conozco. Mi consejero es _____ doctor Muñoz y él

19

tiene _____ nariz larga. Hasta luego.

20

Javier:	Sí, nos vemos después.

EJERCICIO I

Conteste las preguntas que hace una alumna en una encuesta:

1. ¿Qué día es hoy? (miércoles)
2. ¿Qué hora es? (1:00)
3. ¿En qué estación estamos? (primavera)
4. ¿De qué color tiene tu mamá el pelo? (castaño)
5. ¿Y los ojos? (verdes)
6. ¿Cuándo vas al parque? (sábado)
7. ¿Cuándo sales a cenar con tus padres? (martes)
8. ¿Dónde viven tus abuelos? (Florida)

9. ¿Quién es tu profesor de matemáticas? (señorita Castillo)
10. ¿Qué lengua estudias? (alemán)
11. ¿Cuál es tu ciencia favorita? (química)
12. ¿A qué hora te acuestas? (11:00)
13. ¿Cuál es tu deporte favorito? (béisbol)
14. ¿Cuánto cuesta un refresco en la cafetería? (50 centavos)
15. ¿Qué país te gustaría visitar? (Brasil)

5. Neuter Article *lo*

a. The neuter article **lo** precedes an adjective used as a noun to express a quality or an abstract idea:

Lo nuevo no es siempre mejor que *lo viejo*.	*The new (That which is new) is not always better than the old (what is old).*
Pienso *lo mismo* que Ud.	*I think the same as you.*

b. **Lo** + adjective (or adverb) + **que** = *how*

Ya veo *lo simpático (simpática)* que es.	*I do see how nice he (she) is.*
Me sorprende *lo rápidamente* que corre.	*I am surprised how quickly he runs.*

> NOTE: Since the article **lo** is neuter, it has no plural form. **Lo** is used whether the adjective is masculine or feminine, singular or plural.

EJERCICIO J

Cuente sus impresiones sobre los conceptos siguientes, usando **lo**:

> EJEMPLO: romántico
> **Lo romántico me aburre.**

1. cómico	5. peligroso	8. bello
2. pintoresco	6. emocionante	9. curioso
3. diferente	7. imposible	10. difícil
4. raro		

EJERCICIO K

Ud. acaba de volver de pescar en el lago. Usando **lo** *y las sugerencias, cuente sus impresiones de la excursión:*

> SUGERENCIAS: cómico, difícil, divertido, peligroso, interesante, peor, mejor, impresionante

EJEMPLO: **Lo aburrido fue esperar.**

1. perder el pez
2. tocar los peces
3. no hablar

4. limpiar los pescados
5. sentarse a esperar
6. vender los pescados

EJERCICIO L

Escriba siete frases sobre sus impresiones de una novela que Ud. acaba de leer. Use **lo** + *uno de los siguientes adjetivos:*

emocionante	divertido	triste
romántico	mejor	aburrido
interesante	curioso	impresionante
cómico	raro	

EJEMPLO: **Lo romántico fue la boda.**

6. Omission of the Article

a. The article is omitted:

(1) Before nouns in apposition:

Madrid, *capital* de España, está en el centro del país.

Madrid, the capital of Spain, is in the center of the country.

Lope de Vega, *dramaturgo* español, escribió muchas comedias.

Lope de Vega, a Spanish dramatist, wrote many plays.

(2) Before numerals expressing the numerical order of rulers:

Carlos Quinto
Isabel Segunda

Charles the Fifth
Isabel the Second

b. The indefinite article is omitted:

(1) Before predicate nouns denoting a class or group (social class, occupation, nationality, religion, etc.):

Es peluquero.
Soy americano.
Quiero hacerme médico.

He is a barber.
I am (an) American.
I want to become a doctor.

NOTE: If the predicate noun is modified, the indefinite article is expressed:

Era *un peluquero hábil*.
Quiero ser *un médico bueno*.

He was a skillful barber.
I want to be a good doctor.

(2) Before or after certain words that ordinarily have the article in English: **otro** (*another*), **cierto** (*a certain*), **ciento** (*a hundred*), **mil** (*a thousand*), **tal** . . . (*such a* . . .), **¡qué** . . . ! (*what a* . . . !):

otra carta	*another letter*
cierto día	*a certain day*
cien dólares	*one (a) hundred dollars*
mil soldados	*one (a) thousand soldiers*
tal hombre	*such a man*
¡Qué memoria!	*What a memory!*

EJERCICIO M

¿Qué recados le dejó la secretaria a su jefe?

EJEMPLO: Pedro Cabal / presidente / Industrias Modernas / llamó
Pedro Cabal, presidente de Industrias Modernas, llamó.

1. Elvira Soto / dueña / Fábrica Equis / canceló su cita
2. General Vidal / director / Banco Nacional / aprobó su préstamo
3. Sra. Moreno / esposa / Gabriel Moreno / llamó
4. Esteban Núñez / ayudante / Sra. Amador / telefoneó dos veces
5. Rodolfo Esteves / padre / su yerno / dejó otro número
6. David Rivera / agente / la policía / devolvió su llamada
7. Carlos / chofer / Sr. Asturias / dejó un paquete
8. Sr. Cuevas / gerente / la compañía / quiere verlo mañana

EJERCICIO N

Conteste estas preguntas que le hace un aduanero en el aeropuerto de Barajas:

1. ¿Cuál es su nacionalidad?
2. ¿Cuál es su profesión? (estudiante)
3. ¿Qué clase de estudiante es Ud.?
4. ¿Qué quiere Ud. hacerse?
5. ¿En qué hotel se quedará Ud.? (Felipe II)
6. ¿Por qué escogió Ud. ese hotel? (bueno)
7. ¿Cuánto dinero piensa Ud. gastar en el viaje? ($1,000)

EJERCICIO O

Complete este monólogo con el artículo apropiado, si es necesario, o con otro, cien, cierto, mil, tal *o* ¡qué!:

Buenos días. Soy Patricia Bulnes y soy _____ actriz. Los críticos dicen
                                          1

que soy _____ actriz buena y popular. El público me manda más de
         2

_____ cartas al día. Ya he hecho _____ películas y mañana comienzo
   3   4

a trabajar en _____ película. ¡Y _____ película! Hago el papel de
                5   6

_____ mujer rica y elegante. _____ mujer se aburre rápidamente y
   7   8

pasa el tiempo viajando. La película comienza en París, _____ capital
                                          9

de Francia. _____ día estamos en Londres, _____ capital de
           10   11

Inglaterra, porque la acción también se desarrolla allí. La protagonista

es _____ mujer caprichosa que se mete en muchos líos. Hay _____
    12   13

escena en que _____ hombres se visten de policía y la acompañan a
                14

_____ fiesta grandísima. ¡_____ segura me sentí cuando filmaron
  15   16

esa escena! _____ película va a costar más de cien mil dólares
         17

porque cada actor recibe _____ dólares al día. No me importa. Tengo
                        18

_____ vida interesante y emocionante. ¡_____ buena suerte tengo!
  19   20

♦ MASTERY EXERCISES ♦

EJERCICIO P

Conteste estas preguntas, con las que Alicia practica para un examen:

1. ¿Cuál es el río más grande de la América del Sur?
2. ¿En qué país hispanoamericano vivían los incas?
3. ¿Qué idioma hablan en el Uruguay?
4. ¿Cuál es y dónde está la capital de España?
5. ¿Qué país está al norte de los Estados Unidos?
6. ¿Qué ciudad era popular para los turistas antes de Fidel Castro?
7. ¿Quién fue un dramaturgo español que escribió muchas comedias?
8. ¿Cómo se llama el río que está entre México y los Estados Unidos?
9. ¿Cómo se llama la capital del Perú que tiene mucha arquitectura colonial?
10. ¿En qué país de Suramérica no se habla español?

EJERCICIO Q

Exprese en español lo que cuenta Alejandro de su abuelo:

1. My grandfather was a Spaniard; his wife was German.
2. He married a pretty German girl.
3. My grandfather wished for liberty and wealth.
4. He was a businessman.
5. He sold apples at twenty cents a pound.
6. His store closed at three o'clock on Fridays.

7. Smoking was prohibited in his store.
8. Dr. Suárez was a good friend of my grandfather.
9. His partner, Mr. Galán, accompanied him to the store every day.
10. At four o'clock, my grandfather used to go to the café.
11. He used to go there twice a day.
12. The funny thing is that he didn't like coffee.
13. My father was surprised by how lively he was.
14. What a memory he had! He remembered the names of all the customers.
15. He was accustomed to comb his hair three times a day.
16. During the war, he met a prince.
17. On Thursdays he went to his English class.
18. The curious thing is that he never learned to speak English well.
19. I was surprised at how quickly he talked.
20. One day he sold everything in the store for one thousand dollars.
21. Upon retiring, we were astonished at how relaxed he was.
22. The good (part) of the matter is that he knew how to enjoy himself.

Personal Pronouns

1. Subject Pronouns

SINGULAR	PLURAL
yo *I*	**nosotros, -as** *we*
tú *you* (familiar)	**vosotros, -as** *you* (familiar)
usted (Ud.) *you*	**ustedes (Uds.)** *you*
él *he*	**ellos** *they* (masculine)
ella *she*	**ellas** *they* (feminine)

Subject pronouns are not used in Spanish as often as in English. Normally the verb ending indicates the subject. Spanish subject pronouns are used for clarity, emphasis, and politeness:

Él leía mientras yo cantaba. He was reading *while I was singing.*

No hagas eso: yo debo hacerlo. Don't do that: *I* must do it.
¡Pase Ud.! Tome Ud. asiento. Enter! Take a seat.

NOTE:
1. Even though subject pronouns are usually omitted, **usted** and **ustedes** are regularly used.
2. The **vosotros** form (familiar plural) is used in Spain but rarely in Latin America, where the form **ustedes** is preferred.
3. The English pronoun *it* is not expressed as a subject in Spanish:

¿Dónde está? Está en el cajón. Where is it? It's in the drawer.
¿Qué es? Es un libro. What is it? It's a book.

EJERCICIO A

En una fiesta Víctor identifica a sus amigos y dice de dónde son. Complete cada frase con el pronombre apropiado:

EJEMPLO: Elena y Rosa son hermanas. ___*Ellas*___ nacieron en la Habana.

1. Jorge y Pedro son primos. _____ son de Bogotá.
2. Luz y Pilar son hermanas. _____ son de Cali.
3. Eduardo y yo somos amigos. _____ somos de Chicago.
4. Lola es la hermana de Carlos. _____ es de Caracas.
5. Esteban es el primo de Ricardo. _____ es de San José.
6. Rocío y María, ¿de dónde son _____? _____ soy de Panamá y _____ es de México.
7. Clara, ¿de dónde eres _____? _____ soy de San Juan.
8. Beto y Anita, ¿de dónde son _____? _____ somos de Buenos Aires.
9. Gustavo, ¿de dónde son tus padres? _____ son de Francia.
10. Beatriz y Sara, ¿dónde vivieron _____ antes de venir aquí? _____ vivimos cerca de la capital.

EJERCICIO B

Conteste las preguntas que le hace un vecino nuevo. Use los pronombres apropiados:

1. ¿Cómo te llamas?
2. ¿Dónde están tus padres?
3. ¿Quién es esa chica?
4. ¿Cómo se llama la escuela a que vas?
5. ¿Quiénes son esos señores?
6. ¿Podemos tú y yo jugar tenis?
7. ¿Dónde juegan tú y tus amigos?
8. ¿Tienes otra raqueta?
9. ¿Es ese señor tu padre?
10. ¿Dónde podemos comprar leche?

2. Prepositional Pronouns

SINGULAR	PLURAL
mí me	**nosotros, -as** us
ti you (familiar)	**vosotros, -as** you (familiar)
usted (Ud.) you	**ustedes (Uds.)** you
él him, it	**ellos** them (masculine)
ella her, it	**ellas** them (feminine)
sí yourself, himself, herself, itself	**sí** yourselves, themselves

a. The prepositional pronoun is used as the object of a preposition and always follows the preposition:

No es para *mí*; es para *ellos*.   *It's not for me; it's for them.*

b. The pronouns **mí, ti,** and **sí** combine with the preposition **con** as follows:

conmigo	*with me*
contigo	*with you (fam.)*
consigo	*with you (yourself), with him(self), with her(self), with them(selves)*

NOTE:
1. The prepositional pronouns are identical with the subject pronouns, except for **mí, ti,** and **sí.**
2. The forms **conmigo, contigo,** and **consigo** do not change in gender and number.
3. The familiar plural form **vosotros, -as** is used in Spain but rarely in Spanish America, where the form **ustedes** is preferred.

c. Common prepositions

a *to, at*	**durante** *during*
acerca de *about*	**en** *in, on*
además de *besides*	**encima de** *above, on top of*
alrededor de *around*	**enfrente de** *in front of, opposite*
ante *before, in the presence of*	**entre** *between, among*
antes de *before*	**frente a** *in front of*
cerca de *near*	**fuera de** *outside of; aside from*
con *with*	**hacia** *toward*
contra *against*	**hasta** *until*
de *of, from*	**lejos de** *far from*
debajo de *beneath, under*	**para** *for, in order to*
delante de *in front of*	**por** *for, by, through*
dentro de *within, inside*	**según** *according to*
desde *from, since*	**sin** *without*
después de *after*	**sobre** *over, above*
detrás de *behind*	**tras** *after*

EJERCICIO C

Su hermano le hace preguntas sobre sus compras. Diga para quién(es) son estas cosas, usando el pronombre apropiado:

EJEMPLO: ¿Son los guantes para mi abuelita?
Sí, son para ella.

1. ¿Es la pelota para Jorge?
2. ¿Son los discos para nosotros?
3. La blusa es para mamá, ¿verdad?
4. ¿Es el sombrero para papá?
5. Los dulces son para los niños, ¿verdad?
6. ¿Son los aretes para Luz y Alba?
7. El abrigo es para ti, ¿verdad?
8. El guante de béisbol es para mí, ¿verdad?
9. ¿Es el rebozo para la tía Conchita?
10. Los calcetines son para Luis y Paco, ¿verdad?

EJERCICIO D

A Roberto no le gusta jugar con nadie. Cuente lo que dice cuando su mamá le hace sugerencias. Use los pronombres apropiados:

> EJEMPLO: Enrique va a jugar baloncesto.
> **No quiero jugar con él.**

1. Gloria va a jugar volibol.
2. Pedro y Arturo van a jugar fútbol.
3. Gladys y Beatriz van a jugar dominó.
4. Tu papá y yo vamos a jugar naipes.
5. Yo voy a jugar tenis.
6. Lupita va a jugar béisbol.

EJERCICIO E

Conteste las preguntas que le hace un compañero de campamento, usando el pronombre apropiado:

1. ¿Vives cerca del estadio?
2. ¿Te gusta correr alrededor de la cancha de tenis?
3. ¿Juegas contra tus hermanos?
4. ¿Puedo ir contigo en el barco?
5. Según el consejero, ¿a qué hora debemos apagar la luz?
6. ¿Fuiste al cine sin tu tarjeta de identidad?
7. Camino hacia el bosque para llegar a la piscina, ¿verdad?
8. ¿Quién estaba delante de ti en la cola hoy?
9. ¿Qué pusiste debajo de la cama de Raúl?
10. ¿No te sentiste bien durante los ejercicios esta mañana?
11. ¿Irás a la tienda por mí?
12. ¿Plantaron flores detrás de la oficina?
13. ¿Me vas a decir algo sobre la película?
14. ¿Quiénes estaban allí además de Uds.?
15. ¿Pusieron la bandera en la ventana?

3. Object Pronouns

a. The object pronouns are as follows:

DIRECT	INDIRECT
SINGULAR	SINGULAR
me me **te** you (familiar) **le** you (masculine), *him* **lo** you, *him, it* (masculine) **la** you (feminine), *her, it* (feminine)	**me** *(to)* me **te** *(to)* you (familiar) **le** *(to)* you, *(to) him, (to) her, (to) it*
PLURAL	PLURAL
nos us **os** you (familiar) **los** you, *them* (masculine) **las** you, *them* (feminine)	**nos** *(to)* us **os** *(to)* you (familiar) **les** *(to)* you, *(to) them*

NOTE:
1. The forms **me, te, nos,** and **os** are both direct and indirect object pronouns. They are also reflexive pronouns (see page 89).
2. In Spanish America, **lo** is preferred to **le** as direct object.
3. Before an indirect object pronoun, the prepositions *to, for,* and *from* are not expressed in Spanish:

Me dio el dinero.	He gave the money to me.
Me compró el libro.	He bought me the book.
Me cobró el dinero.	He collected the money from me.

b. Position of object pronouns:

(1) Object pronouns, direct or indirect, normally precede the verb:

Juan *me* ve.	John sees me.
El maestro *les* ha hablado.	The teacher has spoken to them.

(2) When the direct or indirect object pronouns are used with an infinitive, a **gerundio,** or an affirmative command, they may be attached to the verb:

Deseo enviar*lo*.
or
***Lo* deseo enviar.** ⎫⎬⎭ I want to send it.

Estoy enviándo*lo*.
or
***Lo* estoy enviando.** } *I am sending it.*

Enví*lo*. Ud. *Send it.*

But:

No *lo* envíe Ud. *Don't send it.*

NOTE:
1. The object pronouns may either be attached to the infinitive or the **gerundio** or precede the conjugated form of the verb.
2. When an object pronoun is attached to the **gerundio** or the affirmative command, an accent mark is normally required on the stressed vowel of the verb in order to keep the original stress. If the affirmative command has only one syllable (**pon**), no accent mark is required (**ponlo**).

EJERCICIO F

Conteste las preguntas que le hace un amigo en una llamada telefónica. Use un pronombre en cada frase:

1. ¿Buscaste la lista de los discos?
2. ¿Compraste el disco que querías?
3. ¿Viste a Carmen y a Gloria?
4. ¿Escuchaste las noticias hoy?
5. ¿Leíste el periódico de la mañana?
6. ¿Miraste las fotos en la página tres?
7. ¿Esperaste a tus padres en el centro?
8. ¿Ayudaste a tu hermanito con la tarea?
9. ¿Vas a ver la película a las ocho?
10. ¿Invitaste a Tomás y a Luis a la fiesta?
11. ¿Terminaste la tarea?
12. ¿Aprendiste el poema de memoria?
13. ¿Quién hizo el diseño?
14. ¿Tienes los boletos para el teatro?
15. ¿Pediste el carro prestado a tu papá?

EJERCICIO G

La abuela de Carmen es mexicana y va a preparar los platos favoritos de su familia. Diga lo que ella le cuenta a su esposo y lo que él le responde:

EJEMPLO: a mi hijo / enchiladas suizas
A mi hijo le voy a preparar enchiladas suizas.
Bueno, ¡**Prepárale** enchiladas suizas!

1. a Carmen / chiles rellenos
2. a Roberto y a Paco / tacos de pollo
3. a ti / tamales
4. a nosotros / flan
5. a mí / sopa de fideos

EJERCICIO H

La mamá de Joaquín le pregunta si ha empacado las cosas que necesita para ir a acampar. ¿Qué le contesta Joaquín?

> EJEMPLO: ¿Empacaste la manta? (Sí)
> **Sí, la empaqué.**

1. ¿Y el suéter? (Sí)
2. ¿Y la mochila? (No)
3. ¿Y la tienda? (Sí)
4. ¿Y los platos de plástico? (Sí)
5. ¿Y los zapatos de tenis? (Sí)
6. ¿Y las botas? (No)
7. ¿Y el mapa? (Sí)
8. ¿Y las llaves? (Sí)
9. ¿Y el impermeable? (No)
10. ¿Y el cepillo de dientes? (Sí)

EJERCICIO I

Según Lourdes, uno de sus profesores habla muchos idiomas. Repita lo que ella cuenta:

> EJEMPLO: a José / inglés
> **A José le habla en inglés.**

1. a mí / español
2. a Pierre y a Claude / francés
3. a Sofía / italiano
4. a María y a mí / inglés
5. a Karl / alemán
6. a Cristóbal y a Melina / griego
7. a ti / ruso
8. a Uds. / portugués

EJERCICIO J

Diga cuándo visita Ud. a estas personas:

> EJEMPLO: su abuela
> **La visito todos los domingos.**

1. sus primos
2. su mejor amigo/amiga
3. sus compañeros de clase
4. su vecino
5. su cura
6. su tía
7. su médico

EJERCICIO K

La tía de Alfredo está enferma y hay una enfermera en la casa. Cuente lo que Alfredo dice que hace la enfermera:

EjEMPLO: poner inyecciones a mi tía
           Le pone inyecciones a mi tía.

1. dar la medicina a mi tía
2. bañar (a mi tía)
3. preparar la comida a mis tíos
4. arreglar el cuarto a ellos
5. peinar (a mi tía)
6. contestar el teléfono
7. vestir (a mi tía)

EJERCICIO L

Gloria hace una encuesta sobre los gustos de sus amigos. Cuente lo que ellos responden, usando (no) gustar, (no) fascinar, (no) encantar:

EjEMPLO: ¿Bailas mucho?
           Sí, me encanta bailar.

1. ¿Vas de compras a menudo?
2. ¿Reciben Uds. muchos regalos?
3. ¿Ven ellos muchas películas?
4. ¿Juega Antonio muchos deportes?
5. ¿Sabes conducir?
6. ¿Cocinan Uds. de vez en cuando?
7. ¿Leen ellas muchas novelas?
8. ¿Coso yo mi propia ropa?
9. ¿Sabe Carlos esquiar?
10. ¿Montan Uds. en bicicleta?

EJERCICIO M

En la clase de costura María está cosiendo un vestido. ¿Qué instruc- ciones le da la maestra y qué comentario hacen unas compañeras?

EjEMPLO: cortar el patrón
           Maestra: **Córtalo.**
           Amiga: **Va a cortarlo.**
           Otra amiga: **Está cortándolo.**

1. medir la tela
   Maestra:
   Amiga:
   Otra amiga:
2. poner los alfileres
   Maestra:
   Amiga:
   Otra amiga:
3. coser las mangas
   Maestra:
   Amiga:
   Otra amiga:
4. coser los botones
   Maestra:
   Amiga:
   Otra amiga:

5. planchar el vestido	6. colgar el vestido
Maestra:	Maestra:
Amiga:	Amiga:
Otra amiga:	Otra amiga:

4. *Gustar* and Other Verbs Used with Indirect Object Pronouns

a. The verb **gustar** (*to please*) expresses English *to like*:

Me gusta **el vestido.**	I like the dress. (Literally: The dress pleases me.)
Te gustan **las flores.**	You like the flowers. (Literally: The flowers please you.)
Le gustaría **viajar a Europa.**	He would like to travel to Europe. (Literally: To travel to Europe would please him.)

b. **Gustar** is preceded by an indirect object pronoun. Note that the form of **gustar** agrees with the subject, which generally follows it:

Te gustará *el libro.*	You will like the book.
Te gustarán *los libros.*	You will like the books.
Nos gustó *la novela.*	We liked the novel.
Nos gustaron *las novelas.*	We liked the novels.
Les gusta *cantar.*	They like to sing.

NOTE: If the thing liked is not a noun but an "action" (expressed by a verb or clause), **gustar** is used in the third person singular:

Le gusta *cantar y bailar.*	He likes to sing and dance.
Me gustaría *que vinieras hoy.*	I would like you to come today.

c. The indirect object noun normally precedes the indirect object pronoun:

A María **no *le* gusta leer.**	Mary doesn't like to read.
A los niños les **gusta ir al cine.**	The children like to go to the movies.
A Roberto le **gustan los dulces.**	Robert likes sweets.

d. Other verbs used like **gustar**:

agradar *to be pleased with, to please*

Les agradó mi regalo.	They were pleased with my gift. (My gift was pleasing to them.)

bastar *to be enough, to suffice*

Me bastan tres dólares.	*Three dollars are enough for me.*

doler *to be painful, to cause sorrow*

Me duele el pie izquierdo.	*My left foot hurts (is painful to me).*

faltar
hacer falta } *to be lacking, to need*

Le faltan cincuenta centavos.	*He lacks fifty cents. (Fifty cents are lacking to him.)*
Le hace falta dinero.	*He needs money. (Money is lacking to him.)*

parecer *to seem*

Me parece imposible.	*It seems impossible to me.*

placer *to be pleasing, to be pleased*

Me place poder ayudarlo.	*I am pleased to be able to help you.*

quedar (a uno) *to remain (to someone), to have left*

Nos queda un solo día.	*We have only one day left.*

sobrar *to be left over, to have too much*

Me sobran tres cartas.	*I have three cards too many.*

tocar (a uno) *to be one's turn*

A mí **me toca** lavar los platos.	*It is my turn to wash the dishes.*

EJERCICIO N

Algunos amigos hablan de sus gustos. ¿Qué dicen?

EJEMPLO: A mí / gustar / los deportes
A mí me gustan los deportes.

1. A nosotros / gustar / la música popular
2. A Elena / gustar / cantar mientras trabaja
3. A ti / gustar / las ferias
4. A Pedro y a Carlos / no gustar / patinar en el hielo
5. A ustedes / gustar / ir al teatro
6. A mí / gustar / las películas románticas
7. A ellas / gustar / los bailes

8. A Ramón / no gustar / el helado de fresa
9. A tí y a mí / gustar / pasar un buen rato
10. A Celia / no gustar / las bromas

EJERCICIO O

Unos amigos piensan hacer una fiesta de disfraces. Haga un comentario para cada frase, usando la información dada:

EJEMPLO: Jaime: Me invitaron a una fiesta de disfraces.
Lourdes: A mí / agradar / los disfraces
A mí me agradan los disfraces.

1. Eduardo: Tenemos que comprar los refrescos. Cuestan doce dólares.
   Silvia: A mí / quedar / sólo cinco dólares
2. Rosa: No tengo tela para hacer el disfraz que quiero usar.
   Gloria: A mi mamá / sobrar / tela
3. Gabriel y Luz: ¿Quién va a llevar la comida?
   Esteban: A Alfonso / tocar / llevar la comida
4. Victoria: Vamos a dar un premio por el mejor disfraz.
   Beto y Felipe: A nosotros / parecer / una buena idea
5. Lola: Voy a comprar las máscaras. ¿Cuántas necesitamos?
   Manuel: A nosotros / bastar / veinte máscaras
6. Héctor: Voy a ir de compras al supermercado con Raúl.
   Víctor: A Raúl / doler / las piernas
7. Sarita: Ya terminamos de decorar el salón.
   Tomás: A tí / no faltar / imaginación
8. Pablo: Va a ser una fiesta fabulosa. ¡Todos muestran tanto entusiasmo!
   Adela: A mí / placer / el entusiasmo de la gente
9. David y Javier: Vas a quedar muy impresionado con nuestro disfraz.
   Fernando: Lo sé. A ustedes / gustar / lo absurdo
10. María: Hemos invitado a diecinueve personas.
    Pilar: A nosotras / hacer falta / invitar a otro chico

EJERCICIO P

Roberto y Pedro han pasado un mes en un programa de intercambio en México. Conteste las preguntas que les hicieron sus amigos:

1. ¿Les pareció buena la experiencia? (Sí, muy buena)
2. ¿A Uds. les agradó la familia con que vivieron? (mucho)
3. Roberto, ¿te sobró dinero del viaje? (50 dólares)
4. Pedro, ¿qué te hizo falta durante el viaje? (nada)
5. ¿A quién le dolió el estómago en México? (A Pedro)

6. ¿Les queda tiempo ahora para mostrar las fotografías que sacaron? (Sí)
7. ¿Cuánto tiempo les hace falta para terminar de mostrarlas?
   (15 minutos)
8. ¿Qué les parecieron las playas que visitaron? (muy bonitas)
9. ¿Qué les tocaba hacer en la casa? (arreglar las camas)
10. ¿Qué les gustó de esta experiencia? (hacer nuevos amigos)

5. Double Object Pronouns

a. When a verb has two object pronouns, the indirect object pronoun (usually a person) precedes the direct object pronoun (usually a thing):

Juan *me lo* **da.**	*John gives it to me.*
Juan *te la* **da.**	*John gives it to you (fam.).*
Juan *se los* **da.**	*John gives them to you (him, her, them).*
Juan *nos las* **da.**	*John gives them to us.*

NOTE:

1. **Le** and **les** change to **se** before **lo, la, los, las:**

Juan *le* **da el libro.**	*John gives the book to you (him, her).*
Juan *se lo* **da.**	*John gives it to you (him, her).*

2. The various meanings of **se** may be clarified by adding **a Ud. (Uds.), a él (ella), a ellos (ellas):**

Su madre *se lo* **da** *a ella (a ellos).*	*Her mother gives it to her (to them).*

b. The position of double object pronouns is the same as for single object pronouns:

Me lo **da.**	*He gives it to me.*
Desea dárme*lo.* or *Me lo* **desea dar.**	*He wants to give it to me.*
Está dándome*lo.* or *Me lo* **está dando.**	*He is giving it to me.*
¡Déme*lo* **Ud!**	*Give it to me.*
But:	
¡No *me lo* **dé Ud!**	*Don't give it to me.*

NOTE: When both object pronouns are attached to the verb, an accent mark is placed on the stressed syllable.

EJERCICIO Q

Nicolás está muy contento porque su mamá le compró lo que necesita para su primer día de clases. Cuente lo que dice su mamá:

> EJEMPLO: Voy a enseñarle el cuaderno a papá.
> **¡Enséñaselo!**

1. los lápices
2. la mochila
3. las gomas

4. la regla
5. la pluma
6. el diccionario

EJERCICIO R

La madre le dice a su esposo lo que ella tiene que comprarles a los hijos. Escriba las dos formas en que el señor puede responder:

> EJEMPLO: Tengo que comprarles suéteres a los niños.
> **Sí, debes comprárselos.**
> **Sí, se los debes comprar.**

1. Tengo que comprarle zapatos a Gregorio.
2. Tengo que comprarle una blusa a María.
3. Tengo que comprarle medias a Alicia.
4. Tengo que comprarles una corbata a los niños.
5. Tengo que comprarle un traje a Gregorio.

EJERCICIO S

El jefe de Clara es muy indeciso. Un minuto quiere una cosa y luego no la quiere. ¿Qué órdenes contradictorias le da a Clara?

> EJEMPLO: darme el calendario
> **¡Démelo Ud.!**
> **¡No me lo dé Ud.!**

1. llevar estos documentos a la señora Guzmán
2. pedir ayuda a otra secretaria
3. cancelar el pedido a los señores Ruiz
4. darme las cartas para firmar
5. buscarme el otro archivo
6. contestarnos el teléfono
7. mandar un telegrama a mi socio
8. entregar el sueldo a los empleados

EJERCICIO T

Felipe estudia para un examen en que tiene que explicar varias profe-

siones. Cuente lo que dice su hermano cuando Felipe acierta las respuestas:

EJEMPLO: Un cajero da dinero a las personas.
Sí, se lo da.

1. Un profesor enseña la lección a la clase.
2. Un médico receta medicinas a los enfermos.
3. Un juez dicta una sentencia al prisionero.
4. Una criada limpia la casa a la señora.
5. Un ladrón roba las joyas a las personas.
6. Un locutor presenta a los artistas al público.
7. Un ingeniero construye casas a la gente.
8. Un mesero sirve el almuerzo a los clientes.
9. Un dependiente vende cosas a los compradores.
10. Un gerente da órdenes a los empleados.

♦ MASTERY EXERCISES ♦

EJERCICIO U

Complete, con los pronombres apropiados, esta carta que Rocío le escribe a una amiga:

Querida Dolores,
Fui de compras hoy con mi hermana. Es imposible ir de compras con
_____ porque _____ siempre da con algún conocido y se pone a
  1   2
charlar con _____. _____ fuimos a un nuevo centro comercial. La
         3   4
avenida era ancha y caminando por _____ vimos que estaba llena de
                 5
chicas y con _____, sus novios. ¿Te acuerdas _____ de los hermanos
        6   7
Castro? Hoy _____ encontramos a _____ en el centro comercial.
       8   9
_____ me acordaba de _____, pero _____ no se acordaban de
  10   11   12
_____. Juan es muy alto y _____ estudia en la universidad. Tiene
 13   14
su propio apartamento cerca de _____. Manuel es mayor y _____
                15   16
trabaja. Graciela es su novia y va a casarse con _____ en junio. Tengo
               17
muchas ganas de ver las fotos. Espero que _____ _____ mandes en
           18   19
cuanto _____ tengas.
    20
Otra noticia. A Estela _____ gusta montar en bicicleta. El sábado
       21

pasado _____ recorrió toda la ciudad, montada en _____ y
                22   23
llevando con _____ una guía. Anoche visité la casa de Rogelio.
             24

_____ entré en la casa y dentro de _____ estaba la familia: los
 25   26
padres, y además de _____, los tres hijos. _____ hicieron sentir
                    27   28
tan nerviosa.

_____ he contado muchas nuevas a _____ en esta carta. Ahora tú
 29   30
_____ debes una carta. ¡Escribe _____ pronto!
 31   32
                                              Saludos de
                                              Rocío

EJERCICIO V

*Algunos amigos recuerdan escenas, que para ellos son inolvidables.
¿Cómo terminaron estas escenas?*

> EJEMPLO: Al ver a los ciegos, el bondadoso doctor sacó una limosna.
>
> Se apresuró a **dársela**.

1. En la juguetería la niña insistía en que su padre comprara la muñeca.
   Por fin el padre . . . .
2. El matador no quería dedicar el toro, pero al recibir el aplauso del
   público él . . . .
3. Mi sobrino no se acuesta sin que alguien le lea un cuento. Tenía tanto
   sueño que se durmió antes de que yo . . . .
4. El primer día que Luz sacó su licencia de conducir, ella corrió un semáforo. Tuvo que enseñar la licencia al policía cuando él le dijo:
   ¡ . . . .!
5. Cuando el novio de mi hermana llegó a la casa, escondía unos claveles
   detrás de él. Yo le dije: Juan, ...
6. Un chofer compraba un periódico mientras esperaba un semáforo durante las horas de punta. Tenía sólo un billete de cinco dólares y mientras esperaba su cambio, el tráfico empezó a moverse. El vendedor se
   apresuró a . . . .
7. Una señora encontró una cartera cerca de la jefatura. Ella recogió la
   cartera del suelo y siguió caminando. Es seguro que ella . . . .
8. Cuando el equipo de Hugo ganó el campeonato, él les repitió la noticia
   a todos sus amigos. Su padre dijo: Otra vez está . . . .
9. Antes de la Navidad se publicó una foto del alcalde visitando a los
   niños en el hospital. Va allí para distribuir regalos. Otra vez el alcalde
   estaba . . . .
10. Victoria iba a una fiesta, pero la blusa que iba a ponerse tenía una
    mancha. Su hermana, Elena, dijo que tenía una blusa que Victoria po-
    día usar. Elena dijo:« . . . . »

EJERCICIO W

Exprese en español lo que cuenta este señor de su perro:

1. My dog always travels with me.
2. He doesn't like to be far away from me.
3. He always listens to me.
4. When I tell him "Sit down!", he obeys me.
5. He barks only to warn us.
6. When you throw the ball to him, he brings it back to you.
7. Your hat? Look at him; he's playing with it.
8. If he destroys it, I will pay you for it.
9. Don't tell him to do that.
10. He is afraid of you. You shouldn't be afraid of him.
11. I have three dogs, but he is my favorite.
12. Children? He loves to play with them.
13. Bring him a bone. He buries them in the garden.
14. He eats ice cream. You can give it to him now.
15. Tell me, why don't you like them?
16. Don't show him a glove. Give it to him and watch what he does with it.
17. I never have any problems with him.
18. I have a cage for him when we travel, but he doesn't like to be in it.
19. If I put him in it, he will try to destroy it.
20. You don't permit dogs? Please explain it to me again.

Relative Pronouns

1. Que

Que is the most frequently used relative pronoun. **Que** refers to both persons and things. After a preposition, however, **que** refers only to things; **quien(es)** refers to persons.

	NO PREPOSITION	PREPOSITION
PERSONS	**el hombre *que* habló**	**la mujer *con quien* hablé**
THINGS	**el libro *que* leo**	**la pluma *con que* escribo**

El libro *que* estoy leyendo, es muy difícil.
The book (that) I am reading is very difficult.
Este libro, *que* es muy difícil, fue escrito en el siglo XV.
This book, which is very difficult, was written in the 15th century.
El hombre *que* fue elegido presidente, es muy popular.
The man who was elected president is very popular.
Plácido Domingo, *a quien* escuché cantar el sábado, nació en España.
Placido Domingo, whom I heard singing on Saturday, was born in Spain.
Las circunstancias *en que* me encuentro, son terribles.
The circumstances in which I find myself are terrible.

NOTE:

1. The relative pronoun is never omitted in Spanish, as it may be in English:

   Las señoras **que** esperábamos...   *The ladies we expected...*

2. In Spanish, a comma is used after a relative clause. If the relative clause is nonrestrictive, a comma is also used before the relative pronoun:

   El tema **que eligió,** es demasiado complicado.
   Este diccionario, **que es bastante malo**, me lo regalaron ayer.

3. In Spanish, the preposition always precedes the relative pronoun:

   Las leyes **a que** estamos   *The laws (which) we are*
   sujetos...   *subject to...*

EJERCICIO A

Repita lo que dice el guía que acompaña a unos turistas en el Museo del Prado:

>EJEMPLO: los colores / usar / el pintor
>**Fíjense en los colores que usó el pintor.**

1. las líneas / crear / los escultores
2. las figuras / crear / el pintor
3. el estilo / usar / el artista
4. las sombras / pintar / los artistas
5. los detalles / incluir / el pintor
6. la sonrisa / captar / el artista
7. el mensaje / expresar / el pintor

EJERCICIO B

Ud. le enseña una foto a un amigo e identifica a las personas que viajaron en su grupo a España. Repita lo que Ud. dice de las personas en la foto:

>EJEMPLO: el joven / perder su dinero
>**Éste es el joven que perdió su dinero.**

1. la chica / gastar 500 dólares
2. los chicos / hacernos bromas
3. el chico / visitar a unos primos
4. las chicas / alejarse del grupo
5. el chico / no comer nada
6. la señorita / dirigir el grupo
7. los chicos / mandar cien tarjetas postales
8. la chica / no visitar los museos

EJERCICIO C

Ud. ayuda a su mamá a limpiar el desván. ¿Qué dice ella al encontrar unas cosas viejas en un baúl?

>EJEMPLO: el vestido / en / casarme
>**Mira el vestido en que me casé.**

1. las zapatillas / en / dar mi primer paso
2. la pluma / con / escribir cartas a tu papá
3. el cepillo / con / peinar a tu hermana
4. el álbum / en / escribir versos
5. el reloj / en / aprender a decir la hora

6. el menú del restaurante / a / ir con los amigos
7. la cámara / con / sacar muchas fotos

EJERCICIO D

Roberto ganó el premio en un concurso científico. Cuente lo que les dice a unas personas que lo visitan en el laboratorio:

EJEMPLO: los condiscípulos / con / trabajar
Éstos son los condiscípulos con quienes trabajé.

1. el laboratorio / en / hacer el estudio
2. el profesor / a / pedir consejos
3. la computadora / con / resolver los problemas
4. el científico / por / enterarme del tema
5. el cuaderno / en / anotar mis observaciones
6. la biblioteca / en / pasar muchas horas
7. la persona / a / dedicar el trabajo
8. el catre / en / dormir la siesta
9. los jueces / a / deber mi gratitud
10. mis amigos / con / trabajar por un mes

EJERCICIO E

Gabriel se despierta en el hospital y no recuerda lo que le pasó. Repita lo que le dice la enfermera, combinando las dos frases:

EJEMPLO: Aquí está el médico. Lo llamé por la mañana.
Aquí está el médico **a quien llamé** por la mañana.

1. Éste es el jarabe. Se lo dimos ayer.
2. Éstas son las píldoras. El médico se las recetó.
3. Trajeron la medicina. El médico la recetó anoche.
4. Ese señor es el boticario. Él preparó la medicina.
5. Este hombre es el otro doctor. Ud. habló con él anoche.
6. Soy la enfermera. Ud. se quejó de mí.
7. Éste es el hospital Caridad. Lo trajeron aquí en una ambulancia.

2. *Quien(es)* and Alternate Forms

Quien(es) is also used as subject to express *he* (*she, those, the one, the ones*) *who.* An alternate form is **el (la, los, las) que:**

Quien **estudia, siempre aprende.**	He (She) who studies always learns.
Los que **estudian, siempre aprenden.**	Those who study always learn.

EJERCICIO F

La abuela de Estela usa muchos refranes cuando habla. Complete los refranes que Estela trata de recordar:

EJEMPLO: ___**El que**___ no se atreve, no pasa el mar.

1. _____ busca, encuentra.
2. _____ va despacio y con tiento, hace dos cosas a un tiempo.
3. _____ mal anda, mal acaba.
4. _____ temprano se levanta tiene una hora más de vida y en su trabajo adelanta.
5. _____ a hierro matan, a hierro mueren.
6. _____ esperan, desesperan.
7. _____ la hace, la paga.
8. _____ mucho hablan, mucho yerran.
9. _____ mucho abarcan, poco aprietan.
10. _____ siembra amigos, cosecha amigos.

EJERCICIO G

Cuente lo que la maestra dice el primer día de clases, usando **quien, quienes, el que, la que, los que** *o* **las que:**

EJEMPLO: ___**Quienes**___ estudian reciben buenas notas.

1. _____ no falta a la clase, aprende más.
2. _____ se esfuerzan, tienen éxito.
3. _____ llega temprano, está listo para trabajar.
4. _____ preparan la tarea, están mejor preparados.
5. _____ prestan atención en la clase, comprenden más.
6. _____ participan en la lección, aprenden mejor.

3. Two Antecedents

If there are two antecedents, and there is need for clarification, **quien(es)** or **que** is used to indicate the nearer of the two. The more distant antecedent is indicated by a form of **el (la, los, las) cual(es)** or **el (la, los, las) que:**

El padre de **Felipe,** *quien (que)* está enfermo, le cuida con cariño. (Philip is ill.)	*The father of Philip, who is ill, cares for him lovingly.*
El padre de Felipe, *el cual (el que)* está enfermo, no saldrá hoy. (The father is ill.)	*Philip's father, who is ill, will not go out today.*

4. Relative Pronouns after Prepositions

The relative pronouns **el (la, los, las) cual(es)** and **el (la, los, las) que** are used after all prepositions, regardless of the location of the antecedent. **Que** and **quien(es)** may be used after the prepositions **a, de, en,** and **con:**

Subió a la cumbre, **desde la cual (la que)** vio el valle.	He climbed to the mountain top, from which he saw the valley.
La casa **delante de la cual (la que)** estamos, es la antigua residencia del gobernador.	The house in front of which we are standing is the former residence of the governor.
Es un hombre **del que (de quien)** poco se sabe.	He is a man about whom little is known.
El apartamento **en (el) que** vivía era muy pequeño.	The apartment in which he lived was very small.

EJERCICIO H

Complete las frases con las que Jorge describió una visita a un pueblo en la Costa del Sol, usando el pronombre relativo apropiado en cada frase:

1. Fue un día glorioso en _____ llegamos.
2. Las nubles, detrás de _____ brillaba el sol, parecían ser de algodón.
3. El administrador del hotel abrió un cuaderno grande en _____ escribió nuestros nombres.
4. Nos acercamos a la iglesia, delante de _____ quedamos asombrados.
5. Los pescadores, entre _____ no se encontraba ninguna mujer, estaban en la playa.
6. El guía, con _____ yo hablé mucho, nos explicó las costumbres de los pescadores.
7. Las lanchas de los pescadores, delante de _____ había una red enorme, parecían de juguete.
8. Con aire misterioso los pescadores abrieron la red, dentro de _____ había más de doscientos pescados.
9. A la mañana siguiente salí al balcón del hotel, desde _____ podía ver la salida de los pescadores.
10. Tomamos el desayuno a las diez, después de _____ salimos del pueblo.

EJERCICIO I

Combine las frases siguientes para expresar los datos que apuntó un policía en su libreta para seguirle la pista a un ladrón:

EJEMPLO: Conozco a varios policías. Siento verdadero afecto por ellos.

Conozco a varios policías **por los cuales** siento verdadero afecto.

1. En la sala vi una cortina. El criminal se escondió detrás de ella.
2. Quería ver los dormitorios. Había otra puerta cerca de ellos.
3. Me fijé en la mesa del comedor. Encontré una colilla debajo de ella.
4. Me asomé al garaje. Encontré un coche abandonado dentro de él.
5. Traté de usar el teléfono. Había pintura fresca sobre él.

5. *Lo que*

a. Lo que is equivalent to the English relative pronoun *what (that which)*:

Le di **lo que** me pidió.   *I gave him what he asked me for.*

b. Lo que and **lo cual** are equivalent to English *which (a fact; something)* if the antecedent is a clause or an idea:

Pepe llegó tarde, **lo que (lo cual)** *Joe arrived late, (something)* no le gustó al maestro.   *which did not please the teacher.*

EJERCICIO J

Exprese en cinco frases lo que piensan los pasajeros de un autobús al llegar a la primera parada de descanso. Use lo que *con las sugerencias:*

SUGERENCIAS: tomar un refresco   comer una hamburguesa
               llamar a casa   comprar un helado
               lavarme las manos   buscar un periódico

EJEMPLO: **Lo que yo necesito es lavarme las manos.**

EJERCICIO K

¿Qué preguntas hace un guía turístico a los turistas?

EJEMPLO: encontrar / buscar
¿Encontró Ud. lo que buscaba?

1. comprar / necesitar
2. hallar / esperar
3. hacer / querer
4. conocer / desear
5. ver / interesarle
6. experimentar / yo decirle

EJERCICIO L

Exprese en una sola frase lo que comentan estos amigos:

> EJEMPLO: El chico reparó en la señorita. Esto le molestó a ella.
> El chico reparó en la señorita, **lo cual** le molestó a ella.

1. El policía puso una multa en el carro. Esto enfureció al señor.
2. El mesero trajo el café en seguida. Esto no le agradó a la señora.
3. Mi papá limpió el sótano de la casa. Esto dio gusto a mi mamá.
4. El señor se cayó en el hielo. Esto causó risa a la niña.
5. Mi hermanito perdió diez dólares. Mi mamá se esperaba esto.

6. *Cuyo*

Cuyo (-a, -os, -as), meaning *whose*, refers to both persons and things. **Cuyo** is a relative adjective and agrees with the thing (or person) possessed, not with the possessor:

El muchacho **cuya corbata** llevo, es mi primo.	*The boy whose tie I am wearing is my cousin.*

EJERCICIO M

Usando **cuyo (-a, os, -as)**, *exprese en cinco frases cómo identifica José a varias personas en una fiesta:*

Aquel señor	carro está delante de la casa	mi tío
Esa señora	canción están tocando	mi jefe
Ese hombre	chistes son aburridos	mi abuela
Aquella joven	flores están en la mesa	mi prima
Esa mu-	novio baila solo	mi padre
chacha	sombrero está en el piso	mi hermana

> EJEMPLO: Esa señora, **cuyo** carro está delante de la casa, **es** mi abuela.

♦ MASTERY EXERCISES ♦

EJERCICIO N

¿Qué le aconseja Roberto a un amigo en una carta? Complete la carta con el pronombre relativo apropiado:

Tú no estás al corriente. _____ debes hacer es mirar las noticias en la
                                1

televisión. Hay un programa de noticias _____ se llama «24 Horas». Es
                                              2

un programa _____ se transmite desde México todos los días, por
                 3

_____ te enterarás de las noticias del día. El locutor, _____ voz es
   4   5

conocida tanto en el extranjero como en su país, presenta todos los acon-

tecimientos con claridad. ¿Recuerdas al hombre _____ te presenté en
                                                     6

la fiesta de Marisol? Bueno, él es el sobrino del locutor a _____ me
                                                                 7

refiero. Mi tía Aurora, _____ vive en México, es su vecina. Él tiene un
                             8

rancho fuera de la ciudad en _____ tiene muchos caballos. Eran éstos
                                  9

los caballos de _____ te hablé después de mi último viaje. También,
                    10

fue en su casa _____ mis padres pasaron el año nuevo. A ver si
                   11

haces _____ te aconsejo para estar al día.
          12

EJERCICIO O

*Repita lo que cuenta Rafael de un amigo suyo. Junte las dos frases
usando un pronombre relativo. El símbolo * indica el comienzo de la
cláusula relativa:*

> EJEMPLO: Voy a comprarme un carro modelo deportivo.* Tengo mu-
>   chas ganas de un carro deportivo.
>   Voy a comprarme un carro modelo deportivo, **del que (del
>   cual) tengo muchas ganas.**

1. Voy a salir con unos amigos.* Me gusta mucho salir con ellos.
2. Mi mejor amigo* ha conseguido entradas para el partido de fútbol. Mi
   mejor amigo se llama Paco.
3. Paco tiene un tío.* Su tío trabaja en el estadio.
4. Él tiene cinco entradas.* Las entradas cuestan veinte y cinco dólares
   cada una.
5. Los primos de Paco* no van a los partidos a menudo. Su padre con-
   sigue las entradas.

EJERCICIO P

*Imagínese que Ud. trabaja en la oficina del alcalde durante una sequía.
Ud. tiene que leerles a unos periodistas una declaración del alcalde
sobre la escasez de agua. Añada los pronombres relativos que faltan:*

Experimentamos una escasez de agua _____ tiene dos causas princi-
1
pales. Primero, aunque ha llovido mucho, las lluvias _____ cayeron
2
no llenaron las represas de agua. Segundo, la falta de agua _____
3
existe, se debe también a la falta de nieve durante el invierno pasado.
Debido a esto, _____ yo les aconsejo a todos los ciudadanos es
4
_____ conserven el agua, _____ ahora es tan valiosa como una joya.
5   6
_____ los ciudadanos pueden hacer es no malgastar el agua, no regar
7
los céspedes y no lavar los carros. Estas advertencias, _____ son de
8
máxima importancia, pueden ayudar a conservar el agua que nos queda.
Los habitantes de nuestra ciudad, en _____ tengo mucha confianza y a
9
_____ estimo mucho, podrán disminuir el riesgo _____ existe. Todo
10   11
_____ digo es para nuestro bien y _____ no cooperen harán daño a
12   13
los demás. Hay inspectores _____ vigilarán el consumo de agua por
14
toda la ciudad. Ellos multarán a los ciudadanos _____ no obedezcan
15
estas reglas.

EJERCICIO Q

*Exprese en español los comentarios que preparó Lupe para escribir un
artículo para el periódico estudiantil:*

1. Last Friday, the exchange students who attended our school returned
   home.
2. These fifteen students, who came from seven different cities in Spain,
   spent three weeks in our city.
3. The students with whom I spoke said that they had enjoyed themselves and that they learned a lot.
4. Their guide, whose name is Claudio Ramos, brought other students to
   our school last year.
5. The families in whose houses the students stayed were sad to see them
   leave.
6. During the first weekend, the students attended a dance given in their
   honor.
7. Although some of the Spanish students spoke English, the American
   students were the ones who tried to speak Spanish.
8. A few of the girls were shy, but they were the ones who tried to speak
   English all the time.
9. The students and their guide, who was very interesting, explained
   many Spanish customs to us.

10. Gloria, who was the oldest in the group, had visited the city before.
11. She has cousins who live here.
12. She and her cousins, who also attend our school, gave a party.
13. Gloria was the one who helped to organize this exchange.
14. Our friends were able to make several trips, which they enjoyed.
15. They saw three films, two of which they want to see again in Spain.
16. What they liked most was the trip to the amusement park, in which they spent an entire day.
17. They visited several department stores, in which they bought gifts for their families.
18. The families with whom the students lived planned many activities for them.
19. It rained on the day on which they hoped to go to the beach.
20. The principal to whom the students gave a trophy accompanied them to the airport.

Prepositions

Prepositions relate two elements of a sentence (noun to noun, verb to noun, verb to infinitive, verb to pronoun, and the like):

Entra *en* **él.**	He enters it.
Comienza *a* **leer.**	He begins to read.

NOTE: For a list of common prepositions, see page 178.

1. Prepositional Modifiers

a. A preposition + noun modifying another noun is equivalent to an adjective:

un anillo *de oro*	a gold ring (a ring of gold)
un vaso *de agua*	a glass of water
un vaso *para agua*	a water glass (a glass for water)

b. A preposition + noun modifying a verb is equivalent to an adverb:

Sale *con frecuencia.*	He goes out frequently (with frequency).

EJERCICIO A

Identifique los objetos que Adela vio en un catálogo de regalos de Navidad:

EJEMPLO:

una taza para café

1.

2.

3.

4.

202

5.   **7.**   **9.**

6.   **8.**   **10.**

EJERCICIO B

Escriba seis frases que expresen lo que Elena y Carmen comentan de otra amiga, usando las sugerencias:

SUGERENCIAS: vestirse	con(sin) cuidado
peinarse	con (sin) atención
ir al cine	con (sin) gusto
visitarme	con (sin) frecuencia
hablar	de prisa
no hacernos caso	con (sin) intención

EJEMPLO: **Ella se viste sin gusto.**

2. Prepositions Used with Infinitives

In Spanish, the infinitive is the only verb form that may follow a preposition:

El avión tardó **en aterrizar.**	The plane was delayed in landing.
Acabo **de terminar de estudiar.**	I just finished studying.
Se negó **a ayudar**me.	He refused to help me.

a. Verbs requiring **a** before an infinitive

Verbs expressing beginning, motion, teaching, or learning, and a few other verbs, require the preposition **a** before an infinitive:

comenzar a **empezar a** **ponerse a** } *to begin to* **principiar a**	**acostumbrarse a** *to become accustomed to* **aspirar a** *to aspire to*
acercarse a *to approach*	**atreverse a** *to dare to*
apresurarse a *to hasten (hurry) to*	**ayudar a** *to help to* **convidar a** *to invite to* **decidirse a** *to decide to*

correr a *to run to*	**dedicarse a** *to devote oneself to*
ir a *to go to*	
regresar a *to return to (to . . . again)*	**disponerse a** *to get ready to*
	invitar a *to invite to*
salir a *to go out to*	**llegar a** *to succeed in*
venir a *to come to*	**negarse a** *to refuse to*
volver a *to return to (to . . . again)*	**obligar a** *to force, to compel to*
enseñar a *to teach to*	**resignarse a** *to resign oneself to*
aprender a *to learn to*	
acertar a *to happen to (by chance)*	

La niña *se puso a* **llorar.**	The girl started to cry.
Salió a **comprar** pan.	He went out to buy bread.
Estoy aprendiendo a **tocar** la guitarra.	I am learning to play the guitar.
Lo *convidé a* **almorzar** conmigo.	I invited him to have lunch with me.
¿Te *decidiste a* **venir a cenar?**	Did you decide to come for dinner?
Me *obligaron a* **quedar**me en casa.	They forced me to stay home.

b. Verbs requiring **de** before an infinitive:

acabar de *to have just*	**dejar de** *to fail to, to stop*
acordarse de *to remember to*	**encargarse de** *to take charge of*
alegrarse de *to be glad*	**olvidarse de** *to forget to*
cesar de *to stop*	**tratar de** *to try to*

Acuérdate de **regresar** temprano.	Remember to return early.
Roberto *dejó de* **escribir**me.	Robert stopped writing to me.
Trataré de **llegar** a tiempo.	I will try to arrive on time.
No te *olvides de* **llamar** a Pedro.	Don't forget to call Peter.

c. Verbs requiring **en** before an infinitive:

consentir en *to consent to, to agree*	**empeñarse en** *to be determined to; to insist on*
consistir en *to consist of*	**insistir en** *to insist on*
convenir en *to agree to*	**tardar en** *to delay in, to be long in*

Consintió **en ir** al baile
  conmigo.

She agreed to go to the dance
  with me.

Convenimos **en estudiar** juntos.

We agreed to study together.

Se empeña **en comprar** una
  bicicleta cara.

He insists on buying an
  expensive bicycle.

No creo que *tarde en* **llegar.**

I don't believe he will be long in
  coming.

d. Verbs requiring **con** before an infinitive:

---

amenazar con *to threaten to*   **soñar con** *to dream of*
contar con *to count on, to rely on*

Me *amenazó con* **contárselo** a
  mi madre.

He threatened to tell my
  mother.

Cuento con **ganar** el premio.

I count on winning the prize.

Soñaba con **viajar** por el
  mundo.

He dreamed of traveling around
  the world.

EJERCICIO C

Complete, con las preposiciones apropiadas, esta cartita que Jorge le escribió a un amigo:

Acabo _____ presenciar una escena chistosa en la calle. Un señor
        1

altísimo se disponía _____ casarse con una mujer muy baja. Los novios
                     2

comenzaron _____ bajarse del carro delante de la iglesia, cuando un
           3

grupo de personas se acercó _____ saludarlos. La novia trató _____
                            4   5

bajarse del carro, pero estas personas la obligaron _____ volver _____
                                                    6   7

sentarse. El novio se apresuró _____ ayudarle, porque no quería que la
                               8

ceremonia tardara _____ comenzar. La novia se empeñaba _____
                  9   10

tratar _____ salir del carro. Con eso un policía acertó _____ pasar
       11   12

por allí e insistió _____ correr a las personas. Pero el novio las invitó
                    13

_____ entrar en la iglesia. Ellas consintieron _____ hacerlo, y el
14   15

policía se encargó _____ ayudarle a la novia _____ salir del carro.
                   16   17

Parecía como si la pobre novia se hubiera resignado _____ quedarse en
                                                    18

el carro. Los novios se decidieron _____ salir por otra puerta de la
                                   19

iglesia al concluir la ceremonia. Cuando terminó la ceremonia, empezó

_____llover.
20

EJERCICIO D

Ud. es periodista y acaba de entrevistar a un cantante famoso de España. Usando sus apuntes de la entrevista, escriba el artículo en frases completas. Tendrá que añadir las preposiciones:

EJEMPLO: empeñarse / dar gusto a su público
Se empeña en dar gusto a su público.

1. el cantante / alegrarse / estar / los EE. UU.
2. él / empezar / cantar / tener diez años
3. su madre / enseñarle / tocar la guitarra
4. él / dedicarse / entretener a la gente
5. en sus conciertos / el público / obligarle / cantar más
6. él / siempre consentir / hacerlo
7. desde chico / él / aspirar / ser famoso
8. él / insistir / cantar canciones populares
9. él / acabar / dar conciertos / quince ciudades
10. él / volver / visitar / los EE. UU. pronto

EJERCICIO E

Margarita es una chica envidiosa. Repita lo que les cuenta a sus padres, añadiendo las preposiciones necesarias:

EJEMPLO: El padre de Lourdes / enseñarle / conducir
El padre de Lourdes **le enseñó a** conducir.

1. Los padres de Marta / consentir / mandarla al campamento de tenis
2. Los hermanos de Rocío / nunca / olvidarse / darle un regalo
3. La madre de Luisa / ayudarle / escoger la ropa
4. Los padres de Beatriz / no insistir / acompañarla a todas partes
5. La abuela de Rosa / encargarse / organizar una fiesta
6. Los padres de Susana / decidirse / comprarle un carro
7. La mamá de Luz / acabar / hacerle un vestido nuevo

3. Prepositions Used Before Infinitives

The following prepositions are commonly used before an infinitive. The equivalent English construction normally uses a present participle:

a *to, at*	**en** *in, on, of*
al + inf. *upon, on*	**en lugar de** ⎫
antes de *before*	**en vez de** ⎬ *instead of*
con *with* (sometimes *to* or *of*)	**hasta** *until*
de *of, to*	**sin** *without*
después de *after*	

Al entrar, vio a su hija.	*(On) Entering, he saw his daughter.*
Antes de salir, prepárese.	*Before going out, prepare yourself.*
Después de descansar un rato, se levantó.	*After resting a while, he got up.*
Se acostó **en vez de estudiar.**	*He went to bed instead of studying.*
Salió **sin decir** nada.	*He left without saying anything.*

NOTE: A verb + preposition + infinitive construction must have the same subject. If the subjects are different, **que** is required and a conjugated verb form is used instead of the infinitive. Compare:

Me alegro de estar aquí.	*I am glad to be here.*
Me alegro *de que Ud. esté* aquí.	*I am glad that you are here.*
Insiste en vender la casa.	*She insists on selling the house.*
Insiste *en que su marido venda* la casa.	*She insists that her husband sell the house.*
Se desayunó después de preparar el café.	*He ate breakfast after preparing the coffee.*
Se desayunó *después (de) que su madre preparó* el café.	*He ate breakfast after his mother prepared the coffee.*

EJERCICIO F

Escriba siete frases que expresen lo que Ud. o sus parientes hacen en estas circunstancias. Combine, en cualquier orden, expresiones de las cuatro columnas para expresarlo:

al	desayunarse	mi padre	cepillarse los
antes de	entrar en la	yo	dientes
después de	casa	mi madre	dar las gracias
en vez de	comer	mis padres	saludar a mis padres

en lugar de	estudiar	mi hermano	mirar la televisión
sin	ayudar a mis	mi hermana	escuchar discos
	hermanos		no hablar con nadie
	tomar el café		salir de la casa
	decir adiós		

EJEMPLO: **Al entrar en la casa, yo saludo a mis padres.**

EJERCICIO G

Jaime cuenta lo que pasó durante una visita al despacho de su profesor de química. Añada las preposiciones que faltan en español:

————— llegar a su despacho, vi que
1
estaba leyendo un telegrama. Leía el
telegrama ————— creerlo. Estaba
2
calificando unos exámenes —————
3
leer el telegrama. ————— leerlo
4
varias veces, empezó a sonreír. —————
5
ayudarme, se puso el abrigo y —————
6
decir una palabra, se marchó.
————— perder un minuto, lo seguí
7
al ascensor.

Upon arriving at his office, I saw that he was reading a telegram. He read the telegram without believing it. He was grading some tests before reading the telegram. After reading it several times, he began to smile. Instead of helping me, he put on his coat and, without saying a word, he left. Without wasting any time, I followed him to the elevator.

4. Verbs Used Without Preposition Before an Infinitive

deber *ought to, must*	**poder** *to be able, can*
dejar *to let, to allow*	**preferir** *to prefer*
desear *to wish, to desire*	**pretender** *to attempt*
esperar *to hope, to expect*	**prometer** *to promise*
hacer *to make, to have*	**querer** *to want, to wish*
(something done)	**saber** *to know how to*
lograr *to succeed in*	**soler** *to be accustomed to,*
necesitar *to need*	*usually*
oír *to hear*	**ver** *to see*
pensar *to intend*	

Debo ir a la escuela hoy.	*I ought to go to school today.*
No me **dejan salir.**	*They don't let me go out.*
Hizo construir una casa.	*He had a house built.*
Pienso comenzar mañana.	*I intend to begin tomorrow.*
Suele volver a las doce.	*He usually returns at twelve o'clock.*

EJERCICIO H

Conteste las preguntas que le hace un(a) amigo(a) nuevo(a):

1. ¿Qué sueles hacer durante el fin de semana?
2. ¿Qué piensas hacer este fin de semana?
3. ¿Qué prefieres, ir al cine o visitar el museo?
4. ¿Con quién prometiste salir el viernes por la noche?
5. ¿A quién esperas ver en el parque?
6. ¿Podrás acompañarme al centro el sábado por la mañana?
7. ¿Sabes conducir un carro?
8. ¿Qué quehaceres debes hacer en casa?
9. ¿Necesitas pedirles permiso a tus padres para salir?
10. ¿Prometes llamarme por teléfono esta noche?

EJERCICIO I

Ud. está trabajando de consejero en un campamento de verano. Escriba quince frases que expresen lo que Ud. les diría a los chicos de ocho años de edad de su grupo el primer día. Use las expresiones sugeridas en las tres columnas:

yo	deber	prestar atención
Uds.	dejar	ayudarse el uno al otro
nosotros	desear	aprender muchas cosas
tú	esperar	ir a acampar
	lograr	obedecer las reglas del campamento
	necesitar	ser amables
	pensar	acostarse a la hora indicada
	poder	levantarse en seguida
	preferir	mantener todo en orden
	prometer	jugar muchos deportes
	querer	no hacer bromas
	saber	dar premios cada semana
	soler	cooperar siempre
		respetarse el uno al otro
		divertirse mucho

EJEMPLOS: **Uds. deben prestarme atención.**
Pienso enseñarles muchas cosas este verano.

5. Common Expressions with Prepositions

a causa de *because of*

No salió **a causa de** su resfrío.
He didn't go out because of his cold.

a eso de *about + time*

Nos reuniremos **a eso de** las cinco.
We'll get together at about five o'clock.

a fines de *at the end of*

La primavera comienza **a fines de** de marzo.
Spring begins at the end of March.

a fuerza de *by dint of (by persevering)*

A fuerza de estudiar, aprendió bien la historia.
By (persevering in) studying, he learned history well.

a la + adjective *in the style, in the manner*

Se viste **a la** antigua.
She dresses in an old-fashioned manner.

Sirvieron una comida **a la** mexicana.
They served a meal in the Mexican style.

a pie *on foot*

Fueron de Madrid a Toledo **a pie.**
They went from Madrid to Toledo on foot.

a principios de *at the beginning of, early in*

Pienso estar allí **a principios de** mayo.
I intend to be there early in May.

a tiempo *on time*

Si quieres comer, vuelve **a tiempo.**
If you want to eat, return on time.

a través de *through, across*

Supe la noticia **a través de** un amigo.
I learned the news through a friend.

al aire libre *outdoors, in the open air*

Le gusta nadar **al aire libre.**
He likes to swim in the open air.

de hoy en adelante *henceforth, from now on*

De hoy en adelante, estudiaré a diario.
From now on I'll study every day.

de otro modo *otherwise*

Pague Ud. ahora; **de otro modo** llamo a la policía.
Pay now; otherwise I'll call the police.

de pie *standing*

El alumno se levantó y se quedó **de pie.**

The pupil stood up and remained standing.

de vez en cuando *from time to time*

De vez en cuando me gusta ir al cine.

From time to time I like to go to the movies.

desde luego (que no) *of course (not), naturally (not)*

Desde luego, el carro costó mucho.

Of course the car cost a great deal.

en cambio *on the other hand*

Juan es perezoso; **en cambio** su hermano es diligente.

John is lazy; on the other hand, his brother is diligent.

en cuanto a *as for, in regard to*

En cuanto a ti, ya sabes lo que te espera.

As for you, you know what awaits you.

en efecto *in fact, really; yes, indeed (as a response)*

En efecto, lo compré ayer.

Yes, indeed, I bought it yesterday.

(en) ocho días *(in) a week*

Se casan de hoy **en ocho días.**

They are getting married a week from today.

(en) quince días *(in) two weeks, (in) a fortnight*

Prometió regresar **en quince días.**

He promised to return in two weeks.

en vez de *instead of*

En vez de estudiar, se fue al cine.

Instead of studying, he went to the movies.

EJERCICIO J

Conteste las preguntas que le hace un alumno de intercambio, usando los modismos indicados:

1. ¿Cuándo comenzó a nevar anoche? (a eso de)
2. ¿Por qué no fueron Uds. al cine? (a causa de)
3. Si no hay autobús, ¿cómo podré ir a la escuela? (a pie)
4. ¿Cómo lograste comprar la bicicleta nueva? (a fuerza de)
5. ¿Cuándo terminan las clases aquí? (a fines de)
6. Y, ¿cuándo comienzan de nuevo? (a principios de)
7. Durante el invierno, ¿nieva aquí con frecuencia? (en efecto)
8. ¿Piensas trabajar durante el verano? (desde luego)

EJERCICIO K

Gabi pasa el verano en España. Aquí está una carta que le escribió a una prima. Complete la carta con las expresiones necesarias.

Saludos desde Madrid. El avión llegó _____ y _____ las ocho

1 (on time)   2 (at about)
de la mañana ya estaba en la casa de huéspedes. Mi cuarto es amplio,
bonito y limpio. _____ los árboles, puedo ver la plaza mayor. La

3 (through)
universidad queda cerca y puedo ir allí _____. Sin embargo, sé

4 (on foot)
que _____ me despertaré tarde y tendré que tomar el

5 (from time to time)
metro. Cuando va muy lleno hay que viajar _____.

6 (standing)
En la plaza hay un café _____ y _____ pienso sentarme

7 (outdoors)   8 (from now on)
allí todas las tardes. Las clases comienzan _____ la semana

9 (at the beginning of)
próxima y terminan _____ agosto. _____ la profesora,

10 (at the end of)   11 (As for)
todavía no puedo contarte nada. Sólo sé que tendré que estudiar mucho.
_____, tendré que encerrarme en el cuarto por las noches

12 (In fact)
_____ salir con mis amigos; _____ no aprenderé nunca

13 (instead of)   14 (otherwise)
español. _____ encontraré la manera de divertirme también.

15 (Of course)
Hasta pronto.

6. Personal *a*

The preposition **a** is used before the direct object of a verb if the direct object is:

a. A definite person or persons:

> Visita *a* **su amigo** (*a* **sus padres,**   *He visits his friend (his parents,*
> *a* **Roberto,** etc.).   *Robert, etc.).*

b. A domestic animal (pet, etc.):

> Quiere *a* **su perrito** (*a* **Fido,** *a* **su**   *She loves her little dog (Fido,*
> **·gato,** etc.).   *her cat, etc.).*

c. A geographic name (unless preceded by the definite article):

> Desea ver *a* **España** (*a* **México,**   *He wants to see Spain (Mexico,*
> *a* **Nueva York,** etc.).   *New York, etc.).*

But:

Desea ver **la Argentina (los Estados Unidos, el Perú,** etc.).	He wants to see Argentina (the United States, Peru, etc.).

d. A pronoun referring to a person:

Veo *a* **alguien.**	I see someone.
No veo *a* **nadie.**	I see no one.

NOTE:

1. The personal **a** is not used with the verb **tener:**

Tengo un amigo.	I have a friend.

2. In current usage, the personal **a** tends to be omitted with geographical names: **Quisiera visitar París.**

EJERCICIO L

Raúl y su primo Carlos celebran el mismo cumpleaños. Cuente lo que la mamá de Raúl le dice que debe hacer:

EJEMPLO: amar / tu primo
Debes amar a tu primo.

1. visitar / Carlos
2. llamar / tus abuelos
3. comprar / un regalo para él
4. invitar / sus amigos a la fiesta
5. mandar / una tarjeta
6. felicitar / tu primo

EJERCICIO M

Gloria está estudiando en México durante el verano. Complete la carta que ella le va a mandar a su profesora de español. Use la a personal cuando sea necesario:

Por fin llegué a visitar _____ México. Vivo con una familia _____
                         1   2
quien quiero mucho. Tienen _____ un perro que me sigue por todas
                            3
partes. Amo mucho _____ este perro porque es muy cariñoso y jugue-
                    4
tón. Extraño _____ los Estados Unidos, pero estoy aprendiendo mucho
               5
aquí. Llamé _____ su tío la semana pasada y voy a verlos _____
              6   7
ellos antes de volver a casa. Conocí _____ un joven que vive cerca de la
                                       8
casa de mi prima. Él ha visitado _____ la Argentina y _____ España.
                                   9   10

Habla español y tiene _____ muchos amigos. Veo _____ Juan todos
                            11   12
los días en la escuela. Él conoce _____ la familia con quien vivo por-
                                    13
que es amigo del hijo mayor. Llamo _____ mis padres una vez por
                                      14
semana. Al final del mes voy a visitar _____ Acapulco con los otros
                                         15
estudiantes. ¿Ha visto Ud. _____ algunos de mis amigos?
                             16

7. *Para* and *por*

Both **para** and **por** have similar basic meanings in English. Whether
to use **para** or **por** depends on the Spanish context. Their meanings
in English may vary with the context.

a. Para

(1) **Para** expresses purpose or goal:

Estudia *para* **médico.**	He studies to be a doctor.
Trabajé *para* **comprar un coche.**	I worked in order to buy a car.
Estudió *para* **pasar el examen.**	He studied to pass the exam.

(2) **Para** expresses the special use of an object:

Necesito un **cepillo** *para* **el pelo.**	I need a hairbrush.
Es una **caja** *para* **dulces.**	It is a candy box (a box for candy).

But:

Es una **caja** *de* **dulces.**	It is a box of candy.

(3) **Para** expresses destination or direction:

Ayer salió *para* **México.**	Yesterday he left for Mexico.
Esta carta es *para* **ti.**	This letter is for you.

(4) **Para** indicates a time or date in the future:

Estará listo *para* **el viernes.**	It will be ready for (by) Friday.
Estaré de regreso *para* **la una.**	I will be back by one o'clock.

(5) **Para** means *for* or *considering that*, when comparing a person, object, or situation with others of its kind:

Para **extranjero,** habla bien el inglés.	For a foreigner, he speaks English well.
Se ve joven *para* **su edad.**	He looks young considering his age.

(6) **Para** is used with the reflexive pronoun **sí** to mean *to* or *for* himself (*herself, themselves*):

Abrió el libro y leyó **para sí.**	*He opened the book and read to himself.*
Lo quieren todo **para sí.**	*They want everything for themselves.*

b. Por

(1) **Por** introduces the agent (doer) in a passive construction:

México fue conquistado *por* **Pizarro.**	*Mexico was conquered by Pizarro.*

(2) **Por** expresses "in exchange for":

Pagó un dólar *por* el cuchillo.	*He paid a dollar for the knife.*
Quiero cambiar este coche *por* uno más grande.	*I want to exchange this car for a larger one.*

(3) **Por** means *along, through, by,* and *around* after a verb of motion:

Entraron *por* el jardín.	*They came in through the garden.*
Me pasearé *por* esa calle.	*I will stroll along that street.*
Pasó *por* aquí a las tres.	*He came by here at three o'clock.*

(4) **Por** expresses the duration of an action:

Fue a Europa *por* **dos meses.**	*He went to Europe for two months.*
Tendrá que guardar cama *por* **una semana.**	*He will have to stay in bed for a week.*

(5) **Por** expresses indefinite time:

***Por* la tarde** juego tenis.	*In the afternoon I play tennis.*
¿Quieres venir mañana *por* **la mañana?**	*Do you want to come tomorrow morning?*

(6) **Por** means *for the sake of* and *on behalf of:*

Habló *por* **la clase.**	*He spoke on behalf of the class.*
Lo hago todo *por* **ti.**	*I do it all for your sake.*

(7) **Por** (meaning *for*) is used after the verbs **enviar, ir, luchar, mandar, preguntar, regresar, venir,** and **volver:**

Fue (Envió, Preguntó), *por* el médico.	*He went (sent, asked) for the doctor.*

| Vino (Volvió, Regresó) *por* sus libros. | He came (came back, returned) for his books. |

(8) **Por** expresses a reason or motive:

| **Trabaja *por* necesidad.** | He works out of necessity. |
| **Lo castigaron *por* llegar tarde.** | He was punished for arriving late. |

(9) **Por** expresses manner or means:

| Lo pidieron *por* **escrito.** | They asked for it in writing. |
| Lo enviaron *por* **avión.** | It was sent by plane. |

(10) **Por** is equivalent to English *per* or *by the:*

| Gana cien dólares *por* **semana.** | He earns a hundred dollars per (a) week. |
| Es más barato *por* **docena.** | It is cheaper by the dozen. |

(11) **Por** expresses opinion or estimation and is equivalent to English *for* or *as:*

Se le conocía *por* Pepe Navaja.	He was known as Pepe Navaja.
Se hace pasar *por* médico.	He passes himself off as a doctor.
Me tomaron *por* natural del país.	They took me for a native.

(12) **Por** is used in certain adverbial expressions:

> **por eso** *that's why, therefore, and so*
> **por lo común** ⎫
> **por lo general** ⎭ *generally*
> **por lo visto** *apparently*
> **por supuesto (que)** *of course, naturally*

Hace calor y humedad; **por eso** hay muchos insectos.	It's hot and humid; that's why (and so) there are many insects.
Por lo común llueve mucho en abril.	Generally it rains a lot in April.
Por lo visto todo está en orden.	Apparently everything is in order.
Por supuesto que vendrá hoy.	Naturally he'll come today.

NOTE:

1. **Por** and **para** are not used with the verbs **buscar** (*to look for, to seek*), **esperar** (*to wait for, to await*), and **pedir** (*to ask for, to request*). These verbs take a direct object in Spanish:

Buscaron un asiento.	*They looked for a seat.*
Esperó dos horas a su amiga.	*He waited two hours for his girlfriend.*
Quiero pedirle un favor.	*I want to ask a favor of you. (I want to ask you for a favor.)*

2. **En** is used instead of **por** to mean *by* a means of transportation for passengers:

Envió el paquete **por avión.**	*He sent the package by plane.*

But:

Viajé por Europa **en tren.**	*I traveled through Europe by train.*

EJERCICIO N

Repita los consejos que da la abuelita de Miguel:

EJEMPLO: Las naranjas son buenas __para__ la salud.

1. _____ iluminar la sala, hay que encender la luz.
2. Deben estudiar más _____ llegar a la universidad.
3. No dejen _____ mañana lo que puedan hacer hoy.
4. Deben tener una sonrisa _____ todo el mundo.
5. La leche es buena _____ los huesos.
6. Hay que poner los platos _____ sopa en la mesa primero.
7. Si hacen el trabajo ahora, _____ el fin de semana estarán libres.
8. _____ verme sólo tienen que llamarme.
9. _____ vieja, comprendo bien a los jóvenes.
10. En 1950 yo salí _____ España.

EJERCICIO O

Complete, con **por** *o* **para**, *lo que el abuelo de Pepe le contó sobre sus viajes:*

En la época que fui a España _____ primera vez, se viajaba _____
                                    1   2
barco. Estuvimos en el mar _____ seis días _____ una tempestad
                                3   4
terrible. Recuerdo que casi todos los pasajeros enviaron _____
                                                              5
el médico y éste, _____ ser tan dedicado a su trabajo, no durmió
                       6
_____ tres días. _____ ser un viaje tan difícil, mis hermanos y yo nos
    7   8
divertimos mucho. Podíamos correr _____ todos los rincones del barco
                                        9
y parecía que teníamos el barco sólo _____ nosotros. _____ comer,
                                          10   11

teníamos que ir al comedor. _____ mi mamá, esto no era fácil _____
                              12   13
tener que vestir a tres niños. _____ entrar en el comedor pasábamos
                                   14
_____ dos puertas grandísimas de vidrio. A mi hermanito Pablo le
   15
fascinaba poner las manos _____ todo el vidrio. _____ más que
                              16   17
tratara, mi mamá no podía detenerlo.

Mi último viaje a España fue _____ avión. ¡Qué diferencia! Estuve en
                                 18
el avión sólo _____ seis horas. Mi compañero de asiento era un joven
              19
español que estudiaba _____ piloto. _____ ser español, hablaba
                          20   21
bien el inglés. Caminé _____ el avión, pero no era tan
                           22
largo ni tan interesante como cuando caminaba _____ el barco. La
                                                   23
comida fue servida _____ tres aeromozos agradables. Uno de ellos
                       24
ha trabajado de aeromozo _____ veinte años. Me dijo que sólo hace
                             25
seis vuelos _____ mes y _____ lo general descansa _____ unos
            26   27   28
cinco días entre los vuelos. El viajar _____ avión es más rápido pero
                                          29
¡cuánto daría yo _____ un viaje en barco!
                 30

EJERCICIO P

¿Cuáles son las respuestas de Doris a estas preguntas que le hizo una amiga después de un viaje a España?

1. ¿Cuántos días estuvieron Uds. en España?   (15)
2. ¿Cuánto pagó Elena por la bolsa?   ($50)
3. ¿Cómo mandaron Uds. las cartas desde España?   (avión)
4. ¿Cuál es la mejor forma de viajar dentro del país?   (autobús)
5. ¿Cuánto gastaste por día?   ($100)
6. ¿Cuándo jugaban Uds. tenis?   (la tarde)
7. ¿Cuántas horas remaron Uds. en el lago del Retiro?   (3)
8. ¿Cómo entraron las moscas en el autobús?   (la ventana)

♦ MASTERY EXERCISES ♦

EJERCICIO Q

Ud. quiere trabajar de asistente social. Conteste las preguntas que le hacen en la entrevista:

1. ¿Le gustaría a Ud. ayudar a las personas necesitadas?

2. ¿Cómo podría Ud. ayudar a esas personas?
3. ¿Ha hecho Ud. algo por los menos afortunados?
4. ¿Suele Ud. burlarse de las personas que tienen menos que Ud.?
5. ¿Tarda Ud. generalmente en hacer lo que le piden?
6. Para ser justo, ¿qué haría Ud.?
7. ¿Para qué profesión estudió Ud.?
8. ¿Visitaría Ud. a las personas en sus casas?
9. ¿Para qué?
10. ¿Cuánto espera Ud. ganar por mes?

EJERCICIO R

Lea este cuento y subraye la preposición que debe usarse en cada caso:

El zapatero tropezó (con / en) el carnicero en la calle. Éste quería (a / —)
                     1   2
saber cómo le iba en el negocio. El zapatero le dijo que (por / para) más
                                                          3
que trataba, no podía (en / —) vender más de un par de zapatos
                       4
(por / para) día. (A / Al) oír esto el carnicero se puso nervioso. Trató
 5   6
(de / en) darle una respuesta pero (antes de / con) contestar, el zapatero
 7   8
le dijo: «(En vez de / Después de) comprar zapatos, la gente compra
            9
carne. Si nos hacemos socios, la gente no puede (a / —) negarse (a / de)
                                                10   11
comprar zapatos también. (Por / Para) comenzar, vamos (a / en) regalar
                          12   13
un par de zapatos (por / para) cada cincuenta dólares que compren de
                   14
carne. Acabo (de / en) leer en una revista que un comerciante puede
              15
(— / de) manejar mejor sus fondos si tiene (a / —) un socio». El carnicero
 16   17
tardó mucho (en / a) contestar. Pensó: «¿Por qué insiste este señor
             18
(en / de) tratar (de / a) arruinarme? Si le hago caso y convengo (en / con)
 19   20   21
juntarme con él, (por / para) la semana que viene habré cesado (de / en)
                  22   23
ganar dinero y vender carne». (Por / Para) no ser descortés le preguntó al
                               24
zapatero si él sabía (a / —) preparar la carne para los clientes. El zapa-
                      25
tero, lleno de entusiasmo, le replicó (sin / de) vacilar: «No, pero tú
                                       26
puedes (a / —) enseñarme (a / de) ser un carnicero próspero como tú». El
        27   28
carnicero suspiró y se dijo: « (Por / Para) ser un mal comerciante, sabe
                              29
(a / —) resolver sus problemas».
 30

EJERCICIO S

Exprese en español lo que Pedro le contó al hijo de un socio hispano-hablante:

1. My father agreed to meet with your father to discuss the matter at the end of the month.
2. We arrived at his office at about 8 o'clock.
3. We came on foot because your father had invited us to accompany him in his car.
4. We passed through many small towns at eighty kilometers per hour.
5. From time to time, I had dreamed of visiting your city.
6. My father forgot to bring some papers with him.
7. He tried to call his secretary several times.
8. As a matter of fact, we waited near a telephone booth for two hours.
9. His pride did not permit him to ask for a favor.
10. I looked at my father curiously.
11. My father threatened to send me home.
12. He refused to buy me ice cream.
13. Your father drove without saying anything.
14. When it stopped raining, we began to return home.
15. On passing through a town, my father remembered something.
16. Suddenly he began to whistle.
17. He hurried to find another telephone.
18. He said that he would teach me to be a good businessperson.
19. We happened to pass a telegraph office.
20. He paid twenty dollars for the telegram.
21. He succeeded in locating his secretary.
22. She agreed to bring him the papers.
23. While we waited, he insisted on buying us a wooden toy.
24. The secretary was able to meet us on time.
25. After meeting with some people, we went to see the house your father had built.

PART THREE

ADJECTIVES
ADVERBS
NUMBERS

Adjectives and Adverbs

1. Adjectives

a. Gender of adjectives

(1) Adjectives ending in **-o** form the feminine by changing **o** to **a**. Most adjectives ending in a consonant form the feminine by adding **a**:

pequeño, pequeña	*small, little*
feo, fea	*ugly*
seco, seca	*dry*
español, española	*Spanish*
francés, francesa	*French*
hablador, habladora	*talkative*
trabajador, trabajadora	*hard-working*

(2) Many adjectives have the same form for both the masculine and the feminine:

fácil, fácil	*easy*
popular, popular	*popular*
grande, grande	*large*
agradable, agradable	*pleasant*
agrícola, agrícola	*agricultural*

b. Plural of adjectives

The plural of adjectives is formed by:

(1) adding **s** when the singular form ends in a vowel:

secos, españolas, agradables

(2) adding **es** when the singular form ends in a consonant:

españoles, populares, fáciles.

NOTE:
1. Adjectives with singular forms ending in **-z** change **z** to **c** in the plural:

feliz, felices

2. Some adjectives add or drop an accent mark in order to keep the original stress:

joven, jóvenes	young
francés, francesa, franceses, francesas	French
inglés, inglesa, ingleses, inglesas	English
alemán, alemana, alemanes, alemanas	German
cortés, corteses	courteous, polite

EJERCICIO A

La señorita Ruiz habla de sus alumnos. Cuente cómo los describe, usando estos adjetivos:

inteligente	cortés	bondadoso	cómico
perezoso	puntual	juguetón	popular
diligente	cumplido	bonito	joven
trabajador	amable	hablador	dedicado

1. Los alumnos son . . .
2. Las alumnas son . . .
3. Todos los alumnos son . . .

EJERCICIO B

Rogelio y Anita preparan una lista de los adjetivos que usarían para describirse a sí mismos. ¿Cómo se describe cada uno? Conteste, usando los adjetivos siguientes:

Rogelio es . . .   Anita es . . .

1. joven
2. español
3. trabajador
4. diligente
5. encantador
6. amable
7. guapo
8. cortés
9. leal
10. interesante

C. Position of adjectives

(1) Descriptive adjectives normally follow the nouns they modify:

un libro *interesante*	an interesting book
la casa *blanca*	the white house

(2) Descriptive adjectives may stand before the noun to emphasize the quality of the adjective or its inherent characteristic:

Admiré los árboles, con sus ***verdes* hojas.**	I admired the trees, with their green leaves.
El invierno me trae ***malos* recuerdos.**	Winter brings me bad memories.

NOTE: Some adjectives have different meanings, depending on their position:

Wáshington fue un **gran hombre.**

Washington was a great man.

But:

Mi tío es un **hombre** *grande*, casi un gigante.

My uncle is a big man, almost a giant.

Common adjectives that may change their meaning with a change in position are:

	AFTER THE NOUN	BEFORE THE NOUN
antiguo, -a	old (ancient)	old (former), old-time
cierto, -a	sure; true	a certain
grande	large, big	great
mismo, -a	him (her, it)-self	same
nuevo, -a	new	another, different
pobre	poor	unfortunate
simple	silly, simpleminded	simple, mere

(3) Limiting adjectives (numbers, possessive and demonstrative adjectives, adjectives of quantity) usually precede the noun:

dos **plumas** two pens
algún **día** some day
mis **primos** my cousins

aquel **hombre** that man
tal **cosa** such a thing
menos **dinero** less money

Common adjectives of quantity are:

algunos (-as) some
cada each, every
cuanto (-a, -os, -as) as much
más more
menos less
ningunos (-as) no, not any
numerosos (-as) numerous

poco (-a, -os, -as) little, few
tanto (-a, -os, -as) so much, so many
todo (-a, os, -as) all, every
unos (-as) some
unos (-as) cuantos (-as) a few
varios (-as) several

EJERCICIO C

Arturo acaba de llegar a la ciudad de México y no habla bien el español. Ayúdele a decir lo siguiente:

1. I'm looking for the old Hotel Majestic.
2. I need a large room with many big windows.
3. I intend to spend a few days here.
4. I am going to take several interesting tours.

5. This is my new camera.
6. My friends want many good pictures of the pyramids.
7. Numerous people have told me that this is a great city.
8. I was going to travel with various friends but these poor friends had to work.

EJERCICIO D

A la mamá de Pablo siempre le gusta usar muchos adjetivos. Usando los adjetivos entre paréntesis, conteste las preguntas que le hace Pablo sobre una boda a la que ella asistió:

> EJEMPLO: ¿Cuántas **personas** había en la boda? (tanto)
> ¡Había **tantas personas** en la boda!

1. ¿Usó la novia el **vestido** de su abuela? (antiguo, blanco)
2. ¿Qué clase de **cena** sirvieron? (uno, delicioso)
3. ¿Con qué **amigos** se sentaron en la mesa? (uno, viejo, simpático)
4. ¿Había **orquesta** en la fiesta? (dos, animado)
5. ¿Qué **recuerdo** les dieron a los invitados? (barato, simple)
6. ¿Viste a tus **primos**? (amable, algunos)
7. ¿Con cuántas **parejas** bailaste? (varios, encantador)
8. ¿Cómo es el **carro** del novio? (nuevo, amarillo)
9. ¿Cómo eran los **regalos** que recibieron? (caro, numeroso)
10. ¿Acompañó una **cantante** a la orquesta? (antipático, cierto)

EJERCICIO E

Añada las palabras que faltan en español en este cuento sobre los gatos de Tomás. Use el cuento en inglés de referencia:

Tomás tiene _____. _____ se
          1   2
llama Gatito y _____ se llama Botitas.
              3
_____ los cuida. Aunque _____
   4   5
tiene _____, prefieren comer del
       6
_____. Gatito es _____ pero es
  7   8
_____. Ayer Tomás les compró
  9
_____. Botitas es muy indiferente.
 10
Para ella _____ es solamente _____.
          11   12
_____ Gatito y Botitas se enojaron
 13

Thomas has two cats. One cat is called Gatito and the other cat Botitas. Thomas himself takes care of them. Although each cat has its own plate, they prefer to eat from the same plate. Gatito is a big cat, but he is a pleasant animal. Yesterday Thomas bought them a new toy. Botitas is very indifferent. To her this toy is just another toy. One day (A certain day), Gatitos and Botitas got angry and they began to fight. Although the y empezaron a pelear. Aunque los dos tienen _____, prefieren jugar con _____. ¡_____! Ella tiene _____ porque su amo regaló _____ a un amigo. Sin embargo, _____ es _____.

14
15   16
17   18
19
20

two have many new toys, they prefer to play with their old toys. Poor Botitas! She has few old toys because her master gave these toys to a friend. Nevertheless, her favorite toy is a big red ball.

d. Agreement of adjectives

(1) Adjectives agree in gender and number with the nouns they modify:

Juana es **aplicada.**   *Jane is studious.*
Mis hijos son **perezosos.**   *My children are lazy.*

(2) An adjective modifying two or more nouns of different gender is masculine plural:

La pluma y el lápiz son **rojos.**   *The pen and pencil are red.*

EJERCICIO F

La señora Abanico describe las diferencias que existen entre sus dos hijos, Roberto y Sara. Escriba diez frases que expresen lo que ella dice, usando los adjetivos siguientes:

alegre	diligente	gordo	perezoso
ambicioso	divertido	independiente	quieto
cómico	encantador	melancólico	responsable
delgado	generoso	pensativo	serio

EJEMPLO: Roberto es cómico y Sara es seria.

EJERCICIO G

David tiene que conseguir los muebles para el escenario de una obra que va a presentarse en su escuela. ¿Qué debe obtener David?

EJEMPLO: un sofá / verde   **un sofá verde**

1. dos butacas / viejo
2. una mesa / redondo
3. un ramo de flores / fresco
4. dos cortinas / azul
5. unos libros / antiguo
6. una alfombra / grueso
7. una caja / fuerte
8. tres lámparas / pequeño
9. una almohada / blando
10. una silla / cómodo

EJERCICIO H

Complete el cuento que escribió Ricardo, usando la forma apropiada de los adjetivos dados. Los adjetivos no están colocados en el orden que deben usarse:

Era una noche _____ y _____ de invierno. En la
             1   2

casa todo el mundo se sentía _____ por el calor que
                                   3

salía de la chimenea _____ en la cual ardían _____
                     4   5

leños _____. El abuelo _____ estaba sentado en
       6   7

una silla _____. En sus manos _____ y _____
        8   9   10

tenía un libro. Desde el piso, sus nietos miraban sus

ojos _____ que reflejaban la luz _____ y _____
    11   12   13

del fuego. Les leía un cuento de las hazañas _____
                                 14

y _____ de un héroe _____. Mientras afuera
  15   16

soplaba un viento _____, los niños escuchaban con
                17

interés _____ las palabras _____ del anciano.
       18   19

Él _____ se divertía leyendo _____ historias
  20   21

_____ a sus nietos _____. Poco a poco los ojos
 22   23

_____ de los niños empezaban a cerrarse. Una
 24

sonrisa _____ llenaba la cara _____ del abuelo.
      25   26

1–6
largo
tranquilo
uno
grande
oscuro
antiguo

7–13
rojo
cómodo
fuerte
simpático
claro
arrugado
caliente

14–19
famoso
intenso
fabuloso
señorial
amenazador
emocionante

20–26
este
querido
arrugado
brillante
mismo
interesante
satisfecho

e. Shortened forms of adjectives

(1) The following adjectives drop the final **-o** when used before a masculine singular noun:

uno one, a, an	*un* **libro** one (a) book
bueno good	*un buen* **caballo** a good horse
malo bad	*un mal* **año** a bad year
primero first	el *primer* **día** the first day
tercero third	el *tercer* **piso** the third floor

| **alguno** some | *algún* **día** some day |
| **ninguno** no, not any | *ningún* **objeto** no object |

NOTE:
1. The adjectives **alguno** and **ninguno** require an accent mark when the **-o** is dropped: **algún, ningún.**
2. If a preposition comes between the adjective and the noun, the full form of the adjective is used:

| *uno de* **los tres** | one of the three |
| **el** *tercero del* **grupo** | the third (one) of the group |

(2) **Santo** becomes **San** before the masculine name of a saint, except with names beginning with **To-** or **Do-**:

| *San* **Juan** | Saint John |
| *San* **Francisco** | Saint Francis |

But:

| *Santo* **Tomás** | Saint Thomas |
| *Santo* **Domingo** | Saint Dominic |

(3) **Grande** becomes **gran** when used before a singular noun of either gender:

| **un** *gran* **poeta** ⎫ | a great poet |
| **una** *gran* **poetisa** ⎭ | |

But:

| un edificio **grande** | a large building |
| una casa **grande** | a large house |

(4) **Ciento** becomes **cien** before a noun of either gender and before the numbers **mil** and **millones.** This short form is not used with multiples of **ciento** (**doscientos, trescientos,** etc.) or in combination with any other number (**ciento diez**):

cien **libros (muchachas)**	one (a) hundred books (girls)
cien **mil años**	one (a) hundred thousand years
cien **millones de dólares**	one (a) hundred million dollars

But:

cuatrocientos coches	four hundred cars
cuatrocientas personas	four hundred people
ciento veinte y siete sillas	one (a) hundred twenty-seven chairs

EJERCICIO I

Gabriel y unos amigos hablan de las ciudades de los Estados Unidos que emplean la palabra Santo como parte de su nombre. Dé los nombres de las ciudades que usan **San, Santo** *o* **Santa:**

EJEMPLO: **Santa Fe**

EJERCICIO J

Complete, con la forma apropiada del adjetivo, esta carta que Gloria le escribió a una amiga:

Querida Rosita:

Saludos desde Puerto Rico, donde estoy pasando unas _____
                                                        1 (bueno)
vacaciones. Estamos alojados en un hotel _____ cerca de la playa,
                                            2 (grande)
que se llama el _____ Hotel. Ayer fue la _____ vez que no
                   3 (grande)   **4** (primero)
llovió por la tarde. Tengo _____ noticias: el _____ día del
                              5 (bueno)   **6** (tercero)
viaje conocí a un chico muy simpático. Lo conocí durante mi _____
                                                               7 (tercero)
excursión al Viejo _____ Juan. Entré en _____ tiendas
                      8 (Santo)   **9** (alguno)
porque buscaba _____ regalo para mi hermano. Encontré _____
                  10 (uno)   **11** (uno)
cinturón de cuero, pero costaba _____ dólares. No pude com-
                                   12 (ciento)
prarlo, pero _____ día espero tener bastante dinero para hacerlo.
                13 (alguno)
Roberto es de la República Dominicana. Él vive en la capital, _____
                                                                  14 (Santo)
Domingo. _____ de sus amigos conoce nuestra _____
            15 (Ninguno)   **16** (grande)
ciudad de _____ Francisco. A Roberto le gusta viajar. Él tiene
             17 (Santo)
parientes que viven en _____ Fe, Nuevo México.
                          18 (Santo)
Roberto es de ascendencia española. Hace más de _____ años su
                                                    19 (ciento)
familia llegó de España. Su abuelo era el alcalde de una ciudad

_____ y todos decían que era un _____ hombre.
 20 (grande)   **21**(grande)
Nuestra habitación da al mar y estamos en el _____ piso. En el
                                                22 (tercero)
hotel hay _____ cincuenta habitaciones. Tengo que levantarme
             23 (ciento)
temprano porque hay menos de _____ sillas en la playa, y trato
                                 24 (ciento)
de ser la _____ persona que llega a la playa para conseguir un
             25 (primero)
_____ lugar cerca de las palmas. Pasado mañana será un
 26 (bueno)

_____ día porque terminan estos _____ días de descanso.
27 (malo)   **28 (bueno)**

Saldremos en el _____ avión de la mañana.
                       29 (primero)

                                          Tu _____ amiga,
                                             30 (bueno)

                                                   Gloria

2. Adverbs

a. Adverbs are formed regularly by adding **-mente** to the feminine singular form of an adjective:

un hombre **rico**	*a rich man*
un hombre **ric**_amente_ vestido	*a richly dressed man*
Es un trabajador **hábil.**	*He is a skillful worker.*
Lo fabricó **hábil**_mente_.	*He made it skillfully.*

NOTE: In a series of two or more adverbs, the ending **-mente** is added only to the last one:

Pablo escribió **clara, rápida** y **fácil**_mente_.	*Frank wrote clearly, rapidly, and easily.*

b. Adverbial phrases may be formed by using **con** + noun:

La joven cantaba **con alegría** (*alegremente*).	*The girl sang with happiness (happily).*
Saludó a la dama **con cortesía** (*cortésmente*).	*He greeted the lady with courtesy (courteously).*

c. The words **más, menos, poco, mucho, mejor, peor,** and **demasiado** may be used either as adjectives or adverbs:

ADJECTIVE	ADVERB
Pablo tiene *menos* dinero que yo.	Él es *más* **pobre.**
Paul has less money than I do.	*He is poorer.*
La Sra. Álvarez compra *demasiadas* **joyas.**	Ella es *demasiado* **rica.**
Mrs. Alvarez buys too many jewels.	*She is too rich.*
Mi **voz** es *peor* que la tuya.	Tú **cantas** *mejor* que yo.
My voice is worse than yours.	*You sing better than I.*

NOTE: As adjectives, **mucho, poco,** and **demasiado** vary in gender and number; as adverbs, they do not change.

d. Some adverbs have forms distinct from the adjective forms:

bueno *good*		**bien** *well*
malo *bad*		**mal** *badly*

Arturo es un **buen músico** y
   toca **bien** el piano.

Arthur is a good musician and
   plays the piano well.

Juan es un **muchacho malo**;
   trata **mal** a su hermana.

John is a bad boy; he treats his
   sister badly.

EJERCICIO K

Añada el adverbio que describe lo que Jorge dice de sus amigos después de un viaje:

> EJEMPLO: Eduardo condujo _____. (cuidadoso)
>   Eduardo condujo **cuidadosamente.**

1. Héctor volvió al carro _____. (rápido)
2. Lorenzo pidió instrucciones _____. (cortés)
3. Gabriel hizo todo _____. (lento)
4. Eduardo condujo _____. (hábil)
5. Los jóvenes hablaban _____. (alegre)

EJERCICIO L

Conteste las preguntas que le hace un alumno nuevo de la escuela:

1. ¿Quién juega tenis mejor, tú o tu mejor amigo?
2. ¿Cuál de tus profesores enseña mejor?
3. ¿Estudias mucho antes de un examen?
4. ¿Es demasiado difícil el español?
5. ¿Por qué dices que este año es peor que el año pasado?
6. ¿Cómo te sientes hoy, bien o mal?
7. ¿Trabajas mucho o poco todos los días?
8. ¿Cuánto gastas cuando sales con tus amigos, mucho, poco o demasiado?

EJERCICIO M

Lea este relato de Juan. Luego, hágalo más vivo, completando los espacios con adverbios. Forme los adverbios de los adjetivos dados. Use cada adjetivo solamente una vez:

claro	dulce	rápido
completo	fácil	repentino
cortés	inmediato	total
desafortunado	malo	violento
desgraciado	profundo	

Mi hermana mayor siempre trata _____ a las personas que le hablan
                               1

por teléfono. Ayer por la tarde ella dormía la siesta y estaba _____ dor-
                                                               2

mida cuando _____ sonó _____ el teléfono. Lo contestó _____,
            3   4   5

pero no reconoció _____ la voz de la persona que llamaba. No contestó
            6

_____ porque no se había despertado _____. Era un extranjero que
  7   8

hablaba español _____ y _____. Mi hermana no comprendió _____
                  9   10   11

lo que quería. _____, la persona llamaba de un teléfono público.
               12

Cuando mi hermana comenzó a comprenderlo, _____ se le acabó el
                                            13

dinero y se cortó la comunicación _____.
                                   14

EJERCICIO N

¿Qué dijeron varios amigos después de salir de una ópera? Use la expresión adverbial con + sustantivo:

EJEMPLO: (energetically) El público aplaudió **con energía**.

1. (happily) Los cantantes cantaron . . . .
2. (enthusiastically) Los músicos tocaron . . . .
3. (skillfully) El conductor dirigió la orquesta . . . .
4. (gracefully) Los bailarines bailaron . . . .
5. (clearly) El cantante principal cantó . . . .
6. (frequently) Los aficionados aplaudieron . . . .

e. Some adverbial expressions are formed by combining prepositions with other words:

(1) preposition + noun:

a fondo *thoroughly*
a la derecha (izquierda) *to the right (left)*
a la vez *at the same time*
al cabo (de) *at the end of*
al fin *finally*
de día *by day*
de memoria *by heart*
de noche *at night*
de repente *suddenly*
de rodillas *kneeling*
de veras *really, truly*
en seguida *immediately, at once*
por desgracia *unfortunately*
sin duda *undoubtedly*
sin embargo *nevertheless*

Pablo estudió el capítulo *a fondo*.	Paul studied the chapter thoroughly.
Ahora tienes que doblar *a la derecha*.	Now you must turn to the right.
Puede escribir y hablar *a la vez*.	He can write and speak at the same time.
Regresó *al cabo de* dos meses.	He returned at the end of two months.
Al fin consintió en que su hijo saliera.	Finally, he consented to his son's going out.
De día trabajo, *de noche* duermo.	By day I work, at night I sleep.
Se sabe la poesía *de memoria*.	He knows the poem by heart.
De repente se oyó un gran ruido.	Suddenly a loud noise was heard.
Pidió perdón *de rodillas*.	Kneeling, he asked for forgiveness.
¿La quieres *de veras*?	Do you really love her?
Se marchó *en seguida*.	He left immediately (at once).
Por desgracia, mi reloj está roto.	Unfortunately my watch is broken.
Sin duda el clima es mejor allá.	Undoubtedly the climate is better there.
Estaba enfermo y, *sin embargo*, se levantó.	He was sick; nevertheless, he got up.

(2) preposition + adjective:

> **a menudo** *often*
> **a solas** *alone*
> **de nuevo** *again*
> **de pronto** *suddenly*
> **en general, por lo general** *generally*
> **por consiguiente** *consequently*
> **por supuesto** *of course*

Se encuentran en la calle *a menudo*.	They often meet in the street.
Al día siguiente tuvieron *de nuevo* un examen.	On the following day, they had a test again.
De pronto decidió irse.	Suddenly he decided to leave.
En general las joyas son muy caras.	Generally jewels are very expensive.

Estaba hablando y, *por consiguiente*, no oyó la pregunta del profesor.	He was speaking, and, consequently, he didn't hear the teacher's question.
Por supuesto, es necesario trabajar.	Of course, it's necessary to work.

(3) preposition + adverb:

al (a lo) menos at least
en cuanto as soon as

Esa señora tendrá *a lo menos* ochenta años.	That lady must be at least eighty years old.
Llámame *en cuanto* llegues.	Call me as soon as you arrive.

(4) preposition + verb form:

al amanecer at daybreak
al anochecer at nightfall
al parecer apparently, seemingly
por lo visto apparently, evidently
por escrito in writing

Se puso en marcha *al amanecer* y regresó *al anochecer*.	He got started at daybreak and returned at nightfall.
Al parecer no piensa regresar.	Apparently he doesn't intend to come back.
Por lo visto ya se acostó.	Evidently he already went to bed.
Preparen los ejercicios *por escrito*.	Prepare the exercises in writing.

(5) preposition + adjective + noun:

de buena gana willingly
de mala gana unwillingly
en ninguna parte not anywhere, nowhere
en otra parte elsewhere
en todas partes everywhere

Me prestó el libro *de buena gana*, pero el dinero *de mala gana*.	He lent me the book willingly, but the money unwillingly.
No encontró la revista que quería *en ninguna parte*.	He didn't find the magazine he wanted anywhere.
La lluvia cayó *en otra parte*.	The rain fell elsewhere.
Había papeles regados *en todas partes*.	There were papers scattered everywhere.

EJERCICIO O

Escriba una frase para describir cada dibujo, empleando una expresión adverbial con preposición:

EJEMPLO: Arturo se puso **de rodillas** y le pidió a María que se casara con él.

1.

Gabriel . . . .

4

Ernesto y Carlos

2.

El Sr. Vargas . . . .

5.

3.

Julia . . . .

6.

EJERCICIO P

Eduardo y Edgardo son unos gemelos traviesos. Complete, con la expresión necesaria, lo que dice su madre de ellos:

¡No puedo creer lo que hacen mis hijos! Se despiertan _____
1 (at daybreak)
y _____ comienzan a hacer travesuras. Siempre hablan
2 (at once)
_____ y discuten muy _____. Ayer salieron corriendo
3 (at the same time)   **4** (often)
_____ y no pude encontrarlos _____. Los busqué
5 (suddenly)   **6** (nowhere)

_____, pero no di con ellos. En la esquina, una vecina me dijo
  7 (everywhere)

que los había visto doblar _____, pero otra dijo que los vio ir
                          8 (to the right)

_____. _____ regresaron a casa _____ _____.
9 (to the left)   **10** (Finally)   **11** (again)   **12** (at nightfall)

_____ habían estado jugando en la casa de un amigo a donde
13 (Apparently)

van _____.
    14 (often)

f. The following are common adverbial expressions formed with two or
more words:

> **ahora mismo** *right now*
> **a pesar de** *in spite of*
> **cada vez más** *more and more*
> **cuanto antes** *as soon as possible*
> **de cuando en cuando** *from time to time*
> **(abrir) de par en par** *(to open) wide*
> **dentro de poco** *shortly*
> **fuera de sí** *beside oneself*
> **hoy (en) día** *nowadays*
> **hoy mismo** *this very day*
> **junto a** *beside*
> **mientras tanto** *meanwhile*
> **rara vez** *seldom*
> **sano y salvo** *safe and sound*
> **tal vez** *perhaps*
> **tan pronto como** *as soon as*
> **ya no** *no longer*

¡Acuéstate *ahora mismo*!	Go to bed right now!
***A pesar de* la tormenta, aterrizamos *sanos y salvos*.**	In spite of the storm, we landed safe and sound.
El español se pone *cada vez más* difícil.	Spanish is becoming more and more difficult.
Escribe esa carta *cuanto antes*.	Write that letter as soon as possible.
Lo veo en la escuela *de cuando en cuando*.	I see him at school from time to time.
Las puertas estaban abiertas *de par en par*.	The doors were wide open.
***Dentro de poco* llegarán las vacaciones.**	Vacation time will come shortly.
Al ver el error, se puso *fuera de sí*.	On seeing the mistake, he was beside himself.
***Hoy día* todo cuesta caro.**	Nowadays everything is expensive.

Tienes que entregarme los documentos *hoy mismo*.	You have to hand me the documents *this very day.*
Estaba sentado *junto a* la ventana.	He *was* sitting beside the window.
Los niños jugaban; *mientras tanto*, su madre preparaba la cena.	The children were playing; meanwhile, their mother prepared supper.
Me escribe muy *rara vez*.	He writes to me very seldom.
Tal vez regrese mañana.	Perhaps he'll return tomorrow.
Tan pronto como recibió el dinero, se lo gastó.	As soon as he received the money, he spent it.
Ya no asiste a los conciertos de los domingos.	He no longer attends Sunday's concerts.

EJERCICIO Q

Conteste en español y en frases completas, las preguntas que le hace un amigo sobre sus clases:

1. ¿Qué materias te parecen más útiles hoy en día?
2. Si pudieras cambiar tus clases ahora mismo, ¿cuáles cambiarías?
3. ¿Te gustan las matemáticas, a pesar de que son difíciles?
4. ¿Cuál de tus clases se pone cada vez más difícil?
5. Si fueras el (la) profesor(a), ¿cuándo darías exámenes, rara vez, de cuando en cuando o a menudo?
6. ¿Cómo prefieres contestar preguntas en clase, oralmente o por escrito?
7. ¿Prefieres estudiar de día o de noche?
8. ¿Haces tus tareas de buena gana o de mala gana?

EJERCICIO R

La mamá de Sarita le dejó un recado por escrito antes de salir a trabajar. Complete ese recado con la expresión correcta:

¡_____ vas a limpiar tu cuarto! Se ve _____ desor-
　1 (This very day)　　　　　　　　　　　　　　　2 (more and more)

ganizado. Debes hacerlo _____ te levantes. Abres las ventanas
　　　　　　　　　　　　3 (as soon as)

_____ para airearlo y _____ recoges la ropa que _____
4 (wide)　　　　　　　　5 (meanwhile)　　　　　　　　　　　6 (no longer)

esté limpia. _____ es necesario hacer ciertas cosas
　　　　　　7 (From time to time)

_____ que no te gusten. _____ comienzan las clases de
8 (in spite of)　　　　　　　　　9 (Shortly)

nuevo y sería bueno que comenzaras a prepararte _____ .
　　　　　　　　　　　　　　　　　　　　　　　10 (as soon as possible)

Salgo _____ de la casa y cuando regrese _____ salgamos
　　　11 (right now)　　　　　　　　　　　　　　12 (perhaps)

de compras.

♦ MASTERY EXERCISES ♦

EJERCICIO S

Conteste las preguntas que encontró Adolfo en un artículo del periódico sobre la personalidad:

1. ¿Tiene Ud. pocos o muchos amigos?
2. ¿Toma Ud. baños fríos o calientes?
3. ¿Saluda Ud. cortésmente a sus conocidos?
4. ¿Es Ud. más o menos perezoso(-a) que sus hermanos?
5. ¿Le gusta a Ud. la compañía de gente culta?
6. ¿Hace Ud. ejercicios físicos todos los días?
7. ¿Prefiere Ud. una almohada dura o blanda?
8. ¿Escucha Ud. atentamente a las otras personas?
9. ¿Está Ud. orgulloso(-a) de todo lo que Ud. hace?
10. ¿Hace Ud. las cosas lenta o rápidamente?
11. ¿Se enoja Ud. fácil o difícilmente?
12. ¿Trata Ud. a sus padres cariñosamente?
13. ¿Trabaja Ud. bien o mal en compañía de sus amigos?
14. ¿Tiene Ud. un gran sueño para el futuro?
15. ¿Daría Ud. su último dólar a un pobre hombre?

EJERCICIO T

Complete el diálogo entre Rosa y Roberto, dos gemelos que hablan del futuro. Use el diálogo en inglés como guía:

Rosa: _____ día quiero casarme
       ₁
       con _____ señor _____.
           ₂   ₃

Some day I want to marry a rich man.

Roberto: Yo pienso casarme con _____
                                 ₄
          mujer _____ pero hay _____
                ₅   ₆
          cosas que quiero hacer _____.
                                  ₇

I intend to marry a beautiful woman, but there are other things I want to do first.

Rosa: Tú sabes _____ que al gra-
                 ₈
       duarme de la universidad quiero
       tener _____ carrera _____.
             ₉   ₁₀
       Voy a ser _____ diseñadora
                 ₁₁
       _____.
       ₁₂

You know well that after graduating from college I want to have a good career. I want to be a famous designer.

Roberto: A mí me gusta la vida _____.
                                 ₁₃
          Quiero hacer _____ viaje _____
                       ₁₄   ₁₅

I like the adventurous life. I want to make a long trip to the Amazon

al Amazonas y encontrar lo que _____ hombre haya descubierto todavía.
16

and find what no man has discovered yet.

Rosa: _____ sueños suenan _____ .
17   18

Our dreams sound good.

Roberto: _____ personas nunca realizan
19
sus sueños. Tenemos que trabajar _____ para realizarlos.
20

Some people never realize their dreams. We have to work a lot to realize them.

Rosa: _____ tú y yo nos ayudamos.
21

Luckily you and I help each other.

Roberto: Sí, tú y yo nos ayudamos el _____
22
por _____ .
23

Yes, we help each other one hundred percent.

Rosa: Mi _____ hermano, te deseo
24
_____ éxito en todo lo que
25
hagas.

My dear brother, I wish you great success in everything you do.

Roberto: Gracias. Igualmente.

Thank you and the same to you.

EJERCICIO U

Está lloviendo. Carlos y un amigo juegan un juego que consiste en completar una situación con un comentario apropiado. Haga un comentario para cada situación, usando la expresión dada:

1. Arturo y sus amigos fueron a la playa. En menos de una hora están en casa. Arturo le dice a su mamá: (por desgracia)
2. El niño tiene todos sus juguetes en el piso de la sala. Su mamá espera visita y le dice: (ahora mismo)
3. Hoy es el quince de abril. Mi cumpleaños es el veinte y nueve de abril. Anita dice para sí: (cuanto antes)
4. Rafael vio un accidente en la calle. Había sólo unos cuantos heridos: (sano y salvo)
5. Los actores trabajaron bien en la obra, pero la escenografía no era muy buena. Roberto comentó: (a pesar de)
6. El señor Cabral encontró una cartera en la calle con doscientos dólares. Quiere devolverla a su dueño: (por supuesto)
7. Ud. no está bien y tiene mucha calentura. (en seguida)
8. La señora Ramírez contesta el teléfono. Preguntan por alguien que no vive allí. Después hay otra llamada y piden lo mismo. Ella dice para sí: (sin duda — de nuevo)
9. Jaime encontró un libro en el que pronostican que el hombre viajará al espacio. Piensa para sí: (hoy día)

10. María está muy cansada. Todavía tiene una lista larga de cosas para hacer. Piensa para sí: (cada vez más)

EJERCICIO V

Exprese en español lo que Lola cuenta de su amiga Gloria:

1. Gloria is at the airport right now.
2. Finally, she won a round-trip ticket to San Juan.
3. She was informed about the trip in writing.
4. I was next to her when she opened the letter.
5. Of course, she started to make plans immediately.
6. She had to leave without delay.
7. There is no doubt that since she was born there she wanted to visit Puerto Rico again.
8. Nowadays it is a short trip, but apparently it is still expensive.
9. Gloria seldom pays attention to contests.
10. Generally she asks for my advice.
11. However, I didn't know about this contest. Unfortunately, I am not lucky.
12. She promised to write to me as soon as she arrives in San Juan.
13. Her plane will be taking off shortly. I hope she'll arrive safe and sound.
14. Meanwhile, I will be working here.
15. At least one of us will be having fun.

EJERCICIO W

Ud. está en una ferretería hispana cuando entra un cliente que no habla español. Exprese en español lo que él quiere decirle al dependiente:

1. This electrical machine does not work in this dry climate.
2. It is worse than the one you sold me last week.
3. In our modern civilization, these new products should work perfectly.
4. The first time I tried to use it I was very frightened.
5. It made strange noises, and long flames came out of it.
6. I don't care if you have sold more than one hundred of them.
7. They charge a lot for these new inventions.
8. A good worker should never blame his bad tools.
9. I don't want another machine.
10. It's a good thing that I used it in the open air.
11. My brother-in-law has the same machine and it works well for him.
12. I followed the instructions carefully.
13. Certain companies manufacture tools of low quality.
14. The new machine costs one hundred and fifteen dollars!
15. Thanks a lot. Fortunately, my brother-in-law will lend me his old machine.

Comparison

1. Comparison of Inequality

a. Adjectives are compared as follows:

POSITIVE	**bello(-a, -os, -as)**	beautiful
COMPARATIVE	*más (menos)* **bello(-a, -os, -as)**	more (less) beautiful
SUPERLATIVE	*el (la, los, las)...más (menos)* **bello(-a, -os, -as)**	the most (least) beautiful

Este monumento es *bello.*	*This monument is beautiful.*
Ése es *más (menos) bello que* **éste.**	*That one is more (less) beautiful than this one.*
Aquél es *el monumento más (menos) bello del* **país.**	*That one is the most (least) beautiful monument in the country.*
Aquella flor es *la más (menos) bella del* **jardín.**	*That flower is the most (least) beautiful (one) in the garden.*
Es *la mejor (peor) actriz del* **mundo.**	*She is the best (worst) actress in the world.*

NOTE:

1. In the superlative, the noun stands between the article (**el, la, los, las**) and the adjective:

Sirven **la comida más rica** de la ciudad.	*They serve the most delicious meal in town.*

2. After the superlative, **de** means *in.*

EJERCICIO A

Durante una excursión por la ciudad de Madrid, Xavier hace muchas comparaciones. Repita las comparaciones que hace, usando más o menos por turnos en cada oración:

EJEMPLO: Esta iglesia / alto / la otra
Esta iglesia **es más alta que** la otra.

1. esta estatua / antiguo / las otras
2. este edificio / alto / el otro
3. aquel museo / tener / pinturas / éste
4. ese barrio / interesante / éste
5. estas tiendas / caro / las otras
6. este puente / largo / aquél
7. esta puerta / ancho / ésa

EJERCICIO B

Imagínese que alguien le ha hecho preguntas sobre los miembros de su familia. Diga quién es el (la) más (menos) . . . .de su familia:

EJEMPLO: tranquilo
Mi mamá es la más tranquila de la familia.

1. paciente
2. bondadoso
3. nervioso
4. alegre
5. divertido
6. triste
7. generoso
8. amable
9. ambicioso
10. indeciso

EJERCICIO C

La señora Espejuelas compara a sus alumnos. Repita lo que dice de ellos. Use más o menos por turnos èn cada oración:

EJEMPLO: Roberto es diligente. (Carmen)
Carmen es menos diligente que Roberto.

1. Luz es estudiosa. (Ramón)
2. Carlos es hablador. (Héctor)
3. Esteban es inteligente. (Ana)
4. Beto es independiente. (Clara)
5. Estela es nerviosa. (Beatriz)
6. Jorge es atlético. (Víctor)
7. María es seria. (Cristina)

b. The comparative forms of **bueno, malo, grande,** and **pequeño** are irregular.

POSITIVE	COMPARATIVE	SUPERLATIVE
bueno(-a, -os, -as) good	**mejor(es)** *better*	**el (la) mejor** **los (las) mejores** *the best*
malo(-a, -os, -as) bad	**peor(es)** *worse*	**el (la) peor** **los (las) peores** *the worst*
grande(s) great, big	**mayor(es)** *greater; older*	**el (la) mayor** **los (las) mayores** *the greatest; the oldest*
	más grande(s) *larger*	**el (la) más grande** **los (las) más grandes** *the largest*
	menos grande(s) *less large*	**el (la) menos grande** **los (las) menos grandes** *the least large*
pequeño(-a, -os, -as) small	**menor(es)** *minor, lesser; younger*	**el (la) menor** **los (las) menores** *the least; the youngest*
	más pequeño(-a, -os, -as) *smaller*	**el (la) más pequeño(-a)** **los (las) más pequeños (-as)** *the smallest*
	menos pequeño(-a, -os, -as) *less small*	**el (la) menos pequeño (-a)** **los (las) menos pequeños(-as)** *the least small*

NOTE:

1. **Mejor** and **peor** generally precede the noun. **Mayor** and **menor** generally follow the noun:

mi *mejor* amigo	my best friend
la **hermana** *mayor*	the older (oldest) sister

2. The regular and irregular comparative forms of **grande** and **pequeño** have different meanings. **Más grande** and **más pequeño** compare differences in size or height (physical meaning); **mayor** and **menor** compare differences in age or status (figurative meaning):

mi hermano *más pequeño*	my smaller (smallest) brother
mi hermano *menor*	my younger (youngest) brother
de *menor* importancia	of lesser importance

EJERCICIO D

Un amigo quiere saber su opinión sobre varias cosas. Diga cuál, en su opinión, es la mejor y la peor de las cosas indicadas:

EJEMPLO: película
«Star Wars» es la mejor película. «The Sound of Music» es la peor.

1. disco
2. programa de televisión
3. beisbolista profesional
4. jugadora de tenis profesional
5. obra de teatro
6. equipo de fútbol
7. novela
8. grupo musical
9. comida
10. cantante

EJERCICIO E

Su mamá comenta cómo Ud. y sus hermanos hacen los quehaceres de la casa. Repita lo que ella dice, usando los comparativos por turnos:

EJEMPLO: lavar los platos
Gloria lava los platos mejor (peor) que yo.

1. planchar
2. usar la aspiradora
3. limpiar el sótano
4. lavar el carro
5. regar el jardín
6. cocinar
7. cuidar al bebé
8. pintar

EJERCICIO F

Describa a un pariente mayor y a otro menor que Ud. Use los adjetivos bueno, malo, grande *y* pequeño *para describirlos:*

EJEMPLO: Arturito es mi hermano menor. Él es el menor de la familia y es el más pequeño también. Mis otros hermanos, Pedro y Linda, son mayores que él también. Él grita mejor que yo.

1. El pariente mayor
2. El pariente menor

C. Adverbs are compared as follows:

POSITIVE	**rápidamente**	rapidly
COMPARATIVE	**más (menos) rápidamente**	more (less) rapidly
SUPERLATIVE	**más (menos) rápidamente**	more (less) rapidly than

Este tren corre *rápidamente.*	This train runs rapidly.
Este tren corre *más* *rápidamente.*	This train runs more rapidly.
Este tren corre *más* *rápidamente que* **los otros.**	This train runs more rapidly than the others.

NOTE:
1. The superlative of adverbs is not distinguished from the comparative.
2. The adverbial superlative formed with the neuter article **lo** is an absolute superlative and not a superlative of comparison. It is usually followed by a phrase expressing possibility:

Ese tren corre **lo menos rápidamente posible.**	That train runs the least rapidly possible.
Ella llegó **lo más temprano posible.**	She arrived the earliest possible.

EJERCICIO G

*La señora Valdés compara a los chicos y las chicas de su clase. Repita lo que ella dijo de ellos al hablar con otra profesora de un proyecto que la clase llevó a cabo. Use **más** o **menos** + adverbio por turnos en cada frase:*

> EJEMPLO: (cuidadoso) Los chicos trabajaron . . . .
> Los chicos trabajaron **menos cuidadosamente**.
> Las chicas trabajaron **más cuidadosamente**.

1. (rápido) Los chicos decoraron el salón de clase . . . .
2. (hábil) Las chicas cortaron los diseños . . . .
3. (fácil) Los chicos crearon diseños . . . .
4. (frecuente) Las chicas hicieron preguntas . . . .
5. (alegre) Las chicas aceptaron los comentarios . . . .

EJERCICIO H

*Los jueces de un concurso literario hablan de los participantes en el concurso. Repita lo que dijeron, usando **más** o **menos** (por turnos) + adverbio + que en cada frase:*

> EJEMPLO: Lourdes / expresarse claramente / los demás
> Lourdes **se expresó más claramente que** los demás.

1. Raúl / contestar rápidamente / Lourdes
2. Elena / escribir el ensayo fácilmente / Octavio
3. Gabriel / hablar fuertemente / Raúl
4. Clarita / portarse respetuosamente / los demás
5. Sara / recitar hábilmente / los otros
6. Octavio / pensar cuidadosamente / Clarita

d. Que (*than*) is used after a comparative:

Es **más alta** *que* yo.	*She is taller than I.*
Tienen **menos dinero** *que* yo.	*They have less money than I.*

De (*than*) replaces **que** before a number if the sentence is affirmative. If the sentence is negative, **que** is used:

Ganó **más (menos)** *de* ocho dólares.	*He earned more (less) than eight dollars.*
But:	
	He earned only eight dollars.
No ganó **más** *que* ocho dólares.	*(He didn't earn more than eight dollars.)*

If the second part of the comparison is a clause with a different verb, **de** is used together with a form of **el (la, los, las) que:**

Gasta más dinero *del que* gana su padre.	*He spends more money than his father earns.*
Leyó menos libros *de los que* le **recomendó** el profesor.	*He read fewer books than the professor recommended.*

NOTE: In each of these sentences, the nouns **dinero** and **libros** are the objects of both verbs: **gasta — dinero, gana — dinero** (implied); **leyó — libros, recomendó — libros** (implied). If the noun is not the object of both verbs, or if an adjective or adverb is being compared, **de lo que** is used:

Gasta más dinero *de lo que* **crees.**	*He spends more money than you think.*
Habla más rápidamente *de lo que* escribe.	*He speaks more rapidly than he writes.*

The word **dinero** in the first example is not the object of both verbs (**gasta — dinero,** but **crees — que gasta**). In the second example, the adverb **rápidamente** is being compared.

EJERCICIO I

María visita a unos primos y cada noche escribe en su diario. Complete las frases con **de, que, del que, de la que, de los que, de las que,** *o* **de lo que:**

El pueblo donde estoy tiene menos _____ mil habitantes. Es más
$\qquad$ 1

pequeño _____ el parque central de mi ciudad. En esta aldea
$\qquad$ 2

hay más guardias _____ necesitan. Ayer mi tía me llevó a una
$\qquad$ 3

tertulia en la que hubo más _____ treinta personas. Esta tía es mayor
$\qquad$ 4

_____ mi mamá. No recuerdo cuántos años hace que ella vive
5

aquí, pero lleva menos _____ cinco años en esta aldea. Durante la
$\qquad$ 6

tertulia, mi tía tradujo lo que las personas decían, pero ellas hablaban

más rápidamente _____ ella podía traducir. Sirvieron café y unas
$\qquad$ 7

galletitas, pero era menos _____ yo hubiera podido comer. Tenía más
$\qquad$ 8

hambre _____ una persona que no hubiera comido en veinte y cuatro
$\qquad$ 9

horas. Mi prima Adela come más _____ nadie pero no pesa más _____
$\qquad$ 10 $\qquad$ 11

cincuenta kilos.

Cuando fui a la tienda, compré más tarjetas _____ podré usar. ¡Ojalá
$\qquad$ 12

tuviera más dinero _____ encuentro en el bolsillo! Así podría comprar
$\qquad$ 13

otros regalos. Todavía tengo menos regalos _____ voy a necesitar.
$\qquad$ 14

Me alegro de haber venido aquí. Estoy divirtiéndome más _____ me
$\qquad$ 15
imaginaba.

2. Comparison of Equality

a. **tan** + adjective or adverb + **como** (*as...as*)

Ella no es **tan pobre como** él.   *She is not as poor as he.*
Mi coche corre **tan rápidamente**   *My car runs as fast as hers.*
   como el suyo.

EJERCICIO J

***Doña Alicia es la abuela de los gemelos Carlos y Martín. Para ella, los
dos son iguales. Cuente lo que dice de ellos:***

EJEMPLO: alto
             Carlos es tan alto como Martín.

1. bonito   4. vivo   6. risueño
2. serio   5. alegre   7. cómico
3. inteligente

EJERCICIO K

Ahora diga cómo los nietos de doña Alicia hacen varias cosas:

> EJEMPLO: llorar fuertemente
> **Carlos llora tan fuertemente como Martín.**

1. caminar rápidamente
2. hablar cortésmente
3. jugar hábilmente
4. reírse alegremente
5. comer lentamente

b. (1) **tanto (-a, -os, -as)** + noun + **como** (*as much / as many...as*)

Esta vaca da **tanta leche como** ésa.	*This cow gives as much milk as that one.*
Recibió **tantos juguetes como** pidió.	*He received as many toys as he asked for.*

(2) **tanto (-a, -os, -as)** (pronoun) + **como** (*as much / as many...as*)

Leímos **tanto como ellos.**	*We read as much as they.*

EJERCICIO L

Luisa cree que es necesario hacer tanto como sus amigas. ¿Qué hizo ella?

> EJEMPLO: gastar   **Ella gastó tanto como sus amigas.**

1. correr
2. comer
3. trabajar
4. dormir
5. estudiar
6. leer
7. comprar
8. hablar
9. jugar
10. descansar

EJERCICIO M

Clara y Rocío viajan juntas, pero nunca están de acuerdo. Cuente lo que Rocío responde después de una excursión:

> EJEMPLO: Clara: Había muchos americanos en la excursión. (alemanes)
> Rocío: **No había tantos americanos como alemanes en la excursión.**

1. Clara: Había muchas rosas en el jardín del palacio. (claveles)
   Rocío:
2. Clara: Vendían unas banderas bonitas. (tarjetas)
   Rocío:

3. Clara: Visitamos muchos museos. (iglesias)
   Rocío:
4. Clara: Comimos muchas tapas. (galletas)
   Rocío:
5. Clara: Gastamos muchas pesetas. (dólares)
   Rocío:
6. Clara: Entramos en muchos almacenes. (librerías)
   Rocío:
7. Clara: Hizo mucho calor al mediodía. (a las dos)
   Rocío:

C. Expressions of comparison:

cuanto antes
lo más pronto posible } *as soon as possible*
tan pronto como sea posible

cuanto (-a, -os, -as) más (menos)... , tanto (-a, -os, -as) más (menos)...
the more (less)... , the more (less)...
cuanto (-a, -os, -as) más (menos)... , más (menos)...
the more (less)... , the more (less)...

Venga a verme **lo más pronto**   *Come to see me as soon as*
   posible.   *possible.*
Cuanto más habla, **(tanto)**   *The more he talks, the less*
   menos escucho.   *I listen.*

NOTE: **Tanto** may be omitted in the expression **cuanto más (menos)... , tanto más (menos).**

EJERCICIO N

Cuente lo que una maestra dice de sus estudiantes. Use cuanto(-a, -os, -as) más (menos)... , tanto(-a, -os, -as) más (menos) *por turnos:*

   EJEMPLO: estudiar / aprender
              Cuanto menos estudian, tanto menos aprenden.

1. escuchar / saber   **4.** tratar / lograr
2. trabajar / ganar   **5.** leer / aprender
3. dar / recibir   **6.** viajar / conocer

3. Absolute Superlative

a. To express an absolute superlative (when no comparison is involved), **-ísimo (-a, -os, -as)** is often added to the adjective. The meaning is the same as **muy** + adjective:

         muy barato
         baratísimo } *very cheap*

NOTE:

1. **Muchísimo** = very much.
2. Adjectives ending in a vowel drop that vowel before adding **-ísimo**.
3. Adjectives ending in **-co**, **-go**, or **-z** change **c** to **qu**, **g** to **gu**, and **z** to **c** before adding **-ísimo**:

fresco	**fresquísimo**
largo	**larguísimo**
feroz	**ferocísimo**

b. To form adverbs from adjectives in **-ísimo**, add **-mente** to the feminine form of the adjective: **riquísimamente, lentísimamente.**

EJERCICIO O

Alberto tiene la costumbre de exagerar mucho cuando habla de su vida. Usando -ísimo, repita cómo describe las cosas:

EJEMPLO: Yo / vivir / casa / grande
Yo vivo en una casa grandísima.

1. Yo / vivir / avenida / ancha
2. Yo / tener / perro / feroz
3. Mi coche / ser / lujoso
4. Mis primos / ser / ricos
5. Yo / dar / fiestas / elegantes
6. Mis padres / ser / generosos
7. La piscina de mi casa / ser / larga
8. Yo / viajar / mucho

EJERCICIO P

Conteste estas preguntas que le hace un amigo, usando la forma -ísimo:

1. ¿Estudió Ud. mucho anoche?
2. ¿Es muy larga la distancia desde su casa a la escuela?
3. ¿Vuelve Ud. muy rápidamente a casa al salir de la escuela?
4. ¿Escucha Ud. muy atentamente en la clase?
5. ¿Trabaja Ud. muy diligentemente todos los días?
6. ¿Está Ud. muy cansado / cansada después de un día de trabajo?
7. ¿Sabe Ud. cocinar muy ricamente?
8. ¿Se divierte Ud. mucho con sus amigos?
9. ¿Tiene Ud. un horario muy difícil?
10. ¿Es Ud. muy animado / animada en una fiesta?

♦ MASTERY EXERCISES ♦

EJERCICIO Q

Lázaro es un joven colombiano que acaba de inscribirse en su escuela. Conteste las preguntas que él le hace sobre su pueblo:

1. ¿Cae tanta lluvia en agosto como en abril?
2. ¿Hace tanto calor en la primavera como en el verano?
3. ¿Hay tantos insectos en diciembre como en julio?
4. ¿Es más bella la primavera que el invierno?
5. ¿Hay tantas hojas en los árboles en enero como en julio?
6. ¿Fue ayer un día más claro que hoy?
7. ¿Es septiembre mejor que enero?
8. ¿Son los jardines tan verdes en marzo como en agosto?
9. ¿Es éste el árbol menos alto del jardín?
10. ¿Cuándo hay menos nieve, en el otoño o en el invierno?

EJERCICIO R

Imagínese que Ud. trabaja en una agencia de publicidad donde preparan anuncios sobre ciertos productos para la televisión. Escriba un anuncio en el que Ud. describe las semejanzas y las diferencias entre un producto y otro y por qué su producto es mejor:

> EJEMPLO: una radio portátil
> Esta radio portátil es mejor que las otras. Ud. puede escuchar tantas emisoras como en las otras, pero el precio es más económico que el de las otras marcas.

EJERCICIO S

Elena acaba de encontrar trabajo y habla con una amiga que trabaja en la misma oficina. Exprese en español lo que la amiga le cuenta a Elena:

1. This businessman is very ambitious.
2. You should work as diligently as possible.
3. The more you work, the more you will earn.
4. This office is as quiet as a library.
5. The manager permits you to make as many telephone calls as you wish.
6. You are the youngest secretary in this office.
7. The owner was the most respected man in the group.
8. This manager is better than the previous one.
9. I am usually very busy in the morning.

10. There are as many letters on your desk as on mine.
11. He gives you more work than you can finish in one day.
12. In this office there are more than twenty-five employees.
13. It is a very big company.
14. The owner is crazier than you can imagine.
15. This letter doesn't need more than one stamp.
16. The owner is younger than his wife.
17. You should answer this letter as soon as possible.
18. The manager likes to write very long letters.
19. Managers can be stricter than owners.
20. Everyone here works as hard as everyone else.

23

Numbers; Times; Dates

1. Cardinal Numbers

0	cero		
1	uno	20	veinte
2	dos	21	veinte y uno, -a, un
3	tres		(veintiuno, -a, veintiún)
4	cuatro	22	veinte y dos (veintidós)
5	cinco	23	veinte y tres (veintitrés)
6	seis	24	veinte y cuatro (veinticuatro)
7	siete	25	veinte y cinco (veinticinco)
8	ocho	26	veinte y seis (veintiséis)
9	nueve	27	veinte y siete (veintisiete)
10	diez	28	veinte y ocho (veintiocho)
11	once	29	veinte y nueve (veintinueve)
12	doce	30	treinta
13	trece	31	treinta y uno, -a, un
14	catorce	40	cuarenta
15	quince	50	cincuenta
16	diez y seis (dieciséis)	60	sesenta
17	diez y siete (diecisiete)	70	setenta
18	diez y ocho (dieciocho)	80	ochenta
19	diez y nueve (diecinueve)	90	noventa

100	ciento (cien)	400	cuatrocientos, -as
101	ciento uno, -a, un	500	*quinientos, -as*
115	ciento quince	600	seiscientos, -as
116	ciento diez y seis	700	*setecientos, -as*
200	doscientos, -as	800	ochocientos, -as
300	trescientos, -as	900	*novecientos, -as*

1.000	mil	1.000.000	un millón (de)
2.000	dos mil	2.000.000	dos millones (de)
100.000	cien mil	100.000.000	cien millones (de)

NOTE:

1. Spanish uses periods rather than commas to separate digits:

   (Spanish) **1.376.426**   (English) 1,376,426

2. In decimals, Spanish uses a comma where English uses a period:

   (Spanish) $5,35   (English) $5.35
   Cinco dólares (con) treinta y   *Five dollars and thirty-five*
   cinco (centavos).   *cents.*

3. The conjunction **y** is used only between tens and units, that is, in numbers 16 to 99:

19	**diez *y* nueve**		56	**cincuenta *y* seis**
43	**cuarenta *y* tres**		99	**noventa *y* nueve**

   But:

109	**ciento nueve**	304	**trescientos cuatro**

4. The numbers 16 to 19 and 21 to 29 may also be written as one word. In such compounds, the numbers 16, 22, 23, and 26 have an accent on the last syllable:

17	**diecisiete**	16	**diecis*éis***
21	**veintiuno**	22	**veintid*ós***

5. The only numerals that vary with gender are **uno (una, un)** and the compounds of **ciento (doscientos, -as; trescientos, -as;** and so on):

un libro	*a (one) book*
una pluma	*a (one) pen*
trescien*tos* hombres	*three hundred men*
cuatrocien*tas* mujeres	*four hundred women*
veinte y *un* lápices	*twenty-one pencils*
cincuenta y *una* tarjetas	*fifty-one cards*

6. **Ciento** becomes **cien** before nouns and before the numbers **mil** and **millones.** In all other numbers, the full form **ciento** is used:

cien pesetas	*cien* mil soldados
cien buenos libros	*cien* millones de habitantes

   But:

   ciento veinte y cinco dólares

7. **Un** is not used before **ciento** or **mil. Un** is used before the noun **millón.** If another noun follows **millón, de** is placed between **millón** and the other noun:

ciento dos alumnos	*un* millón *de* dólares
mil doscientos años	

EJERCICIO A

Ud. está en un congreso que tiene lugar en un hotel de la ciudad de México. Ud. tiene la responsabilidad de contar el número de personas que hay en cada salón. Escriba los números que Ud. contó:

EJEMPLO: Salón Guanajuato   18 personas
diez y ocho (dieciocho) personas

1. Salón Acapulco   63 personas
2. Salón Veracruz   71 personas
3. Salón Guadalajara   15 personas
4. Salón Tampico   37 personas
5. Salón Oaxaca   126 personas
6. Salón Tijuana   54 personas
7. Salón Ixtapa   89 personas
8. Salón Querétaro   162 personas
9. Salón Torreón   41 personas
10. Salón Morelia   25 personas

EJERCICIO B

Ud. está trabajando en el departamento internacional de un banco y le toca escribir la cantidad de los giros en letras. Escriba estos números:

1. 568 pesetas
2. 1.381 pesetas
3. 2.010 dólares
4. 30.432 sucres
5. 891 bolívares
6. 5.755,86 dólares
7. 12.967 pesetas
8. 184 pesos
9. 1.989 pesos
10. 1.750.322 dólares

EJERCICIO C

Ud. piensa hacer un viaje a España. Antes de ir, Ud. va a la biblioteca para averiguar el número de habitantes de las ciudades que piensa visitar. ¿Cuántos habitantes tiene cada ciudad? Exprese los números en letras en español:

1. Madrid   3.890.320
2. Barcelona 1.809.722
3. Sevilla   611.374
4. Valencia   745.022
5. Málaga   430.008

EJERCICIO D

Ud. lee una lista que tiene el número de estudiantes que hay en sus clases. ¿Cuántos estudiantes hay en cada clase? ¿Cuántos son chicos? ¿Cuántas son chicas? Escriba los números en letras en español:

CLASE	NÚMERO DE ALUMNOS	NÚMERO DE CHICOS	NÚMERO DE CHICAS
Álgebra	28	16	12

Inglés	34	21	13
Español	25	11	14
Biología	30	19	11
Historia	27	6	21
Coro	76	31	45
Arte	18	8	10
Educación Física	82	41	41

EJERCICIO E

Ud. ha conocido a muchas personas en un congreso. Antes de terminar el congreso, Ud. pide el número de teléfono de varias personas de los Estados Unidos. Escriba los números de teléfono en español:

EJEMPLO: Luz Armendáriz   212 – 375 – 2669
dos doce – tres setenta y cinco – veinte y seis sesenta y nueve

1. Arturo López   609-832-5508
2. Sarita Claveles   202-541-8297
3. Gilberto Robles   305-422-1746
4. Gabriela Coles   513-668-7033
5. Javier Muñiz   815-342-4351
6. Blanca Flores   914-282-6625
7. Sergio Bulnes   717-951-1965

EJERCICIO F

Conteste estas preguntas en español. Escriba los números en letras:

1. ¿Cuántos habitantes hay en la ciudad en que Ud. vive?
2. ¿Cuántos alumnos hay en su escuela? ¿Cuántos chicos? ¿Cuántas chicas?
3. ¿Cuánto cuesta el automóvil que más le gusta a Ud.?
4. ¿Cuánto pagó Ud. por los zapatos que lleva ahora?
5. ¿Cuánto quiere Ud. ganar al año cuando empiece a trabajar?
6. ¿Cuál es su número de teléfono?

2. Arithmetic Expressions

The following expressions are used in arithmetic problems in Spanish:

y *plus* (+)
  Cuatro **y** nueve **son** trece.

menos *minus* (−)
  Veinte **menos** once **son** nueve.

por (*multiplied*) *by,* "*times*" (×)
  Ocho **por** siete **son** cincuenta y seis.

dividido por *divided by* (÷)
  Ciento cuarenta y cuatro **dividido por** doce **son** doce.

son *equals* (=)

EJERCICIO G

Usted va a trabajar en una tienda durante el verano. Antes de darle el trabajo, el patrón quiere saber si Ud. puede expresar estos números en español. Escriba lo siguiente en letras en español:

1. 414 − 363 = 51
2. 336 × 12 = 4032
3. 254 + 587 = 841
4. 911 − 276 = 635
5. 31,217 ÷ 31 = 1007
6. 419 + 716 = 1135

7. 1818 ÷ 18 = 101
8. 345 + 577 = 922
9. 864 ÷ 16 = 54
10. 990 ÷ 9 = 110
11. 93 × 71 = 6603
12. 119 × 17 = 2023

3. Ordinal Numbers

1st	**primero, -a (primer)**		6th	**sexto, -a**
2nd	**segundo, -a**		7th	**séptimo, -a**
3rd	**tercero, -a (tercer)**		8th	**octavo, -a**
4th	**cuarto, -a**		9th	**noveno, -a**
5th	**quinto, -a**		10th	**décimo, -a**

Ordinal numbers are used only through tenth; thereafter, cardinal numbers are used:

la **tercera** fila	the third row
la **Quinta** Avenida	Fifth Avenue
Carlos **Quinto**	Charles V

But:

el siglo **diez y nueve**	the 19th century
la página (número) **doce**	page 12

NOTE:

1. A cardinal number used in place of an ordinal is always masculine, since **número** is understood.
2. The ordinals **primero** and **tercero** drop the final **-o** before a masculine singular noun:

el *primer* día
el *tercer* edificio

But:

la **primera** visita
el siglo **tercero**

3. Ordinal numbers are often printed as **1°, 1ᵉʳ** (primero, primer); **2°** (segundo); **5ᵃ** (quinta); **10ᵃ** (décima), and so on.

EJERCICIO H

Usted está hablando con unos amigos y discuten el número de veces que han hecho varias cosas. Indique el número de veces que Ud. ha hecho las actividades indicadas:

> EJEMPLO: visitar el museo de arte / 2
> **Es la segunda vez que visito** el museo de arte.

1. montar a caballo / 2
2. hacer un viaje en avión / 5
3. ver esta película / 3
4. ir a acampar / 6
5. regresar a esta tienda / 4
6. marcar su número de teléfono / 9
7. conocer a los padres de su amigo / 1
8. comer en un restaurante español / 8
9. repetir la respuesta / 10
10. ir a esquiar / 7

EJERCICIO I

Usted va de compras a un almacén y consulta el directorio de la tienda para saber en qué piso venden las cosas que quiere comprar. ¿En qué pisos compra lo que tiene en su lista?

Artículos para Caballeros: trajes, sombreros, abrigos	2	Juguetes	10
		Libros	5
Artículos para Caballeros: camisas, ropa interior, corbatas	1	Loza — Cristalería — Plata	9
		Mantelería — Ropa de Cama	6
Artículos para casa: cortinas, lámparas, alfombras	7	Películas	1
		Restaurantes — Café	1
		— Patio	8
Boletos de Teatro	1	Salón de Belleza	11
		Sombreros — Damas	3
Cámaras	5	Telas	7
Carteras para Damas	1	Maletas	5
Centro Musical — Discos, Grabadoras, Radio, Televisión	3	Vestuario — Damas	2, 3, 4
		Vestuario — Niños	4
Cosméticos	1	Zapatos — Caballeros	2
Cuarto para Caballeros	4-7	Zapatos — Damas	6
Cuarto para Damas	6, 8	Zapatos — Niños	4
Guantes — Damas	1		
Impermeables, Paraguas	1		

¿En qué piso venden . . . ?

    EJEMPLO: un sombrero para hombre   **el segundo piso**

1. platos
2. zapatos para niño
3. una grabadora
4. una lámpara
5. una novela

6. un juguete
7. refrescos
8. guantes para mujer
9. toallas
10. maletas

4. Fractions

½	**medio(-a), la mitad de**	*(the/one) half*
⅓	**un tercio, la tercera parte de**	*(the/one) third*
¼	**un cuarto, la cuarta parte de**	*(the/one) fourth, quarter*
⅔	**dos tercios, las dos terceras partes de**	*(the) two thirds*
¾	**tres cuartos, las tres cuartas partes de**	*(the) three fourths, quarters*
⅘	**cuatro quintos, las cuatro quintas partes de**	*(the) four fifths*
⅒	**un décimo, la décima parte de**	*(the/one) tenth*

NOTE:

1. Except for **medio** and **tercio**, noun fractions are formed with ordinal numbers through tenth. Thereafter, the ending **-avo** is usually added to the cardinal number:

        1⁄12   **un doceavo, la**   *(the/one) twelfth*
               doceava parte de

2. Fractions are masculine nouns:

       3 ⅓   **tres y un tercio**   *three and one third*

When the fraction precedes the thing divided, it may be used with the feminine noun **parte**, unless a unit of measure is expressed:

    una tercera parte (un tercio)   *a third of the book*
    del libro

    But:

    un tercio de libra   *a third of a pound*

3. The adjective **medio(-a)** means *half*, while the noun **la mitad** means *half of*:

    media **docena de huevos**   *half a dozen eggs*
    la mitad **de la clase**   *half of the class*

5. Multiples

Multiple numerals are used in the same manner as their English equivalents:

una vez	*once*	**simple**	*single, simple*
dos veces	*twice*	**doble**	*double*
tres veces	*three times*	**triple**	*triple*

Lo llamé **dos veces.**	*I called him up twice.*
Vino a visitarme **una vez.**	*He came to visit me once.*
Comí **el doble** de lo que comiste tú.	*I ate twice as much as you.*

NOTE:

1. Numeral adverbs expressing the number of times of an occurrence are formed by a cardinal number and the feminine noun **vez** (*a time*):

He visto la película **cuatro veces.**	*I have seen the film four times.*

2. Multiples like **doble, triple** may be either adjectives or nouns:

Es una máquina de *doble* acción.	*It's a double action machine.*
Este cuadro vale hoy **el doble.**	*This painting is worth twice as much today.*

EJERCICIO J

Exprese en letras los números indicados en español:

1. la 5ª columna
2. la Avenida 8ª
3. el 9° día
4. Alfonso XIII
5. el 4° párrafo
6. el siglo XX
7. la 3ª fila
8. la 7ª serie
9. ⅓ de kilo
10. el 10° aniversario
11. el 2° edificio
12. el 3er capítulo
13. ⅖
14. el tranvía 43
15. ½ mes
16. de 1ª calidad
17. Carlos V
18. el 1er Congreso Panamericano
19. el 6° renglón
20. el 3er grado

6. Time

¿Qué hora es?	*What time is it?*
Es la una.	*It is one o'clock.*

Son las dos (tres, cuatro, etc.**).**	*It is two (three, four,* etc.*) o'clock.*
Son las diez y veinte.	*It is 10:20 (twenty after ten).*
Son las ocho y cuarto (quince).	*It is 8:15 (a quarter past eight).*
Son las seis y media (treinta).	*It is 6:30 (half past six).*
Son las doce menos veinte (dos, cuarto, etc.**).**	*It is 11:40 (11:58, 11:45,* etc.*).*
¿A qué hora salió Ud.?	*At what time did you leave?*
a(l) mediodía	*at noon*
a (la) medianoche	*at midnight*
a eso de las siete	*at about seven o'clock*
Dio la una (Dieron las dos).	*It struck one (It struck two).*

NOTE:

1. **Es** is equivalent to *it is* for one o'clock, **son** for the other hours; **a** expresses *at*.
2. The article **la** (for **la hora**) is always used with one o'clock; **las** (for **las horas**) is used with the other hours.
3. *After* or *past* is expressed by **y;** *to* or *of* by **menos.** After "half past," time may be expressed by the following hour minus (**menos**) the minutes or by the expression **faltar** + minutes + **para** + following hour.

Son las tres *y* **veinte y cinco.**	*It is 3:25.*
Es la una *menos* **diez.**	*It is 12:50*
(*Faltan* **diez** *para* **la una.**)	*(ten minutes to one).*

   It is not uncommon to hear *12:50* expressed numerically: **Son las doce y cincuenta.**

4. **Media,** an adjective, agrees with **hora; cuarto,** a noun, does not vary.
5. The expressions **de la madrugada** and **de la mañana** correspond to English A.M. (*morning*). The former refers to the hours before daylight, the latter to the daylight hours. **De la tarde** (*afternoon*) and **de la noche** (*evening*) correspond to P.M. **En punto** means *sharp.*

a las tres *de la madrugada*	*at 3* A.M.
a las ocho y media *de la mañana*	*at 8:30* A.M.
a las cuatro *de la tarde*	*at 4* P.M.
Eran las nueve *en punto de la noche.*	*It was 9* P.M. *sharp.*

EJERCICIO K

Ud. le enseña a un primo a decir la hora en español. Exprese las horas indicadas en los relojes:

EJERCICIO L

Ud. tiene la costumbre de hacer ciertas cosas a la misma hora todos los días. ¿A qué hora suele Ud. hacer las cosas indicadas?

EJEMPLO: comer el almuerzo
Yo **como** el almuerzo **a las doce (a mediodía).**

1. despertarse para ir a la escuela
2. mirar su programa favorito de televisión
3. cenar con su familia
4. ir a la clase de español
5. acostarse todos los días
6. llegar a la escuela
7. preparar las tareas
8. hablar por teléfono con un amigo

EJERCICIO M

Lea estos problemas y conteste las preguntas:

1. Ud. tiene que estar en la escuela a las siete y media todos los días. El viaje a la escuela en bicicleta dura veinte y ocho minutos. ¿A qué hora debe Ud. salir de su casa?
2. Su clase de matemáticas dura cuarenta y dos minutos. Comienza a las nueve y doce. ¿A qué hora termina?
3. Ud. estudia durante una hora y media para un examen. Cuando cierra los libros, son las once menos quince. ¿A qué hora comenzó Ud. a estudiar?
4. A Ud. le gusta hablar por teléfono. Ud. llama a su amigo a las ocho menos cinco y cuelga el teléfono cuarenta minutos después. ¿Qué hora es?
5. El viaje de su casa a la playa dura ochenta y nueve minutos. Ud. sale a las siete y media de la mañana. ¿Qué hora es cuando Ud. llega a la playa?

EJERCICIO N

Ud. lleva un diario donde escribe por las noches. Describa a qué hora hizo hoy diez actividades durante el día:

EJEMPLO: **Hoy me bañé a las siete de la mañana.**

7. Dates

¿Cuál es la fecha de hoy? } **¿A cuántos estamos hoy?** }	*What is today's date?*
Es el primero de enero. } **Estamos a primero de enero.** }	*It is January 1.*
Es el dos (tres, cuatro) de marzo.	*It is March 2 (3, 4).*
Es el diez de febrero de mil novecientos ochenta y cuatro.	*It is February 10, 1984.*
Salió **el tres de agosto.**	*He left on August 3.*

NOTE:
1. Cardinal numbers are used for all dates except **primero** (*first*).
2. The names of months are written with small letters in Spanish.
3. The years are expressed in thousands and hundreds, not in hundreds alone, as in English: 1400 = **mil cuatrocientos.**
4. With dates, **el** corresponds to *on:*

Te veré *el* lunes.	*I will see you on Monday.*

EJERCICIO O

Ud. habla con un amigo de Venezuela sobre las fechas culturales importantes de los Estados Unidos. Escriba las fechas indicadas:

1. February 14
2. July 4
3. October 12
4. December 25
5. February 12
6. January 1
7. February 22
8. November 11
9. April 1
10. October 31

EJERCICIO P

Escriba en español, expresando los números en letras:

1. May 2, 1808
2. December 20, 1910
3. October 12, 1492
4. December 7, 1941
5. March 31, 1519
6. February 22, 1732
7. April 1, 1649
8. September 16, 1810
9. November 1, 1396
10. April 12, 1823

EJERCICIO Q

Ud. está preparando su «árbol genealógico». Diga la fecha en que nacieron estas personas de su familia:

1. Su abuelo paterno
2. Su abuela paterna
3. Su abuelo materno
4. Su abuela materna
5. Su padre
6. Su madre
7. Un hermano(-a) mayor
8. Un hermano(-a) menor
9. Su fecha de nacimiento
10. Un tío o una tía

EJERCICIO R

Ud. acaba de entablar amistad con un amigo por correspondencia de Chile. Escriba una carta en la que le cuenta lo siguiente en español:

1. el país en que Ud. vive
2. el número de estados que hay en su país
3. la fecha en que su país ganó la independencia
4. el nombre del primer presidente de su país
5. la población de su ciudad o estado (aproximadamente)
6. el número de la escuela de su barrio
7. el año de estudios en que Ud. está
8. su fecha de nacimiento
9. el horario de su escuela
10. la fecha de su último día de clases este año

Ud. habla con un estudiante de Colombia que visita su clase de español y hace muchas preguntas sobre su escuela y la vida de los jóvenes norteamericanos. Contéstele las preguntas que hace:

1. El colombiano: ¿Cuántos días a la semana vas a la escuela?
   Ud.:
2. El colombiano: ¿Cuántos alumnos hay en tu año escolar?
   Ud.:
3. El colombiano: ¿Cuántos minutos dura cada clase?
   Ud.:
4. El colombiano: ¿A qué hora es tu primera clase?
   Ud.:
5. El colombiano: ¿A qué distancia vives de la escuela?
   Ud.:
6. El colombiano: ¿Cuánto tiempo necesitas para llegar a la escuela a tiempo?

   Ud.:
7. El colombiano: ¿Por qué no hay clases el primer martes de noviembre?

   Ud.:
8. El colombiano: ¿Cuántos años debes tener para poder votar?
   Ud.:
9. El colombiano: ¿Cuánto vale un buen diccionario de inglés?
   Ud.:
10. El colombiano: ¿En qué año piensas graduarte?
    Ud.:

♦ MASTERY EXERCISES ♦

EJERCICIO T

Ud. trabaja en la oficina de servicios sociales de su ciudad, y tiene que preparar las preguntas que hacen los trabajadores sociales a la gente de habla hispana. Pregunte lo siguiente en español:

1. The person's name and date of birth.
2. His/Her social security number (número de seguro social)
3. The amount of money he/she earned last year.
4. The amount of money he/she has in the bank.
5. The amount of money he/she owes and to whom.
6. The amount of money he/she pays in rent each month/each year.
7. The year of the car he/she has.
8. The number of people that live in his/her home.
9. The number of times this person has come to this office.
10. The date he/she wants to receive the first check.

EJERCICIO U

Ahora imagínese que Ud. es la persona que busca ayuda en la oficina de servicios sociales y conteste las diez preguntas que formuló en el Ejercicio T.

EJERCICIO V

Imagínese que usted es locutor de una emisora y le toca dar las noticias en español. Exprese estas noticias en español:

1. There was a flood in Rosario, Argentina.
2. Twenty-one inches of rain fell in a period of thirty-one hours.
3. The storm began at five o'clock in the morning of April 23rd and ended at noon on April 24th.
4. Of the population of 750,455, more than 50,000 people find themselves without homes.
5. Over thirty million tons of wheat and vegetables were lost.
6. More than 30,000 heads of cattle (**ganado**) drowned.
7. The government estimates the losses at more than fifty billion Argentine australes.
8. More than 2,000 people from Buenos Aires have gone to Rosario to help.
9. This is the first time Rosario has suffered a flood.
10. The audience can call 1-800-365-7803 to offer help to the people of Rosario.

PART

FOUR

OTHER
STRUCTURES

Interrogatives; Exclamations

1. Interrogatives

a. Common interrogative expressions

PRONOUNS	ADVERBS
¿quién(es)? *who?* **¿prep. + quién(es)?** *...whom?* **¿qué?** *what?* **¿cuál(-es)?** *what, which (one [s])?* **¿cuánto(-a)?** *how much?* **¿cuántos(-as)?** *how many?*	**¿cómo?** *how?* **¿para qué?** *why? (for what purpose?)* **¿por qué?** *why? (for what reason?)* **¿dónde?** *where?* **¿cuándo?** *when?*

ADJECTIVES
¿qué? *what?, which?* **¿cuánto(-a)?** *how much?* **¿cuántos(-as)?** *how many?*

NOTE: In Spanish, questions have an inverted question mark (¿) at the beginning and a normal one (?) at the end.

b. ¿Qué? and ¿cuál?

The pronoun **¿qué?** asks about a description, definition, or explanation; **¿cuál?** asks about a choice or selection:

¿Qué es esto?	What is this?
¿Cuál de los dos desea Ud.?	Which (one) of the two do you want?
¿Cuáles son los meses del año?	What are the months of the year?

As an adjective **¿qué?** is generally used instead of **¿cuál(es)?**:

¿Qué libro desea Ud.?	Which book do you want?

c. ¿Por qué? and ¿para qué?

Both expressions are equivalent to English *why?* **¿Por qué?** asks about a reason. **¿Para qué?** asks about a purpose:

| ¿**Por qué** no viene Ud. con nosotros? —**Porque no quiero.** | *Why don't you come with us? —Because I don't want to.* |
| ¿**Para qué** desea Ud. consultar ese libro? — **Para ver** las fotos. | *Why do you want to consult that book? — To see the photos.* |

NOTE:

1. ¿**Por qué?** is logically used in a question calling for a reply with **porque** (*because*); ¿**para qué?** calls for a reply with **para.**
2. Interrogative words, whether in direct or indirect questions, have written accents. Indirect questions, however, do not have question marks.

| ¿**Quién** es? — No sé **quién** es. | *Who is he? — I don't know who he is.* |

EJERCICIO A

Orlando no presta mucha atención cuando sus amigos hablan y no oye quién(es) hará(n) ciertas cosas. Repita las preguntas que él hace para saber quién(es) hará(n) lo siguiente:

EJEMPLO: Roberto va a acampar.   ¿**Quién va a acampar?**

1. Mis hermanas van de compras.
2. Heriberto trabaja en el almacén.
3. Mi abuelo piensa viajar a México.
4. Nosotros compramos un televisor más grande.
5. Ustedes escribirán la carta esta noche.
6. Clara venderá su bicicleta.

EJERCICIO B

Ricardo y su hermanito estudian en el mismo cuarto. El hermanito encuentra muchas palabras que no comprende. Según las respuestas de Ricardo, ¿qué preguntas hizo el hermanito?

EJEMPLO: ¿**Qué es la vida?**   La vida es un misterio.

1. El acero es un metal.
2. El béisbol es un deporte.
3. La cabra es un animal.
4. Un discípulo es un alumno.
5. Un novelista es un escritor.

EJERCICIO C

Estela lleva a su hermanita a la juguetería para ver qué juguete ella prefiere recibir de regalo de cumpleaños. Estela le hace unas preguntas, y aquí están las respuestas de la hermanita. ¿Cuáles son las preguntas?

EJEMPLO: Deseo esta muñeca.   **¿Qué muñeca deseas?**

1. Me gusta más la muñeca gorda.
2. Prefiero el vestido amarillo.
3. La segunda muñeca es la más bonita.
4. Voy a buscar un sombrero de paja.
5. También quiero una cuna para la muñeca.

EJERCICIO D

Usted trabaja en una tienda de ropa, y atiende a una señora que quiere comprar un suéter. Hágale seis preguntas para saber (1) lo que ella busca; (2) el color; (3) la talla; (4) el estilo; (5) el dinero que piensa gastar; y (6) el modo de pagar la cuenta.

EJERCICIO E

Cuando Beto visitó a México, él quiso aprender lo máximo posible sobre el país. Hizo unas preguntas, y aquí están las respuestas que recibió. ¿Cuáles fueron las preguntas que hizo Beto?

EJEMPLO: La comida de mediodía es el almuerzo.
           ¿Cuál es la comida de mediodía?

1. El jarabe tapatío es un baile regional.
2. Los mariachis son los músicos típicos.
3. El Distrito Federal es la ciudad más grande del país.
4. Acapulco es un puerto muy bonito.
5. El peso es la moneda nacional.
6. Los colores de la bandera son verde, blanco y colorado.
7. El metro es un medio de transporte dentro de la capital.

EJERCICIO F

Ud. tiene una entrevista con un escritor famoso que acaba de recibir un premio importante e ilustre. Hágale nueve preguntas usando ¿Qué?, ¿Quién(es)?, ¿Cuál?, ¿Dónde?, ¿Cuándo?, ¿Cuánto?, ¿Por qué?, ¿Para qué? y ¿Cómo?.

EJERCICIO G

La primera vez que Alberto sacó el carro de su papá, un policía lo detuvo y lo interrogó. Aquí están las respuestas de Alberto. ¿Cuáles fueron las preguntas que le hizo el policía?

EJEMPLO: (Alberto) Vamos a una fiesta.
            (Policía) **¿Adónde van Uds.?**

1. El carro es de mi papá.
2. Mi nombre es Alberto Zuloaga.
3. Tengo diez y ocho años.
4. Mi dirección es Avenida Reforma, 27.
5. Estos jóvenes son mis amigos.
6. Vamos al cine.
7. Estacioné el carro aquí porque tenemos prisa.
8. Recibí la licencia de conducir el mes pasado.
9. Es la primera vez que me detiene un policía.
10. Le diré a mi papá que aprendí una lección cara.

2. Exclamations

Exclamatory words, like interrogative words, have written accents. The most common exclamatory words are:

¡Qué...! *What...! What a...! How...!*
¡Cuánto(-a)...! *How much...!*
¡Cuántos(-as)...! *How many...!*
¡Cuán...! *How...!*

¡Qué día!	*What a day!*
¡Qué grande es!	*How large it is!*
¡Cuánto dinero tiene!	*How much money he has!*

NOTE:
1. Exclamatory sentences have an inverted exclamation mark (¡) at the beginning and a normal one (!) at the end.
2. If the noun is modified, the exclamation is made more intense by placing **tan** or **más** before the adjective:

   ¡Qué día *tan (más)* hermoso!   *What a beautiful day!*

3. Before an adjective or adverb, **¡qué...!** (*how...!*) may be replaced by **¡cuán...!** **Cuán** occurs mainly in literary style:

   ¡Qué fácilmente lo hace!
   ¡Cuán fácilmente lo hace!   *How easily he does it!*

EJERCICIO H

Después de ver un ballet, unos amigos hablan de las bailarinas y de la producción. Repita lo que dicen, usando ¡qué...!, ¡cuánto...! o ¡cuántos...!:

EJEMPLO: gracia / tener / ellas
            ¡Cuánta gracia tienen ellas!

1. bonitas / ser / ellas
2. energía / tener / ellas
3. fácilmente / saltar / ellas
4. vestuario / bonito
5. ligeramente / moverse / ellas
6. música / dulce
7. músicos / tener / la orquesta
8. estilo / clásico

EJERCICIO I

David y un amigo acaban de ver una película. Su amigo está de acuerdo con los comentarios que David hace sobre la película. Cuente lo que el amigo exclama al oír los comentarios de David:

EJEMPLO: Era una película ridícula.
¡Qué película más (tan) ridícula!

1. Los actores trabajaron mal.
2. La acción era muy lenta.
3. El paisaje era muy bello.
4. Mostraron muchas playas.
5. El lenguaje era muy infantil.

EJERCICIO J

¿Qué exclamaría Ud. al ver lo siguiente?

EJEMPLO:

nota / buena
¡Qué nota más buena!

1.

bicicleta / nueva

3.

cola/larga

2.

león/feroz

4.

autobús / lleno

5.

avión / veloz

8.

gente / en una caseta

6.

pájaros / en el cielo

9.

partido / emocionante

7.

tráfico / en el centro

10.

casas / misteriosas

♦ MASTERY EXERCISES ♦

EJERCICIO K

Al salir de un examen, varios estudiantes hacen los comentarios siguientes. Subraye la forma admirativa correcta:

1. ¡(Qué, Cuánta) desgracia! Salí mal en esta prueba.
2. ¡(Cuál, Qué) examen más difícil!
3. ¡(Cuán, Qué) memoria! Tú supiste todas las fechas históricas.
4. ¡(Qué, Lo que) prueba más larga!
5. ¡(Qué, Cuán) maestro tan estricto!
6. ¡(Cuántas, Cuán) preguntas más complejas había!
7. ¡(Cómo, Qué) aplicados debemos ser!
8. ¡(Qué, Cómo) lentamente trabajé!
9. ¡(Cuántos, Cómo) detalles pidió!
10. ¡(Cuán, Qué) mala suerte tengo!

EJERCICIO L

Beto llama por teléfono a su amigo Luis. José, el hermano de Luis, contesta el teléfono. Aquí están sus respuestas a las preguntas que Beto le hace. (Las palabras subrayadas indican lo que Beto quiere saber.) ¿Cuáles son las preguntas de Beto?

1. Habla José.
2. Creo que Luis fue al teatro.
3. Salió a eso de las siete.
4. Creo que volverá tarde.
5. La función dura dos horas y media.
6. Yo le diré que lo llame mañana.
7. El número es el 525-67-85.
8. Le llamará antes de las nueve. Adiós.

EJERCICIO M

Pilar va a hacer un viaje a España y quiere saber cómo decir varias cosas. Exprese en español lo que ella quiere saber:

1. What is the exchange rate?
2. How much does this belt cost?
3. Where can I buy soap?
4. Which bus do I take to the Prado Museum?
5. When do the stores open?
6. At what time is dinner served?
7. Who can help me with my suitcases?
8. Why do you want to see my passport? (for what purpose?)
9. How many cents are there in one peseta?
10. How much do the taxis charge?
11. Which are the best restaurants?
12. Where is there an inexpensive hotel?
13. What a delicious meal!
14. What a bargain!
15. What a beautiful house you have!
16. What a day! How much rain has fallen?
17. I don't know where the bus stop is.
18. Do you know who those people are?
19. How quickly the days pass!
20. It is so hot! When does the sun set?
21. How happy I am to be with you!
22. Who left this message for me?
23. I don't know how to say "you're welcome" in Spanish.
24. Which of these trains stops at the Plaza España?

EJERCICIO N

Ud. tiene un amigo por correspondencia y los dos intercambian cintas. En la última cinta que Ud. recibió, no se grabó todo el mensaje de su amigo. Formule diez preguntas para hacerle a su amigo sobre lo que faltó en la cinta. El símbolo _____ indica que algo no se grabó.

> EJEMPLO: No recibí tu última _____.
> **¿Qué no recibiste?**

Hola amigo,

Cuando recibí tu cinta tenía toda intención de contestarla en seguida, pero debido a _____ no lo hice.
₁

La semana pasada _____ me visitó. Nos divertimos mucho aunque no
₂

pudimos _____. Pensamos ir allí cuando _____ otra vez.
₃ ₄

El sábado fui al estadio para ver _____. El equipo _____ ganó el
₅ ₆

partido. Fue un partido muy _____. Tuve suerte porque mi _____
₇ ₈

me regaló el boleto.

Debes mandarme _____ cintas de las canciones más populares de tu
₉

país. _____ te mandan muchos saludos.
₁₀

Tu amigo,
Carlos

Possession

1. Expressing Possession

a. Possession is normally expressed in Spanish by **de** + the possessor:

el suéter *de* **Alberto**	*Albert's sweater*
el coche *de* **los señores Molina**	*the Molina's car*
los cuadernos *de* **los estudiantes**	*the students' notebooks*
los guantes *de* **mi hermana**	*my sister's gloves*

> NOTE: To avoid repetition in a sentence, the noun representing the thing possessed is replaced by its definite article + **de**:

Este sombrero y **el de** Pedro son nuevos.	*This hat and Peter's (that of Peter) are new.*
Su opinión es diferente de **la de** su tío.	*His opinion differs from his uncle's (that of his uncle).*

b. **¿De quién(es)?**, when followed by a form of **ser**, is equivalent to the English interrogative *whose?*:

¿De quién es el suéter verde?	*Whose green sweater is it?*
¿De quiénes es el coche nuevo?	*Whose new car is it?*
¿De quiénes son estos cuadernos?	*Whose notebooks are these?*
¿De quién son estos guantes?	*Whose gloves are these?*

c. The possessive relative **cuyo (-a, -os, -as)** is equivalent to the English relative *whose.* **Cuyo** agrees in gender and number with the person or thing possessed and not with the possessor. (See Chapter 19, page 198.)

El hombre *cuya* **casa** compré, vive ahora en Toledo.	*The man whose house I bought now lives in Toledo.*

EJERCICIO A

A Marta siempre le gusta prestar mucha atención a las acciones de sus amigos y hacerles preguntas. Según las respuestas, ¿qué preguntas les hace Marta a sus amigos?

EJEMPLO: Llevo la chaqueta de Rosa.
¿De quién es la chaqueta que llevas?

1. Estoy leyendo la revista de Susana.
2. La profesora de Alberto está ausente hoy.
3. Eché al correo las cartas del señor Gómez.
4. Lavamos el coche de los señores Laredo ayer.
5. Celebramos el aniversario de los padres de Arturo anoche.
6. Volvimos a la casa de Roberto y Juan después del partido.
7. Voy a la fiesta de Lourdes esta noche.
8. Estoy copiando la tarea de Pablo.

EJERCICIO B

Juanito y Carmen han encontrado una caja que contiene muchas cosas.
Juanito quiere saber de quién son las cosas. Carmen adivina de quién
son. Escriba (1) las preguntas que hace Juanito y (2) las respuestas que
da Carmen, según los ejemplos:

EJEMPLOS: estos lápices / Alejandro
¿De quién son estos lápices?
Estos lápices son de Alejandro.

esta bandera verde, blanca y colorada / los mexicanos
¿De quiénes es esta bandera verde, blanca y colorada?
Esta bandera verde, blanca y colorada es de los mexi-
canos.

1. los guantes negros / la señora Álvarez
2. la mochila roja / un estudiante distraído
3. esta pluma de oro / el profesor
4. estos zapatos viejos / el presidente
5. las carteras nuevas / Alicia y Rocío
6. este cinturón grande / una persona gorda
7. las botas de vaquero / el chico guapo
8. esta regla rota / la maestra de geometría
9. estas camisas sucias / los jugadores
10. esta cámara cara / Enrique

EJERCICIO C

Imagínese que Ud. y un amigo están en una feria en la que todos los
países hispanoamericanos están representados. Conteste las preguntas
que le hace su amigo:

EJEMPLO: ¿Prefieres la comida de Cuba o la de Puerto Rico?
Prefiero la de Puerto Rico.

1. ¿Te gusta más el arte de Venezuela o el de Guatemala?
2. ¿Prefieres las costumbres de Bolivia o las de Costa Rica?
3. ¿Cuál te interesa más, la poesía de la Argentina o la de Chile?
4. ¿Te gustaría visitar las playas de la República Dominicana o las de México?
5. ¿Cuál te parece más fácil de comprender, el dinero del Perú o el de Panamá?
6. ¿Te interesa más la música de Puerto Rico o la de México?
7. ¿Quiénes te parecen mejores futbolistas, los jugadores de la Argentina o los de Chile?

2. Possessive Adjectives

SHORT FORM	LONG FORM	MEANINGS
mi, mis	**mío, -a, -os, -as**	*my*
tu, tus	**tuyo, -a, -os, -as**	*your* (familiar singular)
su, sus	**suyo, -a, -os, -as**	*your, his, her, its, their*
	nuestro, -a, -os, -as	*our*
	vuestro, -a, -os, -as	*your* (familiar plural)

a. The short forms of possessive adjectives precede the noun:

mi **abrigo**	*my overcoat*
su **reloj**	*his (your, her, its, their) watch*
nuestra **casa**	*our house*
tus **corbatas**	*your ties*
nuestros **sacos**	*our jackets*

NOTE: Possessive adjectives agree in gender and number with the person or thing possessed, not with the possessor.

b. The long forms of possessive adjectives follow the noun:

¡Dios *mío*!	*My God!*
una camisa *mía*	*a shirt of mine*
un primo *tuyo*	*a cousin of yours*
unos amigos *nuestros*	*some friends of ours*

NOTE: To avoid ambiguity, **su (sus)** and **suyo (suya, suyos, suyas)** may be replaced by the article plus **de Ud. (Uds.), de él (ella),** or **de ellos (ellas):**

Estaba esperando a **su** tía.	*He was waiting for his (her, your, their) aunt.*
Estaba esperando a **la** tía **de ella.**	*He was waiting for her aunt.*

C. The definite article is used instead of the possessive adjective with parts of the body or wearing apparel when the possessor is clear:

Pablo abrió *el* paraguas.	*Paul opened his umbrella.*
El alumno levantó *la* mano.	*The pupil raised his hand.*
Juan se puso *los* zapatos.	*John put on his shoes.*

But:

Juan se puso *mis* zapatos.	*John put on my shoes.*

EJERCICIO D

Ud. y un amigo preparan una lista de las cosas que Uds. y otros amigos van a llevar a una fiesta. Su amigo quiere saber de quién(es) son las cosas. Responda a sus preguntas:

EJEMPLO: ¿De quién es el tocadiscos que Raúl va a llevar a la fiesta?
Es su tocadiscos.

1. ¿De quién es la grabadora que Gilberto va a llevar a la fiesta?
2. ¿De quiénes son los discos que tú y Rafael van a llevar a la fiesta?
3. ¿De quién son los adornos que María va a llevar a la fiesta?
4. ¿De quién son las cintas que Adela va a llevar a la fiesta?
5. ¿De quiénes es el juego electrónico que Pedro y Luis van a llevar a la fiesta?
6. ¿De quién es el juego nuevo que tú vas a llevar a la fiesta?
7. ¿Sabes de quién es la guitarra que yo voy a llevar a la fiesta?

EJERCICIO E

A Guillermo le gusta usar la ropa de otras personas. Habla con un amigo que le espera mientras se viste para salir juntos. Use los adjetivos posesivos necesarios en cada frase:

Roberto: Hoy llevas un suéter muy bonito. ¿Es _____ suéter nuevo?
                                                                              1

Guillermo: No, no es _____ suéter nuevo. Es de _____ hermano Pablo.
                                    2   3

Roberto: ¿Siempre usas _____ cosas?
                                              4

Guillermo: Casi siempre. Me gustan _____ suéteres y _____ sombreros.
                                                          5   6

Roberto: Esta corbata es bonita. ¿Dónde la compraste?

Guillermo: No la compré. No es _____ corbata. Es de _____
                                              7   8
                  hermano Eduardo. Me gusta usar _____ corbatas.
                                                                      9

Roberto: ¿Qué más usas de _____ hermanos?
                                              10

Guillermo: A veces me pongo _____ calcetines y _____ abrigo.
                                              11   12

Roberto:	¿No tienes _____ propio abrigo?
	13
Guillermo:	Sí, pero _____ abrigo no es tan caliente como los de
	14
	_____ hermanos.
	15
Roberto:	Bueno, vámonos. Ya es tarde.
Guillermo:	Espera un momento. Tengo que buscar _____ cinturón
	16
	negro.
Roberto:	Creo que está allí en la mesa pero me parece que es de
	_____ papá.
	17
Guillermo:	Sí, es de él, pero como él y yo lo usamos, decimos que es
	_____ cinturón.
	18
Roberto:	Tienes suerte. _____ hermanos no me dejan usar nada.
	19
Guillermo:	Estoy listo. Vamos, porque _____ amigas nos esperan.
	20

EJERCICIO F

Esteban es un joven distraído. Lea la descripción de lo que pasa en su casa todas las mañanas. Luego dé la forma larga del adjetivo posesivo subrayado:

> EJEMPLO: Esto pasa en su casa cada mañana.
> **la casa suya**

1. Esteban nunca oye su reloj despertador.
2. Por eso su mamá tiene que despertarlo cada mañana.
3. Mientras Esteban se levanta y se viste, ella le dice: «Puse tu camisa y tus pantalones en la silla».
4. Debes usar tu suéter nuevo hoy porque hace mucho frío.
5. Debes darte prisa porque nuestra vecina va a llevarte a la escuela hoy en su coche.
6. Recuerda que vas a su dentista hoy. Tu cita es a las tres y media.
7. Mi horario es muy pesado hoy.
8. Tengo que preparar una cena especial porque vienen nuestros amigos.
9. ¿Dónde está tu gorra? ¿Y tus libros?
10. ¡Ay, mi Dios! ¿Por qué será tan distraído mi hijo?

EJERCICIO G

Sarita, una niña de cuatro años, le cuenta a su mamá lo que pasó en su clase hoy. Complete las frases con la palabra necesaria:

1. Roberto se quitó _____ zapatos.
2. Clara se lastimó _____ dedo.
3. Eduardo levantó _____ cabeza para ver mejor.
4. La maestra abrió _____ paraguas cuando bajamos del autobús.

5. Luz se cortó _____ pelo con las tijeras.

6. Yo me lavé _____ manos después de pintar.

7. La enfermera se puso _____ guantes de goma cuando curó a Juan.

8. Pablo se rompió _____ nariz cuando se cayó.

9. Perdí _____ pañuelo en la escuela.

10. Después de jugar fútbol, a Humberto le dolieron _____ piernas.

EJERCICIO H

Cuando los jóvenes están juntando sus cosas al terminar la fiesta, de repente se va la luz. Cuando la luz vuelve, se dan cuenta de que tienen cosas que no son de ellos. Usted y Héctor tratan de corregirlo. Responda a lo que Héctor le dice:

EJEMPLO: Héctor: Jorge tiene el abrigo de Pedro.

Usted: **Tienes razón, no es el abrigo suyo; es el de Pedro.**

1. Héctor: María tiene las botas de Adela.
Usted:

2. Héctor: Pablo tiene el sombrero de Enrique.
Usted:

3. Héctor: Anita se puso el suéter de Clara.
Usted:

4. Héctor: José tiene mis guantes.
Usted:

5. Héctor: Pilar y Ema tienen las revistas de Lourdes y Marisol.
Usted:

6. Héctor: Ricardo tiene el paraguas de Alejandro.
Usted:

7. Héctor: Juan y yo tenemos los discos de Carlos.
Usted:

8. Héctor: Tú tienes la cinta de Rosa.
Usted:

EJERCICIO I

Antes de salir de la casa por la mañana, la señora Ramos hace una serie de preguntas. Conteste las preguntas con la forma larga del adjetivo posesivo:

EJEMPLO: ¿Tienes tus llaves?
Sí, tengo las llaves mías.

1. ¿Apagaste tu máquina de escribir?

2. ¿Preparasteis vuestras tareas?

3. ¿Llevó Rocío su almuerzo?

4. ¿Dejé mi cartera en la mesa del comedor?

5. ¿Diste tú de comer a tu perro?

6. ¿Encendió Roberto la lámpara de su alcoba?
7. ¿Cerramos bien la puerta de nuestra casa?
8. ¿Tienes tú tus anteojos?

3. Possessive Pronouns

el mío, la mía, los míos, las mías	*mine*
el tuyo, la tuya, los tuyos, las tuyas	*yours* (fam. sing.)
el suyo, la suya, los suyos, las suyas	*yours, his, hers, its, theirs*
el nuestro, la nuestra, los nuestros, las nuestras	*ours*
el vuestro, la vuestra, los vuestros, las vuestras	*yours* (fam. pl.)

a. Possessive pronouns consist of the definite article + the long form of the possessive adjective.

b. The possessive pronoun agrees in number and gender with the noun it replaces, not with the possessor:

Mi automóvil es más hermoso que *el* (= el automóvil) ***suyo.***	*My automobile is more beautiful than yours.*
Esos libros y *los* (= los libros) ***míos son novelas.***	*Those books and mine are novels.*

NOTE:

1. The specific meaning of **el suyo (la suya, los suyos, las suyas)** may be made clear by replacing the possessive with the expressions **de Ud. (Uds.), de él (ella),** or **de ellos (ellas)** after the article:

sus plumas y *las de Ud.*	*his pens and yours*
mis billetes y *los de ella*	*my tickets and hers*

2. After forms of **ser,** the article preceding the possessive pronoun is usually omitted:

Estas corbatas **son mías.**	*These ties are mine.*
Aquella corbata **es suya.**	*That tie is his.*

EJERCICIO J

Jorge es un niño de seis años. A Jorge le gusta decir que todo lo que él tiene es mejor que lo que tienen otras personas. Cambie las frases según el ejemplo:

EJEMPLO: Mi bicicleta es más nueva que la bicicleta de Raimundo.
Mi bicicleta es más nueva **que la suya.**

1. Mi hermano es más alto que el hermano de Elena.
2. Mi uniforme es más lindo que tu uniforme.
3. Su gato no es más grande que nuestro gato.
4. Mis amigos son más fuertes que tus amigos.
5. Sus abuelos son más pobres que nuestros abuelos.
6. Las amigas de mi hermano son más bonitas que las amigas de Pablo.
7. Tu casa es menos moderna que mi casa.
8. Tu juego electrónico es menos interesante que el juego electrónico de mis hermanos.
9. Mi mamá cocina mejor que tu mamá.
10. El hermano de Alfredo es más cobarde que mi hermano.

EJERCICIO K

Usted reflexiona sobre varias cosas. Cambie las frases según el ejemplo:

EJEMPLO: Mis impresiones del viaje y las impresiones de José son buenas.
Mis impresiones del viaje y **las suyas** son buenas.
Mis impresiones del viaje y **las de él** son buenas.

1. Mi coche y el coche de Alicia son del mismo color.
2. Mis gustos y los gustos de Jorge son parecidos.
3. Mi cumpleaños y el cumpleaños de los gemelos caen el primero de marzo.
4. Los consejos de mis padres y los consejos de los padres de Raquel no son parecidos.
5. Mis joyas y las joyas de ustedes son lindas.
6. Nuestra idea y la idea de Jaime y Beto son interesantes.
7. Tu fiesta y las fiestas de tus amigas son alegres.
8. Las calificaciones de Ana y las calificaciones de Elena son altas.

EJERCICIO L

Elsa y Beatriz son gemelas. Elsa siempre sabe dónde está todo. Beatriz, al contrario, nunca encuentra nada. Elsa siempre tiene que decirle dónde están las cosas que busca. Complete el diálogo con las respuestas de Elsa, según el ejemplo:

EJEMPLO: Beatriz: Busco la cámara de Alfredo. (en la mesa del comedor)
Elsa: **La suya está en la mesa del comedor.**

1. Beatriz: ¿Dónde está mi blusa verde? (en el armario)
Elsa:

2. Beatriz: Aquí está el reloj de mamá. No encuentro el reloj de papá. (en la cocina)

Elsa:

3. Beatriz: ¿Dónde dejé nuestros boletos para el teatro? (en tu mochila)

Elsa:

4. Beatriz: ¿Viste mi cepillo de pelo? (en el baño)

Elsa:

5. Beatriz: No encuentro mi cinturón rojo. ¿Puedo usar tu cinturón rojo? (en el cajón)

Elsa:

6. Beatriz: Busco las cartas de Alfredo. (en el escritorio)

Elsa:

7. Beatriz: Tengo que buscar tu cinta de Julio Iglesias. (en la grabadora)

Elsa:

◆ MASTERY EXERCISES ◆

EJERCICIO M

Bárbara tiene la costumbre de comparar sus cosas con las de sus amigas. Exprese en español los posesivos dados en inglés:

1. (yours, ours) Mi abrigo es verde. ¿De qué color es _____? _____ es negro.

2. (her, Clara's, ours) _____ joyas cuestan mucho. _____ son más caras. _____ no valen nada.

3. (Pablo's, Ernesto's, mine) El sombrero _____ es de paja. _____ es de felpa. _____ es de lana.

4. (my, yours, mine) He gastado todo _____ capital. ¿Qué has hecho con _____? _____ está en el banco.

5. (his, whose, Anna's) La pluma verde es _____. ¿_____ es la pluma azul? Es _____.

6. (my, whose, theirs) He perdido _____ paraguas. ¿_____ es ése? Es _____.

EJERCICIO N

Sofía vive con una familia venezolana durante su visita a Caracas. Conteste las preguntas que ella le hace al hijo menor de la familia:

1. ¿Cuándo celebras tu cumpleaños?

2. ¿Cuándo celebran tus padres el aniversario de su boda?

3. ¿Te quitas o te pones los zapatos al salir de casa?

4. ¿De quién son los juguetes que están en el cuarto de tu hermana?

5. ¿Prefieres cenar en tu propia casa o en la de tus abuelos?

6. ¿Eres más inteligente que tus hermanos?
7. ¿Te lavas las manos antes de comer?
8. ¿Cuál de estas muñecas es la tuya, la grande o la gorda?
9. ¿Te gusta sacar fotos de tus amigos?
10. La escuela de tus hermanos es la escuela Simón Bolívar, ¿cuál es la tuya?
11. ¿Cómo saludas a tu maestro?
12. ¿Es Arturito uno de tus amigos?
13. ¿Acompañan Uds. a sus padres cuando van al cine?
14. ¿Hasta qué hora te permiten tus padres mirar la televisión?
15. ¿Oyes y comprendes bien mis palabras?
16. ¿Son mejores las notas de los otros estudiantes que las tuyas?
17. ¿Cuál es tu clase favorita?
18. ¿Juegas con los amigos de tus hermanos?
19. ¿Quién es el mayor de tus hermanos?
20. ¿Te prestan tus hermanos sus juguetes?

EJERCICIO O

Exprese en español lo que Paula le cuenta a una argentina que hace el mismo viaje en barco que ella:

1. The ship's captain said that we could sit at his table tonight.
2. He explained the city's strange customs.
3. My family and my uncle's live near the port.
4. Their daughter and that of their friend danced almost all night.
5. In whose chair are you seated? In Mr. Zuleta's?
6. Whose suntan oil is that? Is it Elizabeth's?
7. Whose hat is this? It is more beautiful than mine.
8. That boy had to carry his father's and his brother's suitcases.
9. Whose guide book did you consult? Was it your father's?
10. Today's newspaper relates the news of our trip.
11. None of the crew knows today's date.
12. Our guide has more problems than the other group's guide.
13. This ship's itinerary is longer than the other ship's.
14. Your (fam. sing.) plans and mine are good.
15. My brother's vacation will take place in the same month as your sister's.
16. Her travel plans are similar to your brother's.
17. That book's author is also on this ship.
18. My copy of the book is newer than yours.
19. This evening's meal should be very enjoyable.
20. If you loan me your earrings, I'll loan you mine.

Demonstratives

1. Demonstrative Adjectives

MASCULINE	FEMININE	
este estos	esta estas	this these
ese esos	esa esas	that those
aquel aquellos	aquella aquellas	that those

Demonstrative adjectives precede the nouns they modify and agree with them in number and gender:

este libro	this book
esas plumas	those pens

NOTE:

1. **Este (estos,** etc.) (*this* [*these*]) refers to what is near or directly concerns the speaker. **Ese (esos,** etc.) (*that* [*those*]) refers to what is not so near or directly concerns the person addressed. **Aquel (aquellos,** etc.) (*that* [*those*]) refers to what is remote from both the speaker and the person addressed or does not directly concern either:

Este **lápiz es rojo.**	This pencil is red.
Juan, déme Ud. *ese* **libro que**	John, give me that book you
tiene en la mano.	have in your hand.
Juan, déme Ud. *aquel* **libro.**	John, give me that book over
	there.

2. The adverbs **aquí** (here), **ahí** (there), and **allí** ([over] there) correspond to the demonstratives **este, ese,** and **aquel:**

	⎧ *esta* **mesa** *aquí.*	⎧ this table here.
Deja ⎨ *ese* **asiento** *ahí.*	**Leave** ⎨ that chair there.
	⎩ *aquel* **sofá** *allí.*	⎩ that sofa over there.

EJERCICIO A

Alicia acaba de comprar la ropa que va a llevar en un viaje que va a hacer. Su amiga quiere saber cuánto costó cada cosa. ¿Qué preguntas le hace la amiga?

EJEMPLOS: blusa
¿Cuánto costó esta blusa?

guantes
¿Cuánto costaron estos guantes?

1. zapatos
2. traje de baño
3. impermeable
4. falda
5. bolso
6. pantalones
7. gafas de sol
8. pijamas

EJERCICIO B

Cuando Ramón fue a la corrida de toros, llevó sus binoculares para ver mejor desde su asiento. Repita lo que dice al ver la corrida por los binoculares:

EJEMPLO: filosa / espada
¡Qué filosa es aquella espada!

1. valiente / torero
2. fuertes / toros
3. bonitas / capas
4. larga / espada
5. veloces / banderilleros
6. impresionante / desfile
7. elegante / traje de luces

EJERCICIO C

En un mercado de frutas, Gloria desea comprar toda la fruta que ve. Diga lo que va a comprar:

EJEMPLOS: melón / aquí
Va a comprar este melón.

uvas / ahí
Va a comprar esas uvas.

plátanos / allí
Va a comprar aquellos plátanos.

1. naranjas / aquí
2. toronjas / allí
3. piña / ahí
4. melocotones / allí
5. manzanas / aquí
6. pera / ahí
7. sandía / allí
8. cerezas / ahí

EJERCICIO D

Gilberto y sus amigos presencian un desfile. Repita lo que dicen mientras se les acerca el desfile:

EJEMPLO: globos
Miren Uds. esos globos.

1. payaso
2. caballo
3. flores
4. banderas
5. luces
6. cartel
7. coches
8. cohetes

EJERCICIO E

Alfonso hace preguntas sobre el pueblo que visita. Contéstelas, usando un adjetivo demostrativo:

1. ¿Está abierta todo el día la librería de allí?
2. ¿Son caros los restaurantes de ahí?
3. ¿Venden sangría en los cafés de aquí?
4. ¿Son viejos los árboles de allí?
5. ¿Hay un lago en el parque de ahí?
6. ¿Dan una buena obra en el teatro de aquí?
7. ¿Venden tarjetas postales en la papelería de ahí?
8. ¿Es posible nadar en el río de allí?

2. Demonstrative Pronouns

MASCULINE	FEMININE	NEUTER	
éste **éstos**	**ésta** **éstas**	**esto**	this (one) these
ése **ésos**	**ésa** **ésas**	**eso**	that (one) those
aquél **aquéllos**	**aquélla** **aquéllas**	**aquello**	that (one) those

a. Demonstrative pronouns agree in number and gender with the nouns they replace:

este libro y **aquél** (= aquel libro)   *this book and that (one)*

b. (1) The neuter forms **esto, eso, aquello** do not refer to specific nouns but to statements, ideas, understood nouns, and the like. These forms do not vary in number and gender:

Pablo siempre llega tarde, y   Paul *always comes late, and*
    eso no le gusta al maestro.   *the teacher doesn't like that.*
Su padre está enfermo, y **esto**   *His father is ill, and this*
    lo pone triste.   *makes him sad.*

(2) The question ¿**Qué es esto (eso, aquello)**? uses the neuter form because the noun is not known. After the noun has been mentioned, the form of the demonstrative adjective or pronoun must correspond to the noun:

¿Qué es **esto**?—Es una flor.   *What is this?—It is a flower.*
¿Es bonita **esta flor**?—Sí.   *Is this flower pretty?—Yes.*

NOTE: Demonstrative pronouns are distinguished from demonstrative adjectives by an accent mark. The neuter pronouns have no accent mark, since there are no corresponding neuter adjectives.

EJERCICIO F

Cuando Esteban llegó al campamento de verano, encontró muchos anuncios pegados por dondequiera. Subraye la forma demostrativa correcta:

1. Coloque Ud. la maleta en este armario, no en
   (a) éste   (b) aquél   (c) ese   (d) esos
2. No se permite entrar por esa puerta, sino por
   (a) esto   (b) éste   (c) ésta   (d) aquél
3. Este horario marca las actividades,   no.
   (a) ese   (b) ése   (c) aquello   (d) aquélla
4. Ponga Ud. los juguetes en este estante, no en
   (a) éste   (b) ése   (c) aquel   (d) esto
5. No apague Ud. esa luz, sino
   (a) aquella   (b) estas   (c) ésta   (d) ésa

EJERCICIO G

Pablo y Jorge comparan cosas que su madre siempre les decía. Complete las oraciones con el pronombre demostrativo apropiado:

EJEMPLO: *Esto* es bueno para la salud. Debes comerlo todo.

1. No debes hacer _____ porque tu papá se enojará.
2. _____ es importante para nosotros.
3. _____ no es bueno para ti.
4. Los niños no deben decir _____ .
5. _____ es algo bonito.
6. Un niño decente no haría _____ .
7. _____ me alegra mucho.
8. Si haces _____ , tendré que castigarte.

EJERCICIO H

Conteste las preguntas que la mamá de Julia le hace cuando van de compras al almacén. Use el pronombre demostrativo apropiado:

1. ¿Te gusta este suéter o aquella blusa?   (la blusa)
2. ¿Prefieres esa falda o este vestido?   (el vestido)
3. ¿Deseas estas botas o aquellos zapatos?   (las botas)
4. ¿Quieres esa gorra o este sombrero?   (el sombrero)
5. ¿Debo comprar aquel abrigo o este impermeable?   (el abrigo)
6. ¿Prefieres estos guantes de lana o esos guantes de piel?   (los guantes de piel)

C. The pronoun **éste** (**-a, -os, -as**) also means *the latter* (the latest, the most recently mentioned); **aquél** (**-la, -los, -las**) also means *the former* (the most remotely mentioned):

Juan es mayor que Pablo; **éste** tiene seis años, **aquél** tiene nueve.	*John is older than Paul; the former is nine years old, the latter is six.*

> NOTE: In English, we usually say "the former and the latter." In Spanish, the order is reversed; **éste** (*the latter*) comes first.

EJERCICIO I

Después de su primer día de clases, Pepe hace varios comentarios. Complete cada oración con la forma apropiada de **éste** *y* **aquél**:

1. Eduardo y Rocío: _____ es alta, _____ es bajo.
2. Los juguetes y los rompecabezas: _____ son difíciles, _____ son viejos.
3. Gregorio y Beatriz: _____ es chistosa, _____ es serio.
4. Los niños y las niñas: _____ son habladoras, _____ son juguetones.
5. Las pinturas y los lápices: _____ son largos, _____ son brillantes.

EJERCICIO J

Carlos siempre repite lo que su hermana mayor dice. ¿Cómo responde el chico a los comentarios siguientes? Use la forma correcta de **éste** *y* **aquél**:

> EJEMPLO: (su hermana) Alicia es bonita pero Luz es más bonita.
> (Carlos)   **Sí, ésta es más bonita que aquélla.**

1. El señor Rivas es más estricto que la señorita Ramos.
2. Gerardo es menos alto que sus hermanos Arturo y Beto.
3. Clara es más aplicada que sus condiscípulos.
4. Juan es gordo. Su amiga María es delgada.

5. Mi bicicleta es nueva. La tuya es vieja.

d. The definite article (**el, la, los, las**) followed by **de** (*that of, the one of*) or **que** (*the one that*) functions like a demonstrative pronoun:

el (la) de María	*that of (the one of) Mary*
los (las) de María	*those of (the ones of) Mary*
el (la) que está aquí	*the one that is here*
los (las) que están aquí	*the ones that are here*

El vestido de María es distinto **del de** Juana; es muy parecido **al que** lleva Isabel.

Mary's dress is different from Joan's; it is very similar to the one Elizabeth is wearing.

EJERCICIO K

Nicolás le escribió a Ud. una tarjeta postal de México. Complete la tarjeta con el pronombre demostrativo, empleando la forma correcta del artículo (el, la, los, las):

Pude planear mi propio itinerario pero no _____ de Roberto. Mi viaje
                                              1

es más interesante que _____ de mi primo. El clima mexicano es seme-
                           2

jante a _____ de otras partes de Latinoamérica. La gente de México y
         3

_____ de Guatemala hablan español. Los precios de este año son más
   4

altos que _____ del año anterior. Las montañas del norte son enormes,
             5

_____ del sur son más pequeñas. El nuevo guía es menos interesante
   6

que _____ que se marchó. Será posible llevar a cabo mis planes y
       7

_____ de mis amigos.
   8

♦ MASTERY EXERCISES ♦

EJERCICIO L

Imagínese que Ud. está en un museo y hay pinturas, esculturas, tapices y otros objetos de arte a su alrededor. Describa cinco de los objetos de arte que Ud. ve, usando un adjetivo demostrativo:

SUGERENCIAS:	pintura	cruz	escultura	cajita
	tapiz	figura	joya	modelo

EJEMPLOS: Miren Uds. esos cofres antiguos.
           Este cuadro de un ángel es hermoso.
           Me gusta aquel paisaje.

EJERCICIO M

Mientras Sergio se baña y se viste, reflexiona sobre el viaje que está haciendo y lo que todavía quiere hacer. Complete el párrafo, usando un demostrativo apropiado:

_____ tarde voy a ir a _____ tienda que vi ayer cuando pasamos por
  1   2

_____ calle angosta. Allí se venden _____ instrumentos musicales
  3   4

típicos de _____ país. _____ señora elegante del grupo dijo que
          5   6

_____ instrumentos cuestan mucho en los Estados Unidos. Voy a comprar
  7

_____ que sean fáciles de meter en _____ maleta de mano que tengo.
  8   9

Necesito buscar el regalo de mi papá y _____ de mi abuelo también.
                                10

Si no encuentro nada en _____ almacén, iré a _____ de la esquina.
               11   12

_____ viaje me va a costar mucho porque los precios de los regalos y
  13

_____ de la comida son altos. Sin embargo, me he divertido mucho en
  14

_____ vacaciones; son más divertidas que _____ del año pasado
  15   16

cuando pasé todo el tiempo en _____ hotel aislado en las montañas.
                        17

_____ vez hay personas interesantes y simpáticas. Voy a recomendar
  18

_____ excursión a Rafael y a Alberto. A _____ le gusta ir de
  19   20

compras y a _____ le encanta conocer lugares nuevos. No debo olvidar
          21

_____ parque que está cerca del centro, donde saqué _____ fotos
  22   23

de la gente remando en _____ lago tranquilo. Todo _____ me da
                24   25

mucha alegría.

EJERCICIO N

Rosa visita a su amiga Laura en el dormitorio de la universidad y le hace preguntas sobre lo que ve en el cuarto. Conteste las preguntas de Rosa:

1. ¿Sacaste ese libro de la biblioteca?
2. ¿Cuándo compraste aquella cinta?
3. ¿Cuál de los álbumes te gusta más, éste o aquél?
4. ¿Es tuyo este vestido?
5. De las dos estaciones que pasaste aquí, el otoño y el invierno, ¿te gustó más éste o aquél?
6. ¿Cambiarías esta compañera de cuarto por la de Lourdes?

7. ¿Es esa señora el ama de llaves del dormitorio?
8. ¿Quién te regaló aquellos guantes?
9. ¿Quieres prestarme esta falda o aquélla?
10. ¿Es más fácil este semestre o el del otoño?

EJERCICIO O

Oscar y Rafael tratan de ganar algún dinero, haciendo varios trabajos para sus vecinos. Exprese en español lo que ellos quieren decirle al señor Muñoz:

1. These curtains are clean, those are very dirty.
2. This is our problem; that stain doesn't disappear.
3. This is impossible; I cannot move this table.
4. Mr. Muñoz, put that vase here and this one there.
5. This soap is too strong; I prefer that one.
6. This room is larger than that one.
7. We removed that broken chair.
8. I put the dishes in this cupboard.
9. This job is not inexpensive.
10. Mr. Muñoz, what is that?
11. The kitchen and the basement are dirty; I will clean the former, and Rafael will clean the latter.
12. This house is larger than that of Mr. Adobe.
13. Can you repair this lamp?
14. That seems strange to me.
15. Can we finish that tomorrow?
16. Those chairs over there are too close to that table.
17. Do you want us to paint that fence this month?
18. That's a good idea; we'll try to do that this week.
19. These windows also need to be washed.
20. Whose car is that? The one in front of the house.

C•H•A•P•T•E•R
27

Negation

1. Negatives

a. Principal negatives and their opposite affirmatives:

NEGATIVE	AFFIRMATIVE
no no, not	**sí** yes
nadie no one, nobody, (not) anyone	**alguien** someone, somebody, anyone
nada nothing, (not) anything	**algo** something, anything
nunca **jamás** } never, (not) ever	**siempre** always
tampoco neither, not either	**también** also
ninguno (-a) no, none, (not) any	**alguno (-a)** some, any
ni . . . ni neither . . . nor; not . . . nor	**o . . . o** either . . . or
sin without	**con** with

b. The most common negative is **no,** which always precedes the conjugated verb:

| Ud. ***no*** **sabe** la lección. | You don't know the lesson. |
| ¿***No*** **ha estudiado** Ud.? | Haven't you studied? |

c. If an object pronoun precedes the verb, the negative precedes the object pronoun:

| Ud. ***no*** **la sabe.** | You don't know it. |

d. Spanish sentences may have two or more negatives. If one of the negatives is **no,** it precedes the verb. If **no** is omitted, another negative precedes the verb:

| ***No veo*** **a nadie nunca.** ***Nunca veo*** **a nadie.** } | I never see anyone. |

No lo leyó **tampoco.** ⎫ **Tampoco** lo leyó. ⎭	He didn't read it either. (Neither did he read it.)
No usó **ni** papel **ni** lápiz. ⎫ **Ni** papel **ni** lápiz usó. ⎭	He used neither paper nor pencil. (He didn't use either paper or pencil.)

NOTE:

1. A negative preceded by a preposition retains that preposition when placed before the verb: *A* **nadie** veo.

2. The negatives **nadie**, **nada**, **ninguno**, **nunca**, and **jamás** are used after comparatives:

Toca el piano **mejor que nadie.**	He plays the piano better than anyone.
Ahora lo creo **más que nunca.**	Now I believe it more than ever.
La niña desea una muñeca **más que** *nada.*	The child wants a doll more than anything.

3. The negatives **nadie**, **nada**, **ninguno**, **nunca**, and **jamás** are used in questions expecting negative answers:

¿Has visto **jamás** una película más aburrida?	Have you ever seen a more boring film?

4. The negatives **nadie**, **nada**, **ninguno**, **nunca**, and **jamás** are used in phrases beginning with **sin** and **antes** (**de** or **que**):

Salió *sin* decir *nada.*	He left without saying anything.
Antes de hacer *nada*, tienes que limpiar tu cuarto.	Before doing anything, you must clean your room.
Llegó **antes que** *nadie.*	He arrived before anyone else.

5. **Ninguno** as an adjective may be replaced by **alguno**. When so used, **alguno** follows the noun, and the negative is more emphatic:

No tengo *ninguna* amiga. ⎫ No tengo amiga *alguna.* ⎭	I have no friend. (I don't have any friend.)

EJERCICIO A

Javier es un joven de Acapulco y quiere conocerlo a Ud. mejor. Conteste las preguntas que él le hace, usando expresiones negativas:

1. ¿Juega Ud. fútbol los sábados?
2. ¿Mira Ud. su programa favorito con alguien?
3. ¿Cuándo va Ud. al museo?
4. ¿Le gustan los tacos y los tamales?
5. ¿Conoce Ud. a algunos mexicanos?
6. A mí no me gusta la nieve. ¿Y a Ud.?

7. ¿Preparó Ud. algo para la fiesta?
8. ¿Dice Ud. algo cuando sale de la casa?

EJERCICIO B

La mamá de Carmen siempre la contradice. Cuando la chica dice lo siguiente, ¿cómo lo niega su mamá?

> EJEMPLO: Mi hermana es fea.
> **Tu hermana no es fea.**

1. Jorge es aburrido.
2. Luis y Daniel son futbolistas famosos.
3. Mi papá es médico.
4. Sarita tiene las muñecas de Elena.
5. Rafael y Ernesto trabajan en la librería.

EJERCICIO C

La señora Cabado tiene un problema porque sus hijos no le ayudan con los quehaceres de la casa. ¿Qué le cuenta a su hermana?

> EJEMPLO: sacar la basura
> **Nadie saca la basura.**

1. usar la aspiradora
2. arreglar su cuarto
3. lavar el carro
4. sacar al perro
5. planchar la ropa
6. regar el jardín

EJERCICIO D

A Héctor le gusta presumir de lo atlético que es, pero su hermanito dice la verdad. ¿Qué dice su hermanito?

> EJEMPLO: Yo corro dos millas todos los días.
> **Tú nunca corres dos millas.**

1. Yo levanto pesas cada mañana.
2. Yo nado en la piscina todos los días.
3. Yo siempre hago muchos ejercicios.
4. Yo juego tenis por la tarde.
5. Yo juego boliche cada semana.

EJERCICIO E

El señor Soto tiene antojo de postre, pero no hay nada en la casa. ¿Qué le dice su esposa?

> EJEMPLO: ¿Tenemos fruta?
> **No tenemos ninguna fruta.**

1. ¿Tenemos helado?
2. ¿Tenemos dulces?
3. ¿Tenemos chocolate?
4. ¿Tenemos galletas?
5. ¿Tenemos bizcochos?
6. ¿Tenemos torta de manzana?

EJERCICIO F

Ricardito es un niño problemático porque no le gusta hacer nada. ¿Cómo contesta estas preguntes?

> EJEMPLO: ¿Te gusta correr o patinar?
> **No me gusta ni correr ni patinar.**

1. ¿Te gusta hablar o callarte?
2. ¿Te gusta bailar o cantar?
3. ¿Te gusta pintar o dibujar?
4. ¿Te gusta jugar o descansar?
5. ¿Te gusta salir o quedarte en casa?
6. ¿Te gusta escuchar discos o mirar la televisión?

EJERCICIO G

A César no le gusta contestar las preguntas que le hacen. Dé las respuestas de César, según el ejemplo:

> EJEMPLO: ¿Viste a alguien en la calle?
> **Yo no vi a nadie en la calle.**

1. ¿Bailaste con María en la fiesta?
2. ¿Hablaste con tus primos?
3. ¿Escribiste una carta a Gloria?
4. ¿Te acuerdas de los hermanos Silva?
5. ¿Viste a la novia de Roberto?

EJERCICIO H

La hermanita de Clarisa repite lo que dice su hermana. ¿Qué dice la hermanita?

> EJEMPLO: Yo no voy al cine.
> Yo no voy al cine **tampoco.**

1. Yo no preparé la tarea anoche.
2. Mis amigas y yo no hablamos por teléfono.
3. Juanito no pidió helado de fresa.
4. Mi prima no compró el regalo.
5. Yo no visité a mis abuelos.

2. Negative Expressions

Él no lo ve. **Ni** yo **tampoco.**	*He doesn't see it. Neither do I.*
Ya no tengo dinero.	*I no longer have money.*
No me quedan **más que** diez centavos.	*I have no more than ten cents left.*
No me quedan **sino** diez centavos.	*(I have only ten cents left.)*
¿Estás listo? **Todavía no.**	*Are you ready? Not yet.*
¿Puede Ud. pagarme? **Ahora no.**	*Can you pay me? Not now.*
Ni siquiera visita a su madre.	*He doesn't even visit his mother.*
¿Cómo van las cosas? **Sin novedad.**	*How are things going? Nothing new. (The same as usual.)*
¿Me prestas tu auto? **¡De ninguna manera!**	*Will you lend me your car? Certainly not! (By no means.)*
Tenemos que esperar dos horas; **no hay remedio.**	*We have to wait two hours; it can't be helped.*
No cabe duda; la libertad es preciosa.	*There's no doubt; liberty is precious.*
No importa.	*It doesn't matter.*
No obstante mis esfuerzos, no pude llegar a tiempo.	*In spite of my efforts, I couldn't arrive on time.*

EJERCICIO I

En cada una de las situaciones siguientes, ¿qué responde Ud.? Use una de estas expresiones en su respuesta:

ya no	ahora no	ni . . . tampoco
no . . . más que	ni siquiera	todavía no
sin novedad	de ninguna manera	no importa

1. Hay mucha neblina. Su amigo oye el ruido de un avión y dice: —No puedo ver el avión.
2. Un amigo le dice: —Vamos a visitar a Carlos. Vive en esa casa verde.
3. Ud. va de compras con su mamá. Ella le pregunta si está listo(a).
4. Su hermanito pide que Ud. le ayude con su tarea de matemáticas. Ud. está ocupado(a).
5. Después de una cena enorme, Ud. y un amigo van al cine. Al pasar la dulcería en la entrada del cine, su amigo le dice: —Yo no puedo comer nada más.
6. Por casualidad, Ud. da con un amigo en la calle. El amigo le pregunta: —¿Cómo van las cosas?
7. Su papá le cuenta que el hijo de un amigo suyo ha ganado el campeonato de tenis. Ud. sabe que el chico no sabe jugar bien.
8. Después de un día en el parque de diversiones, Ud. y sus amigos tie-

nen hambre. Buscan el dinero que les queda y no tienen suficiente. A Ud. le quedan veinte y cinco centavos.

9. Una amiga suya quiere pedirle prestada una falda morada. Ud. no la tiene.

10. Al salir de un concierto al aire libre, al que acudieron más de un millón de personas, su hermano dice que no volverá a esa clase de espectáculo.

3. *Pero* and *sino*

Both **pero** and **sino** mean *but*. **Pero** is more general and may also mean *however*; **sino** is used only after a negative statement to express a contrast with a sense of "on the contrary," "but rather." Compare:

No llueve ahora, *pero* va a llover más tarde.	*It's not raining now but it's going to rain later.*
Tiene dinero, *pero* no es feliz.	*He has money but (however) he is not happy.*
No habla portugués, *sino* español.	*He doesn't speak Portuguese but (rather) Spanish.*
No llevaba camisa blanca, *sino* azul.	*He wasn't wearing a white shirt but (rather) a blue one.*

NOTE:
1. The comparison is always between two equivalent parts of speech (noun — noun, adjective — adjective, infinitive — infinitive):

No me gusta **estudiar, *sino* ir** al cine.	*I don't like to study but (on the contrary) to go to the movies.*
No compré zapatos **blancos *sino* rojos.**	*I didn't buy white shoes but red ones.*

2. If the contrasting verbs are not infinitives, **sino que** is used:

No cerró la puerta, *sino que* la **dejó abierta.**	*He didn't close the door but (on the contrary) left it open.*

EJERCICIO J

Manuel está enojado con su amiga, Rosalinda. Cuando su mamá le hace las preguntas siguientes, Manuel contesta como se indica entre paréntesis. Repita las respuestas de Manuel usando **pero:**

1. Rosalinda te invitó a su fiesta, ¿verdad? (No fui.)
2. ¿Le compraste un regalo? (No se lo di.)
3. ¿Te llamó ella por teléfono? (No contesté el teléfono.)
4. Ella es una chica inteligente. (antipática)
5. ¿Vas a llamar para disculparte? (No hablaré con ella.)

EJERCICIO K

Alfredo ayuda a su hermanito a estudiar unas palabras nuevas. El hermanito no acierta ninguna de las palabras. ¿Qué dice Alfredo?

> EJEMPLO: Un hogar es una fábrica. (una casa)
> **Un hogar no es una fábrica sino una casa.**

1. Un cirujano es un abogado. (un médico)
2. Una guitarra es un deporte. (un instrumento musical)
3. Un colegio es una universidad. (una escuela)
4. Una butaca es un cuarto. (un mueble)
5. La horchata es un pan. (una bebida)

EJERCICIO L

Es la primera vez que Analuz cuida a los hijos de un vecino. ¿Qué le cuenta a su mamá al volver a casa?

> EJEMPLO: preparar la tarea / mirar la televisión
> **Los niños no prepararon la tarea sino que miraron la televisión.**

1. lavar los platos / dejarlos en la mesa
2. beber leche / tomar refresco
3. comer en la cocina / cenar en la sala
4. quedarse en casa / salir al patio
5. estudiar la lección / hacer gimnasia

EJERCICIO M

Gloria está de vacaciones en Madrid y escribe una carta a su hermana, después de un día de muchas frustraciones. Use pero, sino, o sino que para expresar lo que Gloria quiere decir:

Querida Anita,

Estoy cansada, _____ quiero escribirte esta cartita. Hoy no hizo frío
         1

_____ llovió por la tarde, cuando íbamos a visitar el Parque del Buen
 2

Retiro. Por eso no fuimos al parque _____ al museo del Prado. Creí
                               3

que conocía el arte español _____ me equivoqué muchas veces. El
                        4

cuadro «Las Meninas» no fue pintado por Goya _____ por Velázquez.
                                        5

Es muy bonito _____ no pude pasar mucho tiempo estudiándolo
               6

porque había mucha gente en el museo. Después de la visita al museo

no fuimos a un café _____ regresamos al hotel, porque no paraba de
                          7

llover. A la hora de la cena no fui a un restaurante, _____ pedí la
                                                                8

comida en mi cuarto. No aproveché el tiempo para descansar _____
                                                                              9

para escribir muchas tarjetas postales. Mañana no visitaré otros lugares

famosos _____ las tiendas.
             10

Hasta pronto,
Gloria

♦ MASTERY EXERCISES ♦

EJERCICIO N

Conteste las preguntas que un(a) amigo(a) nuevo(a) le hace, expresando
en sentido negativo todo lo posible:

1. ¿Le ha dado el maestro mucho trabajo?
2. ¿Sabe Ud. hablar otras lenguas?
3. ¿Duerme Ud. la siesta algunas tardes?
4. ¿Tiene Ud. necesidad de algo?
5. ¿Compró Ud. algo en el almacén ayer?
6. ¿Cuál prefiere Ud., la música clásica o la música flamenca?
7. ¿Prestó Ud. a alguien su cámara?
8. ¿Hay algo que le molesta a Ud.?
9. ¿Conoce Ud. a alguien que repare bicicletas?
10. ¿Siempre trata Ud. a sus amigos igualmente?
11. ¿Ha ido Ud. jamás a otra ciudad solo(a)?
12. ¿Piensa Ud. ir al teatro esta noche también?
13. Cuando hace mucho frío, ¿sale Ud. con gorra?
14. ¿Alguien le ha engañado alguna vez?
15. ¿Qué prefiere Ud. beber, jugo o refresco?

EJERCICIO O

Pilar hace comentarios de su viaje a España. Complete las oraciones
con **pero, sino,** *o* **sino que:**

1. España no es un país industrial, _____ agrícola.
2. El clima de la Mancha no es húmedo, _____ seco.
3. Visitamos a Toledo, _____ nos alojamos en Madrid.
4. No quería gastar mucho dinero, _____ tenía que comprar muchos regalos.
5. Conocí a muchos jóvenes, _____ ninguno me dio su dirección.
6. Quería pasar más tiempo en Segovia, _____ nos marchábamos al día siguiente.
7. No había perdido mi boleto de avión, _____ lo había guardado en otro bolsillo.

EJERCICIO P

Emilio le cuenta a un amigo peruano la historia de una prima suya que se escapó con su novio. Exprese en español:

1. They didn't want to get married in either June or August.
2. No one knew what they were planning.
3. They never discussed their plans with anyone.
4. I didn't believe the news either.
5. They didn't have a big wedding, but they eloped.
6. He wanted to tell his brother, but he decided not to say anything.
7. When their parents found out, you never heard such screams.
8. Their parents don't even speak to them.
9. When I speak to them they tell me that it doesn't matter to them.
10. They didn't even receive any presents.
11. My aunt wanted to buy them something, but finally she bought nothing.
12. We'll never hear the end of this!
13. They spent a month in the south without writing to anyone.
14. In spite of my efforts, I no longer see them.
15. I want to see them, but my parents forbid it.
16. They took nothing with them, neither their television set nor their stereo.
17. My uncle never speaks to them.
18. They had nothing when they eloped.
19. They are happy but they miss their families. It can't be helped.
20. I hope that the situation changes; there is no doubt that it will.

PART

FIVE

CIVILIZATION: SPAIN

El Idioma Español

El idioma conocido como español es realmente el castellano, la lengua del reino de Castilla, que se convirtió en el idioma nacional de España y llegó al Nuevo Mundo con los conquistadores. La pronunciación del español de América se parece a la de Andalucía y las Islas
5 Canarias, donde no hay diferencias entre la **c** (en **ce** o **ci**), la **z** y la **s**.

El español es una lengua romance, o sea que es derivada del latín vulgar que hablaban los romanos cuando llegaron a la península ibérica. Otras dos lenguas que aún se hablan en ciertas regiones de España, el catalán y el gallego, son también lenguas romances; en
10 catalán sobre todo hay hasta hoy en día una rica tradición literaria.

En el castellano se notan, además del latín, influencias de los otros pueblos que vivieron en la península. La menor es la de los visigodos, porque éstos aprendieron el latín vulgar. No hay más de sesenta palabras en español de origen visigodo, y la mayoría son nombres
15 propios como **Fernando, Rodrigo** y **Álvaro.** Los griegos contribuyeron más vocabulario, aunque muchas de las palabras de origen griego llegaron al español a través del latín. Éstas se pueden reconocer fácilmente porque tienen las mismas raíces en inglés. Algunos ejemplos son **la filosofía, la geometría, la química, la lógica, el alfabeto, la**
20 **aritmética, la democracia, el teatro, el dragón, el poema, el problema** y **el programa.**

De todos los pueblos invasores los árabes, que estuvieron en España por ocho siglos, fueron los que más palabras contribuyeron al español. Más de 4.000 palabras del español de hoy fueron adaptadas
25 del árabe. Entre ellas están **el arroz, el azúcar, azul, el ajedrez, el alcohol, el algodón, el alcalde, el álgebra, ojalá** y **el marfil.**

En América, palabras indígenas enriquecieron el español. El vocabulario adoptado depende de las culturas y dialectos indígenas de cada región. De esos dialectos hay todavía dos que se hablan hoy en
30 día extensamente: el guaraní en el Paraguay y en el nordeste de la Argentina y el quechua en el Perú, Bolivia y zonas del Ecuador y de Chile. Estos dos dialectos han influido sobre todo en el español de las regiones donde se hablan, pero hay palabras que han trascendido fronteras y se usan universalmente como **la papa, la pampa** y **el cóndor,**

---

2 **convertirse en** to become
17 **a través de** through
33 **trascender fronteras** to spread beyond borders

de origen quechua, y **el ananás, el jaguar** (o **yaguar**), **el tapir** y **la tapioca,** del guaraní. Además, aún idiomas indígenas que ya no se hablan, como el de los aztecas, contribuyeron muchas palabras al español. Algunas de éstas han pasado al inglés, como **el tomate, el cacao, el chocolate, el chicle, el chile, el aguacate** y **el coyote.**   5

En este siglo, al surgir los Estados Unidos como potencia económica mundial, y debido también a la proximidad geográfica, muchas palabras del inglés han pasado a formar parte del español familiar. Tenemos, por ejemplo, **el béisbol, el sandwich, el match, el picnic, el test, la interviú** (o **interview**), **los jeans, el report, el rock, el rocket,**   10 **el job, el lonche, el mitin** (o **meeting**) y, en los últimos años, **el jogging** (o **footing**).

Aunque nos referimos en general al «idioma español», existen diferencias de uso y vocabulario en los varios países en que lo hablan. La situación es semejante a la del inglés de los Estados Unidos y el de   15 Inglaterra, con la diferencia que el español se habla en diez y nueve países autónomos, en Puerto Rico y en las grandes comunidades hispanas de los Estados Unidos.

EJERCICIO A

¿Cierto o falso? Indique si cada frase es cierta o falsa. Si es falsa, cámbiela para que sea cierta:

1. El catalán es otro nombre que se le da a la lengua española.
2. La pronunciación del español de América se parece a la del sur de España.
3. El español es una lengua germánica.
4. En ciertas regiones de España la gente habla catalán y gallego.
5. Los visigodos tuvieron mucha influencia en el castellano.
6. Las palabras en español derivadas del griego no aparecen en otras lenguas del mundo.
7. Los árabes contribuyeron muchas palabras al español.
8. Las civilizaciones indígenas de América no influyeron en la lengua española.
9. El uso y el vocabulario de la lengua española son iguales dondequiera que ésta se hable.
10. El español es un idioma que se habla en unos veinte países del mundo.

EJERCICIO B

Complete cada frase correctamente:

1. El idioma español se conoce también como el _____ .
2. La pronunciación del español de América se parece a la de _____ .
3. El español se deriva del _____ .

---

6 **al surgir los Estados Unidos** when the U.S. emerged

4. Otras lenguas que todavía se hablan en España son el _____ y el _____ .

5. De los pueblos que vivieron en la península, _____ tuvieron la menor influencia en la lengua española.

6. Geometría, lógica y democracia son palabras españolas de origen _____ .

7. El pueblo invasor que más palabras contribuyó al español fue el _____ .

8. En América, la lengua española fue enriquecida por palabras _____ .

9. Dos dialectos indígenas que todavía se hablan en ciertas partes de América son el _____ y el _____ .

10. Hoy en día se nota mucha influencia del _____ en el idioma español.

La Geografía de España

EXTENSIÓN, CLIMA Y POBLACIÓN

España está situada al sudoeste del continente europeo, ocupando las cuatro quintas partes de la Península Ibérica. Limita con Portugal al oeste y con Francia al nordeste. El resto del país está rodeado por las aguas del Mar Mediterráneo al este y las del Océano Atlántico al oeste. Al sur, el Estrecho de Gibraltar separa a España del continente africano. Políticamente, el territorio español también abarca las Islas Baleares en el Mediterráneo, las Islas Canarias en el Atlántico y los puertos de Melilla y Ceuta sobre la costa mediterránea de Marruecos.

En total, unos 39 millones de habitantes viven en un área algo menor que la del estado de Tejas, pero cuatro veces más grande que la del estado de Nueva York.

España se halla en la zona templada, pero las diferencias físicas que se notan en su territorio hacen que el clima sea muy variado. A lo largo de la costa norte y en las montañas del noroeste, el clima es templado; ésta es la región más fría y lluviosa del país. En cambio en las tierras del sur y del este el clima es cálido. En la meseta central y en parte de la costa sudeste predomina un clima de extremos: altísimas temperaturas y gran sequedad en el verano e intenso frío en el invierno. Por eso se ha dicho que Castilla tiene «seis meses de invierno y seis de infierno».

CORDILLERAS Y RÍOS PRINCIPALES

España es el país más montañoso de Europa después de Suiza. Casi la mitad del interior del país está cubierta por una extensa altiplanicie llamada la meseta. Varias cadenas de montañas rodean esta meseta. Las sierras de Guadarrama (al norte de Madrid) y Gredos la dividen en dos: al norte Castilla y León y al sur Castilla-La Mancha, donde queda la extensa llanura de La Mancha, famosa en el mundo por la novela de Miguel de Cervantes, «El ingenioso hidalgo Don Qui-

---

3   **las cuatro quintas partes** four fifths
15 **a lo largo de** along

ESPAÑA

FRANCIA

ANDORRA

PIRINEOS

CATALUÑA

Barcelona

ARAGÓN

Río Ebro

Zaragoza

NAVARRA

Pamplona

San Sebastián

Bilbao

PAIS VASCO

Logroño

LA RIOJA

Burgos

CANTABRIA

Santander

Cuevas de Altamira

MAR CANTÁBRICO

Gijón

Oviedo

ASTURIAS

MONTES CANTÁBRICOS

León

CASTILLA Y LEÓN

Valladolid

Río Duero

Segovia

SIERRA DE GUADARRAMA

El Escorial

MADRID

Madrid

Toledo

CASTILLA-LA MANCHA

LA MANCHA

Valencia

VALENCIA

Alicante

Cartagena

MAR MEDITERRÁNEO

Río Guadiana

SIERRA MORENA

Almadén

Córdoba

Río Guadalquivir

Murcia

MURCIA

Granada

SIERRA NEVADA

△ Mulhacén

Torremolinos

Málaga

ANDALUCÍA

Sevilla

Cádiz

Palos

Gibraltar

Ceuta

Salamanca

Río Tajo

EXTREMADURA

Mérida

Badajoz

Minas de Riotinto

PORTUGAL

Lisboa

Río Tajo

La Coruña

Santiago de Compostela

GALICIA

Vigo

OCÉANO ATLÁNTICO

Menorca

Palma

Mallorca

ISLAS BALEARES

Ibiza

MARRUECOS

Melilla

ÁFRICA DEL NORTE

100 millas
200 kilómetros

△ Volcán o pico

ISLAS CANARIAS

Lanzarote

La Palma

Tenerife

Gomera

Hierro

Las Palmas

Gran Canaria

Fuerteventura

100 M
200 KM

jote de la Mancha». Al sur del país están la Sierra Morena, que separa la Mancha del valle del Guadalquivir, y la Sierra Nevada, donde se encuentra el pico más alto de la península, el Mulhacén (3.478 metros), cerca de Granada.

Al noroeste están los Montes Cantábricos, con picos hasta de 2.600 metros, y al norte se extienden los Pirineos, que marcan la frontera con Francia y tienen cumbres de más de 3.300 metros.

Entre las cordilleras mencionadas se encuentran los ricos valles formados por los cinco ríos más grandes de España. En el norte el Ebro, llamado antiguamente Iberus, le dio su nombre a la península. Este río pasa por la ciudad de Zaragoza y desemboca en el Mediterráneo. Los otros cuatro desembocan todos en el Atlántico. El río más largo es el Tajo, que pasa por la ciudad de Toledo y atraviesa Portugal para desembocar cerca de Lisboa. El Duero, que nace cerca de Burgos en Castilla y León, pasa por Valladolid y entra en Portugal en su camino al Atlántico. El Guadiana, al sur del país, pasa por Mérida y Badajoz, dos antiguos centros romanos. El Guadalquivir, en cuyas orillas se hallan las ciudades de Córdoba y Sevilla, es el río más navegable de España. Su nombre viene del árabe y quiere decir «río grande».

MINERALES Y PRODUCTOS PRINCIPALES

España es un país básicamente agrícola. En el norte abundan la madera y la pesca. En la parte central se cultivan el trigo y otros cereales; en el sur la vid, de donde vienen los célebres vinos de Jerez y de Málaga, y las aceitunas de las que se produce el aceite de oliva. España es el país con más olivares en el mundo y el tercer productor mundial de vino. En el sudeste del país se cultivan el arroz, las famosas naranjas de Valencia, los limones, los dátiles y otras frutas tropicales.

España es además muy rica en minerales. El más importante es el hierro, que se extrae en la provincia de Vizcaya, en el norte. En el sur del país están las minas de plomo de Linares y en el sudeste, las minas de cobre de Río Tinto. En la parte central del sur están las minas de mercurio de Almadén, las más grandes del mundo.

En los últimos treinta años se han desarrollado la industria siderúrgica y la metalúrgica, particularmente la fabricación de automóviles. La industria textil se concentra en Cataluña y es también importante para el país.

---

24 **el vino de Jerez** sherry (wine)
35 **la industria siderúrgica** iron and steel works

DIVISIÓN TERRITORIAL DEL PAÍS

Administrativamente, España, incluyendo sus posesiones, tiene cincuenta provincias. Históricamente, está dividida en quince regiones, cada una de las cuales tiene sus propias tradiciones, cultura y en muchos casos su propia lengua.

5 *EL NORTE*

Las regiones del norte del país incluyen a Galicia, Asturias, Cantabria, el País Vasco, Navarra y La Rioja.

1. Galicia está al norte de Portugal, rodeada por el Atlántico. Sus habitantes, los gallegos, son descendientes de los celtas que lle-
10 garon del centro de Europa. Además del español hablan gallego, una lengua relacionada con el portugués. Los puertos principales de esta región son Vigo y La Coruña.

2. Asturias está entre Galicia y Cantabria y es famosa por su industria minera. Allí se halla Covadonga, donde el héroe Pelayo venció a
15 los moros en el año 718, iniciando así el período conocido como la Reconquista. Las ciudades principales de esta región son Oviedo y Gijón.

3. Cantabria está al este de Asturias. Allí se hallan las cuevas de Altamira, famosas por sus pinturas prehistóricas.

20 4. El País Vasco está cerca de los Pirineos, en la parte norte central del país. Es montañoso, bien regado y hermoso. Sus habitantes, los vascos, son descendientes de un pueblo de origen desconocido y hablan el vascuence. Este idioma es también de origen muy antiguo y desconocido y no se ha podido relacionar con ningún otro
25 idioma europeo. Los vascos tienen un carácter independiente y un profundo sentimiento religioso. San Ignacio de Loyola, fundador de la Compañía de Jesús (los jesuitas) [1], nació allí. En esta región se halla la célebre playa de San Sebastián, conocida como el «Biarritz» [2] o el «Lido» [3] de España.

30 5. Navarra es una región montañosa al este del País Vasco. Pamplona, su capital, es famosa por sus ferias anuales. Allí se celebra en julio la fiesta de San Fermín, que atrae a muchos turistas de todo el mundo.

6. La Rioja es famosa por sus vinos de buena calidad, los vinos de
35 Rioja. Su capital es Logroño.

EL CENTRO

En el centro del país están las regiones de Castilla, Madrid y Extremadura.

7. Castilla, que ocupa la mayor parte de la Meseta Central, está di-
40 vidida en Castilla y León al norte y Castilla-La Mancha al sur. Tomó su nombre por los muchos castillos que se construyeron allí

durante las guerras entre moros y cristianos. Su idioma, el castellano, es el idioma oficial de España. Ninguna otra región ha influido tanto en la vida nacional como Castilla, cuyos reyes jugaron
un papel decisivo en la unificación de las varias regiones en una
nación. La región de Castilla y León tiene además ricas minas de   5
hierro y carbón.

8. Madrid es el centro económico de España. Es también la residencia del Gobierno y de las Cortes. Allí se halla la capital del país,
   Madrid.

9. Extremadura, al sur de Castilla y León, está llena de montes. El   10
   río Guadiana corre por estas tierras, donde se hallan muchos monumentos de la época romana. Allí nacieron tres de los grandes
   conquistadores, Francisco Pizarro, Hernán Cortés y Vasco Núñez
   de Balboa.

EL SUR   15

10. Andalucía, la región del sur del país, recibió la influencia más
    profunda de la cultura árabe. Sus ciudades principales represen-
    tan los distintos períodos de su historia. Cádiz, por ejemplo, fue
    el centro del comercio fenicio. Más tarde, durante la época mu-
    sulmana, florecieron centros como Córdoba, Granada y Sevilla. En   20
    Andalucía se hallan las típicas casas españolas, pintadas de vivos
    colores, con patio en el centro y con rejas y balcones que dan a la
    calle.

EL ESTE

    En la parte este del país están las regiones de Cataluña, Valencia,   25
Murcia y Aragón.

11. Cataluña está situada al nordeste del país, en la costa mediterrá-
    nea, y es la región más industrial de España. Su ciudad principal,
    Barcelona, es el puerto más grande del país. Los catalanes son
    bilingües, pues además del castellano hablan su propio idioma,   30
    el catalán, derivado también del latín. Fuertes sentimientos
    separatistas por parte de los catalanes los han hecho buscar su
    independencia del gobierno central de España en varias oca-
    siones.

12. Valencia, conocida por la fertilidad de su tierra y su excelente   35
    sistema de riego, está al sur de Cataluña. Es llamada «la huerta de
    España» a causa de sus numerosos productos agrícolas, entre los
    cuales son bien conocidas las deliciosas naranjas valencianas. El
    sistema de canales de irrigación que se usa allí fue introducido en
    España por los moros. Las costumbres de los valencianos, así como   40
    sus tradiciones, están bien representadas en algunas de las no-
    velas del escritor Vicente Blasco Ibáñez (1867–1928).

13. Murcia, al sur de Valencia, es típicamente mediterránea. Es rica
    en minerales como el hierro y el cobre. Los productos principales

de esta región son los dátiles, los limones y las naranjas.

14. Aragón está al nordeste del país. La cría de ovejas es una industria importante de esta región. Zaragoza, su ciudad principal, deriva su nombre del emperador romano Julio César (Caesaraugusta) y fue de gran importancia militar durante la ocupación romana de España.

POSESIONES EXTRATERRITORIALES

España tiene todavía algunas posesiones extraterritoriales, residuos del gran imperio español.

1. Las Islas Baleares forman un archipiélago en el Mediterráneo. Las más conocidas son Mallorca, Menorca e Ibiza, y su capital es Palma de Mallorca. Su industria principal es el turismo.

2. Las Islas Canarias forman un archipiélago de siete islas grandes en el Atlántico, frente a la parte sur de Marruecos. Las islas están divididas en dos provincias, Santa Cruz de Tenerife y Las Palmas. Desde 1982 las Canarias se constituyeron en Comunidad Autónoma.

3. Melilla y Ceuta son dos puertos en la costa de Marruecos que le pertenecen a España desde los siglos XV y XVII, respectivamente.

CIUDADES PRINCIPALES

1. Madrid es la capital y la ciudad más grande de España, con casi cuatro millones de habitantes. Situada en el centro del país, tiene muchos lugares históricos de interés. Entre ellos están el Museo del Prado, donde se encuentra una colección impresionante de las obras de los grandes pintores españoles como Velázquez, El Greco y Goya; el Palacio Real, uno de los palacios más grandes y lujosos del mundo; el Parque del Buen Retiro, el parque principal de la capital y antiguo campo de recreo de los nobles españoles; y la Puerta del Sol, la plaza principal de donde se dice que salen todas las carreteras de España.

Cerca de la capital está El Escorial, un enorme monasterio fundado por el rey Felipe II en 1563, cuya construcción duró 22 años. Es de estilo severo, clásico y majestuoso. El edificio contiene el Panteón de los Reyes, donde están enterrados muchos de los reyes de España. También hay una valiosa biblioteca, una iglesia y una rica colección de cuadros y tapices.

---

7 **extraterritorial** outside territorial limits
10 **el archipiélago** archipelago (a group of islands)
16 **Comunidad Autónoma** self-governing community
34 **Panteón de los Reyes** burial place for kings

Otro monumento enorme cerca de la capital es el Valle de los Caídos, construido en memoria de los soldados que murieron en la Guerra Civil española (1936–39) y dedicado en 1959. Encima de la ancha bóveda hay una cruz que tiene más de 125 metros de altura. Allí fue enterrado en 1975 el general Francisco Franco, dictador de España desde 1939 hasta su muerte.

2. Barcelona es la capital de Cataluña y el puerto principal de España. La ciudad está dividida en dos partes por Las Ramblas, una de las avenidas más hermosas de toda Europa. La Plaza de Cataluña es el centro comercial y social de la ciudad. Barcelona ha sido tradicionalmente un gran centro artístico y cultural, donde han vivido muchos pintores y escritores de fama mundial. En las afueras de la ciudad se halla el famoso monasterio de Montserrat, visitado todos los años por miles de turistas y peregrinos.

3. Sevilla, a orillas del Guadalquivir, es la ciudad principal de Andalucía. Durante la época colonial era el único puerto de donde salían los buques para el Nuevo Mundo. La Catedral de Sevilla es la catedral gótica más grande del mundo y allí se encuentra la tumba de Cristóbal Colón. La Giralda, construida en el siglo XII, es la torre de la catedral y un admirable ejemplo de arquitectura árabe. En lo alto de la torre hay una estatua que hace de veleta y gira con el viento. Sevilla es una típica ciudad andaluza, cuya parte antigua posee calles estrechas y hermosos patios que adornan el interior de las casas.

4. Valencia es un puerto a orillas del Mediterráneo y un gran centro agrícola, industrial y comercial.

5. Granada está situada al pie de la Sierra Nevada. Fue la última fortaleza de los moros en España, conquistada por los Reyes Católicos en 1492. Entre los lugares de interés están el Albaicín, un pintoresco barrio donde viven los gitanos desde principios del siglo XVI; la Alhambra, antiguo palacio de los reyes moros, inmortalizado por el escritor norteamericano Washington Irving (1783–1859) en su libro «The Alhambra», y donde están el famoso Patio de los Leones y otros ejemplos del arte musulmán; y el Generalife, otro palacio moro que tiene fama por sus jardines encantadores y por haber sido la residencia de verano de los reyes moros.

6. Toledo está situada a orillas del río Tajo, a poca distancia de Madrid. Fue capital de la España visigoda y residencia de los reyes de España hasta 1560. La ciudad ha quedado inmortalizada en los cuadros del gran pintor El Greco. El famoso Alcázar de Toledo, un castillo moro que fue destruido durante la Guerra Civil en 1936, ha sido totalmente reconstruido.

7. Cádiz es un puerto sobre el Atlántico. En tiempos primitivos fue una colonia de los fenicios.

---

21 **hacer de** to act as

8. Bilbao, capital de la provincia de Vizcaya, es el centro de la industria minera del norte. Hizo un papel muy importante durante las Guerras Carlistas a la muerte de Fernando VII en 1833.

9. Burgos es la antigua capital de Castilla y León. Tiene una famosa catedral del mismo nombre que es una de las maravillas de la arquitectura gótica en España. Allí se halla la tumba del Cid Campeador, el héroe nacional de España.

10. Santiago de Compostela es una ciudad de Galicia visitada todos los años por miles de peregrinos religiosos. Según la tradición, allí se encuentra la tumba del apóstol Santiago, santo patrón de España.

11. Salamanca es el sitio de una de las universidades más viejas de Europa, la Universidad de Salamanca, fundada en el siglo XIII. La ciudad conserva una catedral románica del siglo XII y otra gótica del siglo XVI, además de numerosos edificios de los siglos XVI a XVIII.

12. Córdoba, a orillas del Guadalquivir, fue en los siglos X y XI la capital del gobierno musulmán en España y el centro cultural más importante de toda Europa. Es una de las ciudades más pintorescas de España. Su famosa mezquita, hoy en día catedral, es un monumento árabe cuya construcción fue iniciada en el año 786.

NOTES:

[1] **Compañía de Jesús o los jesuitas:** Catholic religious order founded by San Ignacio de Loyola in 1534. Almost from the beginning, education, scholarship, and missionary work became its principal activities. The society grew rapidly and quickly assumed a prominent role in the defense of Catholicism, emphasizing obedience to the Pope. The Jesuits are today the largest order of male religious. The order has continued work on all levels of education and has played an important role not only in Spain but also in Spanish America.

[2] **Biarritz:** famous French seaside resort on the Atlantic Ocean.

[3] **Lido:** island close to Venice, Italy, famous for its fashionable beaches.

EJERCICIO A

Cada expresión de la columna izquierda se refiere a un lugar en la columna derecha. Indique las relaciones:

1. montañas cerca de Madrid   **a.** la Sierra de Guadarrama
2. río más navegable de España   **b.** Badajoz
3. pico más alto de España   **c.** el Ebro
4. vinos famosos   **d.** el Guadiana
5. antiguo centro romano   **e.** Linares

---

2 **hacer un papel** to play a role

6. montañas del sur de España
7. río más largo de España
8. frontera occidental
9. montañas del noroeste de España
10. montañas entre Francia y España
11. el mercurio
12. frontera oriental
13. el plomo
14. río que dio su nombre a la península
15. río que nace en Castilla

f. el Duero
g. Jerez y Málaga
h. Almadén
i. Portugal
j. la Sierra Morena
k. el Guadalquivir
l. el Tajo
m. los Pirineos
n. los Montes Cantábricos
o. el Mulhacén
p. el Mediterráneo

EJERCICIO B

¿Cierto o falso? Indique si cada frase es cierta o falsa. Si es falsa, cámbiela para hacerla cierta:

1. Todos los ríos de España desembocan en el Mar Mediterráneo.
2. Los Pirineos forman la frontera entre España y Portugal.
3. España y Portugal forman la Península Ibérica.
4. El río más navegable de España es el Guadiana.
5. El Ebro es el único río que desemboca en el Océano Atlántico.
6. El clima de España es muy variado.
7. La cordillera que está en el norte de España es la Sierra de Guadarrama.
8. El río Tajo pasa por Toledo y Lisboa.
9. La extensión de España es mayor que la del estado de Tejas.
10. Las naranjas y otras frutas tropicales abundan en el norte de España.

EJERCICIO C

Cada expresión de la columna derecha se refiere a un lugar en la columna izquierda. Indique las relaciones:

1. Montserrat
2. Museo del Prado
3. Puerta del Sol
4. El Retiro
5. Bilbao
6. Santiago
7. Burgos
8. Granada
9. Toledo
10. Valle de los Caídos
11. la Catedral de Sevilla
12. Salamanca
13. Córdoba

a. plaza principal de Madrid
b. santo patrón de España
c. el río Tajo
d. última fortaleza de los moros en España
e. monumento de la Guerra Civil
f. el Cid Campeador
g. parque público de Madrid
h. paseo moderno
i. grandes pintores españoles
j. catedral gótica más grande del mundo
k. mezquita iniciada en 786
l. centro comercial y social de Barcelona
m. tumba de Cristóbal Colón

14. la Plaza de Cataluña   **n.** una universidad antigua
15. Sevilla   **o.** monasterio famoso
                                      p. centro de la industria minera del norte

EJERCICIO D

Cada expresión de la columna derecha se refiere a algo en la columna izquierda. Indique las relaciones:

1. Ibiza
2. Valencia
3. San Sebastián
4. el vascuence
5. Santa Cruz de Tenerife
6. Pamplona
7. Covadonga
8. Andalucía
9. Barcelona
10. Galicia

a. región del centro del país
b. idioma de origen desconocido
c. una de las Islas Baleares
d. Pelayo
e. La Coruña
f. «la huerta de España»
g. gran influencia árabe
h. ciudad principal de Cataluña
i. playa famosa
j. las Islas Canarias
k. monumentos romanos
l. capital de Navarra

EJERCICIO E

Complete las frases siguientes en español:

1. La Universidad de Salamanca fue fundada en el siglo _____.
2. El Albaicín se halla en la ciudad de _____.
3. El famoso Patio de los Leones está en _____, un palacio construido por los moros.
4. El puerto principal de España es _____.
5. La ciudad más grande de España es _____.
6. El santo patrón de España es _____.
7. Felipe II hizo construir _____.
8. _____, el hermoso castillo moro en Toledo, fue destruido durante la Guerra Civil española.
9. La tumba del Cid está en la catedral de _____.
10. _____ pintó muchas escenas de la ciudad de Toledo.

EJERCICIO F

¿Cierto o falso? Indique si cada frase es cierta o falsa. Si es falsa, cámbiela para hacerla cierta:

1. Palma es la capital de las Islas Canarias.
2. Los vascos son descendientes de la raza céltica.
3. La Reconquista empezó con una batalla que tuvo lugar en Asturias.
4. Las Islas Canarias se hallan en el continente de África.
5. San Ignacio de Loyola fundó la Compañía de Jesús.

6. Los puertos de La Coruña y Barcelona están en la provincia de Galicia.
7. La capital de España está en Castilla-La Mancha.
8. Málaga es el puerto más grande de España.
9. Los sistemas de irrigación usados en Valencia fueron introducidos por los moros.
10. Murcia está al norte de Valencia.
11. Asturias recibió la influencia más profunda de la cultura árabe.
12. Muchos extranjeros van a Pamplona en el mes de julio.
13. El gallego es un idioma relacionado con el francés.
14. La ciudad principal de Cataluña es Barcelona.
15. Cádiz fue un gran centro comercial establecido por los romanos.

EJERCICIO G

Complete cada frase con el nombre de la región:

1. _____ está directamente al norte de Portugal.
2. _____ es la región más industrial de España.
3. _____ es la «huerta de España».
4. _____ ha tenido la mayor influencia en la vida nacional.
5. _____ tiene una ciudad que fue nombrada por un emperador romano.
6. En _____ se inició la Reconquista.
7. Los habitantes de _____ hablan español y un idioma de origen desconocido.
8. _____ dio al mundo muchos conquistadores.
9. _____ todavía conserva mucho de la gran cultura árabe.
10. _____ es una región típicamente mediterránea.
11. _____ se constituyeron en Comunidad Autónoma.
12. En _____ se encuentran ricas minas de carbón y de hierro.
13. La famosa playa de San Sebastián se halla en _____.
14. _____ son la única posesión española en el Mediterráneo.
15. En la capital de _____ se celebra la fiesta de San Fermín.

La Historia de España

ÉPOCA PRIMITIVA

La España de hoy es el producto de los diversos pueblos que la invadieron, trayendo consigo sus propias lenguas, costumbres y características.

Los iberos son el primer pueblo sobre el cual hay informes, aunque no se sabe mucho de su historia. Eran de origen mediterráneo y se extendieron por toda la región sudoriental de España.

Los celtas, de origen centroeuropeo, entraron en la península por el norte a eso del año 1.000 a. de J.C. Los iberos eran hombres bajos y morenos; en cambio los celtas eran rubios y más altos. De la unión de las dos razas se formó la raza celtíbera.

Mientras tanto los fenicios, grandes navegantes y comerciantes del norte de África, establecieron colonias en el sur de la península. Eran un pueblo de una cultura avanzada, que introdujeron en España el arte de escribir, el uso de la moneda y el arte de trabajar los metales. Los fenicios fundaron muchos centros comerciales, entre ellos Cádiz y Málaga.

En el siglo VII a. de J.C. los griegos, otro pueblo de comerciantes, establecieron algunas colonias en la costa oriental e introdujeron el cultivo de la uva y el olivo.

Los cartagineses entraron en la península en el siglo VI a. de J.C. para ayudar a los fenicios en sus guerras contra los celtíberos. Pronto, sin embargo, los cartagineses emplearon sus armas contra los fenicios, los vencieron, y se apoderaron de gran parte de la península. Luego había de venir lógicamente el enfrentamiento con la otra potencia marítima del Mediterráneo, Roma.

Los celtíberos lucharon tanto contra los cartagineses como contra los romanos. Celosos de su independencia, preferían morir antes que rendirse. Un ejemplo de su heroísmo fue el sitio de Sagunto (219 a.

---

3   **traer consigo** to bring with them
9   **a. de J.C. (antes de Jesucristo)** B.C.
23 **sin embargo** however, nevertheless
25 **potencia marítima** sea power

de J.C.) que duró nueve meses. Cuando los cartagineses, bajo el mando de Aníbal, su famoso general, entraron por fin en la ciudad, no hallaron más que muerte y ruinas.

Las legiones romanas finalmente vencieron a los cartagineses en el año 202 a. de J.C. en las llamadas Guerras Púnicas. Entonces Roma pudo dedicarse a la conquista de la península, cuyos habitantes, sin embargo, ofrecieron dura resistencia a los romanos. El sitio de Numancia (133 a. de J.C.), que duró más de quince meses, fue otro ejemplo del heroísmo español. 5

Los romanos permanecieron en España unos seis siglos, y esa época es sin duda una de las más significativas en la formación de la cultura hispana. Los romanos dieron la base del idioma actual, un magnífico sistema de leyes, su estructura económica y social y muchas obras públicas, grandes carreteras, puentes y acueductos. Fundaron ciudades, levantaron escuelas y construyeron teatros y anfiteatros al aire libre. El cristianismo, que había nacido dentro de los confines del imperio romano, se convirtió en una de las fuerzas permanentes de la sociedad hispanoromana. 10 15

Hacia el siglo V d. de J.C., sin embargo, Roma se hallaba ya en decadencia. Los visigodos, una de las tribus germánicas del norte, invadieron a España, terminaron la dominación romana y establecieron su gobierno en Toledo. Pero a pesar de la dominación visigoda, que duró casi cuatro siglos, la gran influencia romana continuó en la península. Los godos adoptaron la lengua hispanoromana, las leyes y las costumbres. El catolicismo triunfó definitivamente en España, y la iglesia llegó a tener un enorme poder al lado de los reyes feudales. 20 25

LOS MOROS Y LA RECONQUISTA

Los musulmanes (árabes, moros y beréberes) comenzaron a entrar por el sur en el año 711. En la batalla de Guadalete vencieron a los soldados del rey Rodrigo, el último rey visigodo. Los moros lograron dominar toda la península, con excepción de algunas regiones del norte. En el año 718 Pelayo, con un pequeño ejército de visigodos, venció a los moros en Covadonga (Asturias). Así comenzó la llamada Reconquista, una lucha constante entre moros y cristianos que duró casi ocho siglos, hasta 1492. 30 35

Gracias en parte a la influencia árabe, España llegó a ser el país más avanzado y más culto de toda Europa. Los moros trajeron su arquitectura, su arte y sus sistemas de irrigación, que aún hoy se usan. De todas partes llegaban estudiantes a Córdoba (la capital de los moros) para estudiar matemáticas, ciencias y medicina. El rey cristiano de León, Alfonso X, llamado el Sabio, reunió en su corte a muchos sabios, entre los cuales había árabes, cristianos y judíos. Allí estudia- 40

19 **d. de J.C. (después de Jesucristo)** A.D.

ron y enseñaron, y a ellos se debe mucho de lo que hoy sabemos de la
España medieval.

Kingdom

Durante los tres primeros siglos de la dominación mora, se vivió
mayormente en paz. Pero más tarde llegaron otros invasores del norte
5 de África, y los reinos cristianos empezaron a unirse para reconquistar
sus tierras. El Cid Campeador, Rodrigo Díaz de Vivar, vivió en el siglo
XI y se distinguió en las luchas entre moros y cristianos. Era muy temido de los moros, quienes le dieron el título de El Cid, que significa
El «señor» en árabe. En el año 1094 venció a los moros de la ciudad de
Cid 10 Valencia y gobernó esta ciudad hasta su muerte en 1099. Sobre sus
hazañas se escribió un poema épico, el Poema del Cid, una de las obras
maestras de la literatura española.

La Reconquista no fue rápida porque los habitantes de la península no estaban unidos y pensaban en términos regionales, no como
15 una sola nación. En 1469 Isabel, princesa de Castilla, se casó con Fernando, príncipe de Aragón. Más tarde, cuando ella llegó a ser reina
de Castilla y él rey de Aragón, dos de los reinos más poderosos, la
España cristiana quedó unificada por primera vez. Del gran imperio
árabe sólo quedaba el reino de Granada, gobernado por Boabdil, el
20 último rey moro. Fernando e Isabel, llamados los Reyes Católicos, con-
quistaron a Granada en 1492, terminando así la Reconquista.

Los Reyes Católicos entonces trataron de reunir bajo su corona
las otras regiones independientes. Crearon la Santa Hermandad, una
institución encargada de proteger a la población rural, y reorganizaron
25 la Inquisición [1], cuya misión era mantener la unidad religiosa. En
1492 expulsaron a todos los judíos de España.

GRANDEZA DE ESPAÑA

Bajo el reinado de los Reyes Católicos, España llegó a ser la primera nación de Europa. Fue la reina Isabel quien recibió a Cristóbal

Christopher
Columbus
30 Colón, un navegante genovés, y resolvió ayudarle en su empresa, dándole tres barcos, la Pinta, la Niña y la Santa María. El día 3 de agosto
de 1492, estos tres barcos partieron de Palos, en el sur de España. El
día 12 de octubre del mismo año, Colón y sus marineros pisaron tierra
en una isla que llamaron San Salvador (hoy en día conocida por el
35 nombre de Watling Island).

Con el descubrimiento del Nuevo Mundo empezó el gran imperio
español. Gonzalo Fernández de Córdoba, el «Gran Capitán», que había
adquirido fama durante las guerras contra los moros, conquistó gran
parte de Italia para los Reyes Católicos.

---

7 **ser temido de** to be feared by
28 **llegar a ser** to become

Durante el reinado de Carlos V (1517–1556), nieto de los Reyes Católicos, la nación española llegó a tener posesiones en Alemania, Austria, Italia, los Países Bajos, América, el norte de África y el sur del Pacífico. Ésta fue la época de los grandes descubrimientos y conquistas.

En 1556 Carlos V se retiró a un monasterio y entregó el poder a su hijo, Felipe II, quien reinó hasta 1598. Era un hombre inteligente, pero austero y fanático. Desde el Escorial, soñaba con poner fin al protestantismo y hacer eterna la gloria de España. Durante su reinado tuvo lugar la famosa batalla de Lepanto contra los turcos, que acabó con el poder otomano en el Mediterráneo. También ocurrió el mayor desastre naval sufrido por España, la destrucción de la Armada Invencible en 1558 a manos de Inglaterra, su rival religioso y político. Esta derrota inició la decadencia del imperio español.

DECADENCIA

Felipe II murió en 1598 y sus sucesores, Felipe III y luego Felipe IV, no fueron capaces de gobernar territorios tan grandes. España empezó a sufrir derrotas y a perder tierras. Además, el dominio del mar ya no le pertenecía a España, sino a Inglaterra. Aunque la literatura y el arte seguían floreciendo, había mucha corrupción en los asuntos del gobierno, y el pueblo sufría mucha miseria. España experimentaba la ruina económica a causa de las frecuentes guerras, la emigración al Nuevo Mundo y la expulsión de los judíos y los moros.

Durante el reinado de Carlos II la decadencia de la nación española llegó a ser casi completa. La muerte del rey en 1700 marca el fin de la dinastía de los Habsburgos [2] en España y el comienzo de la dinastía de los Borbones [3], que dura hasta tiempos modernos.

En 1759 subió al poder Carlos III, bajo cuyo reinado se nacionalizó la enseñanza, se estableció el servicio de correos, se hicieron muchas reformas urbanas y se fomentaron la agricultura, la industria y el comercio.

SIGLOS XVIII A XX

Desgraciadamente Carlos IV era tan débil que deshizo toda la obra de su padre, Carlos III. Durante su reinado, Napoleón invadió a España en 1808 y nombró rey a su hermano José. El dos de mayo del mismo año, los ciudadanos madrileños se rebelaron contra los soldados

---

2 **llegar a tener** to succeed in having, to manage to have
3 **los Países Bajos** the Netherlands (Holland)
9 **tener lugar** to take place, to occur
22 **a causa de** on account of, because of
36 **los ciudadanos madrileños** the citizens of Madrid

franceses, y así comenzó la Guerra de Independencia que duró hasta 1813. Esta guerra ha quedado inmortalizada en las obras del gran pintor español Francisco Goya.

Con la ayuda de Inglaterra, España logró finalmente expulsar a
5 las tropas francesas de su territorio. Desde entonces, el dos de mayo se ha considerado como la fiesta nacional del país.

Después de la derrota de los franceses, subió Fernando VII al poder, un monarca reaccionario que suprimió el espíritu liberal del país y gobernó como rey absoluto. Durante su reinado, España perdió
10 casi todas sus colonias en el Nuevo Mundo.

Después de la muerte de Fernando VII en 1833, estalló una guerra civil entre los carlistas tradicionalistas (partidarios del príncipe Don Carlos, hermano de Fernando) y los liberales (partidarios de Isabel II, hija del rey y todavía menor de edad). Esta guerra es conocida como
15 las Guerras Carlistas que ocasionaron batallas e incidentes de 1833 a 1839, de 1855 a 1860 y de 1872 a 1876. La tercera guerra carlista fue ganada por los ejércitos liberales en 1876.

La primera república, que había sido establecida en 1873, duró sólo once meses durante los cuales pasaron por el poder cuatro pre-
20 sidentes. Alfonso XII, hijo de Isabel II, volvió como rey en 1874, pero murió en 1885. Durante la regencia de su esposa, María Cristina, se acabó el resto del imperio español. Por el Tratado de París (1898), que terminó la guerra entre España y los Estados Unidos, España perdió a Cuba, Puerto Rico, las Filipinas y Guam.

25 En 1902 Alfonso XIII subió al trono, pero fue expulsado en 1931 por haber permitido que el dictador Primo de Rivera gobernase a España de 1923 a 1930, y por haber actuado mal en la guerra de Marruecos.

La segunda república española fue declarada en 1931 pero duró
30 solamente cinco años, a causa de las muchas luchas políticas. Bajo la república, España recibió una nueva constitución y muchas leyes liberales. Por desgracia, el gobierno no pudo mantenerse fuerte, y en 1936 estalló la Guerra Civil. Después de muchas luchas sangrientas, el general Francisco Franco logró vencer las fuerzas de la República y
35 estableció una dictadura en 1939, que duró hasta su muerte en 1975.

El gobierno actual de España es una monarquía constitucional. En 1969, Franco y las Cortes (el parlamento) nombraron como futuro rey y jefe del estado al príncipe Juan Carlos, nieto de Alfonso XIII, quien subió al trono en 1975. Desde 1982 el primer ministro del país
40 es Felipe González Márquez, secretario general del partido socialista español. En 1985 se aprobó la admisión de España a la Comunidad Económica Europea [4].

---

11 **estallar** to break out

NOTES:

[1] **la Inquisición:** Tribunal established during the Middle Ages to try heretics and those suspected of converting only nominally to Christianity. This institution was particularly powerful in Spain in the late fifteenth century. It influenced and affected the religious policies of the Catholic monarchs, Ferdinand and Isabella, who expelled first all Jews who refused to be baptized and later on all Moors. The Inquisition became synonymous with horror, religious bigotry, and cruel fanaticism.

[2] **los Habsburgos:** Royal family from Germany, one of the principal sovereign dynasties of Europe from the fifteenth to the twentieth century. The dynasty started in Spain with Charles V, who became the most powerful of the Habsburgs.

[3] **los Borbones:** Royal family from France. With the exception of a few years, from 1868–1874, the House of Bourbon ruled in Spain from 1700 to 1931. It returned to the throne of Spain in 1975 with Juan Carlos I.

[4] **la Comunidad Económica Europea:** European Common Market. Comprised of Belgium, Denmark, France, West Germany, Greece, Ireland, Italy, Luxembourg, the Netherlands, Portugal, Spain, and the United Kingdom. These nations aim to integrate their economies, coordinate social development, and bring about the political union of the democratic states of Europe.

EJERCICIO A

Cada expresión de la columna B se refiere a algo en la columna A. Indique las relaciones:

A	B
1. las Guerras Púnicas	a. Guerra Carlista
2. el uso de monedas	b. último rey de los moros
3. Palos	c. la segunda república española
4. Numancia	d. la primera gramática española
5. Boabdil	e. Cristóbal Colón
6. Rodrigo Díaz de Vivar	f. los fenicios
7. Pelayo	g. invasión romana
8. derrota de la Armada Invencible	h. Covadonga
9. Francisco Franco	i. derrota de los cartagineses
10. Isabel II	j. dictador
	k. el héroe nacional de España
	l. Felipe II

EJERCICIO B

¿Cierto o falso? Indique si cada frase es cierta o falsa. Si es falsa la frase, cambie el elemento necesario para hacerla cierta:

1. Los habitantes primitivos del país fueron los celtíberos.
2. Los fenicios fundaron muchos centros comerciales.
3. El sitio de Sagunto es un ejemplo del heroísmo de los cartagineses.
4. Los visigodos dieron la base del idioma actual de España.
5. Bajo la influencia romana, España llegó a ser el país más avanzado y más culto de Europa.
6. Pelayo es el héroe nacional de España.
7. La España cristiana se unificó con la boda de Fernando e Isabel.
8. La destrucción de la Gran Armada terminó el período de la decadencia de España.
9. La Guerra de Independencia comenzó el dos de mayo.
10. Al terminar la Guerra Civil española en 1939, el gobierno de España era una monarquía constitucional.

EJERCICIO C

Identifique el personaje:

1. El rey de España que perdió el trono en 1931.
2. Tomó el poder en 1939 y fue dictador hasta su muerte.
3. Conquistó gran parte de Italia para los Reyes Católicos.
4. Durante su reinado se estableció el servicio de correos.
5. Durante su reinado, la decadencia de España llegó a ser casi completa.
6. Se disputó el trono de España con Isabel II.
7. Se casó con la princesa Isabel de Castilla.
8. Los grandes descubrimientos y conquistas sucedieron durante su reinado.
9. El rey actual de España.
10. Durante su reinado, España perdió la mayor parte de sus colonias en América.

EJERCICIO D

Complete las frases siguientes:

1. España tuvo el mayor número de posesiones durante el reinado de _____.
2. _____ gobernó en España durante el reinado de Alfonso XIII.
3. Los _____ introdujeron el cultivo de la uva y el olivo en España.
4. Bajo Felipe II, España venció a los turcos en la batalla de _____.
5. Un rey español muy progresista de la Casa de Borbón fue _____.
6. El gobierno actual de España es _____.
7. Napoleón invadió a España en el año _____.
8. Los primeros habitantes de España fueron los _____.

9. España logró expulsar a los franceses con la ayuda de _____.

10. La dominación romana terminó en el siglo _____ .

EJERCICIO E

Indique el orden cronológico de las personas siguientes, escribiendo en orden ascendente los números 1–10 en los espacios correspondientes:

1. _____ Pelayo

2. _____ Carlos V

3. _____ Juan Carlos

4. _____ Alfonso XII

5. _____ el rey Rodrigo

6. _____ Felipe II

7. _____ Fernando e Isabel

8. _____ Rodrigo Díaz de Vivar

9. _____ Isabel II

10. _____ Fernando VII

La Literatura de España

ORÍGENES Y EDAD MEDIA

Desde los tiempos antiguos, España ha estado bien representada en la literatura mundial. Los orígenes de la literatura española pueden encontrarse en pequeñas canciones líricas de tipo popular que datan
5 del siglo XI. Estas canciones, llamadas jarchas, fueron escritas en dialecto español mozárabe y representan la primera manifestación de lo que será más tarde el tipo de lírica tradicional española, el villancico.

El «Poema (o Cantar) de Mio Cid» es el más antiguo y mejor ejem-
10 plo de la poesía épica española. Cuenta las hazañas del héroe nacional de España, Rodrigo Díaz de Vivar, y está dividido en tres partes o cantares que tratan de tres épocas distintas de su vida. El poema, de autor anónimo, fue compuesto hacia el año 1140.

Alfonso X, el Sabio (1221–1284) es la figura más prominente de
15 la literatura española de la Edad Media. Bajo su reinado la literatura llegó a tener prestigio oficial. Además de escribir varias obras en prosa y en verso, reunió en su corte a los hombres más cultos de la época para estudiar, traducir y escribir textos en distintas áreas, desde historia hasta astronomía. A Alfonso se deben «Las siete partidas», una
20 vasta colección de leyes y costumbres que reflejan la sociedad de la época.

En el siglo XIV empezaron a aparecer los libros de caballería, que fueron populares hasta finales del siglo XVI. Se caracterizaban por su idealismo sentimental, su atmósfera lírica y las aventuras sobrenatu-
25 rales de sus héroes.

En el siglo XV comenzó una renovación de la poesía. Los romances, poemas narrativos épico-líricos que se cantan, tuvieron su origen en ese siglo y han sobrevivido hasta hoy día. Tratan de temas heroicos, históricos o líricos, y se considera que reflejan el alma y la
30 tradición del pueblo español.

Jorge Manrique (1440–1479) es famoso por sus «Coplas», un poema escrito para honrar la muerte de su padre. Se considera tal vez

---

1 **la Edad Media** the Middle Ages
3 **la literatura mundial** world literature
22 **el libro de caballería** romance of chivalry
32 **tal vez** perhaps

como la mejor obra de poesía lírica escrita durante la Edad Media. Fue traducida al inglés, en verso, por el poeta norteamericano Henry Wadsworth Longfellow (1807–1882).

Antonio de Nebrija (1441–1522) es conocido por haber escrito la primera gramática castellana, publicada en 1492. Fue la primera gramática escrita sobre una lengua moderna. 5

SIGLO DE ORO

El llamado Siglo de Oro es la época más gloriosa de la literatura española. En este período de casi dos siglos, vivieron los autores considerados como clásicos por excelencia. Comienza durante la primera 10 mitad del siglo XVI y termina hacia fines del siglo XVII, con la muerte de Pedro Calderón de la Barca.

Garcilaso de la Vega (1501–1536), soldado y poeta, fue un verdadero representante del Renacimiento. Introdujo en España nuevas formas de poesía lírica y popularizó la forma poética llamada soneto. 15 Con Garcilaso comienza la literatura española moderna.

En el siglo XVI surge un género de narración literaria de tipo realista y satírico que se llama la novela picaresca. Ésta describe las aventuras de un pícaro, una persona sin raíces, que sirve de criada, cambia con frecuencia de amo y ciudad y engaña para poder vivir. Sus 20 comentarios son una verdadera sátira de la vida y la sociedad de la época. La primera y más típica de las novelas de este género es el «Lazarillo de Tormes», de autor anónimo, que apareció en 1554.

Miguel de Cervantes Saavedra (1547–1616) es conocido en todo el mundo como el autor de «Don Quijote de la Mancha», uno de los 25 libros más leídos en todos los idiomas. Siendo joven, Cervantes se distinguió como soldado en la batalla de Lepanto [1], donde perdió el uso del brazo izquierdo. De allí su sobrenombre de «el manco de Lepanto». Su vida personal fue una serie de fracasos. Pasó cinco años cautivo de los piratas turcos. Luego tuvo mala suerte en los negocios 30 y pasó algún tiempo en la cárcel. Tampoco tuvo éxito en su matrimonio. Como escritor dejó poesías, novelas, obras de teatro y una colección de doce novelas cortas, las «Novelas ejemplares».

En 1605 se publicó la primera parte de su obra maestra, «El ingenioso hidalgo don Quijote de la Mancha». En 1615 se publicó la 35 segunda parte. El libro trata de un hombre de edad avanzada que se imagina caballero y sale en su caballo, Rocinante, para buscar aventuras y combatir las injusticias del mundo, pero sin éxito. Lleva como escudero a Sancho Panza, un labrador ignorante pero de mucho sentido común. Este libro, que Cervantes escribió para burlarse de los li- 40 bros de caballería, está lleno de episodios ridículos. Pero, además del

---

31 **tener éxito** to be successful
40 **burlarse de** to make fun of

humorismo de las aventuras, hay una base filosófica, el conflicto entre el idealismo y el materialismo. Desde el día de su publicación, el libro logró un éxito tremendo que todavía no ha disminuido.

Francisco de Quevedo (1580–1645) fue el escritor satírico por
5 excelencia en la literatura española. «Los sueños», una serie de relatos, es su obra maestra en prosa. Escribió también una gran novela picaresca, «La vida del buscón», y dejó un tesoro de poesía lírica.

Lope de Vega (1562–1635) fue un verdadero «monstruo de la naturaleza», como lo llamó Cervantes a causa de su gran producción
10 literaria. Escribió toda clase de obras, pero su fama se debe más a sus obras dramáticas, entre las que se cuentan más de mil comedias, todas en verso.

Se ha dicho que Lope de Vega es el padre de la comedia moderna y el creador del teatro nacional español. Expuso su teoría y técnica de
15 escribir comedias, afirmando que el teatro es una representación de la vida y que el escritor debe tener libertad total. Sus obras más famosas son las que tratan de la historia de España y de la dignidad humana. Se pueden mencionar entre éstas «Fuenteovejuna» y «Peribáñez y el Comendador de Ocaña». En estas dos obras, la gente del pueblo lucha
20 contra las injusticias de los nobles.

Juan Ruiz de Alarcón (1581–1639) nació en México de padres españoles. Escribió más de veinte obras teatrales en las cuales castigaba el vicio y alababa la virtud. Entre las principales deben mencionarse «Las paredes oyen», contra la calumnia, y «La verdad
25 sospechosa», contra la mentira.

Tirso de Molina (1584–1648) fue uno de los más grandes dramaturgos españoles. Su verdadero nombre era Fray Gabriel Téllez. Es famoso por haber creado el personaje de don Juan en su drama «El burlador de Sevilla». Desde la época de Tirso, la figura de don Juan ha
30 inspirado la obra de muchos autores en diversos países. En la música, por ejemplo, el gran compositor Mozart usó el tema de don Juan en su ópera «Don Giovanni».

Pedro Calderón de la Barca (1600–1681) fue el último de los grandes dramaturgos del Siglo de Oro. El tema principal de sus obras
35 es el honor. Sus dos obras principales son «El alcalde de Zalamea» y «La vida es sueño». En la primera, un hombre del pueblo, elegido alcalde, manda matar a un noble para vengar el honor de su hija. La segunda contiene ideas filosóficas profundas sobre la realidad y los sueños.

40 SIGLOS XVIII Y XIX

En el siglo XVIII hubo poca producción literaria de valor en España. La mayor parte de las obras publicadas fueron imitaciones en

---

6 **la obra maestra** the masterpiece

español de escritores franceses. En 1713 se estableció la Real Academia de la Lengua Española, cuya tarea era la de mantener la pureza del idioma español.

En 1833, a la muerte de Fernando VII, regresaron al país muchos españoles que habían salido durante su reinado. Éstos trajeron consigo las ideas liberales que habían aprendido en otros países. Así comenzó en España el romanticismo, movimiento literario que exaltaba al individuo, sus ideas y sus sentimientos, sin preocuparse por las reglas literarias clásicas del siglo XVIII.

Ángel Saavedra, **Duque de Rivas** (1791–1865), escribió «Don Álvaro o la fuerza del sino», un drama romántico que más tarde inspiró al compositor italiano Giuseppe Verdi para su ópera «La fuerza del destino».

José de Espronceda (1808–1842) fue un poeta romántico, cuyas obras principales son «El estudiante de Salamanca» y «Canto a Teresa». Se le ha comparado, en su vida y en su obra, con el poeta inglés Lord Byron (1788–1824).

Mariano José de Larra (1809–1837) fue un ensayista y crítico importante. Escribió bajo varios seudónimos, uno de ellos «Fígaro», una colección de «Artículos de costumbres» que son una sátira al modo de vivir de su tiempo.

José Zorrilla (1817–1893) escribió «Don Juan Tenorio», un drama basado en el tema de don Juan, pero desde el punto de vista romántico. Tan popular es este drama, que se representa hasta hoy día anualmente el Día de los Difuntos, es decir, el dos de noviembre.

Gustavo Adolfo Bécquer (1836–1870) escribió «Rimas», una colección de unas setenta poesías líricas, algunas de las cuales son popularísimas.

El romanticismo fue seguido por un movimiento literario llamado realismo, que pretendía representar la «realidad» sin idealizarla. La novela del siglo XIX se caracteriza por su realismo y su regionalismo. Muchos autores escribieron acerca de la región donde habían nacido, su «patria chica».

Fernán Caballero es el seudónimo de Cecilia Böhl de Faber (1796–1877). Esta autora inició la novela costumbrista [2] en España. Describió las costumbres de su época y de su región, Andalucía, en un estilo sencillo y natural. Su obra principal es «La Gaviota».

Las novelas de **Juan Valera** (1824–1905) son una visión poética de la vida en Andalucía. Le interesaba la psicología de sus personajes, y su obra más famosa, «Pepita Jiménez», es un estudio psicológico sobre la vocación religiosa.

Benito Pérez Galdós (1843–1920), el novelista español más importante del siglo XIX, dejó una vasta producción literaria. Fue liberal y crítico violento de la intolerancia religiosa y de la injusticia social. Entre sus obras deben mencionarse la novela «Doña Perfecta», contra

---

25 **el Día de los Difuntos** All Soul's Day

la intolerancia religiosa, y los «Episodios Nacionales», una serie de más de sesenta narraciones históricas sobre la España del siglo XIX.

Emilia Pardo Bazán (1852–1921) introdujo el naturalismo [3] en España y estableció contacto entre la vida literaria europea y la espa-
5 ñola. Escribió acerca de su región, Galicia. Sus novelas principales son «Los pazos de Ulloa» y «La madre naturaleza».

Armando Palacio Valdés (1853–1938) fue un novelista muy popular. Escribió «La hermana San Sulpicio», sobre la región de Andalucía, y «José», acerca de los pescadores de Asturias.

10 **Vicente Blasco Ibáñez** (1867–1928) fue muy popular, no sólo en España sino también en el extranjero. Su obra principal es «La barraca», que describe la vida de los campesinos valencianos. También escribió «Sangre y arena», sobre la corrida de toros, y «Los cuatro jinetes del Apocalipsis», que trata de la Primera Guerra mundial. Fue
15 un gran defensor de las ideas republicanas y de la libertad del individuo frente al Estado y estuvo muchas veces en la cárcel por sus ideas políticas.

LA «GENERACIÓN DEL '98» HASTA NUESTROS DÍAS

Como resultado de la guerra de 1898 contra los Estados Unidos,
20 España perdió lo poco que le quedaba de su imperio colonial. A raíz de este desastre, un grupo de intelectuales jóvenes españoles comenzó a examinar el estado cultural y espiritual de su país dentro del mundo moderno. Estos escritores se conocen hoy como la «Generación del '98» e incluyen ensayistas, novelistas, poetas y dramaturgos.

25 **Francisco Giner de los Ríos** (1839–1915) fue filósofo, profesor y el gran educador de los intelectuales. Su influencia se nota en los escritores de la «Generación del '98». Fundó la Escuela Libre de Enseñanza, centro de ideas liberales.

Miguel de Unamuno (1864–1936) es la figura dominante de la
30 «Generación del '98», y su influencia sigue siendo importante. Fue filósofo, crítico, poeta y novelista. Su atractivo es la pasión y la violencia con que se muestra al lector. Su ensayo más conocido es «Del sentimiento trágico de la vida», que explora uno de sus temas favoritos, el abismo que existe entre la fe y la razón, entre la falta de fe y el
35 deseo de inmortalidad.

Ramón del Valle-Inclán (1866–1936) fue famoso por la riqueza de su lenguaje. Su prosa puede casi llamarse poesía. Entre sus obras deben mencionarse las cuatro «Sonatas», de primavera, de estío, de otoño y de invierno, y la novela «Tirano Banderas».

40 En el teatro **Jacinto Benavente** (1866–1954) es un nombre bien conocido. Este dramaturgo ganó el Premio Nobel de Literatura en 1922.

---

11 **en el extranjero** abroad
20 **a raíz de** as a result of

Sus obras más importantes son «La malquerida» y «Los intereses creados».

Ramón Menéndez Pidal (1869–1968) fue un erudito muy importante de la España del siglo XX. Hizo estudios profundos sobre la lengua y la literatura medievales de España, entre ellos «Los orígenes del español», «El romancero español» y «La España del Cid».

Pío Baroja (1872–1956) fue tal vez el novelista principal de la «Generación del '98». En sus novelas hay mucha fuerza y acción. Dos de las más importantes son «El árbol de la ciencia» y «Camino de perfección». La primera se considera una novela autobiográfica, en la que el autor expone sus ideas incomformistas y los problemas sociales de su época.

José Martínez Ruiz, llamado «**Azorín**», (1873–1967) escribió ensayos y novelas. En sus obras relacionó la España antigua con la moderna, en un lenguaje muy sencillo y natural. Entre sus obras principales deben mencionarse «La voluntad», «Castilla» y «Los valores literarios». Se le considera el crítico literario más importante de la «Generación del '98».

Antonio Machado (1875–1939) fue uno de los mejores poetas de este siglo y uno de los más amados y respetados. Sus poemas son breves, pero tratan de temas fundamentales. Introdujo el modernismo de Rubén Darío en la poesía española, pero sin dejarse influir totalmente por este estilo. Su obra «Campos de Castilla» tiene por tema el paisaje austero de su país.

Gregorio Martínez Sierra (1881–1947) logró crear notables personajes femeninos en sus obras dramáticas. La más conocida es «Canción de cuna». Fue también autor del texto sobre el que de Falla compuso su ballet «El amor brujo».

José Ortega y Gasset (1883–1955) fue un filósofo y ensayista que buscó los valores espirituales de España en su tradición. Se le considera el maestro de toda una generación de escritores españoles e hispanoamericanos. Dos de sus obras principales son «La rebelión de las masas» y «Meditaciones del Quijote».

La época de la Guerra Civil en España (1936–39) afectó tanto la literatura como la vida diaria de los españoles. Muchos escritores se opusieron a la dictadura que estableció Franco al terminar la guerra y salieron del país para vivir en el extranjero. Otros fueron encarcelados o condenados a muerte.

Juan Ramón Jiménez (1881–1958), maestro del modernismo, radicaba en Puerto Rico cuando ganó el Premio Nobel de Literatura en 1956. Además de varias colecciones de poesías, escribió también libros en prosa. De éstos el más conocido es «Platero y yo», que describe los recuerdos de su juventud.

Federico García Lorca (1898–1936) fue un notable poeta y dramaturgo andaluz que escribió en forma dramática sobre temas folklóricos y tradicionales. Su teatro trata en gran parte de las pasiones humanas. Entre sus obras deben mencionarse los dramas «Bodas de sangre» y «La casa de Bernarda Alba» y los poemas de su «Romancero gitano». García Lorca murió en circunstancias trágicas durante la Guerra Civil.

5   **Jorge Guillén** (1893–1984) es el poeta de la llamada «poesía pura»; es decir, poesía que carece de anécdota y está hecha de conceptos y abstracciones. Hasta 1957 fue autor de un solo libro, «Cántico», que se publicó por primera vez en 1928 y llegó a incluir 500 poemas en su quinta edición. Su última colección de poemas, publicada en
10 1981, se titula «Final». Enseñó en muchas universidades del mundo, entre ellas Harvard y Wellesley College en los Estados Unidos.

    Vicente Aleixandre (1898–1984) fue un ensayista y poeta que recibió el Premio Nobel de Literatura en 1977. En su ensayo «Los encuentros», el autor pinta con palabras, retratos de los grandes es-
15 critores españoles a quienes conoció. Su obra poética es surrealista y neorromántica a la vez; el tema central es el amor en su doble aspecto de fuerza destructora e ilusión de la vida. Entre esta obra poética se distinguen «La destrucción o el amor» y «Sombras del paraíso».

    Alejandro Casona (1900–1965) fue un dramaturgo que vivió mu-
20 chos años en la Argentina después de la Guerra Civil. Escribió con mucha fuerza dramática. Dos de sus obras principales son «La dama del alba» y «Los árboles mueren de pie».

    Ramón J. Sender (1902–1982) abandonó España después de la Guerra Civil. Vivió en Guatemala y México y luego se radicó en los
25 Estados Unidos. Es conocido por sus novelas «Requiem por un campesino español», sobre sus experiencias en la Guerra Civil, «Mr. Witt en el Cantón», «Crónica del alba» y «En la vida de Ignacio Morel». Por estas obras recibió varios premios literarios.

    Después de la Guerra Civil, aparece en España una nueva ge-
30 neración de escritores. Muchos de ellos habían vivido sus años de juventud cara a cara con los horrores de esa guerra. Influidos por ella, estos escritores se han preocupado por los problemas sociales y económicos que España ha afrontado desde la posguerra hasta hoy.

    Julián Marías (1914–   ) es un filósofo y ensayista contempo-
35 ráneo, discípulo fiel de Ortega y Gasset. Ha hecho un examen sincero y veraz sobre los problemas del inmediato futuro de España en su contexto real. Ha enseñado en la Universidad de Madrid, en Harvard, Yale y la Universidad de California en Los Angeles. Entre sus obras más conocidas están «Historia de la Filosofía», «Introducción a la Filoso-
40 fía», «Los Estados Unidos en escorzo» y «Los españoles».

    Camilo José Cela (1916–   ) es tal vez el más famoso de los novelistas de la España contemporánea. Es un maestro del lenguaje y posee un humor de tono burlón. Su novela «La familia de Pascual Duarte» lamenta la falta de dignidad personal que se notaba en la Es-

---

31   **cara a cara** face to face
33   **la posguerra** postwar (*refers to the years after the Civil War*)

paña de la posguerra. Con esta obra, cruel y dura, se inicia un movimiento en la novela llamado «tremendista». Cela escribió también, entre otras, «La colmena» y «Camilo, 1936».

Antonio Buero Vallejo (1916–   ) escribió obras dramáticas que dieron dignidad al teatro español y lo modernizaron. Trata de invadir 5 la realidad humana y social de nuestro tiempo, tanto de España como del resto del mundo. Sus obras más famosas incluyen «Las meninas», «En la ardiente oscuridad» e «Historia de una escalera».

Miguel Delibes (1920–   ) es un novelista de estilo sobrio y sencillo que ha retratado la realidad de la sociedad española de la pos- 10 guerra, en especial al hombre humilde. Entre sus novelas más conocidas están «El camino», «Diario de un cazador» y «Las ratas».

Carmen Laforet (1920–   ) causó una gran conmoción con la publicación de su novela «Nada» en 1946. Ésta trata del vacío espiritual de la España de la posguerra y le valió un premio literario. Desde 15 entonces ha ganado otros premios y ha publicado, entre otras, las novelas «La isla y los demonios» y «La mujer nueva».

José Hierro (1922–   ) es uno de los poetas más destacados de la posguerra, por haber logrado una poesía honda, humana y apasionada con un mínimo de imágenes. Su obra poética incluye «Alegría», 20 «Cuanto sé de mí» y «Poesía del momento».

Ana María Matute (1926–   ) es una escritora que ha dado al mundo una producción literaria de primera calidad. Trae a sus cuentos y novelas la nota distintiva de una delicada sensibilidad que no ciega su visión clara y perceptiva de la realidad. «Fiesta al noroeste», 25 «Pequeño teatro», «Los hijos muertos» y «Primera memoria» son novelas que le valieron premios nacionales de literatura.

Alfonso Sastre (1926–   ) es un dramaturgo que escribe sobre la sociedad con el fin de dar un mensaje social a su público. «La mordaza» y «Escuadra hacia la muerte» son dos de sus obras conocidas. 30

Juan Goytisolo (1931–   ) es otro novelista importante de la España contemporánea. Presenta los problemas e inquietudes de la época en sus obras «Juegos de manos», «El circo», «Duelo en el paraíso» y «Fiestas».

Antonio Gala (1937–   ) es un poeta y dramaturgo que discute 35 temas actuales, a veces a través de los ojos de personajes históricos. Entre sus obras más conocidas están «Anillos para una dama», «Noviembre y un poco de yerba» y «Petra Regalada».

NOTES:

[1] **la batalla de Lepanto:** Battle of Lepanto (1571, Lepanto, Greece). Naval battle between allied Christian forces, led by the king of Spain's brother, and the Ottoman Turks. The victory of the Christian forces had great impact in Europe.

---

15   **le valió** it earned her

[2] **la novela costumbrista:** A literary genre referring to novels with strong regional flavor that describe local customs and manners.

[3] **el naturalismo:** Naturalism, a theory in literature emphasizing the role of heredity and environment upon human life and character development. It states that literature should conform to describing nature without idealization or avoidance of the ugly.

EJERCICIO A

¿Cierto o falso? Indique si cada frase es cierta o falsa. Si es falsa, cámbiela para que sea cierta:

1. Una de las óperas de Mozart está basada en un tema popular de una obra de Tirso de Molina.
2. «Don Quijote de la Mancha» fue escrito para burlarse de los libros de caballería.
3. Los siglos XVI y XVII se llaman también el Siglo de Oro.
4. La vida de Espronceda fue semejante a la del poeta inglés Byron.
5. Emilia Pardo Bazán introdujo el realismo en España.
6. En su novela «Los cuatro jinetes del Apocalipsis», Blasco Ibáñez describe los desastres de la Primera Guerra mundial.
7. La primera guerra carlista causó la formación de un grupo de intelectuales llamado la «Generación del '98».
8. Azorín fue el crítico más conocido de la «Generación del '98».
9. Camilo José Cela es un autor del siglo XIX.
10. En su obra «Platero y yo», Juan Ramón Jiménez describe su juventud.
11. Vicente Aleixandre fue un poeta que recibió el Premio Nobel de Literatura en 1977.
12. Antonio Gala es el dramaturgo cuyas obras dramáticas dieron dignidad al teatro español.
13. El modernismo de Rubén Darío fue introducido en la poesía española por Jorge Guillén.
14. Los autores de la posguerra han escrito sobre los problemas sociales y económicos de la España de esa época.
15. Julián Marías se distinguió en la literatura española como dramaturgo.

EJERCICIO B

Identifique la persona u obra de la columna A con la persona u obra correspondiente de la columna B:

A	B
1. El Cid	a. Benavente
2. Larra	b. Calderón de la Barca
3. «Novelas ejemplares»	c. «La barraca»
4. «Episodios nacionales»	d. «La Gaviota»

5. Gustavo Adolfo
   Bécquer
6. Blasco Ibáñez
7. «Los intereses creados»
8. «La vida es sueño»
9. «Sonatas»
10. Fernán Caballero

e. Rodrigo Díaz de Vivar
f. Valle-Inclán
g. «Fígaro»
h. Cervantes
i. «Rimas»
j. «Don Álvaro o la fuerza del sino»
k. Pérez Galdós

EJERCICIO C

Escoja el nombre correcto:

1. Dramaturgo del Siglo de Oro: Quevedo, Palacio Valdés, Tirso de Molina
2. Poeta romántico: Espronceda, Jorge Manrique, Fernán Caballero
3. Daba importancia al individuo: realismo, regionalismo, romanticismo
4. Ganó el Premio Nobel: Pérez Galdós, Juan Ramón Jiménez, Juan Valera
5. Escudero de don Quijote: Sancho Panza, Rocinante, Fígaro
6. Escribió acerca de la España de la posguerra: Laforet, Palacio Valdés, Unamuno
7. Dramaturgo español que vivió en la Argentina: Pío Baroja, Alejandro Casona, José Martínez Ruiz
8. El gran maestro de los intelectuales de la Generación del '98: Ortega y Gasset, Valle-Inclán, Giner de los Ríos
9. Erudito importante del siglo XX: Alfonso el Sabio, Menéndez Pidal, el Duque de Rivas
10. Escribió sobre el tema de «don Juan»: Duque de Rivas, Larra, Zorrilla

EJERCICIO D

Identifique estos autores u obras de la literatura española:

1. Soy el autor de «Las siete partidas».
2. Soy una serie de relatos que representan la obra maestra en prosa de Quevedo.
3. Fui el último gran dramaturgo del Siglo de Oro.
4. Escribí la primera gramática de la lengua española.
5. Escribí más de mil comedias y expuse mis ideas sobre este género.
6. Soy el más antiguo y mejor ejemplo de la poesía épica española.
7. Fui soldado y poeta en el Siglo de Oro; popularicé el soneto en España.
8. Soy una obra poética importantísima de Jorge Manrique.
9. Fui llamado «el manco de Lepanto».
10. Me consideran el héroe nacional de España.

EJERCICIO E

Identifique las obras siguientes. ¿Cuál es (a) el género de la obra (drama,

poesía, novela, ensayo), (b) el autor y (c) la época (Siglo de Oro, roman-
ticismo, realismo, Generación del '98, posguerra)?

EJEMPLO: Don Quijote   **novela**   **Cervantes**   **Siglo de Oro**

1. Lazarillo de Tormes
2. Nada
3. Doña Perfecta
4. Fiesta al noroeste
5. Historia de la filosofía
6. Los intereses creados
7. La Gaviota
8. En la ardiente oscuridad
9. Don Juan Tenorio
10. Del sentimiento trágico de la vida
11. El árbol de la ciencia
12. La familia de Pascual Duarte
13. Fuenteovejuna
14. El alcalde de Zalamea
15. La rebelión de las masas
16. Bodas de sangre
17. El burlador de Sevilla
18. Cántico
19. Requiem por un campesino español
20. La vida del buscón

Las Bellas Artes y la Ciencia

LA MÚSICA

España es un país muy rico en música folklórica. Un buen ejemplo de este género de música es el flamenco de la región de Andalucía. Sus orígenes se encuentran en la música árabe, gitana, andaluza y judía del siglo XIV. El flamenco es un cante acompañado de música de 5 guitarra y un baile improvisado. El llamado «cante jondo» (hondo o profundo) es muy triste y trata de temas como la muerte y la angustia. El cante chico trata sobre temas alegres.

El instrumento típico y tradicional de España es la guitarra, en la que se toca tanto música clásica como popular. Para acompaña- 10 miento se tocan la pandereta y las castañuelas. En la región de Galicia el instrumento típico es la gaita.

España ha dado al mundo un género de música llamado zarzuela. La zarzuela es una combinación de música, canto, diálogo hablado, coros y bailes. Es un género entre la comedia musical de los 15 Estados Unidos y la ópera. Uno de los mejores compositores de zarzuela fue **Francisco Asenjo Barbieri** (1823–1894). Sus obras más conocidas son «Pan y Toros» y «El barberillo de Lavapiés». «La verbena de la paloma», del compositor **Tomás Bretón** (1850–1923), es quizá la zarzuela más famosa. 20

COMPOSITORES, INSTRUMENTISTAS, CANTANTES

Los tres compositores españoles más conocidos son Isaac Albéniz, Enrique Granados y Manuel de Falla. **Isaac Albéniz** (1860–1909) compuso una ópera y música para piano. Entre sus composiciones principales están «Iberia» y «El Albaicín». **Enrique Granados** (1867– 25 1916) también compuso música para piano. Su obra maestra, «Goyescas», está inspirada en la obra del pintor Francisco Goya. **Manuel de Falla** (1876–1946) fue el más célebre de los compositores españoles del siglo XX. Como Granados y Albéniz, también de Falla se inspiró en temas folklóricos. Pero de Falla compuso principalmente música 30 para orquesta. Fue autor de varios ballets, entre ellos «El amor brujo»,

---

las bellas artes fine arts
5 **un cante** song, singing (*used mostly in expressions related to flamenco music*)

que tiene la popularísima «Danza ritual del fuego», y «El sombrero de tres picos». Éste fue basado en la famosa novela del mismo nombre del escritor andaluz Pedro Antonio de Alarcón (1833–1891). En 1939, después de la Guerra Civil, de Falla se radicó en la Argentina.

5   Entre los instrumentistas se distinguen Pablo Casals, José Iturbi, Andrés Segovia y Alicia de Larrocha. **Pablo Casals** (1876–1973) fue uno de los mejores violonchelistas del mundo. Salió de España en 1939, después de la Guerra Civil, porque se oponía a la dictadura de Franco. En 1956 se estableció en Puerto Rico, donde organizó

10 un festival internacional de música que se sigue celebrando anualmente en su memoria. **José Iturbi** (1895–1980) fue pianista y director de orquesta sinfónica. También actuó en varias películas de Hollywood en los años cuarenta. **Andrés Segovia** (1894–1987) fue uno de los maestros de la guitarra y se presentó en todas las salas de concierto

15 del mundo. Su fama se debe no sólo a su maestría, sino a que rehabilitó la guitarra como instrumento de música clásica en el siglo XX. **Alicia de Larrocha** (1923–   ) es una pianista contemporánea que ha ganado fama mundial, tanto por su interpretación de los grandes compositores españoles, como por su interpretación de otros compositores

20 clásicos mundiales.

    Otros españoles se han destacado en el género operático. Son famosos, y han cantado en los grandes teatros de ópera del mundo, las sopranos **Victoria de los Ángeles** y **Monserrat Caballé** y los tenores **Alfredo Krauss, Plácido Domingo** y **Juan Carreras.**

25   En el área de la música popular hay cantantes que han logrado fama mundial por su interpretación de canciones de la última onda. Entre ellos se hallan **Sarita Montiel, Julio Iglesias, Raphael, Camilo Sexto, Rocío Jurado** y **Lolita. Joan Manuel Serrat** es famoso por haber popularizado con su música la poesía de Antonio Machado.

30 EL BAILE

    Casi todas las regiones de España tienen sus propios bailes, y hay grandes diferencias entre ellos. La región que tiene mayor variedad es Andalucía. De allí vienen el bolero, el fandango, la seguidilla, el jaleo, la malagueña, la sevillana y el flamenco. Muchas veces el baile se

35 acompaña con una pandereta y castañuelas. De Aragón viene la jota, un baile muy alegre que se baila en parejas, acompañado de castañuelas y coplas cantadas. La sardana es el baile regional de Cataluña; se baila en grupo, en un gran círculo. El baile regional de Galicia es la muñeira, que se baila en parejas con música de gaita.

40   A través de los años han habido varios intérpretes famosos del baile flamenco, que lo han llevado a todos los rincones del mundo.

---

14   **la sala de concierto** concert hall
26   **canciones de la última onda** the latest popular songs

Estos bailarines incluyen a **Vicente Escudero, Carmen Amaya, Antonio** y su compañera **Rosario** y **Antonio Gades.**

LA ARQUITECTURA

Romanos, moros y españoles, todos dejaron en España ejemplos magníficos de su arquitectura. De los romanos existen todavía puentes 5 y acueductos, como el acueducto de Segovia. De los moros quedan mezquitas, alcázares y el exquisito palacio de la Alhambra, en Granada.

De la Edad Media se conservan muchas catedrales de estilo románico, como la de Santiago de Compostela, y de estilo gótico, como 10 las catedrales de Burgos, Sevilla y Toledo.

De los tiempos posteriores debe mencionarse El Escorial, cuyo arquitecto principal fue **Juan de Herrera** (1530–1597). El estilo barroco fue introducido en España por **José de Churriguera,** un arquitecto famoso del siglo XVIII. El llamado «estilo churrigueresco» mez- 15 cla elementos góticos y barrocos.

LA PINTURA

España ha tenido una tradición muy rica en la pintura. No hay prácticamente museo de importancia en el mundo que no tenga cuadros de los maestros españoles. El Prado, en Madrid, es el museo 20 principal de España. Entre los pintores españoles de renombre internacional están los siguientes:

Doménico Theotocopulos (1541–1614), llamado **el Greco,** nació en Creta. Estudió varios años en Italia y pasó luego a España, estableciéndose en Toledo. Allí vivió hasta su muerte. Su obra se caracteriza 25 por lo religioso y por la originalidad de su dibujo, que alarga y estiliza las figuras. Entre sus cuadros más famosos están «El entierro del Conde de Orgaz» y «Vista de Toledo».

José de Ribera (1588–1652) nació en España, pero pasó la mayor parte de su vida en Italia. Su obra se caracteriza por su gran rea- 30 lismo y los efectos de luz y color. Su cuadro más famoso es «El martirio de San Bartolomé».

Francisco de Zurbarán (1598–1664) pintó cuadros religiosos en un estilo realista y sobrio. Su «Monje en meditación» es representativo de su obra artística. 35

Diego Velázquez (1599–1660) fue el pintor más original y perfecto de la escuela española. Fue pintor de cámara del rey Felipe IV y pintó muchos cuadros de la familia real. Entre sus obras maestras están «Las Meninas», «La rendición de Breda», conocida también por «Las

---

37 **el pintor de cámara** court painter
38 **la familia real** the royal family

lanzas», «Los borrachos», «Las hilanderas» y muchos retratos de nobles de la época.

Bartolomé Esteban Murillo (1617–1682) fue principalmente un pintor religioso y es famoso por sus cuadros de «La Inmaculada Concepción». Es conocido también como dibujante y pintó tipos populares de gran realismo.

Francisco de Goya y Lucientes (1746–1828) fue el pintor más famoso de su época y uno de los grandes precursores de la pintura moderna. Fue pintor de los reyes Carlos III y Carlos IV y autor de varios retratos satíricos de la familia real. Son famosos la colección de aguafuertes llamadas «Caprichos», la serie de grabados sobre la Guerra de Independencia contra Napoleón «Los desastres de la guerra», y el cuadro «Los fusilamientos del tres de mayo». Entre sus obras más conocidas están también «La maja vestida» y «La maja desnuda».

Joaquín Sorolla (1863–1923) es el pintor de «sol y color». Muchos de sus cuadros se encuentran en la ciudad de Nueva York, en el Museo de la Sociedad Hispánica.

Ignacio Zuloaga (1870–1945) pintó muchos tipos españoles con gran realismo: toreros, pordioseros y gitanos, entre otros.

José María Sert (1876–1945) es famoso por sus murales y por una serie de cuadros que representan episodios del Quijote. Estos cuadros se hallan en el salón Sert del hotel Waldorf-Astoria en la ciudad de Nueva York.

Pablo Picasso (1881–1973) nació y fue educado en Málaga, pero pasó la mayor parte de su vida en Francia. Es famoso como iniciador del cubismo, un estilo de pintura que rechaza la perspectiva tradicional, presentando objetos fragmentados cuyas partes se ven simultáneamente. Pero la obra total de Picasso muestra su genio en diversos medios y estilos. Su famoso cuadro «Guernica» representa la destrucción de ese pueblo vasco durante la Guerra Civil española.

Joan Miró (1893–1983) es uno de los más grandes representantes del arte abstracto unido a la fantasía surrealista. Su obra se caracteriza por su sencillez y la riqueza de su imaginación. En 1950 pintó un mural para la Universidad de Harvard.

Salvador Dalí (1904–1989) pertenece a la escuela surrealista. Sus obras representan los pensamientos fantásticos de su subconsciente, con gran atención al detalle. Dalí mismo dijo que sus cuadros eran «fotografías de sueños pintadas a mano».

HOMBRES DE CIENCIA

España ha producido varios científicos de renombre. Entre ellos están **Santiago Ramón y Cajal** (1852–1934), quien ganó el Premio Nobel de Medicina en 1906 por sus muchos descubrimientos acerca de

---

38   **pintadas a mano** hand painted

las funciones del sistema nervioso; **Juan de La Cierva** (1895–1936), quien inventó el autogiro, precursor del helicóptero; y **Severo Ochoa** (1905–   ), quien ganó el Premio Nobel de Medicina en 1959 por sus estudios sobre las enzimas.

EJERCICIO A

¿Cierto o falso? Indique si cada frase es cierta o falsa. Si es falsa, cámbiela para que sea cierta:

1. El cante jondo es un ejemplo de la música popular de España.
2. El instrumento típico de España es el piano.
3. La zarzuela es un género musical que combina la música, el canto, la danza y el diálogo hablado.
4. Manuel de Falla compuso principalmente música para piano.
5. Andrés Segovia fue el mejor violonchelista del mundo.
6. Raphael y Julio Iglesias son conocidos por sus pinturas.
7. Los bailes tradicionales de España incluyen distintos bailes regionales.
8. Monserrat Caballé y Plácido Domingo son dos cantantes de ópera muy famosos.
9. Miró pintó el famoso cuadro «Guernica».
10. La jota es un baile regional muy alegre que se baila en parejas.
11. El museo más importante de España se llama el Museo del Prado.
12. Murillo es un pintor conocido por la originalidad de su dibujo, que alarga y estiliza las figuras.
13. El pintor más perfecto y original de la escuela española fue Sorolla.
14. Zuloaga fue el pintor que captó escenas de la Guerra de Independencia contra Napoleón.
15. Salvador Dalí es el pintor español que inició el cubismo.

EJERCICIO B

Escoja la palabra o expresión que complete correctamente cada frase:

1. El compositor que escribió la música del ballet «El sombrero de tres picos» es
   (a) Albéniz   (b) Granados   (c) Iturbi   (d) de Falla

2. Un baile regional de Aragón es
   (a) la malagueña   (b) la sardana   (c) la jota   (d) el fandango

3. Un tipo de obra teatral que puede corresponder a la comedia musical de los Estados Unidos es
   (a) la zarzuela   (b) la seguidilla   (c) la pandereta   (d) el ballet

4. De los siguientes, el que no se emplea como instrumento de música es
   (a) la gaita   (b) la guitarra   (c) el flamenco   (d) la pandereta

5. Un bailarín español muy conocido fue
   (a) Granados   (b) Victoria de los Ángeles   (c) Casals
   (d) Escudero

6. Uno de los mejores violonchelistas del mundo fue
   (a) Iturbi   (b) Casals   (c) Segovia   (d) Albéniz

7. Un baile regional de Cataluña es
   (a) el flamenco   (b) la sardana   (c) la muñeira   (d) la sevillana

8. Un ejemplo de música folklórica es
   (a) el cante jondo   (b) la zarzuela   (c) el ballet   (d) Goyescas

9. El gran maestro de la guitarra fue
   (a) Segovia   (b) Escudero   (c) Granados   (d) Asenjo Barbieri

10. La música que acompaña la muñeira se toca con
    (a) la guitarra   (b) el piano   (c) la gaita   (d) las castañuelas

EJERCICIO C

Complete correctamente estas frases:

1. Un pintor español famoso por sus cuadros surrealistas fue _____.
2. Un acueducto construido por los romanos está en la ciudad de _____.
3. «El entierro del Conde de Orgaz» es una obra maestra del pintor _____.
4. La construcción más famosa de los moros es _____ en Granada.
5. «Las Meninas» es una obra maestra del pintor _____.
6. El fundador del cubismo fue _____.
7. El museo principal de España es el Museo _____.
8. «Los fusilamientos del tres de mayo» es una obra de _____.
9. El pintor español cuyas obras se hallan en un gran hotel de Nueva York es _____.
10. El arquitecto principal del Escorial fue _____.

EJERCICIO D

Identifique qué o quién es (fue):

1. el artista que creó «Los caprichos».
2. una bailarina conocida por sus interpretaciones del baile flamenco.
3. el músico que compuso el ballet «El amor brujo».
4. una cantante de ópera española conocida internacionalmente.
5. un pintor extranjero que fue a España y se estableció en Toledo.
6. un pintor surrealista contemporáneo.
7. el músico que compuso «Iberia» y «El Albaicín».
8. el pintor español del siglo XVII que pasó la mayor parte de su vida en Italia.
9. el científico conocido por sus estudios sobre las enzimas.

10. el compositor de música que se inspiró en las obras de Goya.
11. una obra teatral con música, diálogo hablado, coros y bailes.
12. el inventor del autogiro.
13. el pintor de «sol y color».
14. el gran cientifico español que hizo estudios sobre el sistema nervioso.
15. el arquitecto que introdujo en España el estilo barroco.
16. un baile regional que se baila en un gran círculo.
17. la música gitana con influencia de música árabe.
18. el estilo de pintura que presenta objetos fragmentados y rechaza la perspectiva tradicional.
19. el pintor español, muchas de cuyas obras están en el Museo de la Sociedad Hispánica.
20. el pintor del siglo XVII que pintó «La rendición de Breda».

La Vida y las Costumbres

La vida diaria contemporánea en España se parece a la vida diaria contemporánea en los Estados Unidos. Sin embargo, cada país del mundo tiene algo de particular. En España hay muchas tradiciones y costumbres interesantes y a la vez diferentes de las que tenemos en
5 nuestro país.

LA CASA Y LA FAMILIA

La casa

Las casas de las ciudades grandes son semejantes a las de las otras ciudades del mundo. Hay casas particulares y casas de aparta-
10 mentos. Muchos españoles tienen su condominio, que forma parte de un edificio alto.

En los pueblos de España y en las ciudades antiguas, las casas suelen estar situadas en calles estrechas. Por lo general, suelen ser de un solo piso, con balcones, ventanas con rejas y patios pintorescos.
15 En muchas casas las paredes están cubiertas de azulejos.

Nombres y apellidos

Los nombres españoles son diferentes de los de los Estados Unidos. Además del nombre de pila, cada niño español lleva dos apellidos, el de su padre seguido del de su madre. A veces se pone «y» entre
20 los dos apellidos. Por ejemplo, el Sr. Carlos Pérez (y) Gómez se casa con doña María Vega (y) González. Tienen un hijo que se llama Juan Pérez (y) Vega. La hermana de Juan se llama Adela Pérez (y) Vega. Si Adela se casa con Leandro Fernández (y) Álvarez, ella se llamará doña Adela Pérez de Fernández. Esta manera de llamar a las personas se
25 extiende a todos los países hispanos.

El día del santo

Los españoles generalmente llevan el nombre de un santo y, además de su propio cumpleaños, celebran el día de ese santo.

---

13 **soler** + infinitive to usually...
18 **nombre de pila** first name
19 **seguido de** followed by

TIPOS PINTORESCOS

El sereno es un tipo pintoresco español que data de los tiempos antiguos, cuando las llaves de las casas eran muy grandes y pesadas. El sereno se pasa la noche cuidando las calles de su barrio. Lleva consigo las llaves de todas las casas. Su deber principal es el de ayudar a los que vuelven a casa sin llave, por lo cual se le da una propina. También anuncia la hora: «¡las tres y sereno!» Hoy en día los serenos han casi desaparecido de las calles de las grandes ciudades.

Los gitanos viven en el sur de España. Son llenos de vida y tienen fama de ser muy listos. Muchos de ellos se ganan la vida diciendo la buenaventura. Mantienen muchas de sus tradiciones, dentro de las que la música y el baile son muy importantes.

El aguador es un tipo muy común en las regiones áridas. Lleva el agua por las calles y la vende en las varias casas.

La tuna es un grupo de veinte a veinte y cinco músicos callejeros que ha sido parte de la vida estudiantil universitaria de España desde antes del siglo XVI. Los tunos usan un traje tradicional de color negro y llevan una capa. Los instrumentos que tocan incluyen el laúd, la bandurria, el requinto, la guitarra y la pandereta.

ACTIVIDADES SOCIALES Y COSTUMBRES

La vida social es muy importante para los españoles. Acostumbran pasar mucho tiempo en los cafés y los bares, charlando con sus amigos. Cenan mucho más tarde que en nuestro país y, por consiguiente, se acuestan más tarde.

En muchas ciudades existe el ateneo, un club intelectual donde se reúnen grupos literarios y científicos. La tertulia es una reunión informal en casa, con el propósito de charlar y divertirse.

Cuando un novio sigue la costumbre de hablar con su novia a través de una reja de la casa, se dice que está «pelando la pava». Él se queda afuera, de pie, y ella está dentro de su casa, sentada. Hoy en día muchas de las costumbres tradicionales para cortejar a las muchachas están desapareciendo, sobre todo en las grandes ciudades.

La lotería está dirigida por el gobierno y es muy popular. El sorteo tiene lugar tres veces al mes. Hay muchos premios, y el premio mayor se llama «el gordo».

La siesta es la costumbre de acostarse por la tarde durante las

---

10 **decir la buenaventura** to tell someone's fortune
15 **los músicos callejeros** street musicians
19 **la bandurria** Spanish string instrument of the lute type
19 **el requinto** Spanish string instrument, similar to a small guitar with only four strings
23 **por consiguiente** therefore
33 **el sorteo** drawing of numbers in a lottery

horas de mayor calor. Se cierran las tiendas y las oficinas, y los trabajadores regresan a sus casas a comer y descansar o dormir la siesta.
Después de la siesta, las oficinas y tiendas se abren de nuevo y quedan
abiertas hasta muy tarde. Ésta es una costumbre que también ha ido
5 desapareciendo en las ciudades grandes.

COMIDAS Y BEBIDAS

En España, como en los Estados Unidos, por lo general se comen
tres comidas principales. La diferencia está en el horario, pues allá
comen más tarde. El desayuno se toma alrededor de las ocho de la
10 mañana y puede consistir en café con leche o chocolate y pan con
mantequilla y mermelada o bollos. Tanto la comida, que se toma cerca
de las dos de la tarde, como la cena, que se toma después de las ocho
o nueve de la noche, son comidas completas. Un menú normal puede
consistir en sopa, ensalada, carne con arroz o verduras y postre. Entre
15 la comida y la cena, alrededor de las seis de la tarde, se toma la merienda, algo ligero como un sandwich. Con el aperitivo antes de la
cena, o para acompañar bebidas alcohólicas, se acostumbra comer bo-
cados que se llaman «tapas».

La comida española es variada, interesante y deliciosa. No es
20 picante, como cree la gente. Entre los platos tradicionales está el
puchero que se puede considerar el plato nacional de España. Es un
guisado que se sirve casi a diario, sobre todo entre los campesinos.
Se llama también olla o cocido.

El arroz con pollo es, quizás, el plato más conocido de España.
25 Se prepara de esos dos ingredientes, bien sazonados con sal, ajo, pi-
mientos y azafrán. En Valencia añaden mariscos y otros ingredientes
al arroz con pollo y lo llaman paella.

Las bebidas que toman los españoles incluyen el café, el té, la
leche y los refrescos. Una bebida tradicional es la horchata, hecha de
30 almendras, agua y azúcar. Se toma fría en el verano como refresco.

A los españoles también les gusta tomar chocolate al desayuno y
a la merienda. Lo preparan muy espeso y lo toman muy caliente, con
panecillos, bizcochos o churros. Éstos se parecen a nuestros «donuts»,
pero son como palos largos y son más ricos cuando están calientes.

35 ## LA ROPA

En general, la ropa de los españoles es semejante a la del resto
de Europa. Pero también tienen algunas prendas tradicionales.

La mantilla es un gran pañuelo de seda y encajes, que lleva la
mujer para cubrirse la cabeza. Debajo de la mantilla se usa un peine
40 alto, ricamente adornado, que se llama peineta.

---

3 **de nuevo** again

El mantón es un chal grande, ricamente bordado, que sirve de adorno o de abrigo.

La boina es una gorra de lana redonda semejante al «beret» francés.

Las alpargatas son sandalias de lona con suela de soga. Son co-   5
munes entre los trabajadores en muchas partes de España.

DÍAS DE FIESTA

Religiosos

Puesto que la mayoría de los españoles practican la religión católica, las fiestas religiosas son muy importantes en el país.   10

La Navidad cae el 25 de diciembre. En Nochebuena, la gente va
a las iglesias para oír la misa de gallo. Grupos de personas andan por
las calles cantando villancicos. Cada casa tiene su nacimiento, o sea
un conjunto de pequeñas figuras que representan el nacimiento de Jesucristo. También se acostumbra dar regalos, llamados aguinaldos, a   15
las personas que han servido a la familia durante el año (el cartero, los
criados y otros). Los niños reciben sus regalos el día de los Reyes Magos, el 6 de enero. Los Reyes Magos son para los niños españoles lo
que Santa Claus es para los niños de los Estados Unidos.

El Carnaval es un período de tres días de diversión y alegría antes   20
del Miércoles de Ceniza, que comienza la Cuaresma. La Cuaresma son
los cuarenta días que siguen, un período de ayuno y penitencia. Termina el domingo de Resurrección, la Pascua Florida. Este domingo es
de nuevo un día de alegría y diversión, de comer y beber bien, de ir
al teatro. La Semana Santa, que precede a la Pascua Florida, se celebra   25
con mucha solemnidad y devoción, sobre todo en Sevilla. El Viernes
Santo hay procesiones religiosas en muchos pueblos y ciudades.

Cada pueblo tiene su santo patrón, cuyo día se celebra con una
fiesta. La víspera hay una verbena, o sea una fiesta nocturna. El día
mismo del santo hay romerías a la tumba del santo. La gente se pasa   30
el día comiendo, bebiendo, jugando y bailando. Dos santos muy
populares en España son Santiago, patrón del país, y San
Isidro, patrón de Madrid. Fuera de España es muy conocida la fiesta
de San Fermín, santo patrón de Pamplona, que dura ocho días. Cada
día de la fiesta, los toros que van a participar en las corridas se sueltan   35
a correr por las calles, desde los corrales hasta la plaza de toros. Mucha
gente trata de torearlos por las calles.

El Día de los Difuntos, el 2 de noviembre, está dedicado a la me-

---

9   **puesto que** since
12   **la misa de gallo** Midnight Mass
18   **los Reyes Magos** the Three Wise Men
21   **Miércoles de Ceniza** Ash Wednesday
23   **la Pascua Florida** Easter
35   **se sueltan a correr** are let loose to run

moria de los que han muerto. La gente visita los cementerios para adornar con flores las tumbas de parientes y amigos.

Nacionales

Hay dos días de fiesta importantes. El 2 de mayo es el día de la
5 fiesta nacional de España. Conmemora un suceso patriótico, el comienzo de la resistencia contra los franceses en 1808.

El Día de la Raza, el 12 de octubre, corresponde a nuestro «Columbus Day» y se celebra en todo el mundo hispano.

DIVERSIONES Y DEPORTES

10 La corrida de toros es un espectáculo de mucho colorido, muy típico de España. En las ciudades grandes, generalmente hay corridas los domingos por la tarde y los días de fiesta importantes. Esas tardes las plazas se llenan de gente, sobre todo si los toreros son famosos. Antes de comenzar la corrida, todos los participantes desfilan por la
15 arena, mientras se escucha la música de pasodobles.

La corrida tiene tres partes, que se llaman suertes. En la primera suerte los picadores entran, montados a caballo. Llevan picas largas, con las cuales castigan al toro en la cerviz. En la segunda suerte entran los banderilleros, a pie, llevando las banderillas. Esperan la embestida
20 del toro y, al pasar éste, le ponen las banderillas en la cerviz. En la tercera suerte el matador, armado de una espada de acero muy fino, y llevando una pequeña muleta roja, exhibe su arte y su valor. Ejecuta varios pases con la muleta, hasta que llega el momento ideal para matar al toro. Entonces, cara a cara con el adversario, le entierra la espada
25 y lo mata. Lo que el público estima y aplaude más es la valentía y el arte del torero.

El jai-alai, también llamado pelota, es un juego vasco. Es muy popular en toda España, en algunos países hispanoamericanos y en la Florida. Se juega con una pelota dura en un gran frontón de tres
30 paredes. Es semejante al «handball», pero en vez de tirar y coger la pelota con la mano, se emplea una cesta larga y estrecha, atada a la muñeca.

El fútbol es muy popular no sólo en España, sino también en el resto de Europa y en Latinoamérica. Se puede decir que es el deporte
35 nacional de la mayoría de esos países.

EJERCICIO A

En cada grupo escoja las dos palabras o expresiones relacionadas:

1. santo, mantilla, peineta, banderilla

---

15 **el pasodoble** a typical Spanish march
22 **la muleta** matador's stick with attached red cloth hanging

2. nacimientos, alpargatas, horchata, villancicos
3. siesta, premio gordo, lotería, tertulia
4. ateneo, reja, tertulia, olla
5. boina, arroz con pollo, mendigo, puchero
6. santo, matador, muleta, aguador
7. Dos de Mayo, franceses, mantón, pelar la pava
8. aguinaldo, siesta, romería, verbena
9. Semana Santa, Día de la Raza, Pascua Florida, San Fermín
10. frontón, misa de gallo, picador, jai-alai

EJERCICIO B

Complete las frases siguientes:

1. Los niños españoles reciben sus regalos de Navidad el Día de _____ .
2. El apellido paterno (del padre) de Juan Díaz y Pérez es _____ .
3. En el mundo hispano el doce de octubre se celebra el Día de _____ .
4. En la corrida de toros, el torero que va montado se llama _____ .
5. El santo patrón de Madrid es _____ .
6. El plato de arroz, pollo y mariscos se llama _____ .
7. La fiesta nacional de España se celebra el _____ .
8. En la tercera suerte de la corrida de toros, el torero importante es _____ .
9. Una bebida espesa y caliente que se toma en el desayuno es _____ .
10. El premio más grande de la lotería es _____ .

EJERCICIO C

Escoja la respuesta correcta:

1. En la corrida de toros, el picador _____ .
   (mata al toro, emplea una muleta, va montado a caballo, usa las banderillas)
2. La fiesta de San Fermín se celebra _____ .
   (en toda España, en Madrid, en Pamplona, en Barcelona)
3. La tuna es _____ .
   (un grupo de músicos, un baile, una canción, un instrumento musical)
4. El santo patrón de España es _____ .
   (San Juan, Santiago, Santo Tomás, San Isidro)
5. En el jai-alai, para tirar la pelota se emplea _____ .
   (una muleta, una espada, una peineta, una cesta)
6. Una boina se lleva en _____ .
   (la cabeza, los pies, las manos, el cuello)
7. La Semana Santa es un período _____ .
   (de diversión y alegría, que dura tres días, que precede a la Pascua Florida, que se llama también el Día de los Difuntos)

8. En la Navidad, los españoles ponen _____ .
   (un nacimiento, una mantilla, una verbena, una romería)
9. La bebida fría, hecha de almendras, es _____ .
   (el chocolate, la sangría, la horchata, el té)
10. Las tres partes de una corrida de toros se llaman _____ .
   (escenas, actos, jornadas, suertes)

EJERCICIO D

Indique la relación entre cada palabra de la columna A y una expresión de la columna B:

	A		B
1.	tertulia	a.	aguador
2.	tapas	b.	pelar la pava
3.	gitano	c.	comida ligera
4.	ateneo	d.	descanso
5.	reja	e.	reunión
6.	Nochebuena	f.	sandalia
7.	merienda	g.	la buenaventura
8.	puchero	h.	villancicos
9.	siesta	i.	club literario
10.	alpargata	j.	bocados
		k.	cocido

PART

SIX

CIVILIZATION: SPANISH AMERICA

La Geografía de Hispanoamérica

Al sur de los Estados Unidos, y ocupando una extensión mucho más grande que la de nuestro país, viven unos doscientos cuarenta millones de personas que constituyen la llamada América española, o sea lugares donde el idioma oficial es el español. La América española
5 comprende diez y nueve países, situados en tres regiones distintas: (1) México y la América Central, (2) las Antillas y (3) la América del Sur.

MÉXICO Y LA AMÉRICA CENTRAL

1. **México** se halla al sur de Norteamérica, limitado al norte por los Estados Unidos, al oeste por el Pacífico, al sur por Guatemala y
10 Belice y al este por el Golfo de México. El Río Bravo del Norte (que nosotros llamamos el Río Grande) lo separa de Tejas.

    México es un país de contrastes. Dos cadenas de montañas, la Sierra Madre Oriental y la Sierra Madre Occidental, lo atraviesan de norte a sur, y desde el centro del país hasta el interior de
15 los Estados Unidos se extiende una inmensa altiplanicie llamada la Mesa Mexicana. Por el contrario, en el este, la Península de Yucatán es un área baja, plana y selvática. En las montañas se hallan varios grandes volcanes, el más famoso de los cuales es el Popocatépetl. El país tiene además muchos ríos, lagos y lagunas.

20   La principal riqueza del país es la agricultura (maíz, frijol, algodón y papa entre otros) y la minería. México es el primer productor de plata del mundo y uno de los mayores productores de gas natural y petróleo. La capital del país, Ciudad de México, está situada en la meseta central a una altura de más de 2.200 metros.
25 Fue fundada por Hernán Cortés sobre las ruinas de Tenochtitlán, la antigua capital azteca conquistada por los españoles en 1521. Como muchas de las ciudades de la América española, la Ciudad de México representa una mezcla impresionante de lo colonial y lo moderno. Allí se encuentra el Castillo de Chapultepec, un mu-
30 seo histórico que antes servía de residencia a los presidentes del país. Hay además muchos puntos de interés: (1) el Paseo de la Reforma, la avenida más elegante de la capital; (2) el Zócalo, la plaza mayor; (3) el Palacio de Bellas Artes, el teatro más grande de todo el país, que contiene también una magnífica colección de
35 pinturas mexicanas; (4) el Museo de Antropología, donde se puede aprender la historia y admirar la cultura y el arte de las tribus

indias de la región; (5) la Ciudad Universitaria; (6) la Basílica de
Guadalupe, la iglesia más famosa del país, construida en honor de
la Virgen de Guadalupe, patrona de México; (7) la Catedral; y (8)
importantes ruinas arqueológicas como el Templo Mayor. Los famosos jardines flotantes de Xochimilco y los templos y pirámides   5
de Teotihuacán se hallan a poca distancia de la capital.

Otras ciudades importantes de México son: Guadalajara, segunda ciudad del país y el centro principal de la agricultura y la
ganadería; Veracruz y Tampico, puertos importantes sobre el Golfo
de México; Acapulco y Puerto Vallarta, puertos sobre el Pacífico,   10
famosos por sus playas; Taxco, monumento nacional a la arquitectura colonial y centro de la industria de la plata; Mérida, en la
península de Yucatán, centro de la producción de henequén; y
Chichén-Itzá, antigua ciudad maya en el norte de Yucatán, donde
hay notables ruinas mayas y toltecas.   15

2. **Guatemala,** al sur de México, es un país de montañas y de lagos.
Gracias a sus niveles diferentes, tiene un clima variado que le ha
permitido desarrollar una agricultura también muy variada. Sus
productos principales son el café, las bananas, el chicle (del cual
se hace la goma de mascar) y las maderas finas. Guatemala es el   20
país de mayor población de Centroamérica y el que tiene un por-
centaje más alto de indígenas puros (54% de la población). Fue la
sede de una de las civilizaciones más avanzadas, los mayas. La
capital del país es la Ciudad de Guatemala.

3. **Honduras** es el país más montañoso de Centroamérica. Como los   25
otros países de la región, tiene un clima muy variado. Es un país
básicamente agrícola, cuyos productos principales son las bananas, el café, el tabaco, la caña de azúcar y las maderas finas. Los
Estados Unidos compran el 90% de los productos de exportación
que son el plátano, el oro y la plata. La capital es Tegucigalpa.   30

4. **El Salvador** es la nación más pequeña de Centroamérica y además
la única que no está bañada por el Atlántico. El país tiene más de
350 ríos y muchos lagos y lagunas muy hermosos. El café es su
producto más importante, seguido por el algodón y la caña de azúcar. La capital es San Salvador.   35

5. **Nicaragua** es el país más grande de la América Central. Es también agrícola y produce maíz, algodón, café, plátano, caucho y
maderas preciosas. Es además el país más ganadero de Centroamérica. La capital es Managua.

6. **Costa Rica** es el único país centroamericano donde la mayoría de 40
la población es de raza blanca. Es, también, el único país de América que no tiene ejército; una Guardia Civil mantiene el orden.
Costa Rica ha sido tradicionalmente democrático y ha fomentado
la educación pública. Sus principales productos de exportación
son el café y los plátanos, aunque produce también cacao, caña de 45
azúcar, papas y una gran variedad de frutas. La capital es San José.

7. **Panamá** está en el istmo del mismo nombre, que une las dos Américas. El famoso Canal de Panamá, que atraviesa el país, fue comenzado por un francés, Fernando de Lesseps, en 1881 y terminado por los Estados Unidos en 1914. Una gran parte de la población del país vive directa o indirectamente de las operaciones del Canal. La agricultura apenas comenzó a desarrollarse en los últimos veinte y cinco años, y su producto principal es el plátano. La capital del país es la Ciudad de Panamá y el puerto principal sobre la Zona del Canal es Balboa.

LAS ANTILLAS 10

Las Antillas son un grupo de islas en el Mar Caribe que incluyen a Cuba, Santo Domingo (o La Española, nombre dado por Cristóbal Colón a la isla) y Puerto Rico. Santo Domingo está compartida por Haití y la República Dominicana.

1. **Cuba,** la isla más grande de las Antillas, fue descubierta por Colón 15 en su primer viaje. Debido a la fertilidad de su tierra y la belleza de su paisaje, se ha llamado «la perla de las Antillas». El país es el primer productor mundial de azúcar, una industria que fue establecida a fines del siglo XVI. Produce además tabaco, conocido universalmente por su calidad, café, arroz y una gran varie- 20 dad de frutas. La ganadería y la pesca son industrias importantes y el país es también rico en minerales. La capital es La Habana.

De gran interés histórico es el Castillo del Morro, situado en el puerto de La Habana, que sirvió de fortaleza para proteger la isla contra los piratas ingleses en el siglo XVI. En Guantánamo hay 25 una base naval que pertenece a los Estados Unidos.

2. **La República Dominicana** ocupa las dos terceras partes de la isla de Santo Domingo, llamada Quisqueya antes del Descubrimiento y bautizada La Española por Colón. Durante el período colonial, casi todas las expediciones conquistadoras del Nuevo Mundo par- 30 tieron de esta isla.

La base de la economía es la agricultura, principalmente el cultivo de la caña de azúcar, el cacao, el café, el plátano y el maíz. La pesca está en pleno desarrollo.

La capital del país, Santo Domingo, es la ciudad más antigua 35 de América, fundada en 1496. Allí se encuentra la universidad más antigua del Nuevo Mundo, la Universidad de Santo Tomás de Aquino, fundada en 1538 y llamada hoy la Universidad de Santo Domingo.

3. **Puerto Rico** pasó a manos de los Estados Unidos en 1898 y es hoy 40

---

27 **las dos terceras partes** two thirds
34 **en pleno desarrollo** developed at full scale

MAR CARIBE

OCÉANO ATLÁNTICO

Barranquilla
Cartagena
La Guaira
★Caracas

Río Orinoco

Medellín
LLANOS
VENEZUELA
GUYANA
★Bogotá
SURINAM
GUAYANA FRANCESA

COLOMBIA

Río Magdalena

Ecuador

Cotopaxi
Quito ★
Chimborazo
Guayaquil
ECUADOR

Río Amazonas

LOS ANDES

PERÚ
Callao
Lima
Cuzco

BRASIL

Lago Titicaca
★La Paz
★Brasilia

BOLIVIA

LOS ANDES
GRAN CHACO
Río Paraguay
Río de Janeiro

Desierto de Atacama

PARAGUAY
Asunción★
Iguazú
Tucumán

OCÉANO PACÍFICO

CHILE
Córdoba
Aconcagua
Río Paraná

Viña del Mar
Valparaíso
Rosario
URUGUAY
Buenos Aires ★
★Montevideo

OCÉANO ATLÁNTICO

Santiago
Río de la Plata

Islas Juan Fernández (Ch.)

PAMPAS

ARGENTINA

PATAGONIA

0   300 millas
0   500 kilómetros

△ Volcán o pico

Estrecho De Magallanes
Islas Malvinas (Falkland Islands) (Ing.)
Tierra del Fuego
Cabo de Hornos

en día un Estado Libre Asociado. Sus habitantes han tenido la nacionalidad estadounidense desde 1917. Los productos principales de la isla son el café, la caña de azúcar y el tabaco.

La isla, llamada Borinquén por los indígenas, fue descubierta por Colón en 1493. Su capital, San Juan, fue fundada en 1508 por 5
Ponce de León, el primer gobernador de la isla. Es un puerto comercial muy activo y además aún conserva fortificaciones y hermosos edificios de la época colonial española.

LA AMÉRICA DEL SUR

La mayor parte de Sudamérica está al sur del ecuador, y las es- 10
taciones del año caen en orden opuesto a las nuestras. Cuando nosotros estamos en invierno, allí tienen verano.

Volando en avión sobre la América del Sur, se ve que casi todos los países son montañosos. En el este están las tierras altas de las Guayanas y del Brasil. Al oeste la larga cordillera de los Andes, la mayor 15
cadena del mundo, se extiende desde el Caribe hasta Antártica por más de 7.500 kilómetros. Estas montañas, con sus vastas mesetas, sus valles y sus picos majestuosos, han tenido gran influencia en el lento desarrollo del continente. Han hecho muy difícil y costosa la construcción de ferrocarriles y carreteras, impidiendo así el transporte y el comer- 20
cio. Hasta cierto punto, el transporte aéreo ha mejorado las comunicaciones.

Las montañas tienen separados, no solamente a los diferentes países, sino también a veces a las regiones de un mismo país, como sucede en el Perú, el Ecuador y Colombia. Los Andes son ricos en 25
minerales como el oro, la plata, el aluminio, el cobre, el platino, el hierro y el estaño. Las mesetas son muy saludables y allí se ha establecido la mayor parte de la población.

Tres vastas llanuras ocupan el interior del continente, extendiéndose hasta la costa del Atlántico. Éstas son las del Amazonas, el Chaco 30
y la Pampa, donde están los valles de los ríos Orinoco, Amazonas, Paraná y Paraguay. Allí se encuentran selvas, bosques y pantanos.

PAÍSES DEL ESTE

1. **La Argentina** recibió su nombre, que quiere decir «de plata», porque los primeros conquistadores pensaron que la región era rica 35
en minas de plata. Los indios que encontraron a lo largo del Río de la Plata, llevaban hermosos ornamentos de plata, pero ésta provenía del Perú. La Argentina es el país más grande de habla hispana. Se extiende desde la región del Chaco en el norte, hasta la Tierra del Fuego y el Estrecho de Magallanes en el sur; y desde 40

---

1 **Estado Libre Asociado** Commonwealth

el Atlántico en el este, hasta los Andes. Por lo general, el país tiene un clima templado, aunque hay extremos de frío en el sur (Tierra del Fuego) y de calor y humedad en las selvas del Chaco. En el extremo nordeste, entre la Argentina y el Brasil, están las famosas cataratas del Iguazú, de 70 metros de altura. En la región andina se halla el Aconcagua, un pico que alcanza una altura de 6.959 metros y es el pico más alto de todo el hemisferio occidental. La mayor parte del país es una llanura extensa, llamada la Pampa, la tierra del gaucho y el centro de la agricultura y la ganadería. La Argentina es uno de los primeros productores de trigo del mundo y su riqueza ganadera es también una de las primeras del mundo.

La población es de raza blanca en su totalidad, mayormente descendientes de españoles e italianos. Buenos Aires, la capital, es la ciudad más grande de Sudamérica y su puerto figura entre los más activos del mundo. Es una ciudad moderna y cosmopolita, con grandes y elegantes avenidas, plazas, tiendas y teatros. Los habitantes de la ciudad se llaman porteños. La segunda ciudad en importancia es Rosario, puerto a orillas del río Paraná y centro industrial.

20 2. **El Uruguay,** llamado antes la Banda Oriental, es la nación hispana más pequeña de la América del Sur. Limita al norte con el Brasil, al oeste y al sur con la Argentina y al este con el Océano Atlántico. El clima del país es templado, sin calores ni fríos extremos. Por sus costas se extienden muchas playas elegantes, de gran interés turístico. Entre ellas está la de Punta del Este, donde tuvo lugar en 1961 la Conferencia Interamericana que ratificó el programa de la Alianza para el Progreso.

La población del Uruguay es en su mayoría de origen europeo, principalmente español e italiano. El Uruguay ha sido un país progresista, donde hay muy poco analfabetismo. Las industrias principales se derivan de la ganadería, como la industria de la carne congelada y en conserva y la industria del cuero. Montevideo, capital y puerto principal de la nación, está al este de Buenos Aires, en la orilla opuesta del Río de la Plata.

35 3. **El Paraguay** es uno de los dos países de la América del Sur que no tienen puerto de mar, pero el río Paraná le permite comunicarse con el Atlántico. El país se halla entre Bolivia, el Brasil y la Argentina. Al oeste, la región del Gran Chaco ocupa las dos terceras partes del país. Es una vasta llanura semiárida, cubierta por selvas espesas en el norte, por la cual lucharon Bolivia y el Paraguay desde 1932 hasta 1935. El resultado de la guerra fue que el Paraguay recibió las dos terceras partes del territorio, y Bolivia consiguió una salida al mar por medio del río Paraguay. La famosa yerba mate, una especie de té, es un producto importante del Pa-

---

43 **por medio de** through, by (means of)

raguay, así como también la madera de un árbol llamado que-
bracho, que se emplea para curtir el cuero. La capital del país,
Asunción, es un puerto fluvial de considerable importancia.

PAÍSES ANDINOS

Los países andinos se encuentran en el oeste del continente y   5
comprenden a Chile, Bolivia, el Perú, el Ecuador, Colombia y Venezuela. La cordillera de los Andes atraviesa casi todos estos países de
norte a sur.

1. **Chile** se encuentra al extremo sudoeste, entre la Argentina y el
    Océano Pacífico. El país se extiende 4.270 kilómetros, desde la   10
    frontera con el Perú en el norte, hasta Tierra del Fuego en el sur,
    parte de la cual le pertenece a Chile. El país tiene una anchura
    media de 180 kilómetros y en algunas partes se vuelve mucho más
    estrecho. Es un país de mucha actividad sísmica y numerosos te-
    rremotos han destruido en el pasado regiones enteras. El desierto   15
    de Atacama, en el norte, es uno de los desiertos más secos del
    mundo; a veces pasan años y no cae ni una gota de agua. Allí se
    encuentra la región minera más importante; Chile es el segundo
    productor mundial de cobre.

    En el extremo sur el clima es polar. El valle central, en cam-   20
    bio, tiene un clima excelente y es el centro agrícola del país. Los
    productos principales son la vid (de la cual se ha desarrollado una
    importante industria de vinos) y los cereales. En esta región se
    encuentran las ciudades más importantes del país: Santiago, la
    capital, y Valparaíso, el puerto principal. Viña del Mar, una playa   25
    muy famosa, queda cerca de Valparaíso. En el sur del país hay una
    región de grandes lagos que se llama la «Suiza chilena» por su
    extrema belleza e interés turístico para los deportes de invierno.
2. **Bolivia,** llamada así en honor de Simón Bolívar, se conocía en
    tiempos coloniales por Alto Perú. Aunque está en la zona tórrida,   30
    el país tiene un clima muy variado. En algunas partes es el país
    más frío del continente sudamericano, debido a su gran altura.
    Tiene fronteras con el Brasil al norte y al este, con el Paraguay al
    sudeste, con la Argentina al sur, con Chile al sudoeste y con el
    Perú al noroeste. Como se ve, Bolivia no tiene salida al mar y de-   35
    pende de los países vecinos para exportar sus productos. La po-
    blación de Bolivia es india en más de un cincuenta por ciento, y
    los grupos más numerosos son los aimaraes, los quechuas y los
    guaraníes. El país es muy rico en minerales. Potosí era conocido
    en tiempos coloniales como el centro más importante de la pro-   40
    ducción de plata del mundo. Hoy en día Bolivia es uno de los

---

2 **curtir el cuero** to tan leather (hides)
3 **un puerto fluvial** river port

primeros productores de estaño. Tiene además cobre, cinc, plomo, azufre y oro.

La capital del país, La Paz, es la capital más alta del mundo, situada a más de 3.600 metros sobre el nivel del mar. El lago Titicaca, entre Bolivia y Perú, es el lago navegable más alto del mundo; se encuentra a una altura de 3.800 metros.

3. **El Perú** es tres veces más grande que el estado de California. Está limitado al norte por el Ecuador y Colombia, al este por el Brasil y Bolivia, al sur por Chile y al oeste por el Pacífico. Los Andes dividen el país en tres regiones naturales: la costa pacífica, que es estrecha y desértica; la sierra, constituida por una altiplanicie y dominada por los Andes, donde vive más de la mitad de la población; y la selva hacia el Amazonas, un inmenso llano que cubre más de la mitad del país.

La agricultura es la actividad fundamental del país, pero la minería también ocupa un lugar importante en la economía. Casi toda la industria minera se concentra en Lima, la capital, y sus alrededores. La pesca ha tomado importancia debido a su abundancia y su variedad en las aguas peruanas. Las ovejas y, en las zonas más elevadas, animales como la alpaca, la llama y la vicuña producen lana para el consumo interno y también para la exportación.

Antes de la llegada de los españoles, florecieron grandes civilizaciones en el Perú. La más avanzada y mejor conocida fue la de los incas, destruida por Francisco Pizarro en 1533. Su capital era Cuzco, que hoy es el centro arqueológico del país. Cerca de Cuzco se hallan las ruinas de Machu-Picchu, restos de una ciudad sagrada inca, que atrae muchos turistas. Lima, capital del país, es también el centro comercial y cultural. Pizarro la llamó «Ciudad de los Reyes», porque la fundó el 6 de enero, Día de los Reyes Magos. Allí se halla la Universidad de San Marcos, fundada en 1551. El Callao, a trece kilómetros de Lima, le sirve de puerto y es el primer puerto exportador de harina de pescado.

4. **El Ecuador** se llama así por la línea geográfica del mismo nombre que lo atraviesa. En este país se hallan dos volcanes que figuran entre los picos más altos del continente, el Chimborazo (de 6.300 metros) y el Cotopaxi (de 5.940 metros).

El Ecuador es un país agrícola, cuyo producto más importante hoy en día es el plátano, aunque hasta hace unos años el cacao constituía su riqueza principal. Produce también café, arroz, maderas finas, caucho, tagua (o marfil vegetal, que sirve para fa-

---

4 **sobre el nivel del mar** above sea level

bricar botones) y paja toquilla, con la cual se hacen los sombreros de jipijapa que nosotros llamamos «Panama hats».

Quito, la capital, está a una altura de 2.827 metros, al pie de un volcán. Por su altura tiene un clima bastante frío, a pesar de estar en el centro de la Zona Tórrida. La ciudad ha conservado 5 mucho de su carácter colonial. Guayaquil es el puerto principal y el centro comercial del país.

5. **Colombia** está limitada al norte por el Mar Caribe, al sur por el Ecuador y el Perú, al oeste por el Pacífico y Panamá, y al este por Venezuela y el Brasil. Esta república, nombrada en honor de Co- 10 lón, es el único país de la América del Sur que tiene puertos en dos mares, en el Caribe (Cartagena y Barranquilla) y en el Pacífico (Buenaventura). El territorio puede dividirse en tres regiones: la andina al oeste, donde vive la mayoría de la población y donde se encuentran nevados y volcanes de más de 5.400 metros; los llanos 15 orientales y la selva del Amazonas. El país tiene grandes y cau- dalosos ríos, siendo el más importante el Magdalena, que atraviesa el país de sur a norte y es un importante medio de comunicación. Gracias a la diversidad de climas, hay toda clase de cultivos. Los productos principales de exportación son el café, los plátanos y el 20 petróleo. El país es además rico en carbón, oro, plata, platino y esmeraldas.

Bogotá, la capital, está en el interior y ha sido, desde su fun- dación en 1538, el centro principal del país. En sus alredededores se encuentra el salto de Tequendama, de 157 metros de alto, mucho 25 más alto que el Niágara, pero menos ancho. Medellín es la se- gunda ciudad del país y el centro de la producción de café.

6. **Venezuela,** patria de Bolívar, el Libertador, está situada en el ex- tremo norte de Sudamérica. El país está bañado por las aguas del Mar Caribe al norte y tiene fronteras con Colombia al oeste, con el 30 Brasil al sur y con Guyana al este. La población está concentrada en las zonas montañosas del oeste y en las costas. El Orinoco, río principal de Venezuela, tiene más de 2.400 kilómetros de largo y sus llanos son un centro ganadero importante. El país también produce café y cacao de primera calidad, pero la base de su eco- 35 nomía es el petróleo. Venezuela es uno de los mayores produc- tores mundiales.

Caracas es la capital política y comercial de la nación. Es una ciudad modernísima, con grandes avenidas y hermosos y ele- gantes edificios públicos y residenciales. La Guaira, a veinte y 40 cinco kilómetros, le sirve de puerto en el Caribe.

---

15 **el nevado** permanently snow-capped mountain
16 **caudaloso** having great volume of water

EJERCICIO A

Cada expresión de la columna derecha se refiere a un país o lugar en la columna izquierda. Indique las relaciones:

1. Puerto Rico		**a.**	gran teatro mexicano
2. Honduras		**b.**	plaza mayor de la Ciudad de México
3. Xochimilco		**c.**	museo histórico
4. Costa Rica		**d.**	Estado Libre Asociado
5. Río Bravo del Norte		**e.**	país sin ejército
6. Veracruz		**f.**	base naval
7. Nicaragua		**g.**	«Perla de las Antillas»
8. El Morro		**h.**	jardines flotantes
9. El Salvador		**i.**	frontera con los Estados Unidos
10. La Española		**j.**	país más grande de Centroamérica
11. Santo Domingo		**k.**	puerto del Golfo de México
12. Palacio de Bellas Artes		**l.**	país más montañoso de Centroamérica
13. Castillo de Chapultepec		**m.**	Haití y la República Dominicana
14. Cuba		**n.**	fortaleza del siglo XVI
15. Guantánamo		**o.**	ciudad más antigua de América
		p.	país más pequeño de Centroamérica

EJERCICIO B

¿Cierto o falso? Indique si cada frase es cierta o falsa. Si es falsa, cámbiela para hacerla cierta:

1. México forma parte de la América Central.
2. El Río Bravo del Norte separa a México de Guatemala.
3. Guatemala produce chicle, del cual se hace la goma de mascar.
4. Cuba era llamada Borinquén por los indígenas.
5. La universidad más antigua del Nuevo Mundo está en La Habana.
6. El Zócalo es la plaza mayor de la Ciudad de México.
7. Tampico y Veracruz son puertos mexicanos en el Océano Pacífico.
8. Costa Rica es un país industrial.
9. Guadalajara es la tercera ciudad de México.
10. El Salvador importa mucho café.

EJERCICIO C

¿Cierto o falso? Indique si cada frase es cierta o falsa. Si es falsa, cámbiela para que sea cierta:

1. En la mayor parte de Sudamérica las estaciones caen en orden semejante a las de los Estados Unidos.
2. Casi todos los países de la América del Sur son montañosos.
3. La cordillera de los Andes está en la parte este del continente.

4. Bolivia y el Paraguay son los dos únicos países hispanoamericanos sin puertos de mar.
5. Las cataratas del Iguazú están entre la Argentina y el Uruguay.
6. Venezuela es el segundo productor mundial de cobre.
7. El Aconcagua es el pico más alto del hemisferio oriental.
8. El Paraguay es la nación hispana más pequeña de la América del Sur.
9. Punta del Este es una famosa playa de Colombia.
10. El Paraguay se comunica con el Océano Atlántico por medio del Río de la Plata.

EJERCICIO D

¿Qué ciudades de la columna derecha son las capitales de los países en la columna izquierda?

1. Honduras	**a.** San José
2. Guatemala	**b.** Tampico
3. Nicaragua	**c.** Ciudad de México
4. Puerto Rico	**d.** Tegucigalpa
5. México	**e.** Ciudad de Panamá
6. la República Dominicana	**f.** Guantánamo
7. Costa Rica	**g.** La Habana
8. El Salvador	**h.** Managua
9. Cuba	**i.** San José
10. Panamá	**j.** San Juan
	k. Santo Domingo
	l. Ciudad de Guatemala
	m. San Salvador

EJERCICIO E

Cada expresión de la columna derecha se refiere a algo en la columna izquierda. Indique las relaciones:

1. el Uruguay	**a.** guerra entre Bolivia y el Paraguay
2. Quito	**b.** industria ganadera
3. gaucho	**c.** minerales
4. Bogotá	**d.** grandes productores de petróleo
5. México y Venezuela	**e.** capital del Ecuador
6. porteños	**f.** Buenos Aires
7. río de La Plata	**g.** capital del Paraguay
8. Gran Chaco	**h.** la Banda Oriental
9. la Argentina y el Uruguay	**i.** la pampa
10. Asunción	**j.** Buenos Aires y Montevideo
	k. capital de Colombia

EJERCICIO F

Cada expresión de la columna derecha se refiere a algo o a alguien en la columna izquierda. Indique las relaciones:

1. Cartagena	a. puerto de Caracas
2. Viña del Mar	b. desierto chileno
3. Titicaca	c. sombreros
4. Machu-Picchu	d. Venezuela
5. Bolivia	e. puerto colombiano
6. jipijapa	f. Chimborazo
7. Atacama	g. El Callao
8. La Guaira	h. lago navegable más alto del mundo
9. Lima	i. estaño
10. Simón Bolívar	j. ruinas incaicas
	k. famosa playa chilena

EJERCICIO G

Complete cada frase correctamente:

1. La antigua capital de los incas fue _____.
   (Cuzco, Lima, Arequipa, La Paz)
2. Valparaíso es el puerto principal de _____.
   (Bolivia, el Ecuador, Chile, el Perú)
3. El país nombrado en honor del Libertador es _____.
   (Chile, el Perú, Venezuela, Bolivia)
4. La capital que Pizarro nombró en honor de un día de fiesta es

   _____.
   (Quito, Caracas, Bogotá, Lima)
5. La capital de Chile es _____.
   (Viña del Mar, Santiago, El Callao, Barranquilla)
6. El país andino que tiene costas en dos mares es _____.
   (Venezuela, Chile, Colombia, el Ecuador)
7. El río Orinoco se halla en _____.
   (el Perú, Venezuela, el Ecuador, Bolivia)
8. El país con la capital más alta del mundo es _____.
   (Chile, Bolivia, Colombia, el Ecuador)
9. La yerba mate es un producto importante de _____.
   (Chile, Bolivia, el Perú, el Paraguay)
10. El puerto principal del Ecuador es _____.
    (Guayaquil, Cartagena, La Guaira, Valparaíso)

La Historia de Hispanoamérica

CIVILIZACIONES INDIAS

Antes de la llegada de los españoles, florecieron varias civilizaciones en el Nuevo Mundo. La más avanzada fue la de **los mayas,** que floreció del siglo tercero al diez y seis. Los mayas estaban establecidos en el territorio que hoy comprende la península de Yucatán, Belice, Guatemala y partes de Honduras y El Salvador. La civilización maya logró un desarrollo increíble en la arquitectura, la astronomía y las matemáticas. Hoy en día, en lugares como Chichén-Itzá y Uxmal, podemos admirar las ruinas de sus templos, tumbas, esculturas y murales. Los mayas tenían su calendario y habían logrado calcular con mucha precisión la duración del año solar. Fueron, además, los únicos indios de América que desarrollaron una forma avanzada de escritura. Después de la conquista española, indios educados tradujeron al español muchos de los mitos, historias y leyendas mayas. Esos libros se consideran las primeras manifestaciones de literatura latinoamericana.

Los aztecas desarrollaron su imperio en México durante el siglo XV. Su capital, Tenochtitlán, se encontraba en el lugar que hoy ocupa la Ciudad de México. Los aztecas construyeron ciudades tan grandes como las de Europa de la época. La religión dominaba todos los aspectos de su vida diaria. Construyeron enormes templos en forma de pirámides, donde celebraban ceremonias religiosas que incluían sacrificios humanos. Muchas veces iban a la guerra sólo con el propósito de tomar prisioneros para sus sacrificios. Las esculturas aztecas son muy detalladas, y la más famosa es la gran piedra calendario circular, que representa la superficie del sol.

Los incas desarrollaron un imperio en los Andes, que se extendió desde lo que es hoy el Ecuador hasta el centro de Chile, incluyendo partes de Bolivia y la Argentina. El centro de la civilización estaba en el Perú. Su éxito se debió a su fuerte y estructurado sistema político y social. Además, tenían un ejército muy bien organizado y un sistema de caminos magnífico que comunicaba todos los puntos del imperio con la capital, Cuzco. Allí construyeron grandes palacios, templos y edificios del gobierno. Tenían un emperador que, según la leyenda, descendía de los dioses. Todas las tierras le pertenecían al estado. Nunca desarrollaron la escritura, pero tenían un sistema especial de

escribir y contar: hacían nudos en cuerdas de varios colores y tamaños, formando un «quipu». Indios especializados sabían de memoria el significado de cada quipu. Usaban la llama y la alpaca, que les servían para el transporte y los proveían de carne para la alimentación y lana
5 para la vestimenta. La lengua de los incas, el quechua, se habla todavía en el Perú y zonas de Bolivia, el Ecuador y el norte de Chile.

Hubo también otras civilizaciones menores: **los caribes,** en las Antillas, eran una tribu guerrera que fue prácticamente exterminada por los primeros conquistadores. **Los chibchas** vivían en la región an-
10 dina de Colombia y eran expertos artesanos; trabajaban muy bien el oro, y muchos de sus productos pueden admirarse hoy día en el Museo del Oro en Bogotá. **Los guaraníes** eran de la región del Paraguay, y su lengua, el guaraní, se habla todavía en ese país casi tanto como el español. **Los araucanos** vivían originalmente en la costa de Chile, pero
15 se fueron hacia la Argentina cuando llegaron los españoles. Son famosos porque lucharon fuertemente contra los españoles y sólo fueron finalmente derrotados en el siglo pasado.

DESCUBRIMIENTO, EXPLORACIÓN Y CONQUISTA

Cristóbal Colón fue el primero de los grandes descubridores y es
20 conocido hoy como «el descubridor de América». Hizo cuatro viajes al Nuevo Mundo, pero nunca llegó a tocar el continente norteamericano. Descubrió varias islas de las Antillas, las costas de América del Sur (cerca del Orinoco) y parte de la América Central. La fecha de su primer descubrimiento (el 12 de octubre) se celebra en todo el mundo
25 hispano como el «Día de la Raza».

Colón fundó en 1492 la primera colonia europea en el Nuevo Mundo, el Fuerte de Navidad, en lo que hoy es la isla de Santo Domingo. El siglo siguiente fue una época de conquista, colonización y expansión. Entre los conquistadores más famosos, figuran los si-
30 guientes:

Juan Ponce de León, quien estableció una colonia española en Puerto Rico en 1508. En 1513, buscando la Fuente de la Juventud, descubrió la Florida.

Vasco Núñez de Balboa, quien atravesó el istmo de Panamá y
35 descubrió el océano Pacífico en 1513, dándole el nombre de Mar del Sur.

Fernando de Magallanes, un navegante portugués que emprendió el primer viaje alrededor del mundo. Fue una empresa heroica, completada por **Juan Sebastián Elcano,** español, al morir Magallanes
40 en las Islas Filipinas.

Hernán Cortés, quien fue, tal vez, el más famoso de los conquistadores. Partió de Cuba hacia el continente en 1518 y llegó en 1519 a

---

1   **hacer un nudo** to tie a knot

la capital del imperio azteca, poniendo fin a la autoridad del emperador Moctezuma. En 1521 logró derrotar definitivamente a los aztecas y fue nombrado gobernador de la Nueva España por Carlos V. Desde México organizó varias expediciones hacia Honduras y California.

Francisco Pizarro, quien acompañó a Balboa en su descubrimiento del Pacífico. En 1531 salió de Panamá hacia el sur y llegó hasta las tierras del imperio inca en 1532. Allí derrotó al último emperador inca, Atahualpa. Fundó la ciudad de Lima en 1535, llamándola «Ciudad de los Reyes».

Francisco Vásquez de Coronado, quien salió de México en busca de las fabulosas «siete ciudades de Cíbola», exploró gran parte de lo que es hoy el sudoeste de los Estados Unidos y descubrió el Gran Cañón.

Álvar Núñez Cabeza de Vaca, quien exploró gran parte de la Florida, Misisipi y el norte de México. Años más tarde fue nombrado gobernador de la provincia de la Plata y exploró la región del Chaco.

Pedro de Valdivia, quien estuvo en el Perú con Pizarro y luego conquistó Chile, luchando contra los araucanos. Fundó la ciudad de Santiago de Chile en 1541 y fue nombrado gobernador de la nueva provincia.

Junto con los conquistadores, llegaron también muchos misioneros al Nuevo Mundo. El más conocido de todos es **Bartolomé de Las Casas.** Fue llamado el «apóstol de las Indias» o el «protector de los indios» porque, desde su llegada a América en 1502, se dedicó a luchar en favor de los indios. Éstos estaban siendo destruidos por los duros trabajos a que eran sometidos y por la crueldad de los conquistadores. Escribió dos obras muy famosas, en las que cuenta la historia y pormenores de la conquista.

En nuestro país es muy conocido **Fray Junípero Serra,** un evangelizador y colonizador del siglo XVIII. Fundó una serie de misiones en California, entre ellas las de San Diego, Los Ángeles y San Francisco.

ADMINISTRACIÓN DE LAS COLONIAS

Todas las colonias se consideraban posesiones del rey. En 1509 se creó en España el Consejo de Indias, una organización encargada de dirigir la administración y economía del Nuevo Mundo. Las colonias estaban divididas en cuatro territorios administrativos, llamados virreinatos: (1) el de Nueva España, que incluía México, Centroamérica, parte de lo que es hoy los Estados Unidos y las Antillas; (2) el del Perú, que incluía el Perú y Chile; (3) el de Nueva Granada, que incluía el Ecuador, Colombia, Panamá y Venezuela; y (4) el del Río de la Plata, que incluía la Argentina, Bolivia, el Paraguay, el Uruguay y parte del

---

10 **en busca de** in search of

Brasil. Estos virreinatos estaban gobernados por virreyes, nombrados directamente por el rey español.

La intención de la corona española era doble: (1) civilizar a los indios, convirtiéndolos a la religión católica; y (2) explotar las rique-
5 zas de las colonias para beneficio único de España.

El período colonial duró más o menos tres siglos. La población de las colonias estaba dividida en cuatro clases: (1) los españoles, que gobernaban y gozaban de todos los privilegios; (2) los criollos (de origen español, pero nacidos en las colonias), que estaban muy bien
10 económicamente pero no podían gobernar; (3) los mestizos (mezcla de español e indio o negro), que no tenían ni categoría social ni derechos políticos; y (4) los indios y los esclavos negros.

LA INDEPENDENCIA

A principios del siglo XIX, las ideas revolucionarias de la época
15 fueron propagadas por los criollos ricos en las colonias. Además de la injusticia social y política y de las restricciones económicas impuestas por España, tres sucesos históricos influenciaron la rebelión de las colonias: (1) la independencia de los Estados Unidos; (2) el espíritu de la Revolución Francesa; y (3) la invasión de España por las fuerzas de
20 Napoleón.

El más importante de los precursores de la independencia fue el venezolano **Francisco Miranda.** Luchó en la guerra de independencia de los Estados Unidos y en la Revolución Francesa. En 1806 organizó, desde Nueva York, una expedición contra Venezuela que fracasó. Cua-
25 tro años más tarde, se unió a Simón Bolívar, a cuyo lado luchó hasta 1812. Fue tomado prisionero por los españoles y murió en una cárcel de Cádiz en 1816.

Tres de las revoluciones en las colonias estallaron en distintas partes en el mismo año, 1810. Los movimientos revolucionarios se
30 pueden dividir en cuatro:

MÉXICO

El padre **Miguel Hidalgo,** cura del pueblo de Dolores (Guanajuato), inició la revolución mexicana el 16 de septiembre de 1810, con el famoso «Grito de Dolores». Al frente de un improvisado ejército de
35 indios, logró varias victorias. Unos meses más tarde, en 1811, fue capturado y fusilado.

José María Morelos, también sacerdote, se unió al movimiento de liberación de Hidalgo. Después de varias batallas, reunió el primer Congreso Nacional mexicano en 1813. En 1815 cayó prisionero y fue
40 fusilado.

Agustín de Iturbide luchó en un principio al lado de los españoles, pero después se unió a los revolucionarios. En 1821 formuló el famoso Plan de Iguala, que reconocía a México como una monarquía constitucional, independiente de España. En 1822, un movimiento popular lo proclamó emperador, con el nombre de Agustín I. Pero una revolución republicana, encabezada por el general **Santa Anna,** le obligó a abdicar. Iturbide murió fusilado en 1824, después de haber regresado al país y haber tratado de apoderarse del gobierno. Por la 5 Constitución de 1824, México se constituyó en República Federal.

NUEVA GRANADA (Norte de Sudamérica)

El venezolano **Simón Bolívar,** llamado el Libertador, es la figura dominante de la independencia de casi toda Sudamérica. Fue a la vez militar brillante, gran estadista, escritor y orador. Comenzó su larga 10 lucha en 1810 y con las victorias de Boyacá (Colombia, 1819), Carabobo (Venezuela, 1821) y Pichincha (Ecuador, 1822), aseguró la independencia de toda esa región. En 1822 se formó de esos territorios la República de la Gran Colombia, que duró hasta 1829. Bolívar fue su primer presidente. Pero sus sueños de una América unida no se rea- 15 lizaron. Murió enfermo y decepcionado en Santa Marta, Colombia, en 1830.

Antonio José de Sucre, también venezolano, combatió al lado de Miranda. Luego fue el principal lugarteniente de Bolívar. Bajo su mando se ganaron las batallas de Pichincha y Ayacucho, lo que le ganó 20 el título de Gran Mariscal. Fue presidente de la nueva república de Bolivia de 1826 a 1828.

EL PERÚ Y EL RÍO DE LA PLATA (Sur de Sudamérica)

El argentino **José de San Martín,** el «santo de la espada», hizo para el sur lo que Bolívar hizo para el norte. Declarada la independen- 25 cia de la Argentina en 1816, San Martín organizó el Ejército de los Andes, con la ayuda del chileno **Bernardo O'Higgins,** para luchar por la independencia de Chile. Derrotaron a los españoles en las batallas de Chacabuco (1817) y Maipú (1818). Ésta última aseguró la independencia del norte y centro del país. En el sur, la lucha continuó hasta 30 1824. O'Higgins fue el primer presidente de la nueva república de Chile.

En 1820, San Martín emprendió la liberación del Perú. En julio de 1821 entró en Lima. Desde allí envió ayuda a Sucre para la batalla de Pichincha. En 1822, San Martín y Bolívar se entrevistaron en 35 Guayaquil. A raíz de esta conferencia, San Martín entregó el mando militar a Bolívar, y se retiró de la lucha y del gobierno. La libertad del Perú fue asegurada finalmente por Sucre en la batalla de Ayacucho (1824).

CUBA 40

Durante la época de las grandes revoluciones, Cuba se mantuvo más o menos leal a España. Pero hacia el año 1845, comenzaron varios movimientos de independencia. En 1868, **Carlos Manuel de Céspedes**

dio el «Grito de Cuba Libre», que inició una guerra de diez años. Desde
entonces hasta 1895, Cuba se preparó para la independencia. **José**
Martí, poeta, escritor y patriota cubano, fue el espíritu de ese movimiento. En Nueva York, en 1892, fundó el Partido Revolucionario
5 Cubano, que trató de unificar todas las tendencias revolucionarias, y
ordenó el levantamiento contra los españoles. Martí murió en 1895,
en una invasión a la isla.

Más adelante, en 1898, a raíz de la guerra entre España y los
Estados Unidos, éstos ocuparon Cuba, Puerto Rico y las Filipinas. Cuba
10 se constituyó en república en 1901, pero la Enmienda Platt dio derecho a los Estados Unidos a intervenir en la isla hasta 1934.

DESDE LA INDEPENDENCIA HASTA NUESTROS DÍAS

La independencia trajo consigo graves problemas políticos, económicos y sociales, algunos de los cuales todavía existen hoy. Cada
15 país hispanoamericano siguió su curso, y existen grandes diferencias
entre ellos. Pero el sistema administrativo, económico y social heredado de los españoles afectó su desarrollo y les dio rasgos comunes.

La historia del siglo que siguió a la Independencia está llena de
crisis económicas, rebeliones políticas e injusticia social. Los países
20 no se industrializaron, y muchos dependían de economías basadas en
la exportación de un solo producto. Además, la mayoría de los recursos naturales eran explotados por compañías extranjeras, que sólo estaban interesadas en sacar la materia prima. Las tierras estaban en
manos de unos pocos terratenientes ricos, y una gran parte del resto
25 de la población vivía en la miseria. La Iglesia Católica y los militares
tenían mucho poder político y económico.

El primer cambio notable lo trajo la Revolución Mexicana, a partir de 1911. En 1917 se escribió una nueva constitución, que todavía
está en vigor. Ésta reconocía los derechos de los trabajadores, reducía
30 la influencia de la Iglesia y se mantenía fiel a los principios democráticos. Los gobiernos que siguieron organizaron una reforma agraria
para darles tierra a los campesinos y nacionalizaron la industria del
petróleo. Hacia 1950, México comenzó un programa de desarrollo industrial.

35 En los otros países hispanoamericanos no hubo ese tipo de revolución, y muchos de ellos fueron gobernados por dictadores durante
muchos años. Los cambios económicos y sociales se han sucedido lentamente.

En Cuba y Nicaragua hubo revoluciones que trajeron cambios
40 radicales. En ambos países se luchó contra dictaduras corruptas, pero

---

21 **los recursos naturales** natural resources
23 **la materia prima** raw material
29 **estar en vigor** to be in effect

el resultado ha sido otro tipo de gobierno absoluto y otro tipo de problemas. Cuba es el único país del hemisferio occidental que se ha declarado comunista.

Después de la Segunda Guerra mundial, Hispanoamérica comenzó a ganar importancia en el mundo. Su población creció rápidamente, se encontraron vastos depósitos de petróleo y gas natural, y los países comenzaron a industrializarse. Internamente, las ciudades crecieron y comenzaron a atraer aún más población. Surgieron nuevos problemas administrativos y sociales. Se tuvo que invertir mucho dinero en transporte, construcción, salud pública y educación. Surgieron también nuevas fuerzas políticas: la mujer ganó el voto, creció la clase obrera, los sindicatos tomaron fuerza y muchos sacerdotes jóvenes comenzaron a criticar abiertamente la injusticia económica y social. Aumentó el comercio con los nuevos países independientes de Asia y África, y los países hispanoamericanos comenzaron a tratar de cooperar entre sí.

Hoy en día, la mayoría de los países hispanoamericanos tienen gobiernos más o menos democráticos. Pero a pesar de esto, y del desarrollo económico de los últimos años, todavía existen muchos problemas económicos y sociales que tendrán que resolverse en este siglo.

RELACIONES INTERAMERICANAS

En 1826 Simón Bolívar dio el primer paso hacia la unidad del hemisferio occidental. Invitó a representantes de todos los países del Nuevo Mundo a reunirse en Panamá. Aunque sólo cuatro naciones enviaron delegados, puede decirse que la Conferencia de Panamá no fue un fracaso. El ideal de Bolívar, de unir las Américas, tuvo sus comienzos allí.

En los años siguientes, el movimiento cobró fuerzas y creció. La Primera Conferencia Internacional de los Estados Americanos tuvo lugar en Washington, D.C. en 1889–1890. El propósito era el de mantener la paz en el hemisferio y mejorar las relaciones comerciales entre los países. En la conferencia de Buenos Aires de 1910, se creó la Unión Panamericana. El propósito de esta organización era el de establecer estrechas relaciones económicas y culturales entre las 21 naciones americanas.

En 1948 tuvo lugar, en Bogotá, la novena Conferencia Panamericana. La alianza fue reorganizada y recibió el nombre de Organización de los Estados Americanos (O.E.A.). La Unión Panamericana sería su secretaría permanente hasta 1970, año en que fue reorganizada bajo el nombre de Secretaría General. La O.E.A. es un organismo regional dentro del cuadro de las Naciones Unidas. Sus objetivos son varios: mantener la paz entre sus miembros, ayudarse mutuamente en caso de

---

12 **la clase obrera** working class
28 **cobrar fuerzas** to gather strength

agresión y trabajar por el desarrollo cultural, social y económico de los estados miembros.

A principios de este siglo, la política de los Estados Unidos con respecto a Latinoamérica había creado malos sentimientos en esas na-
5 ciones. Durante la presidencia de Franklin D. Roosevelt, el país trató de mejorar sus relaciones con Latinoamérica, iniciando un nuevo programa económico y político llamado «la Política del Buen Vecino».

En la segunda guerra mundial, muchos países hispanoamericanos mostraron su fe en la democracia y su amistad con los Estados
10 Unidos, declarando la guerra a nuestros enemigos, enviando tropas al frente y proveyendo de materias primas a los Aliados.

En 1961, el presidente John F. Kennedy inició el programa de la Alianza para el Progreso, a raíz de la Revolución Cubana y su influencia en Hispanoamérica. El propósito de la Alianza para el Progreso era
15 el de ofrecer ayuda financiera y técnica para mejorar la vivienda, educación y servicios públicos en los países latinoamericanos. Para recibir ayuda, esos países debían iniciar reformas agrarias y cambios en sus sistemas tributarios. El programa no tuvo el éxito esperado y ha sido reemplazado por otros métodos de ayuda económica.

20 Durante este siglo las relaciones interamericanas se han estrechado, y se espera que los países continuarán unidos en sus propósitos de mantener la paz en el hemisferio y de ayudarse mutuamente.

EJERCICIO A

Escoja la palabra o expresión que complete correctamente cada frase:

1. El primer navegante que dio la vuelta al mundo fue _____ .
   (Cabeza de Vaca, Elcano, Colón, Balboa)
2. Los indios que no fueron derrotados hasta el siglo XIX fueron los
   _____ . (incas, caribes, aztecas, araucanos)
3. El rey azteca derrotado por Cortés se llamaba _____ .
   (Tenochtitlán, Moctezuma, Cabeza de Vaca, Atahualpa)
4. Todas las colonias se consideraban posesiones _____ .
   (de los indios, del descubridor, del rey, de los dioses)
5. La ciudad de Santiago fue fundada por _____ .
   (Valdivia, Cabeza de Vaca, Cortés, Colón)
6. El imperio incaico fue destruido por _____ .
   (Pizarro, Cortés, Valdivia, Colón)
7. Las colonias españolas eran gobernadas por _____ .
   (piratas, misioneros, virreyes, reyes indios)
8. Los indios de Centroamérica de cultura más avanzada eran los
   _____ . (toltecas, aztecas, guaraníes, mayas)
9. La Ciudad de México está hoy donde antes estaba situada la ciudad de
   _____ . (Tenochtitlán, Chichén-Itzá, Cíbola, Santiago)

---

18 **el sistema tributario** tax system

10. La Florida fue descubierta por _____ .
(Coronado, Ponce de León, Cabeza de Vaca, Balboa)

EJERCICIO B

Relacione cada nombre o lugar con la expresión de la derecha que se refiera a él:

1. Ponce de León
2. Fuerte de Navidad
3. Coronado
4. Tenochtitlán
5. Balboa
6. Chichén-Itzá
7. Junípero Serra
8. Bartolomé de las Casas
9. Cuzco
10. Valdivia

a. capital azteca
b. araucanos
c. apóstol de las Indias
d. siete ciudades de Cíbola
e. misiones en California
f. la Florida
g. Mar del Sur
h. ciudad maya
i. Santo Domingo
j. capital incaica
k. rey azteca

EJERCICIO C

Complete correctamente las frases siguientes:

1. En 1910, en Buenos Aires, se creó _____ .
2. Después de una entrevista entre San Martín y Bolívar, el mando militar fue entregado a _____ .
3. El Plan de Iguala estableció en México una _____ .
4. El famoso «Grito de Dolores» fue dado por _____ .
5. La libertad del Perú fue asegurada en la batalla de _____ .
6. El único país del hemisferio que se ha declarado comunista es _____ .
7. El primer paso hacia la unidad del hemisferio fue dado por _____ .
8. El precursor más importante de la lucha por la independencia fue _____ .
9. Hoy en día la mayoría de los países hispanoamericanos tienen gobiernos más o menos _____ .
10. El patriota cubano que fue el espíritu del movimiento de la independencia fue _____ .

EJERCICIO D

Relacione cada nombre con la expresión de la derecha que se refiera a él:

1. Bolívar
2. Martí
3. Unión Panamericana
4. San Martín

a. Chile
b. Ayacucho
c. Grito de Dolores
d. el Libertador

5. Kennedy	e. Cuba
6. Hidalgo	f. santo de la espada
7. Roosevelt	g. O.E.A.
8. O'Higgins	h. Política del Buen Vecino
9. Agustín I	i. Iturbide
10. Sucre	j. la Alianza para el Progreso
	k. Boyacá

EJERCICIO E

Complete correctamente las frases siguientes:

1. Cortés fue gobernador de México, cuyo nombre entonces era _____ .

2. Los _____ son personas de origen español nacidas en la América Hispana.

3. La gran piedra calendario circular que representa la superficie del sol fue hecha por los _____ .

4. Los incas habían establecido su capital en _____ .

5. Fray Junípero Serra estableció _____ en California.

6. Los dos héroes principales de la guerra sudamericana de independencia fueron Bolívar en el norte y _____ en el sur.

7. En tiempos de Cortés, los _____ dominaron la mayor parte de México.

8. La región de Bolivia, la Argentina, el Uruguay y el Paraguay se llamaba el virreinato de _____ .

9. Ponce de León, buscando la Fuente de la Juventud, descubrió _____ .

10. La gran época de la colonización española fue el siglo _____ .

11. Santiago, capital de Chile, fue fundada por _____ .

12. En vez de escribir, los incas usaban _____ .

13. El primer conquistador que atravesó el istmo de Panamá fue _____ .

14. Colón estableció la primera colonia del Nuevo Mundo en la isla de _____ .

15. Los indios guerreros de las Antillas se llamaban los _____ .

16. Los araucanos vivieron en el _____ de Sudamérica.

17. Chichén-Itzá fue la ciudad principal de los _____ .

18. Las colonias fueron administradas por el Consejo de _____ .

19. El misionero que luchó más que ningún otro en favor de los indios se llamaba _____ .

20. Uno de los sucesos históricos que influyó en la rebelión de las colonias fue _____ .

21. El Gran Cañón fue descubierto por _____ .

22. En la guerra contra los Estados Unidos, España perdió las Islas Filipinas, Cuba y _____ .

23. El rey inca ejecutado por Pizarro fue _____ .

24. Tres de las revoluciones contra España estallaron en el año de _____ .

25. O'Higgins fue el primer presidente de _____ .

La Literatura de Hispanoamérica

DE LOS ORÍGENES A LA INDEPENDENCIA

Hispanoamérica tiene una literatura rica y abundante, cuyos orígenes se encuentran en los llamados cronistas de Indias. Éstos fueron historiadores españoles que vinieron al Nuevo Mundo y registraron los sucesos de la conquista. Uno de los grandes soldados y cronistas de la época fue **Bernal Díaz del Castillo** (1492–1581). Fue compañero de Hernán Cortés y describió la conquista de México en su célebre «Historia verdadera de los sucesos de la conquista de la Nueva España».

Alonso de Ercilla (1533–1594) escribió uno de los mejores ejemplos de poesía épica del Renacimiento. Su famoso poema épico «La araucana» trata de las guerras entre los conquistadores españoles y los indios araucanos de Chile. A pesar del carácter autobiográfico de la obra y de que Ercilla era un soldado español, los héroes del poema son dos caciques araucanos, Caupolicán y Lautaro. El poeta muestra su admiración y simpatía por el valor y el heroísmo de los indígenas. «La araucana» sirvió de modelo para otros poemas épicos de la época y se considera el primer gran poema nacional chileno.

La cumbre de la poesía lírica americana de la época colonial está representada por la poetisa **Sor Juana Inés de la Cruz** (1651–1695). A esta monja mexicana se le llamó «la décima musa» o «el fénix de México». Los temas de sus versos son el pesimismo, la angustia y la vanidad de la vida. En ellos se nota su temperamento apasionado y su gusto por los contrastes y los juegos de conceptos.

José Joaquín Fernández de Lisardi (1776–1827) se distingue como el primer novelista de Hispanoamérica y el escritor más influyente de México en el siglo XIX. Fue conocido con el seudónimo «el Pensador Mexicano», nombre de uno de los siete periódicos que fundó. Su obra maestra, «El periquillo sarniento», es una novela picaresca que describe de manera realista la sociedad mexicana en vísperas de la independencia.

El venezolano **Andrés Bello** (1781–1865) se distinguió como abogado, educador, crítico literario, poeta, ensayista, periodista y filólogo. Pasó muchos años en Inglaterra, donde fundó tres revistas para dar a conocer la cultura de América. Después fue a Chile, donde es-

5

10

15

20

25

30

---

23   **tener gusto por** to have a liking (an eye) for
29   **en vísperas de** on the eve of
34   **dar a conocer** to introduce

cribió el «Código Civil» del nuevo país y fundó la Universidad de Chile. Es el autor de una gramática que todavía se considera una de las mejores y más completas de la lengua castellana.

Simón Bolívar (1783–1830) representa la cumbre del pensa-
5 miento político de la época. Reveló una visión extraordinaria en sus documentos, como en la llamada «Carta de Jamaica», en la que revisa la situación política y social de Hispanoamérica y defiende la formación de una América unificada en una gran federación.

EL SIGLO XIX

10   El siglo XIX se caracterizó en Hispanoamérica como el siglo de las revoluciones y de la independencia. Estos movimientos políticos se reflejan en la literatura que se produjo.

El argentino **Domingo Faustino Sarmiento** (1811–1888) fue embajador de su país en los Estados Unidos y presidente de la repú-
15 blica de 1868 a 1874. Su obra maestra, «Facundo o Civilización y barbarie», es un ensayo político y sociológico sobre las causas de la dictadura, el caudillismo y la barbarie de la pampa.

La época trágica de la dictadura de Juan Manuel de Rosas en la Argentina, fue descrita en la novela «Amalia» del escritor y poeta ro-
20 mántico **José Mármol** (1817–1871). Esta obra describe el terror que reinaba en Buenos Aires en la época y pinta vívidamente al tirano y su familia. Se considera la primera novela política de Hispanoamérica.

El mejor representante del costumbrismo hispanoamericano es el peruano **Ricardo Palma** (1833–1919). Creó un género llamado «tradi-
25 ciones», narraciones con base histórica que mezclan lo real y lo imaginario con humorismo e ironía. Escribió miles de «Tradiciones peruanas» que cubren toda la historia del Perú, desde los incas hasta los primeros años del siglo XX. Tiene mérito también porque incorporó a su español las expresiones y palabras nuevas surgidas en Hispano-
30 américa.

José Hernández (1834–1886) representa la llamada poesía gauchesca, un género de poesía que describe tipos y costumbres regionales. Su obra «Martín Fierro» se considera el poema más famoso de Hispanoamérica. El héroe de esta obra argentina es un gaucho que
35 canta su propia historia, describiendo al mismo tiempo todos los personajes que habitan la pampa.

La novela más popular del siglo pasado fue escrita por el colombiano **Jorge Isaacs** (1837–1895). «María» es una obra sumamente sentimental, con descripciones exquisitas del paisaje del valle donde
40 nació su autor.

Florencio Sánchez (1875–1910) se considera el mejor dramaturgo del siglo XIX. Este uruguayo estableció las bases para el rena-

---

17 **el caudillismo** system of government by a political boss

cimiento del teatro realista hispanoamericano del siglo XX. Sus obras presentan la realidad de los problemas humanos dentro de una sociedad a la que critica fuertemente. Entre ellas está «La gringa», un drama que trata de los conflictos entre los criollos y los inmigrantes.

El siglo XIX dio también muchos poetas románticos de fama internacional, entre los que se distinguen dos cubanos y un colombiano. **José María Heredia** (1803–1839) está considerado como el primer romántico de la lengua española. Su vida fue también un retrato del héroe romántico: tuvo que vivir en el exilio por sus ideas liberales, fue rebelde, sufrió y murió joven, pobre y tuberculoso. Su poema «Niágara», inspirado en las cataratas, es su obra más famosa.

La cubana **Gertrudis Gómez de Avellaneda** (1814–1873) está considerada hoy día como una de las mejores poetisas de la lengua española. Su poesía está llena de confesiones, y sus temas constantes son el amor, el arte y Dios. Escribió además seis novelas y una docena de tragedias al gusto de la época.

Rafael Pombo (1833–1912) es el poeta más completo que ha dado Colombia. Escribió poesía reflexiva y filosófica y tenía además un talento especial para la poesía popular y la humorística. Es importante porque enriqueció la literatura infantil y tradujo al español muchos de los poetas ingleses y norteamericanos, antiguos y contemporáneos.

Hacia fines del siglo XIX apareció un nuevo movimiento literario, el modernismo, en reacción a la falta de originalidad del realismo y al sentimentalismo excesivo del romanticismo. El modernismo ponía énfasis en los sentimientos de todos los hombres, expresados elegantemente a través de nuevas imágenes. Este movimiento fue más importante en la poesía que en la prosa y duró hasta bien entrado el siglo XX. Una multitud de poetas, españoles e hispanoamericanos, que lograron renombre internacional, fueron modernistas.

El cubano **José Martí** (1853–1895), además de ser uno de los precursores del modernismo, fue un hombre de grandes inquietudes morales, metafísicas y políticas, que luchó y murió por la independencia de su país. Vivió en la ciudad de Nueva York desde 1881 hasta el año de su muerte. Durante esa época escribió sus poemas más famosos, los «Versos sencillos», de los cuales se tomó la letra para la canción popular «Guantanamera».

Manuel Gutiérrez Nájera (1859–1895), de México, es uno de los mejores representantes de la transición del romanticismo al modernismo. Escribió poesías y prosa llenas de dulzura y gracia, cuyos temas son la tristeza, el dolor, la búsqueda de Dios y el misterio de la vida. Publicó dos colecciones importantes de cuentos, «Cuentos de color de humo» y «Cuentos frágiles».

Rubén Darío (1867–1916), poeta nicaragüense, fue el padre indiscutible del modernismo y tuvo gran influencia no sólo en Hispa-

---

22   **hacia fines de** toward the end of
35   **la letra** lyrics

noamérica, sino también en España. Viajó muchísimo durante toda su vida, llegando a casi todos los países de América y de Europa. Sus obras más importantes son «Cantos de vida y esperanza» y «Prosas profanas».

5   El ensayista más célebre de Hispanoamérica y el que más influyó sobre la juventud a principios de este siglo, fue el uruguayo **José Enrique Rodó** (1872–1917). En su obra más conocida, «Ariel», un maestro habla con sus estudiantes sobre la necesidad de tener ideales desinteresados, de desarrollar el sentimiento de lo bello y lo moral
10 y sobre los peligros de las civilizaciones avanzadas y del espíritu de utilitarismo reflejado por los Estados Unidos.

EL SIGLO XX

LA POESÍA

    El auge de la poesía hispanoamericana continuó en el siglo XX,
15 en el que se encuentran poetas y poetisas de fama mundial.

    Luis Palés Matos (1893–1959), de Puerto Rico, cultivó la poesía llamada «negra o afro-antillana», de profunda raíz popular. En su obra poética ofrece una visión del mundo y el folklore negros, usando metáforas, ritmos y sonidos de gran sensualismo. Su poema más cono-
20 cido es «Danza negra», en el que centra su atención en la expresión musical negra que tanta influencia ha tenido en el mundo.

    El poeta cubano **Nicolás Guillén** (1902–   ) es otro gran representante de la poesía afro-antillana. Escribió poemas siguiendo el ritmo sensual del «són», uno de los bailes típicos de Cuba. Pero además su
25 poesía es una protesta de tipo económico-social, presentada como un lamento de las clases oprimidas. Entre sus poemas más famosos están «Sóngoro cosongo», «Tú no sabe inglé», «Velorio de Papá Montero» y «No sé por qué piensas tú».

    La obra del poeta peruano **César Vallejo** (1892–1938) no es muy
30 extensa, pero le ganó fama internacional. Tiene como tema básico el sufrimiento del Hombre, tanto en su sentido individual como colectivo, por el solo hecho de haber nacido. Es uno de los poetas más hondos y humanos de la literatura en lengua española. «Poemas humanos» figura entre sus obras más conocidas.

35   El chileno **Pablo Neruda** (1904–1973) es sin duda el poeta hispanoamericano de más fama en el mundo entero, y no sólo por haber recibido el Premio Nobel de Literatura en 1971. Comenzó a escribir bajo la influencia del modernismo, pero luego encontró su forma y materia propias. Neruda, seudónimo de Ricardo Neftalí Reyes, reco-
40 rrió el mundo entero como diplomático de su país. Sus colecciones de

---

6   **a principios de** at the beginning of
14   **el auge** period of prosperity
32   **por el solo hecho de** for the only reason that, just because
39   **recorrer el mundo** to travel around the world

poesías más importantes han sido traducidas a más de treinta idiomas. Éstas incluyen «Odas elementales», «Veinte poemas de amor y una canción desesperada», «Residencia en la tierra» y «El canto general».

El poeta y ensayista mexicano **Octavio Paz** (1914–   ) fue diplomático de su país en la India, estudió un tiempo en los Estados Unidos y ha vivido en Suiza y Francia. Su poesía muestra esa combinación de filosofía oriental, cultura occidental y mexicanidad que la hace universal. Sus temas constantes son la soledad, la falta de comunicación entre los hombres y la búsqueda del ser. Sus ensayos principales son «El laberinto de la soledad» y «El arco y la lira», y entre sus colecciones de poesías se encuentran «Libertad bajo palabra» y «Viento entero». Ganó el Premio Nobel de Literatura de 1990.

La mujer se ha destacado como escritora en la obra poética hispanoamericana. Quizás la más conocida de las poetisas es la chilena **Gabriela Mistral** (1889–1957), quien ganó el Premio Nobel de Literatura en 1945. Fue maestra durante casi veinte años y luego siguió trabajando por la educación como representante diplomática de su país. Los últimos años de su vida los pasó de consulesa en Nueva York. Su obra más importante es una colección de poesías que se titula «Desolación», que refleja su humanismo, su sensibilidad y su ternura.

La argentina **Alfonsina Storni** (1892–1938) fue lo que hoy llamaríamos una feminista. Era una mujer de ideas liberales, que luchó contra los prejuicios sociales por más libertad para la mujer. Su obra poética trata de la condición de la mujer y de lo que significa ser mujer en un mundo masculino. Ésta incluye «La inquietud del rosal», «El dulce daño», «Ocre» y «Mundo de siete pozos».

Julia de Burgos (1916–1953), de Puerto Rico, escribió una poesía amorosa muy intensa y llena de dolor, como «Canción de la verdad sencilla». Pero también escribió una poesía nacionalista en la que recuerda momentos dramáticos para América, como «23 de septiembre» e «Himno de sangre a Trujillo».

El amor romántico, representado en un tono menos exaltado, más coqueto e íntimo, se presenta en la obra poética de la uruguaya **Juana de Ibarbourou** (1895–1979). Esta poetisa ha sido llamada «Juana de América» desde 1929, a raíz de un homenaje ofrecido por su país, en el que participaron escritores y poetas hispanoamericanos famosos. Sus poemas más conocidos incluyen «Las lenguas de diamante», «Raíz salvaje», «La rosa de los vientos» y «Perdida».

EL TEATRO

El teatro hispanoamericano comenzó a surgir realmente después de la Segunda Guerra mundial. Anteriormente era un teatro regional, interesado en los problemas políticos, económicos y sociales de un lugar determinado. La nueva generación ha tratado de crear un teatro de intereses más universales.

Uno de los más distinguidos dramaturgos fue el mexicano

Rodolfo Usigli (1905–1979). Su teatro hace un análisis crítico de la idiosincrasia nacional mexicana. Sus obras más famosas son «El gesticulador» y «Corona de sombra».

Carlos Solórzano (1922–   ), guatemalteco-mexicano, es uno
5 de los autores y críticos que más han contribuido a la renovación del teatro hispanoamericano. Entre sus obras figuran «La muerte hizo la luz», «Doña Beatriz», «Las manos de Dios», «El hechicero» y «Los fantoches».

Sebastián Salazar Bondy (1924–1965) fue un dramaturgo perua-
10 no en cuyas obras se manifiestan sus dotes de observador, su facilidad para manejar com lejidades psicológicas y su dominio del lenguaje popular. Entre sus obras principales están «Algo quiere morir», «El fabricante de deudas», «Todo queda en casa» y «No hay isla feliz».

Emilio Carballido (1925–   ), el dramaturgo mexicano más
15 conocido de su generación, es autor de más de setenta y cinco obras dramáticas. Dos tendencias fundamentales en su obra dramática son la realista y la fantástica. Sus dramas incluyen «El día en que se soltaron los leones», «La zona intermedia», «La danza que sueña la tortuga» y «Te juro Juana, que tengo ganas».

20   El chileno **Egon Wolff** (1926–   ) es un dramaturgo que muestra su conocimiento del teatro por la construcción y desenvolvimiento de sus temas. «Los invasores» es, quizás, su obra más importante.

Osvaldo Dragún (1929–   ) ha logrado crear obras de sabor muy argentino, combinando temas trascendentales con un ambiente
25 cotidiano. Entre sus dramas más importantes figuran «Historias para ser contadas», «Jardín del infierno» y «Y nos dijeron que éramos inmortales».

Jorge Díaz (1930–   ) nació en la Argentina, pero es ciudadano chileno. Es el dramaturgo hispanoamericano que más se ha relacio-
30 nado con el teatro del absurdo. En sus últimas obras, sin embargo, se nota una tendencia hacia un teatro más comprometido política y socialmente. «El cepillo de dientes» se considera una de las mejores obras humorísticas del repertorio hispanoamericano. Sus otras obras incluyen «Requiem para un girasol» y «Topografía de un desnudo».

35 *LA NARRATIVA*

La literatura narrativa hispanoamericana del siglo XX tiene representantes con renombre internacional. Los autores contemporáneos van más allá de la preocupación por problemas políticos y sociales regionales y han logrado una dimensión universal. La novela, en es-
40 pecial, tuvo un gran resurgimiento a partir de los años cincuenta.

Mariano Azuela (1873–1952) es un novelista mexicano que describe las luchas sangrientas de la Revolución Mexicana. Su obra

---

38   **ir más allá de** to go beyond
40   **a partir de** from (some specified time)

más famosa, «Los de abajo», fue escrita mientras el autor le servía de médico al ejército de Pancho Villa en 1915.

Horacio Quiroga (1878–1937), del Uruguay, debe su puesto en la literatura a sus excelentes cuentos cortos, los mejores de los cuales tratan de temas de horror, crueldad y muerte. Sus colecciones más conocidas son «Los desterrados», «Más allá» y «Cuentos de amor, de locura y de muerte». 5

Hugo Wast (1883–1962) es el seudónimo de Gustavo Martínez Zuviría, uno de los novelistas argentinos más populares y más traducidos. Escribió sobre los problemas sociales y económicos de la gente de las ciudades y los pueblos de la Argentina de su época. Entre sus novelas más conocidas están «Flor de durazno», «La casa de los cuervos» y «Desierto de piedra». 10

Rómulo Gallegos (1884–1969) vivió muchos años en el exilio por sus ideas políticas y fue, por muy corto tiempo, presidente de su patria, Venezuela. Se le considera el mejor novelista de su país. Su obra más célebre, «Doña Bárbara», describe la vida de los llaneros venezolanos, llevando a la vez el mensaje que la tiranía no es indestructible. 15

El mejor novelista de la literatura gauchesca fue el argentino **Ricardo Güiraldes** (1886–1927). En su novela «Don Segundo Sombra», describió con gran realismo la vida y las costumbres de los gauchos. 20

Martín Luis Guzmán (1887–1976) fue coronel del ejército de Pancho Villa y describió sus memorias de la Revolución Mexicana en su obra «El águila y la serpiente»; estos animales forman el símbolo que aparece en la bandera mexicana. Vivió muchos años exilado en la ciudad de Nueva York. 25

El colombiano **José Eustasio Rivera** (1889–1928) escribió «La vorágine», considerada la novela por excelencia sobre la selva tropical. Es una novela de aventuras y de crítica social, que describe muy vívidamente la vida trágica de los caucheros en la selva del Amazonas. 30

El escritor argentino **Jorge Luis Borges** (1899–1986) es conocido mundialmente como poeta, cuentista y ensayista. Sus obras reflejan su conocimiento profundo de la expresión verbal, su habilidad analítica, su gran cultura universal, su maravillosa imaginación creadora y su experiencia de lo regional argentino. Entre sus colecciones de cuentos figuran «Ficciones», «El aleph» e «Historia universal de la infamia». Su ensayo más conocido es «Historia de la eternidad», en el que trata del tema del paso del tiempo que angustia a los hombres. En 1955 se quedó ciego y desde entonces tuvo que dictar sus escritos. 35

Las obras del guatemalteco **Miguel Ángel Asturias** (1899–1974) mezclan el misticismo de la cultura maya con la crítica político-social. Los diálogos de sus novelas reflejan la lengua popular hablada por el pueblo centroamericano. Su trilogía de novelas «Viento fuerte», «El 40

---

28 **por excelencia** preeminently, par excellence
30 **el cauchero** worker in a rubber plantation, person who
     searches for rubber trees

Papa verde» y «Los ojos de los enterrados», describe la explotación de los indios por las grandes compañías yanquis en las zonas bananeras. Recibió el Premio Nobel de Literatura de 1967 por novelas como «El señor presidente» y «Hombres de maíz».

5   El ecuatoriano **Jorge Icaza** (1906–1978) expuso la explotación del indio en su novela «Huasipungo». Ésta logró fama universal y ha sido traducida a catorce idiomas. Su obra literaria incluye otras novelas, comedias y libros de cuentos. En lenguaje muy directo y realista, presenta tipos básicos de su país y la lucha entre los pobres y sus opre-
10 sores.

El peruano **Ciro Alegría** (1909–1967), como Icaza, se considera representante de la llamada novela indigenista. Describió los problemas de la vida de los indios de su país en su novela «El mundo es ancho y ajeno», considerada como su obra maestra.

15   Pocos narradores hispanoamericanos han gozado de tanto prestigio internacional como el cubano **Alejo Carpentier** (1904–1980). Fue autor de la primera historia de la música afro-cubana y de la primera novela afro-cubana, «Ecue-Yamba-O». Pero además escribió otras novelas llenas de encanto y de magia, en las que muestra sus grandes
20 conocimientos de la música, el folklore, la historia y la antropología, ampliando su concepto de «lo maravilloso americano». Entre sus novelas más conocidas y traducidas están «El acoso», «El reino de este mundo» y «El siglo de las luces».

Ernesto Sábato (1911–   ), ensayista y novelista argentino,
25 debe su éxito internacional a dos novelas de tipo metafísico, «El túnel» y «Sobre héroes y tumbas». Ambas tocan cuestiones fundamentales que angustian al hombre contemporáneo.

Las novelas y cuentos del argentino **Julio Cortázar** (1914–1984) revelan una intensa preocupación por la relación entre la realidad y la
30 fantasía y por la condición absurda del hombre moderno. Entre sus obras más conocidas está «Rayuela», una novela cuya estructura fragmentada refleja la incoherencia de la vida y de la cultura contemporáneas.

La obra literaria del mexicano **Juan Rulfo** (1918–1986) presenta
35 una voz y una visión tan profundas de su país, que ya forma parte de la herencia de la literatura hispanoamericana. Es conocido por una colección de sus cuentos más célebres, «El llano en llamas», y por su novela «Pedro Páramo», en la que todos los personajes son fantasmas de un pasado cercano pero olvidado. Jugando con el espacio y el
40 tiempo, utilizando imágenes muy intensas y un lenguaje muy directo, Rulfo logra comunicar la aterradora experiencia del sufrimiento, el dolor, el hambre, la muerte y la lucha del hombre contra un medio estéril.

El chileno **José Donoso** (1924–   ) es otro escritor que ha con-
45 tribuido a la renovación de la novela hispanoamericana con sus obras «Este domingo», «El lugar sin límites» y «El obsceno pájaro de la

noche». En ellas presenta una visión intensa y crítica de la burguesía de su país.

El escritor colombiano **Gabriel García Márquez** (1928–   ) recibió el Premio Nobel de Literatura de 1982. Entre sus obras más conocidas se hallan «Los funerales de la mama grande», que es una   5
colección de cuentos, «La hojarasca» y «El coronel no tiene quien le escriba». Su novela más célebre es «Cien años de soledad», en la que conviven lo real con lo imaginario. Esta obra se sitúa en un pueblo imaginario llamado Macondo, que representa la realidad de muchos pueblos hispanoamericanos. Sus personajes centrales aparecen en otras   10
obras del autor y llegan a cobrar vida propia.

Un autor mexicano de mucho renombre internacional es **Carlos Fuentes** (1929–   ). Sus obras utilizan técnicas del cine y del realismo mágico: alegorías, mitos, monólogos interiores y fragmentación del tiempo lógico. Entre las más conocidas están «La muerte de Arte-   15
mio Cruz», «Cambio de piel» y «La cabeza de la hidra».

Guillermo Cabrera Infante (1929–   ) es un escritor cubano que vive en el exilio en Inglaterra desde 1966, y está considerado como uno de los grandes innovadores de la novela. Una de sus obras más conocidas, «Tres tristes tigres», se ha llevado varios premios literarios   20
internacionales.

El novelista argentino **Manuel Puig** (1932–   ) es otro escritor conocido internacionalmente, cuyos libros han sido traducidos a la mayoría de los idiomas modernos. Sus novelas más importantes son «Boquitas pintadas», «La traición de Rita Hayworth» y «El beso de la   25
mujer araña». Esta última estuvo prohibida por muchos años en la Argentina; de ella se filmó una película, co-producción internacional, que tuvo mucho éxito.

El novelista peruano que ha logrado mayor fama internacional es **Mario Vargas Llosa** (1936–   ). Muestra preocupación social y hu-   30
mana en todas sus obras, tratando de representar la violencia y la lucha por la vida en distintos niveles sociales de su país. Entre sus novelas más famosas están «La ciudad y los perros», «La casa verde», «Conversación en la catedral» y «La guerra del fin del mundo».

EJERCICIO A

Identifique cada autor con su obra, cada obra con su autor:

1. Sor Juana Inés de la Cruz
2. Bernal Díaz del Castillo
3. «Carta de Jamaica»
4. Ricardo Güiraldes
5. «El cepillo de dientes»
6. Ciro Alegría

a. Ricardo Palma
b. la «décima musa»
c. la conquista de México
d. Manuel Gutiérrez Nájera
e. Jorge Luis Borges
f. «La vorágine»

---

11 **cobrar vida propia** to acquire a life of its own

7. «Cuentos de color de humo»
8. «Tradiciones peruanas»
9. Gabriel García Márquez
10. «El Aleph»

g. «Cien años de soledad»
h. «Don Segundo Sombra»
i. «El mundo es ancho y ajeno»
j. Jorge Díaz
k. «Los de abajo»
l. Bolívar

EJERCICIO B

Complete cada frase con el título de la obra o el nombre del autor:

1. El gran poema épico de los gauchos es _____.
2. «El beso de la mujer araña» fue escrita por _____.
3. «Doña Bárbara» fue escrita por _____.
4. El erudito venezolano que escribió una gramática famosa fue _____.
5. «Facundo», un estudio sobre los gauchos, fue escrito por _____.
6. La novela que describe la vida de los caucheros en la selva es _____.
7. Rodó escribió un libro de ensayos llamado _____.
8. «Ficciones» es una colección de cuentos de _____.
9. «Cantos de vida y esperanza» es una importante colección de poesías de _____.
10. Juan Rulfo es conocido por dos obras tituladas _____.
11. «Tres tristes tigres» es una novela de _____.
12. Macondo es el pueblo donde se sitúa la acción de _____.
13. Dos de las novelas famosas de Vargas Llosa son _____.
14. La novela cuya estructura fragmentada refleja la incoherencia de la vida, se titula _____.
15. «Cambio de piel» fue escrita por _____.

EJERCICIO C

¿Cierto o falso? Indique si cada frase es cierta o falsa. Si es falsa, cámbiela para que sea cierta:

1. «El Pensador Mexicano» es el seudónimo de Bernal Díaz del Castillo.
2. «La araucana» es un poema lírico.
3. Andrés Bello es el autor de una gramática de la lengua castellana.
4. La obra «Facundo» trata de los gauchos y la barbarie de la pampa.
5. «Amalia» es una novela que se sitúa durante la dictadura de Trujillo en Santo Domingo.
6. Una novela que describe la vida de los caucheros en la selva del Amazonas es «Martín Fierro».
7. El modernismo fue un movimiento literario de reacción contra el clasicismo.
8. José Martí se distinguió por ser el padre del modernismo.

9. La canción «Guantanamera» se basa en la obra poética «Cantos de vida y esperanza» de Rubén Darío.
10. Dos novelistas mexicanos que describen las luchas sangrientas de la Revolución de 1910 son Mariano Azuela y Martín Luis Guzmán.
11. Uno de los mejores cuentistas de Hispanoamérica fue César Vallejo.
12. La vida de los llaneros venezolanos fue descrita en una novela de Ricardo Güiraldes.
13. «El mundo es ancho y ajeno» es una novela en la que se describen los problemas de los indios de México.
14. El escritor que expuso la explotación de los indios en las zonas bananeras fue Jorge Luis Borges.
15. García Márquez, Asturias, Neruda y Gabriela Mistral ganaron el Premio Nobel de Literatura.
16. «Pedro Páramo» es una novela que critica la burguesía de Chile.
17. Dos poetas que tratan temas afro-antillanos en su poesía son Luis Palés Matos y Octavio Paz.
18. La poetisa hispanoamericana ganadora de un premio prestigioso fue Alfonsina Storni.
19. El primer romántico de la lengua española fue Rafael Pombo.
20. Egon Wolff es el dramaturgo que más se ha relacionado con el teatro del absurdo.

EJERCICIO D

Escoja la expresión que mejor complete cada una de las frases siguientes:

1. El padre del modernismo fue   (a) Hugo Wast   (b) Martín Luis Guzmán   (c) Alonso de Ercilla   (d) Rubén Darío

2. El primer novelista de Hispanoamérica fue   (a) José Mármol   (b) Jorge Isaacs   (c) Fernández de Lisardi   (d) Florencio Sánchez

3. Una obra que trata de la conquista de Chile es   (a) «El periquillo sarniento»   (b) «Cantos de vida y esperanza»   (c) «La araucana»   (d) «Cuentos de color de humo»

4. Bernal Díaz del Castillo escribió acerca de la conquista de   (a) Cuba   (b) México   (c) la Argentina   (d) el Perú

5. La «décima musa» fue   (a) Sor Juana Inés de la Cruz   (b) Gertrudis Gómez de Avellaneda   (c) Gabriela Mistral   (d) Juana de Ibarbourou

6. Un dramaturgo importante de la América del Sur fue   (a) Rafael Pombo   (b) José Enrique Rodó   (c) Florencio Sánchez   (d) Manuel Gutiérrez Nájera

7. Las «Tradiciones peruanas» fueron escritas por (a) Ricardo Palma
   (b) José Eustasio Rivera   (c) Ciro Alegría   (d) Horacio Quiroga

8. Domingo Faustino Sarmiento (a) fue presidente de la Argentina
   (b) murió por la independencia de Cuba   (c) escribió novelas
   sobre la revolución mexicana   (d) nació en Nicaragua

9. Uno de los mejores cuentistas de Hispanoamérica fue (a) Pablo
   Neruda   (b) Gutiérrez Nájera   (c) Alonso de Ercilla
   (d) Horacio Quiroga

10. Rómulo Gallegos, además de ser novelista, fue presidente de
    (a) México   (b) Colombia   (c) Venezuela   (d) la Argentina

11. La poetisa que recibió el honor de ser llamada «de América»
    fue (a) Gabriela Mistral   (b) Alfonsina Storni   (c) Juana de
    Ibarbourou   (d) Julia de Burgos

12. El poeta chileno que recibió el Premio Nobel de Literatura fue
    (a) Pablo Neruda   (b) Gabriel García Márquez   (c) Miguel Án-
    gel Asturias   (d) Juan Ramón Jiménez

13. En las novelas de José Donoso el lector ve (a) la explotación de
    los indios   (b) a la burguesía chilena   (c) los horrores de una
    guerra   (d) una caricatura del gran capitalista yanqui

14. La poetisa que luchó contra prejuicios sociales por la libertad de la
    mujer fue (a) Gabriela Mistral   (b) Julia de Burgos   (c) Juana
    de Ibarbourou   (d) Alfonsina Storni

15. El dramaturgo mexicano más conocido de su generación fue
    (a) Carlos Solórzano   (b) Rodolfo Usigli   (c) Emilio Carballido
    (d) Osvaldo Dragún

El Arte y la Música de Hispanoamérica

EL ARTE

Cuando llegaron los conquistadores a Hispanoamérica, a principios del siglo XV, encontraron un arte muy rico desarrollado por los indios. El arte precolombino, es decir, el arte de antes de la llegada de Cristóbal Colón, representa el desarrollo increíble de las culturas indígenas en la arquitectura, la escultura, los murales y la joyería. Hicieron esculturas para sus pirámides y construyeron palacios, templos y edificios de gobierno, decorados con figuras de sus dioses. Elaboraron los metales preciosos como el oro y la plata y usaron piedras preciosas para adornar su joyería. Produjeron objetos de barro y de cerámica, que servían tanto de adorno y decoración como para el uso diario.

Hoy en día se pueden ver las ruinas de las pirámides, los templos y demás estructuras al visitar lugares como Chichén-Itzá y Uxmal (México, los mayas), la ciudad de México (los aztecas) y Cuzco y Machu Picchu (el Perú, los incas). También se exhibe el arte precolombino en los museos de muchos países, entre ellos el Museo de Antropología de la Ciudad de México, el Museo Arqueológico y el Museo del Oro de Lima y el Museo del Oro de Bogotá. Éste último tiene la colección más grande del mundo de objetos de oro precolombinos.

Los españoles trajeron al Nuevo Mundo el estilo de arte que estaba de moda en el siglo XVI. Éste era de tipo religioso, por lo general, y sirvió para la conversión de los indios al catolicismo. Tanto la pintura como la arquitectura que se desarrollaron en Hispanoamérica se parecían mucho a las de España. Por eso se ven ejemplos de la arquitectura románica, gótica, neoclásica y barroca o churrigueresca en las catedrales, las iglesias y los edificios que se construyeron en los países hispanoamericanos. Hoy día a este estilo se le llama «estilo colonial»; es decir, del estilo de la época en que el país era colonia de España. Las ciudades de Taxco y Guanajuato en México, Lima en el Perú y Cartagena en Colombia, entre otras, son ricos ejemplos del arte que floreció en Hispanoamérica durante la época colonial.

No fue sino hasta el siglo XX que Hispanoamérica produjo pintores de renombre internacional. Muchos de ellos representaron en su obra sus raíces indígenas y lo histórico, político y social de su país.

5
10
15
20
25
30
35

---

13 **hoy (en) día** nowadays
22 **estar de moda** to be in fashion

Los más importantes son los pintores y muralistas mexicanos, que rechazaron la dominación cultural europea, cultivaron sus rasgos característicos y utilizaron la pintura como instrumento de protesta social.

5 El más conocido de los pintores mexicanos es **Diego Rivera** (1886–1957). En la primera parte de su vida pintó bajo la influencia del cubismo y postimpresionismo europeos. Hacia los años veinte comenzó a desarrollar su estilo vigoroso y se dedicó a la pintura mural, en la cual representó temas políticos y sociales. Sus murales adornan
10 muchos edificios públicos por toda la república de México; el más gigantesco de todos es una historia épica del país que adorna el Palacio Nacional de la Ciudad de México.

El muralista mexicano **José Clemente Orozco** (1883–1949) defendió la causa de la Revolución Mexicana y muchos de sus cuadros
15 representan escenas de esa revolución. Pintó además los frescos del Palacio de Bellas Artes de la Ciudad de México. Durante los varios años que vivió en los Estados Unidos, pintó una serie de frescos importantes en Dartmouth College.

El mexicano **David Alfaro Siqueiros** (1896–1974) ha sido el de-
20 fensor más prominente del arte como expresión de ideología política en la segunda mitad del siglo XX. Estuvo preso muchas veces por sus ideas políticas. En sus cuadros y murales llenos de colores vivos, el realismo está mezclado con lo fantástico, y las figuras muestran sus emociones con gran fuerza. En 1932 Siqueiros organizó el
25 Taller Experimental de la ciudad de Nueva York, en el que estudiaron pintores como Jackson Pollock.

Rufino Tamayo (1899–1991) fue un pintor mexicano de gran renombre. Sus cuadros, algunos de ellos semi-abstractos, han captado en colores vivos las alegrías y tragedias de su país. Ha
30 ganado varios premios internacionales de pintura, y sus murales adornan lugares como el Palacio Nacional de Bellas Artes y el Museo de Antropología de la Ciudad de México y el edificio de la UNESCO en París.

Miguel Covarrubias (1904–1957), también de México, fue fa-
35 moso tanto en su país como en los Estados Unidos como pintor de caricaturas de personas célebres. Ilustró muchos libros y revistas que muestran su interés por el estudio de diversos tipos raciales.

Lo pintoresco de la vida de los gauchos ha sido representado en los cuadros del pintor impresionista argentino **Cesáreo Bernaldo de**
40 **Quirós** (1879–1969). Sus numerosos cuadros constituyen un recuerdo importante de la vida de la pampa.

El pintor peruano **José Sabogal** (1888–1956) representó en sus cuadros la cultura indígena de su país. Vio el porvenir de su patria en la civilización de los mestizos.

---

21 **la segunda mitad** the second half
21 **estar preso** to be imprisoned

Wifredo Lam (1902–1982) fue un pintor cubano influido por el surrealismo. En su obra se ven elementos imaginarios y fantasmagóricos de los sueños junto con elementos afro-cubanos. Uno de sus cuadros más famosos, «La jungla», está en la entrada del Museo de Arte Moderno de la ciudad de Nueva York. 5

En las últimas décadas han surgido varios pintores hispanoamericanos que poco a poco han logrado renombre, cuyos cuadros han sido exhibidos y adquiridos por galerías y museos en los Estados Unidos y en Europa. Entre ellos pueden mencionarse el argentino **Emilio Pettoruti** (1892–1971), pintor cubista; el chileno **Roberto Matta** 10 (1912–   ), de tendencia abstracta y surrealista; el ecuatoriano **Oswaldo Guayasamín** (1919–   ), de tendencia cubista; el colombiano **Alejandro Obregón** (1920–   ), de tendencia abstracta; **Rómulo Macció** (1931–   ), pintor vanguardista argentino; el colombiano **Fernando Botero** (1932–   ) de tendencia expresionista figurativa; y 15 el surrealista peruano **Gerardo Chávez** (1937–   ).

LA MÚSICA

Gran parte de la música hispanoamericana está basada en temas folklóricos e indígenas, y hay mucha variedad en la música tradicional y popular de los diversos países y de las diferentes regiones dentro de 20 un país. En la región del Caribe (Puerto Rico, Cuba, la República Dominicana y las costas de Colombia y Venezuela), la música es por lo general alegre, con influencia de ritmos africanos. Por el contrario, las canciones indígenas de los Andes, como el yaraví, son casi siempre lentas y tristes. Entre estos dos extremos hay una enorme variedad de 25 ritmos, por ejemplo el corrido mexicano, descendiente directo de los romances españoles; el candombe uruguayo, ritmo de sus carnavales; el joropo venezolano, música de los llaneros; los valses peruanos, ecuatorianos y argentinos, de descendencia europea; las canciones guaraníes del Paraguay y el tango argentino. En este siglo además ha surgido una nueva versión del jazz norteamericano, llamada jazz afro-cubano, donde se han incorporado ritmos e instrumentos de la música afro-cubana.

INSTRUMENTOS MUSICALES

La guitarra española es también muy popular en Hispanoamé- 35 rica, pero además hay otros instrumentos musicales importantes que han sido heredados de las culturas indígenas o adaptados de otros traídos por los españoles o por los negros de África. Ejemplos de estos instrumentos son el cuatro (una especie de guitarra con sólo cuatro cuerdas), la marimba (un instrumento parecido al xilofón), el bongó 40

---

23 **por el contrario** on the contrary

(un tambor de origen africano), el güiro (hecho de un fruto seco parecido a la calabaza y que se toca con un palito), la quena (una flauta heredada de los incas), las maracas (calabazas secas con piedrecitas o granos de maíz adentro) y las claves (dos palitos de madera dura que
5 se usan para marcar el ritmo). Músicas folklóricas tan diversas como la del Estado de Veracruz en México, y la de los guaraníes del Paraguay, usan versiones del arpa europea moderna del siglo XVI.

EL BAILE

Los bailes tradicionales de Hispanoamérica son tan ricos y va-
10 riados como su música y en muchos casos forman una unidad íntima con ella. Así, muchos de los ritmos mencionados más arriba como el corrido, el tango y el joropo, son también bailes. Están además, entre muchos otros, el bambuco colombiano, la zamacueca (o cueca) chilena, la milonga argentina y uruguaya, la plena puertorriqueña y el
15 jarabe tapatío mexicano. Hoy en día, gracias a los esfuerzos de varios grupos folklóricos que se han formado en muchos países, como el Ballet Folklórico de México, estas tradiciones se han estudiado más a fondo para conservarlas. El repertorio de estas compañías artísticas, que incluye danzas nacionales y regionales de diversos orígenes, ha
20 sobrepasado las fronteras hispanoamericanas y es conocido en otros países del mundo.

Dentro del área de la música bailable popular, ritmos como la conga, la rumba, el mambo y el chachachá cubanos, la guaracha puertorriqueña y cubana, el merengue dominicano y la cumbia colombiana
25 son conocidos en casi todo el mundo. Éstos dos últimos tienen su origen en bailes folklóricos.

COMPOSITORES, CANTANTES E INSTRUMENTISTAS

En el área de la música clásica hay dos compositores hispanoamericanos conocidos internacionalmente. **Carlos Chávez** (1899–
30 1978), mexicano, fue también un famoso director de orquesta y fundó las orquestas Sinfónica de México y la Sinfónica Nacional. Su música mezcla elementos de ritmos indígenas con las técnicas de la música moderna. Un ciclo de conferencias que dictó en la Universidad de Harvard, fue publicado bajo el título «Pensamiento musical». Entre sus
35 obras más famosas están el ballet «El fuego nuevo» y la «Sinfonía india».

Alberto Ginastera (1916–1983), argentino, fue compositor moderno de óperas, ballets, sinfonías y conciertos, en los que utilizó elementos musicales regionales y nacionales. Dos de sus obras más
40 conocidas son la ópera «Bomarzo» y la «Cantata para América mágica».

---

17 **más a fondo** more thoroughly

En el área de la música más popular hay por lo menos cuatro nombres importantes. El mexicano **Manuel Ponce** (1882–1948) inició el movimiento nacionalista de la música de su país, cultivando temas nativos. Compuso numerosas obras para orquesta como «Balada mexicana» y «Chapultepec», pero su fama se debe a canciones de inmensa popularidad como «Estrellita». El compositor y director de orquesta cubano **Gonzalo Roig** (1890–1972) fue autor de muchas zarzuelas, la más conocida de las cuales es «Cecilia Valdés», y de popularísimas canciones como «Quiéreme mucho». **Ernesto Lecuona** (1896–1963), cubano, compuso la «Rapsodia negra» para piano y orquesta, y canciones muy famosas como «Siboney» y «Malagueña». El mexicano **Agustín Lara** (1897–1970) debe su fama a canciones tan conocidas como «María Bonita» y «Granada»; ésta última ha sido favorita en el repertorio de tenores de habla hispana.

De Hispanoamérica también han salido varios cantantes e instrumentistas que han ganado fama en el extranjero. Entre ellos están el tenor de ópera chileno **Ramón Vinay**, el barítono puertorriqueño **Justino Díaz**, la gran cantante peruana **Yma Sumac**, el cantante y compositor argentino **Atahualpa Yupanqui**, y el famoso pianista chileno **Claudio Arrau**, intérprete de música clásica.

Hay cantantes de música popular que son conocidos internacionalmente por su interpretación de canciones de la última onda. Entre ellos se hallan el venezolano **José Luis Rodríguez**, conocido como El Puma, los cantantes mexicanos **José José, Emmanuel, Marco Antonio Muñiz** y **Rocío Banquels**, el argentino **José Luis Perales** y las puertorriqueñas **Ednita Nazario, Nidia Cara** e **Iris Chacón**.

Tres actores mexicanos que lograron gran éxito en películas norteamericanas y dentro de su propio país fueron **Pedro Armendáriz**, **Dolores del Río** y el cómico **Cantinflas**, seudónimo de Mario Moreno.

EJERCICIO A

Relacione cada nombre con la expresión que se refiera a él:

1. Rufino Tamayo
2. Bernaldo de Quirós
3. marimba
4. Manuel Ponce
5. Covarrubias
6. Pedro Armendáriz
7. Agustín Lara
8. Siqueiros
9. Carlos Chávez
10. Sabogal

a. «Estrellita»
b. «Sinfonía india»
c. películas norteamericanas
d. Granada
e. pintor peruano
f. pintor mexicano semi-abstracto
g. caricaturas
h. xilofón
i. gauchos
j. canción mexicana
k. pintura mural de ideología política

---

16 **en el extranjero** abroad

EJERCICIO B

¿Cierto o falso? Indique si cada frase es cierta o falsa. Si es falsa, cámbiela para que sea cierta:

1. Los indígenas de Hispanoamérica no dejaron ninguna huella de su civilización.
2. El arte precolombino se refiere al arte después de la llegada de Cristóbal Colón.
3. Las pirámides y los templos de los indígenas muestran su increíble desarrollo en la arquitectura.
4. El arte de Hispanoamérica en la época colonial se parecía al arte de España.
5. Acapulco es un rico ejemplo del arte colonial.
6. En el siglo XIX, Hispanoamérica produjo pintores de fama mundial.
7. Diego Rivera se dedicó a la pintura mural.
8. Rivera, Orozco y Siqueiros representan problemas políticos y sociales en su obra artística.
9. Covarrubias vio el porvenir de su patria en la civilización de los mestizos.
10. Cesáreo Bernaldo de Quirós pintó escenas de la lucha por la independencia de Venezuela.
11. Mucha de la música hispanoamericana se basa en temas modernos.
12. El iniciador del movimiento nacionalista de la música mexicana fue Agustín Lara.
13. Las composiciones musicales «Siboney» y «Malagueña» se deben a Carlos Chávez.
14. Claudio Arrau fue un famoso tenor chileno.
15. José José y Nidia Cara son cantantes hispanoamericanos de la última onda.
16. Dolores del Río era conocida en Norteamérica por sus bellas pinturas.
17. El güiro y las maracas son instrumentos musicales hechos de madera.
18. Un instrumento que produce sonidos melancólicos es la marimba.
19. El jarabe tapatío es un baile regional de México.
20. La cueca es un baile típico cubano.

EJERCICIO C

Escoja la palabra o expresión que complete correctamente cada frase:

1. El tango es un baile (a) argentino (b) venezolano (c) chileno (d) mexicano

2. Un célebre actor mexicano fue (a) Lecuona (b) Vinay (c) Orozco (d) Cantinflas

3. Claudio Arrau fue un (a) compositor cubano (b) pianista chileno (c) actor mexicano (d) pintor cubano

4. (a) La guitarra   (b) La quena   (c) El güiro   (d) El yaraví es una flauta incaica.

5. Un famoso muralista mexicano fue   (a) Ernesto Lecuona (b) José Sabogal   (c) Pedro Armendáriz   (d) Diego Rivera

6. «Siboney» es una obra musical de   (a) Agustín Lara   (b) Carlos Chávez   (c) Manuel Ponce   (d) Ernesto Lecuona

7. Cartagena es   (a) un mural famoso   (b) una ciudad colonial (c) una canción mexicana   (d) una cantante de ópera

8. La zamacueca y el joropo son   (a) composiciones musicales clásicas   (b) canciones revolucionarias   (c) danzas indígenas (d) bailes típicos

9. Un famoso compositor argentino fue   (a) Alberto Ginastera (b) Claudio Arrau   (c) Miguel Covarrubias   (d) José Sabogal

10. Un famoso pintor mexicano fue   (a) Bernaldo de Quirós   (b) José Clemente Orozco   (c) Ramón Vinay   (d) Wifredo Lam

EJERCICIO D

Complete correctamente cada frase:

1. Un baile típico de Puerto Rico es _____ .
2. _____ fue un famoso cantante chileno de ópera.
3. El _____ es una canción triste de los Andes.
4. El _____ es un baile típico de México.
5. _____ pintó los murales del Palacio Nacional de México.
6. _____ es un instrumento muy popular en todo el mundo hispano.
7. _____, músico cubano, compuso «Malagueña».
8. _____ son dos palitos que se emplean para marcar el ritmo.
9. _____, del Perú, fue una de las mejores cantantes del mundo.
10. _____, pintor peruano, describió en sus cuadros la cultura indígena de su país.
11. _____, cantante puertorriqueña, interpreta canciones de la última onda.
12. _____ se parece mucho al xilofón.
13. _____ son calabazas secas con granos de maíz adentro.
14. _____ se usa en la música folklórica de Veracruz y el Paraguay.
15. _____ fue una actriz mexicana de fama internacional.

Costumbres Hispanoamericanas

Las costumbres y tradiciones hispanoamericanas reflejan la influencia española e indígena sobre todo, y en ciertos lugares también la influencia negra (especialmente en la música y los bailes).

DÍAS DE FIESTA

5   La religión católica ha tenido un papel muy importante en la historia y en la vida diaria. Por eso muchas fiestas religiosas se han convertido en fiestas nacionales. Hay unas que son celebradas en todos los países y otras que son típicas de cada región. Las Navidades, por ejemplo, se celebran de una forma u otra en todas partes. En México
10   empiezan con las «posadas», que consisten en visitas a los vecinos durante los nueve días anteriores a la Nochebuena. En la fiesta que sigue a las posadas, la gente baila alrededor de una piñata (una olla de barro vivamente decorada, que contiene dulces y regalos). Después rompen la piñata y cogen los dulces. En otros países se celebra más al
15   estilo español, con misas (especialmente la misa de gallo), aguinaldos y una gran cena.

    Otras fiestas religiosas católicas como la Semana Santa y el Día de Todos los Santos (el primero de noviembre) se celebran en casi todos los países.

20   Por supuesto que el primero de enero es un día de fiesta. La noche anterior en muchos pueblos la gente sale a bailar por las calles. Hay grupos que llevan muñecos con figuras de viejos para enterrarlos, enterrando así el año viejo.

    En todos los países hay ferias o carnavales que son más o menos
25   famosos. Durante varios días hay música, bailes y desfiles de comparsas, ya sea en las calles o en salones de fiesta. En países donde aún existe la tradición (por ejemplo, México y Colombia), hay también corridas de toros.

    Cada país tiene su fiesta nacional, que conmemora la fecha en
30   que comenzó la lucha por su independencia de España. Por ejemplo,

---

2   **sobre todo** above all, especially
11   **anteriores a** preceding
17   **Semana Santa** Holy Week (week preceding Easter Sunday)
25   **el desfile de comparsas** masquerade parade

en México es el 16 de septiembre, en Colombia el 20 de julio y en la Argentina el 9 de julio. Otros días de fiesta celebran sucesos históricos importantes, como el 5 de mayo en México, que conmemora la lucha de los mexicanos contra la dominación de Francia y el emperador Maximiliano. 5

Luego hay dos días que se celebran en toda Hispanoamérica: el primero de mayo, que es el Día del Trabajo, y el 12 de octubre, llamado el Día de la Raza, que conmemora el descubrimiento de América.

BEBIDAS Y COMIDAS

En general, las comidas representan una mezcla de lo español y 10 lo indígena, y sus ingredientes principales son el maíz, el frijol, el plátano, la carne y la papa (hay lugares en los Andes donde existen más de 30 variedades de papas).

Casi todos los países tienen su versión del tamal, y en muchos ésta cambia según la región. Básicamente es una masa de maíz fresco 15 molido o de harina de maíz que se cuece al vapor dentro de una hoja de maíz o de plátano. Puede rellenarse con pollo, puerco, carne de res, legumbres, garbanzos, etc.

Los frijoles (llamados habichuelas en Puerto Rico) se comen en diversos platos típicos. Los frijoles negros son muy populares en el 20 Caribe y en Venezuela. Preparados con arroz, se llaman en Cuba «moros y cristianos». Los frijoles pintos o colorados se preparan refritos en México, y en potajes con jamón o carne y papas en otros países.

De las harinas del maíz y de la yuca se hacen diversas tortas y pasteles que reemplazan al pan en muchas comidas: tortillas en Mé- 25 xico, arepas en Colombia y Venezuela, cazabe en Cuba.

La empanada (una especie de pastel relleno con carne o pescado y otros ingredientes) es de origen gallego, pero se transformó en el Nuevo Mundo y tomó aspecto diferente en cada país. No es lo mismo la empanada argentina que la chilena, o la cubana que la panameña o 30 la colombiana, aunque todas tienen el mismo nombre.

En la Argentina y en el Uruguay un churrasco es una combinación de carnes y órganos de la vaca que se adoban y se asan a las brasas.

En nuestro país son más conocidas las comidas del norte de Mé- 35 xico, como las enchiladas (tortillas enrolladas, rellenas de carne, pollo o queso y cubiertas de salsa), los tacos y el chile con carne. La forma de preparar estas comidas también varía de Tejas a California o Nuevo México.

Las bebidas alcohólicas más populares de Hispanoamérica son el 40 ron, que se produce en los países del Caribe y el norte de Sudamérica;

---

16 **cocer al vapor** to steam

el tequila, que se destila del maguey en México; y el aguardiente obtenido de la destilación de la caña de azúcar.

En ciertos países como la Argentina, el Paraguay y Bolivia, se toma mate, una especie de té que se prepara de la yerba mate. Típicamente se toma en una calabaza por medio de un tubito llamado bombilla.

En Hispanoamérica se preparan también muchos jugos de frutas tropicales y se toma café (solo o mezclado con leche hervida) y chocolate (mucho más espeso que en nuestro país).

TIPOS TRADICIONALES

En varias regiones de Hispanoamérica se ven aún tipos tradicionales. En los grandes llanos donde se cría ganado y el medio de transporte principal es el caballo, se encuentran los vaqueros. Se llaman llaneros en Venezuela y Colombia, gauchos en la Argentina y el Uruguay.

El charro, vestido con su traje tradicional, es el jinete típico mexicano. La muchacha que lo acompaña se llama china poblana. Su vestido típico consiste en una falda ancha y larga de color rojo o verde y una blusa blanca (los colores de la bandera mexicana).

Los mariachis son grupos de músicos y cantantes callejeros que tocan la música mariachi de Jalisco, estado del oeste de México.

TRAJES TÍPICOS

Uno de los artículos de vestido más típicos de Hispanoamérica es una especie de capa con abertura en el centro (para meter la cabeza), de la cual existen muchas variedades regionales. Se llama poncho en el centro y sur de Sudamérica, ruana en el norte.

El sarape es una especie de manta de colores vivos, hecha de lana o de algodón, que lleva el mexicano en los hombros.

La mayoría de los trajes femeninos consisten en blusas blancas y faldas largas y anchas de diversos colores, con franjas o cintas alrededor. De calzado usan alpargatas (especie de sandalia de tela gruesa y suela de soga que trajeron los españoles) y, en México, huaraches (también una especie de sandalia).

El sombrero más típico es una versión del sombrero de jipijapa, hecho a mano.

UNIDAD MONETARIA

La unidad monetaria de Argentina, Colombia, Cuba, Chile, la Re-

---

34 **sombrero de jipijapa** straw hat (Panama hat)
35 **hecho a mano** hand made

pública Dominicana, México y el Uruguay se llama el peso. Sin embargo, los pesos de esos países no tienen el mismo valor. En los otros países circulan las monedas siguientes: en Bolivia, el boliviano; en Costa Rica y en el Salvador, el colón; en el Ecuador, el sucre; en Guatemala, el quetzal; en Honduras, el lempira; en Nicaragua, el córdoba; en Panamá, el balboa; en el Paraguay, el guaraní; en el Perú, el sol; y en Venezuela, el bolívar.

EJERCICIO A

Relacione cada expresión de la columna A con la de la columna B que se refiera a ella:

A	B
1. lempira	a. sombrero
2. las posadas	b. tortilla
3. 5 de mayo	c. Día de la Raza
4. yerba mate	d. fiesta nacional mexicana
5. china poblana	e. unidad monetaria
6. 12 de octubre	f. sarape
7. enchilada	g. olla llena de dulces
8. piñata	h. té
9. jipijapa	i. charro
10. mariachi	j. Navidad
	k. cantante

EJERCICIO B

¿Cierto o falso? Indique si cada frase es cierta o falsa. Si es falsa, cámbiela para que sea cierta:

1. En México se celebran las posadas durante los ocho días anteriores a la Navidad.
2. Los gauchos son de los llanos de Venezuela y Colombia.
3. El tequila es una bebida intoxicante.
4. El Día del Trabajo se celebra el primero de abril.
5. Los mariachis son músicos mexicanos.
6. Los huaraches se llevan en las manos.
7. El aguardiente es una especie de té hecho de yerba.
8. La china poblana es la compañera del llanero.
9. Los gauchos viven en la pampa argentina.
10. El peso es la unidad monetaria de la Argentina.
11. El 16 de septiembre es el Día de la Independencia de Venezuela.
12. La unidad monetaria de Colombia es el bolívar.
13. El Día de la Raza se celebra el dos de octubre.
14. El maíz es un ingrediente básico de la comida hispanoamericana.
15. El sarape es una manta usada por los bolivianos.

EJERCICIO C

En cada grupo, escoja la palabra que se relacione más directamente con el país:

1.	Venezuela:	charro, bolívar, gaucho
2.	el Perú:	sucre, peso, sol
3.	México:	tacos, yerba mate, gaucho
4.	Guatemala:	mariachi, balboa, quetzal
5.	la Argentina:	gaucho, jipijapa, sarape
6.	Honduras:	guaraní, taco, lempira
7.	México:	china poblana, sucre, colón
8.	el Paraguay:	tamal, yerba mate, tequila
9.	Bolivia:	bolívar, córdoba, boliviano
10.	Costa Rica:	mariachi, llanero, colón

EJERCICIO D

Identifique cada palabra, clasificándola como bebida, comida, moneda, tipo o traje:

1. churrasco	6. tequila	11. guaraní
2. empanada	7. gaucho	12. tamal
3. mate	8. sol	13. balboa
4. llanero	9. enchilada	14. sucre
5. poncho	10. charro	15. huarache

PART

SEVEN

COMPREHENSIVE

TESTING:

SPEAKING
LISTENING
READING
WRITING

1. Speaking

Read the information provided for each situation and prepare a spoken response of at least ten utterances to accomplish the specific task required. Assume that in each situation you are speaking with persons who speak Spanish.

An utterance is any spoken statement that leads to accomplishing the stated task. For example:

A mi hermana le gusta el helado. (one utterance)
A mí también. (one utterance)

1. Task: To provide information

   You are an exchange student in Colombia, and you are living with a family. Introduce yourself to them and tell them about yourself. Include the following: your name, where you are from, your age, the number of people in your family, a description of your family, your interests, details about the city/town in which you live, the purpose of your visit.

2. Task: To provide information

   Upon returning from a trip by plane, one of your suitcases has been lost. Tell the airline employee about your problem. Include the following: the nature of your problem, a description of the lost suitcase, its contents (including their value), the flight number and the city from which you departed, pertinent information about yourself (name, address, telephone number, and the like).

3. Task: To provide information

   You and some friends are planning to go to a Spanish restaurant for dinner. Call the restaurant to make a reservation. Include the following: the purpose of your call, the day, date, and time of the reservation, the number of people. Ask if there is a dress code and which credit cards are accepted.

4. Task: To obtain information

   You want to obtain information about a concert. Ask the following: When it will take place, where it will be held, who will perform, how long it will last, the cost and availability of the tickets.

5. Task: To introduce

   You take a guest to a party. Introduce your guest to the other people. Include the following: his/her name, where he/she is from, why he/she is with you, something about him/her.

6. Task: To express gratitude

You have just spent a weekend at the home of a friend in another city/town. Call to thank him/her. Include the following: the reason for your call, why you enjoyed your visit, what you enjoyed most, how you hope to reciprocate.

7. Task: To give information

You are playing a board game (Monopoly, Scrabble, Trivial Pursuit, and the like) with a friend. Explain the rules of the game to him/her.

8. Task: To offer an apology

You have been punished by your parents for not observing your curfew. Apologize to them for your mistake. Include the following: why you were punished, why you didn't observe the curfew, what you have learned from this lesson.

9. Task: To give an opinion

You have just returned from the movies and are talking to a friend on the telephone. Tell your opinion of the film. Include the following: the title of the film, the actors, the theme of the movie, where it takes place, why you liked it or didn't like it, where the film is playing.

10. Task: To persuade someone

You want to go with your friends to an amusement park but need your parents' permission. Persuade them to permit you to go. Include the following: where you want to go, with whom, when, how you will get there, the amount of time you will spend there, what you will do there, when you will return, how much it will cost, why they should allow you to go.

2. Listening Comprehension

a. Multiple Choice English — Reactions

Listen to your teacher read twice in succession a situation in English and a short statement in Spanish. Then your teacher will pause while you circle the number of the best suggested reaction. Base your choice of answer on the situation and the statement only.

1 a. This show must be sold out.
    b. It's more expensive in the evening.
    c. There are too many people in line.
    d. The show begins in seven minutes.

2 a. I should take an umbrella with me.
    b. It's a perfect day to play tennis.
    c. A picnic is a great idea.
    d. I love the fog.

3 a. My parents finally decided where to spend their vacation.
    b. Maybe now I'll get a new bicycle.
    c. They didn't deliver the newspaper today.
    d. European cities are in the news again.

4 a. I have to study a lot tonight.
    b. That makes three tests in a row.
    c. I'm not eager to see the grade.
    d. Tomorrow's test will be very easy.

5 a. For once the airline didn't lose my baggage.
    b. I still have to check in at the counter.
    c. Will they serve a meal on the flight?
    d. I would have made the flight if there had been less traffic.

b. Short Passage — English Response

Listen to your teacher read twice in succession a short passage in Spanish and a question in English based on the passage. Then your teacher will pause while you circle the number of the best suggested answer to the question. Base your choice of answer on the content of the passage only.

1 What is being sold in the flea market?

    a. Well-known paintings by Picasso.
    b. Soap that is artfully wrapped.
    c. Items that make expensive gifts.
    d. Special detergents for colored clothing.

2 What does this advertisement suggest?

    a. The importance of consolidating one's debt.
    b. The need for lower interest rates on loans.
    c. Buying stocks while the market is solid.
    d. Saving money with certificates of deposit.

3 How did this young man learn his trade?

    a. He went to a special school.
    b. He bought a mechanic's shop.
    c. The Army Reserves trained him.
    d. His friends taught him in one day.

4 What is the cause of this problem?

    a. Excessive traffic on this highway.
    b. Repairs being made to the bridges.
    c. Malfunctioning of the traffic signals.
    d. A strike by the bridge workers.

5 What will take place at the Unihotel?

    a. A school reunion.
    b. A fashion show.
    c. A children's show.
    d. A pep rally.

C. Short Passage — Spanish Response

Listen to your teacher read twice in succession a question and a short passage in Spanish. Then your teacher will pause while you circle the number of the best suggested answer to the question. Base your answer on the content of the passage only.

1 ¿Quiénes deben aprovecharse de este anuncio?

    a. Los que coleccionan pintura europea.
    b. Los que pintan al estilo español.
    c. Los que quieren vender arte de siglos pasados.
    d. Los que conocen el arte de siglos pasados.

2 ¿Para quiénes es esta fiesta?

    a. Para los deportistas.
    b. Para los estudiantes del colegio.
    c. Para los maestros del colegio.
    d. Para los niños de los profesores del colegio.

3 ¿Qué ha causado esta preocupación?

    a. La escasez de pollo en los mercados.
    b. El precio elevado del pollo.
    c. Un informe erróneo del Ministerio de Economía.
    d. La falta de interés en el pollo como alimento.

4 ¿De qué se queja esta persona?

    a. De las promesas no cumplidas de los candidatos.
    b. De las aspiraciones de los candidatos.
    c. De los candidatos hispanos que no se expresan bien.
    d. De los candidatos que no representan al público hispano.

5 ¿Qué explica este anuncio?

    a. Los servicios públicos han sufrido.
    b. La policía interrumpió las llamadas telefónicas.
    c. Lima tiene líneas de teléfono.
    d. Hay ciertas partes del país sin servicio de teléfonos.

d. Longer Passage — Two Questions in Spanish

Listen to your teacher read twice in succession a passage in Spanish. Then your teacher will pause while you circle the number of the best suggested answer for each of the two questions. Base your answers on the content of the passage only.

1 **(a)** ¿Cuál es el propósito de esta exhibición?

    1. Enseñar maneras de conservar energía y ahorrar dinero.
    2. Vender nuevos aparatos eléctricos.
    3. Aumentar el consumo de la electricidad.
    4. Ahorrar trabajo en el Centro de Conservación.

  (b) ¿Cuánto vale la entrada a la exhibición?

    1. Vale diez dólares.
    2. Es gratis.
    3. Cuesta cinco dólares.
    4. No cuesta nada los lunes.

2 **(a)** ¿Qué desea hacer el Banco Nacional?

    1. Limitar los préstamos que pueden pedir los clientes.
    2. Ofrecer servicios más amplios a sus clientes.
    3. Disminuir los intereses que deben pagar los clientes.
    4. Vender carros de último modelo a los clientes.

  (b) ¿Cuál es la ventaja del financiamiento de 60 meses?

    1. Los intereses son más bajos.
    2. Los carros de último modelo son menos asequibles.
    3. Los clientes pagan menos al banco cada mes.
    4. Los préstamos son más fáciles de conseguir.

3 (a) ¿Qué pasa durante el recorrido de este tren?

    1. Ponen una película en el tren.
    2. Los viajeros pueden dejarse llevar por su imaginación.
    3. Se descubren sucesos misteriosos.
    4. Se viaja por el oriente.

(b) ¿Con qué frecuencia sale este tren?

    1. Todas las noches.
    2. Una vez por semana.
    3. Todos los sábados.
    4. Cada dos días.

4 (a) ¿Cuándo empiezan a salir los sellos dedicados a la Navidad?

    1. Durante julio y agosto.
    2. En el otoño.
    3. Un mes antes de la Navidad.
    4. Durante la época navideña.

(b) ¿Cómo son estos sellos?

    1. Todos tienen una escena navideña tradicional.
    2. Sacan el mismo sello año tras año.
    3. Captan las figuras navideñas más populares.
    4. Hay una gran variedad de dibujos y de temas.

5 (a) ¿Por qué llamó la madre al número indicado en el folleto?

    1. A su hijo le era difícil completar el rompecabezas.
    2. Faltaban piezas del rompecabezas.
    3. Quería oír una voz electrónica.
    4. Su hijo se sentía muy frustrado.

(b) ¿Por qué no le ayudó el mensaje?

    1. La voz electrónica no sabía la respuesta.
    2. La señora no pudo explicar el problema.
    3. La madre no marcó el número correcto.
    4. La voz electrónica no tenía ganas de ayudarle.

3. Reading Comprehension

a. Long Passages

Below each of the following two passages there are five questions or incomplete statements. For each, choose the expression that best answers the question or best completes the statement according to the meaning of the passage and circle its number.

1   Hay una nueva ley muy importante que afecta a todas las personas que viajan en automóvil. En julio la legislatura del estado de Nueva York aprobó una ley, según la cual todos los choferes de automóviles y sus acompañantes del asiento delantero deben usar el cinturón de seguridad mientras el coche esté en movimiento. Aunque la ley fue aprobada en julio y ha estado en vigor desde entonces, la patrulla de carreteras no ha comenzado a multar a los choferes que no cumplen aún con esta nueva ley. A partir del Año Nuevo, sin embargo, los que no usen el cinturón de seguridad serán multados. La pena establecida por la ley es una multa de 50 dólares por cada infracción.

Durante los seis meses de gracia, la patrulla de carreteras tratará de instruir al público sobre la necesidad de abrocharse el cinturón de seguridad. Lo hará por medio de folletos que se distribuirán en las carreteras, carteles grandes en las calles y anuncios en todas las emisoras de radio y de televisión. La ley establece que todos los choferes y personas que viajen en el asiento delantero de un coche deben usar obligatoriamente el cinturón. Pero además el chofer será responsable por cualquier daño sufrido por un pasajero menor de 16 años que viaje en el coche sin llevar puesto el cinturón. Existen muchas razones para usar el cinturón de seguridad, y ahora hay una más: la de cumplir con la ley.

1   (a)   ¿Desde cuándo está en vigor la nueva ley?
    1.   Desde hace una semana.
    2.   Desde mediados del año.
    3.   Desde el año pasado.
    4.   Desde hace tres meses.

    (b)   ¿En qué fecha empezarán a multar a los choferes?

    1.   El primero de julio.
    2.   El primero de enero.
    3.   El treinta y uno de diciembre.
    4.   El treinta y uno de agosto.

    (c)   ¿Por qué se ha tardado en multar a los choferes?

    1.   La ley no fue aprobada por toda la legislatura.
    2.   No estaban seguros de la validez de la ley.
    3.   Buscaban el apoyo del gobernador.
    4.   Había que educar al público poco a poco.

    (d)   ¿Para qué sirven los folletos que se distribuirán?

1. Para conseguir la aprobación del público.
2. Para informar a los automovilistas.
3. Para prevenir a los familiares de los choferes.
4. Para averiguar la opinión del público.

(e) Ahora los choferes deben usar el cinturón de seguridad porque

1. es su deber legal.
2. lo aconsejan los fabricantes de automóviles.
3. es una manera eficaz de evitar accidentes.
4. contradice la ley.

2 Siempre se ha dicho que las corridas de toros debían tener lugar al aire libre por dos razones importantes: la primera, porque el sol y el calor excitan más al toro y la segunda, porque al aire libre los olores de los animales se sienten menos. Pero los tiempos cambian. El aire acondicionado y las potentes luces indirectas pueden darle una nueva perspectiva a este espectáculo. En Madrid están estudiando la posibilidad de construir la primera plaza taurina subterránea y totalmente cubierta. Esto evitaría el problema de las lluvias que con tanta frecuencia echan a perder una corrida, con la mala suerte además de que en caso de lluvia e interrupción de la corrida no se devuelve al público el importe de la localidad. Y además no habría problemas de calor . . . o de olor, gracias al aire acondicionado.

El proyecto es de un arquitecto cubano que ha vivido en Madrid por más de 25 años. El sitio que quiere usar es una antigua plaza de toros que fue construida en 1908 y ha estado cerrada desde hace ocho años. Los dueños de esta plaza, entre los cuales se encuentra el famoso torero Luis Miguel Dominguín, iban a construir allí un centro comercial. Si los dueños renuncian a sus planes, el ayuntamiento les ayudará a realizar el proyecto de la plaza cubierta, que estaría a veinte metros bajo tierra.

2 (a) ¿Por qué las corridas de toros tienen lugar al aire libre?
1. El sol anima más al público.
2. Es difícil meter a los toros adentro.
3. El tiempo caluroso agita más a los toros.
4. Se conserva una tradición antigua.

(b) ¿Qué hace posible la idea de una plaza cubierta?
1. La tecnología moderna.
2. Una nueva raza de toros.
3. Una perspectiva diferente de esta época.
4. La falta de público.

(c) Cuando llueve durante una corrida,

    1. el espectáculo continúa.
    2. los toros se ponen más peligrosos.
    3. los espectadores pierden su dinero.
    4. los toreros se niegan a lidiar.

(d) ¿Quién propuso la idea de una plaza taurina cubierta?

    1. Un matador célebre.
    2. Un hispanoamericano que reside en España.
    3. Un ingeniero español.
    4. Los dueños de una antigua plaza.

(e) Si los dueños de la plaza aceptan el nuevo proyecto,

    1. recibirán apoyo del gobierno.
    2. podrán construir el centro comercial.
    3. el torero Dominguín inaugurará la plaza.
    4. tendrán que derrumbar la plaza antigua.

b. Short Passages

Below each of the following selections there is a question in English based on it. For each, choose the expression that best answers the question according to the meaning of the selection and circle its letter.

1 La nueva colección «Cuéntame un cuento» reúne en cada volumen tres o cuatro cuentos populares con ilustraciones a todo color. En el libro dedicado a los cuentos de brujas hay una variedad de cuentos muy famosos. Éstos, junto con las divertidas y coloridas ilustraciones, constituyen un buen libro para una biblioteca infantil.

1 What type of books does this collection contain?

    a. Science fiction.
    b. Mysteries.
    c. Children's stories.
    d. Famous cartoons.

2 ADVERTENCIA. Se hace saber que la libreta de cheques del BANCO BOSTON, Suc. ONCE, impresa y numerada para la cuenta corriente de RADIO VICTORIA INFORMÁTICA S.A., cheques Nros. 1.501.981 al 1.502.030, por haber sido extraviada en blanco, NO TIENE NINGÚN VALOR.

2 What is the purpose of this notice?

    a. To offer a reward for a lost checkbook.
    b. To cancel a book of blank checks.

c. To close a checking account.

d. To claim a checkbook that was found.

3 Si Ud. piensa irse de vacaciones y dejar la casa sola, es necesario que tome ciertas precauciones para que los ladrones crean que la casa está ocupada. Por ejemplo, cancele la entrega del periódico; baje el tono del timbre del teléfono; use un aparato para encender y apagar las luces automáticamente a diario y pídale a un vecino de confianza que le cuide la casa.

3 When should these suggestions be followed?

a. When you will be away for an extended period of time.

b. When you meet with your neighbors.

c. When you expect guests at your home.

d. After giving a big party at your home.

4 El número 76.250 ganó el premio mayor de 30 millones de sucres de la Lotería de Guayaquil jugada ayer. Publicamos el boletín con todas las suertes en la página 12.

4 What does 76.250 represent?

a. The number of tickets sold for the lottery.

b. The winning number in the lottery.

c. The value of each winning ticket.

d. The number of people who played the lottery.

5 Como todos los domingos, en la última página encontrará el lector nuestra sección de anuncios, destinada especialmente a aquellas personas que buscan trabajo. Junto a informaciones y comentarios a cargo de nuestro equipo especializado en asuntos económicos, publicamos anuncios específicos de «Ofertas de empleo», además de los que aparecen en sus secciones correspondientes en las páginas de Anuncios Clasificados.

5 To which section of the paper does this notice refer the reader?

a. The comics.

b. The stock market.

c. The theater and the movies.

d. The want ads.

C. Slot Completion

In each of the following passages, there are five blank spaces numbered 1 through 5. Each blank space represents a missing word. For each blank space, four possible completions are provided. Only one of them makes sense in the context of the passage.

First, read the passage in its entirety to determine its general meaning. Then read it a second time. For each blank space, choose the completion that makes the best sense and circle its letter.

1   Nunca ha sido fácil financiar la educación universitaria. En la actualidad hasta los estudiantes más capacitados tienen __(1)__ serios para pagar la universidad, porque hay menos oportunidades para conseguir ayuda __(2)__.

El Fondo Nacional de Becas (FNB) está haciendo todo lo posible para __(3)__ esta dificultad. Gracias a las __(4)__ de las compañías grandes, el FNB ha logrado que cientos de los mejores estudiantes cursen estudios superiores. Pero para poder ayudar a más estudiantes, el FNB necesita su apoyo también. El dinero no debe ser un __(5)__ entre la juventud y una educación universitaria.

(1) a. programas
    b. problemas
    c. deseos
    d. vehículos

(2) a. económica
    b. social
    c. médica
    d. política

(3) a. crear
    b. deshacer
    c. meter
    d. solucionar

(4) a. facilidades
    b. contribuciones
    c. mentiras
    d. oportunidades

(5) a. puente
    b. enlace
    c. obstáculo
    d. medio

2   Cada año durante el mes de septiembre se celebra en los Estados Unidos la Semana de la Herencia Hispánica. Durante este período de __(1)__ días, hay ceremonias y eventos oficiales, semi oficiales y populares en muchas __(2)__ de la nación.

La Semana Nacional de la Herencia Hispánica fue establecida el 17 de septiembre de 1968, gracias a una resolución del Congreso que autorizaba y requería del Presidente de los Estados Unidos, que __(3)__ se firmara una proclamación designando una semana que incluyera los días 14 y 15 de septiembre como la Semana Nacional de la Herencia Hispánica. Desde que fue aprobada esa resolución, cada presidente de la nación ha __(4)__, año tras año, la proclamación.

(1) a. nueve
    b. siete
    c. quince
    d. ocho

(2) a. viviendas
    b. puertas
    c. fincas
    d. ciudades

(3) a. semanalmente
    b. mensualmente
    c. anualmente
    d. diariamente

(4) a. firmado
    b. otorgado
    c. buscado
    d. señalado

Este __(5)__ público a todos los hispanos, refrendado oficialmente por el presidente y el gobierno, implícitamente admite y acepta la importancia de la población hispana de los Estados Unidos.

(5) a. descubrimiento
b. reconocimiento
c. nombramiento
d. aislamiento

3 Los expertos dicen que esquiar es el mejor de los deportes aeróbicos. Produce los mismos __(1)__ que correr, sin los efectos dañinos. Debido a que las __(2)__ se deslizan en un movimiento fluido, los músculos del esquiador trabajan sin presionar las articulaciones. El único problema hasta ahora era que para esquiar hacía falta nieve. Este problema se ha resuelto con la máquina para esquiar . . . sin nieve. Practicando un mínimo de 15 minutos tres veces a la semana en una de estas máquinas, mejora la eficiencia cardiovascular y __(3)__ muchas calorías. La máquina de esquiar desafía a las otras máquinas para hacer ejercicio como la bicicleta estacionaria, que ha sido la más popular, y las máquinas de remo. Para manejar la máquina de esquiar uno tiene que estar __(4)__ en vez de sentado y por esa razón todo el cuerpo trabaja. Y, a diferencia de la bicicleta, en la máquina de esquiar se ejercita la parte __(5)__ del cuerpo tanto como la de abajo. Hay varios modelos de esta máquina, aún uno que se puede guardar debajo de la cama. Se consiguen en todos los almacenes.

(1) a. beneficios
b. daños
c. problemas
d. apoyos

(2) a. manos
b. piernas
c. muñecas
d. orejas

(3) a. produce
b. añade
c. mezcla
d. quema

(4) a. acostado
b. de pie
c. en cuclillas
d. torcido

(5) a. delantera
b. inferior
c. superior
d. posterior

4. Writing

a. Notes

Write an informal note in Spanish of at least five clauses based on the directions given to you in English. A clause must contain a verb, a stated or implied subject, and additional words necessary to convey meaning. The five clauses may be contained in fewer than five sentences if some of the sentences have more than one clause.

Examples:

    One clause: Ayer salí de compras.

   Two clauses: Ayer salí de compras y me encontré en la calle con Juana.

   Three clauses: Ayer salí de compras y me encontré en la calle con Juana, quien me invitó a una fiesta en su casa.

1. Write a note to your parents in which you tell them that you will not be home on time and explain the reason.
2. You need a book from the library. Write a note to your brother/sister asking him/her to get it for you.
3. You have just celebrated a birthday and received many beautiful gifts. Write a thank you note to a friend/relative for the gift.
4. You are giving a party in your home on Saturday. Write a note to a friend inviting him/her to the party.
5. A friend (pen pal) is going to visit your home for the first time. Write a note in which you give him/her directions to your house.

b. Formal Letters

Write a formal letter in Spanish of at least ten clauses based on the directions given to you in English.

1. During a shopping trip you were helped by a very (in)efficient and (dis)courteous salesperson. Write a formal letter to the store in which you bring this to their attention. Include in your letter the date, salutation, and closing. You may wish to include the purpose of the letter; the name of the salesperson; when this took place; what the person did; why you wish to commend (report) this salesperson; how you feel about what happened.

2. You have placed an order with a mail order company and have not yet received the merchandise. Write a letter to the company in which you bring this to their attention. Include the date, salutation, and closing. You may wish to include the nature of the problem; the date you placed the order; what you ordered; how you placed the order; the means of payment; what you would like them to do about the matter.

3. You have just returned from a visit to San Juan and realize that you forgot one of your possessions in your hotel room. Write a letter to the management in which you request their assistance in locating the item. Include the date, salutation, and closing. You may wish to include the nature of the problem; the article you left behind; a description of the item; the room you occupied; where you may have left it; how it can be returned to you.

4. Your local school is sponsoring a summer program in foreign languages in which the students speak only Spanish. They are looking for students to assist the teachers in the program. Write a letter to the director of the program in which you may wish to include your interest in the program; the reason for you interest; your qualifications; your special skills; your proficiency in Spanish; your desire for an interview. Be sure to include the date, salutation, and closing.

5. You wish to give a friend a duplicate of the watch that your parents gave you last year but you have not been able to locate it in any of the local stores. Write a letter to the manufacturer of the watch in which you request their assistance in helping you to obtain a similar watch. Include in your letter the date, salutation, and closing. You may wish to include the nature of the problem; a description of the watch; where your watch was purchased; how long you have had it; its cost; your request for information concerning where you can obtain it.

6. You are planning a trip to Lima during the coming summer. Write a letter to the tourist office requesting information. Be sure to include the date, salutation, and closing. You may wish to include the purpose of the letter; your plans; the dates of your trip; your special interests; your request for pertinent information, including the availability of hotel rooms and special trips for students.

C. Visual Stimulus

Write a story in Spanish about the situation suggested in the pictures. Write a well-organized composition of at least ten clauses for each picture.

LOS MONOS ESTÁN A DIETA
NO LES DÉ COMIDA

1. *Key words:* **el mono**   monkey
   el letrero   sign
   la jaula   cage
   el cacahuete (el maní)   peanut

2.   *Key words:*   **la limonada**   lemonade
                     el letrero   sign
                     el puesto   stand
                     el abanico   fan

3.   *Key words:*   **el horno**   oven
                     la estufa   stove
                     el humo   smoke

4. *Key words:* **la comida al aire libre**   picnic
     la manta   blanket
     la hormiga   ant
     la nube   cloud

5. *Key words:* **la oficina de correos**   post office
     la estampilla   stamp
     la tarjeta   card
     la balanza   scale
     el bolsillo   pocket

1. Regular Verbs

a. Simple Tenses

INFINITIVE	usar		beber		subir
GERUNDIO	usando		bebiendo		subiendo
PAST PARTICIPLE	usado		bebido		subido

INDICATIVE

PRESENT	uso	usamos	bebo	bebemos	subo	subimos
	usas	usáis	bebes	bebéis	subes	subís
	usa	usan	bebe	beben	sube	suben
IMPERFECT	usaba	usábamos	bebía	bebíamos	subía	subíamos
	usabas	usábais	bebías	bebíais	subías	subíais
	usaba	usaban	bebía	bebían	subía	subían
PRETERITE	usé	usamos	bebí	bebimos	subí	subimos
	usaste	usasteis	bebiste	bebisteis	subiste	subisteis
	usó	usaron	bebió	bebieron	subió	subieron
FUTURE	usaré	usaremos	beberé	beberemos	subiré	subiremos
	usarás	usaréis	beberás	beberéis	subirás	subiréis
	usará	usarán	beberá	beberán	subirá	subirán
CONDITIONAL	usaría	usaríamos	bebería	beberíamos	subiría	subiríamos
	usarías	usaríais	beberías	beberíais	subirías	subiríais
	usaría	usarían	bebería	beberían	subiría	subirían

COMMANDS

usa (tú)	bebe (tú)	sube (tú)
no uses (tú)	no bebas (tú)	no subas (tú)
usad (vosotros)	bebed (vosotros)	subid (vosotros)
no uséis (vosotros)	no bebáis (vosotros)	no subáis (vosotros)
use (Ud.)	beba (Ud.)	suba (Ud.)
usen (Uds.)	beban (Uds.)	suban (Uds.)
usemos (nosotros)	bebamos (nosotros)	subamos (nosotros)

SUBJUNCTIVE

PRESENT	use	usemos	beba	bebamos	suba	subamos
	uses	uséis	bebas	bebáis	subas	subáis
	use	usen	beba	beban	suba	suban

IMPERFECT	usa**ra**	usá**ramos**	bebie**ra**	bebié**ramos**	subie**ra**	subié**ramos**
(**-ra** form)	usa**ras**	usa**rais**	bebie**ras**	bebie**rais**	subie**ras**	subie**rais**
	usa**ra**	usa**ran**	bebie**ra**	bebie**ran**	subie**ra**	subie**ran**
IMPERFECT	usa**se**	usá**semos**	bebie**se**	bebié**semos**	subie**se**	subié**semos**
(**-se** form)	usa**ses**	usa**seis**	bebie**ses**	bebie**seis**	subie**ses**	subie**seis**
	usa**se**	usa**sen**	bebie**se**	bebie**sen**	subie**se**	subie**sen**

b. Compound Tenses

INDICATIVE

PRESENT PERFECT

he	hemos			
has	habéis	usado	bebido	subido
ha	han			

PLUPERFECT

había	habíamos			
habías	habíais	usado	bebido	subido
había	habían			

PRETERITE PERFECT

hube	hubimos			
hubiste	hubisteis	usado	bebido	subido
hubo	hubieron			

FUTURE PERFECT

habré	habremos			
habrás	habréis	usado	bebido	subido
habrá	habrán			

CONDITIONAL PERFECT

habría	habríamos			
habrías	habríais	usado	bebido	subido
habría	habrían			

PERFECT INFINITIVE

haber	usado	bebido	subido

PERFECT PARTICIPLE

habiendo	usado	bebido	subido

SUBJUNCTIVE

PRESENT PERFECT

haya	hayamos			
hayas	hayáis	usado	bebido	subido
haya	hayan			

PLUPERFECT (-ra form)

hubiera	hubiéramos			
hubieras	hubierais	usado	bebido	subido
hubiera	hubieran			

PLUPERFECT (-se form)

hubiese	hubiésemos			
hubieses	hubieseis	usado	bebido	subido
hubiese	hubiesen			

2. Stem-Changing Verbs

a. Infinitive in -ar

pensar (e to ie)　　　mostrar (o to ue)　　　jugar (u to ue)

INDICATIVE

PRESENT						
pienso	pensamos	muestro	mostramos	juego	jugamos
piensas	pensáis	muestras	mostráis	juegas	jugáis
piensa	piensan	muestra	muestran	juega	juegan

SUBJUNCTIVE

PRESENT						
piense	pensemos	muestre	mostremos	juegue	juguemos
pienses	penséis	muestres	mostréis	juegues	juguéis
piense	piensen	muestre	muestren	juegue	jueguen

b. Infinitive in -er

perder (e to ie)　　　volver (o to ue)

INDICATIVE

PRESENT			
pierdo	perdemos	vuelvo	volvemos
pierdes	perdéis	vuelves	volvéis
pierde	pierden	vuelve	vuelven

SUBJUNCTIVE

PRESENT			
pierda	perdamos	vuelva	volvamos
pierdas	perdáis	vuelvas	volváis
pierda	pierdan	vuelva	vuelvan

c. Infinitive in -ir

pedir (e to i, i)　　　sentir (e to ie, i)　　　dormir (o to ue, u)

INDICATIVE

PRESENT						
pido	pedimos	siento	sentimos	duermo	dormimos
pides	pedís	sientes	sentís	duermes	dormís
pide	piden	siente	sienten	duerme	duermen

PRETERITE	pedí	pedimos	sentí	sentimos	dormí	dormimos
	pediste	pedisteis	sentiste	sentisteis	dormiste	dormisteis
	pidió	pidieron	sintió	sintieron	durmió	durmieron

SUBJUNCTIVE

PRESENT	pida	pidamos	sienta	sintamos	duerma	durmamos
	pidas	pidáis	sientas	sintáis	duermas	durmáis
	pida	pidan	sienta	sientan	duerma	duerman
IMPERFECT	pidiera	pidiéramos	sintiera	sintiéramos	durmiera	durmiéramos
	pidieras	pidierais	sintieras	sintierais	durmieras	durmierais
	pidiera	pidiera	sintiera	sintieran	durmiera	durmieran
GERUNDIO	pidiendo		sintiendo		durmiendo	

d. Infinitives in **-uir** (except **-guir**)

huir (y)

INDICATIVE

PRESENT	huyo, huyes, huye, huimos, huís, huyen
PRETERITE	huí, huiste, huyó, huimos, huisteis, huyeron

SUBJUNCTIVE

PRESENT	huya, huyas, huya, huyamos, huyáis, huyan
IMPERFECT	huyera, huyeras, huyera, huyéramos, huyerais, huyeran
GERUNDIO	huyendo

e. Infinitives in **-iar** and **-uar**

enviar (i to í)　　　actuar (u to ú)

INDICATIVE

PRESENT	envío	enviamos	actúo	actuamos
	envías	enviáis	actúas	actuáis
	envía	envían	actúa	actúan

SUBJUNCTIVE

PRESENT	envíe	enviemos	actúe	actuemos
	envíes	enviéis	actúes	actuéis
	envíe	envíen	actúe	actúen

3. Spelling-Changing Verbs

a. Infinitives in **-cer** or **-cir**

convencer (c to z)　　　**conocer** (c to zc)

INDICATIVE

PRESENT convenzo convencemos conozco conocemos
convences convencéis conoces conocéis
convence convencen conoce conocen

SUBJUNCTIVE

PRESENT convenza convenzamos conozca conozcamos
convenzas convenzáis conozcas conozcáis
convenza convenzan conozca conozcan

b. Infinitives in **-ger** or **-gir**

dirigir (g to j)

INDICATIVE

PRESENT dirijo, diriges, dirige, dirigimos, dirigís, dirigen

SUBJUNCTIVE

PRESENT dirija, dirijas, dirija, dirijamos, dirijáis, dirijan

c. Infinitives in **-guir**

distinguir (gu to g)

INDICATIVE

PRESENT distingo, distingues, distingue, distinguimos, distinguís, distinguen

SUBJUNCTIVE

PRESENT distinga, distingas, distinga, distingamos, distingáis, distingan

d. Infinitives in **-eer**

leer (i to y)

INDICATIVE

PRETERITE leí, leíste, leyó, leímos, leísteis, leyeron

SUBJUNCTIVE

IMPERFECT leyera, leyeras, leyera, leyéramos, leyerais, leyeran
leyese, leyeses, leyese, leyésemos, leyeseis, leyesen

GERUNDIO leyendo
PAST PARTICIPLE leído

e. Infinitives in **-car**, **-gar**, and **-zar**

	sacar (c to qu)		pagar (g to gu)		gozar (z to c)	

INDICATIVE

PRETERITE	saqué	sacamos	pagué	pagamos	gocé	gozamos
	sacaste	sacasteis	pagaste	pagasteis	gozaste	gozasteis
	sacó	sacaron	pagó	pagaron	gozó	gozaron

SUBJUNCTIVE

PRESENT	saque	saquemos	pague	paguemos	goce	gocemos
	saques	saquéis	pagues	paguéis	goces	gocéis
	saque	saquen	pague	paguen	goce	gocen

4. Irregular Verbs

NOTE: Only the tenses containing irregular forms are given.

andar

PRETERITE: **anduve, anduviste, anduvo, anduvimos, anduvisteis, anduvieron**

IMPERFECT SUBJUNCTIVE: **anduviera, anduvieras, anduviera, anduviéramos, anduvierais, anduvieran**
anduviese, anduvieses, anduviese, anduviésemos, anduvieseis, anduviesen

caber

PRESENT INDICATIVE: **quepo,** cabes, cabe, cabemos, cabéis, caben
PRETERITE: **cupe, cupiste, cupo, cupimos, cupisteis, cupieron**
FUTURE: **cabré, cabrás, cabrá, cabremos, cabréis, cabrán**
CONDITIONAL: **cabría, cabrías, cabría, cabríamos, cabríais, cabrían**
PRESENT SUBJUNCTIVE: **quepa, quepas, quepa, quepamos, quepáis, quepan**
IMPERFECT SUBJUNCTIVE: **cupiera, cupieras, cupiera, cupiéramos, cupierais, cupieran**
cupiese, cupieses, cupiese, cupiésemos, cupieseis, cupiesen

caer

PRESENT INDICATIVE: **caigo,** caes, cae, caemos, caéis, caen
PRETERITE: caí, **caíste, cayó, caímos, caísteis, cayeron**
PRESENT SUBJUNCTIVE: **caiga, caigas, caiga, caigamos, caigáis, caigan**
IMPERFECT SUBJUNCTIVE: **cayera, cayeras, cayera, cayéramos, cayerais, cayeran**
cayese, cayeses, cayese, cayésemos, cayeseis, cayesen
GERUNDIO: **cayendo**

PAST PARTICIPLE: **caído**

conducir (and verbs ending in -ducir)

PRESENT INDICATIVE: **conduzco,** conduces, conduce, conducimos, conducís, conducen

PRETERITE: **conduje, condujiste, condujo, condujimos, condujisteis, condujeron**

PRESENT SUBJUNCTIVE: **conduzca, conduzcas, conduzca, conduzcamos, conduzcáis, conduzcan**

IMPERFECT SUBJUNCTIVE: **condujera, condujeras, condujera, condujéramos, condujerais, condujeran**
condujese, condujeses, condujese, condujésemos, condujeseis, condujesen

dar

PRESENT INDICATIVE: **doy,** das, da, damos, dais, dan

PRETERITE: **di, diste, dio, dimos, disteis, dieron**

PRESENT SUBJUNCTIVE: **dé,** des, **dé,** demos, deis, den

IMPERFECT SUBJUNCTIVE: **diera, dieras, diera, diéramos, dierais, dieran**
diese, dieses, diese, diésemos, dieseis, diesen

decir

PRESENT INDICATIVE: **digo, dices, dice,** decimos, decís, **dicen**

PRETERITE: **dije, dijiste, dijo, dijimos, dijisteis, dijeron**

FUTURE: **diré, dirás, dirá, diremos, diréis, dirán**

CONDITIONAL: **diría, dirías, diría, diríamos, diríais, dirían**

PRESENT SUBJUNCTIVE: **diga, digas, diga, digamos, digáis, digan**

IMPERFECT SUBJUNCTIVE: **dijera, dijeras, dijera, dijéramos, dijerais, dijeran**
dijese, dijeses, dijese, dijésemos, dijeseis, dijesen

GERUNDIO: **diciendo**

PAST PARTICIPLE: **dicho**

COMMAND: **di** (tú)

estar

PRESENT INDICATIVE: **estoy, estás, está,** estamos, estáis, **están**

PRETERITE: **estuve, estuviste, estuvo, estuvimos, estuvisteis, estuvieron**

PRESENT SUBJUNCTIVE: **esté, estés, esté,** estemos, estéis, **estén**

IMPERFECT SUBJUNCTIVE: **estuviera, estuvieras, estuviera, estuviéramos, estuvierais, estuvieran**
estuviese, estuvieses, estuviese, estuviésemos, estuvieseis, estuviesen

haber

PRESENT INDICATIVE: **he, has, ha, hemos,** habéis, **han**
PRETERITE: **hube, hubiste, hubo, hubimos, hubisteis, hubieron**
FUTURE: **habré, habrás, habrá, habremos, habréis, habrán**
CONDITIONAL: **habría, habrías, habría, habríamos, habríais, habrían**
PRESENT SUBJUNCTIVE: **hubiera, hubieras, hubiera, hubiéramos, hubierais, hubieran**
hubiese, hubieses, hubiese, hubiésemos, hubieseis, hubiesen

hacer

PRESENT INDICATIVE: **hago,** haces, hace, hacemos, hacéis, hacen
PRETERITE: **hice, hiciste, hizo, hicimos, hicisteis, hicieron**
FUTURE: **haré, harás, hará, haremos, haréis, harán**
CONDITIONAL: **haría, harías, haría, haríamos, haríais, harían**
PRESENT SUBJUNCTIVE: **haga, hagas, haga, hagamos, hagáis, hagan**
IMPERFECT SUBJUNCTIVE: **hiciera, hicieras, hiciera, hiciéramos, hicierais, hicieran**
hiciese, hicieses, hiciese, hiciésemos, hicieseis, hiciesen
PAST PARTICIPLE: **hecho**
COMMAND: **haz** (tú)

ir

PRESENT INDICATIVE: **voy, vas, va, vamos, vais, van**
IMPERFECT INDICATIVE: **iba, ibas, iba, íbamos, ibais, iban**
PRETERITE: **fui, fuiste, fue, fuimos, fuisteis, fueron**
PRESENT SUBJUNCTIVE: **vaya, vayas, vaya, vayamos, vayáis, vayan**
IMPERFECT SUBJUNCTIVE: **fuera, fueras, fuera, fuéramos, fuerais, fueran**
fuese, fueses, fuese, fuésemos, fueseis, fuesen
GERUNDIO: **yendo**
COMMAND: **ve** (tú)

oír

PRESENT INDICATIVE: **oigo, oyes, oye,** oímos, oís, **oyen**
PRETERITE: oí, oíste, **oyó,** oímos, oísteis, **oyeron**
PRESENT SUBJUNCTIVE: **oiga, oigas, oiga, oigamos, oigáis, oigan**
IMPERFECT SUBJUNCTIVE: **oyera, oyeras, oyera, oyéramos, oyerais, oyeran**
oyese, oyeses, oyese, oyésemos, oyeseis, oyesen
GERUNDIO: **oyendo**

poder

PRESENT INDICATIVE: **puedo, puedes, puede,** podemos, podéis, **pueden**

PRETERITE: **pude, pudiste, pudo, pudimos, pudisteis, pudieron**

FUTURE: **podré, podrás, podrá, podremos, podréis, podrán**

CONDITIONAL: **podría, podrías, podría, podríamos, podríais, podrían**

PRESENT SUBJUNCTIVE: **pueda, puedas, pueda,** podamos, podáis, **puedan**

IMPERFECT SUBJUNCTIVE: **pudiera, pudieras, pudiera, pudiéramos, pudierais, pudieran**
pudiese, pudieses, pudiese, pudiésemos, pudieseis, pudiesen

GERUNDIO: **pudiendo**

poner

PRESENT INDICATIVE: **pongo,** pones, pone, ponemos, ponéis, ponen

PRETERITE: **puse, pusiste, puso, pusimos, pusisteis, pusieron**

FUTURE: **pondré, pondrás, pondrá, pondremos, pondréis, pondrán**

CONDITIONAL: **pondría, pondrías, pondría, pondríamos, pondríais, pondrían**

PRESENT SUBJUNCTIVE: **ponga, pongas, ponga, pongamos, pongáis, pongan**

IMPERFECT SUBJUNCTIVE: **pusiera, pusieras, pusiera, pusiéramos, pusierais, pusieran**
pusiese, pusieses, pusiese, pusiésemos, pusieseis, pusiesen

PAST PARTICIPLE: **puesto**

COMMAND: **pon** (tú)

querer

PRESENT INDICATIVE: **quiero, quieres, quiere,** queremos, queréis, **quieren**

PRETERITE: **quise, quisiste, quiso, quisimos, quisisteis, quisieron**

FUTURE: **querré, querrás, querrá, querremos, querréis, querrán**

CONDITIONAL: **querría, querrías, querría, querríamos, querríais, querrían**

PRESENT SUBJUNCTIVE: **quiera, quieras, quiera,** queramos, queráis, **quieran**

IMPERFECT SUBJUNCTIVE: **quisiera, quisieras, quisiera, quisiéramos, quisierais, quisieran**
quisiese, quisieses, quisiese, quisiésemos, quisieseis, quisiesen

saber

PRESENT INDICATIVE: **sé,** sabes, sabe, sabemos, sabéis, saben

PRETERITE: **supe, supiste, supo, supimos, supisteis, supieron**
FUTURE: **sabré, sabrás, sabrá, sabremos, sabréis, sabrán**
CONDITIONAL: **sabría, sabrías, sabría, sabríamos, sabríais, sabrían**
PRESENT SUBJUNCTIVE: **sepa, sepas, sepa, sepamos, sepáis, sepan**
IMPERFECT SUBJUNCTIVE: **supiera, supieras, supiera, supiéramos, supierais, supieran**
supiese, supieses, supiese, supiésemos, supieseis, supiesen

salir

PRESENT INDICATIVE: **salgo,** sales, sale, salimos, salís, salen
FUTURE: **saldré, saldrás, saldrá, saldremos, saldréis, saldrán**
CONDITIONAL: **saldría, saldrías, saldría, saldríamos, saldríais, saldrían**
PRESENT SUBJUNCTIVE: **salga, salgas, salga, salgamos, salgáis, salgan**
COMMAND: **sal** (tú)

ser

PRESENT INDICATIVE: **soy, eres, es, somos, sois, son**
IMPERFECT INDICATIVE: **era, eras, era, éramos, erais, eran**
PRETERITE: **fui, fuiste, fue, fuimos, fuisteis, fueron**
PRESENT SUBJUNCTIVE: **sea, seas, sea, seamos, seáis, sean**
IMPERFECT SUBJUNCTIVE: **fuera, fueras, fuera, fuéramos, fuerais, fueran**
fuese, fueses, fuese, fuésemos, fueseis, fuesen
COMMAND: **sé** (tú)

tener

PRESENT INDICATIVE: **tengo, tienes, tiene,** tenemos, tenéis, **tienen**
PRETERITE: **tuve, tuviste, tuvo, tuvimos, tuvisteis, tuvieron**
FUTURE: **tendré, tendrás, tendrá, tendremos, tendréis, tendrán**
CONDITIONAL: **tendría, tendrías, tendría, tendríamos, tendríais, tendrían**
PRESENT SUBJUNCTIVE: **tenga, tengas, tenga, tengamos, tengáis, tengan**
IMPERFECT SUBJUNCTIVE: **tuviera, tuvieras, tuviera, tuviéramos, tuvierais, tuvieran**
tuviese, tuvieses, tuviese, tuviésemos, tuvieseis, tuviesen
COMMAND: **ten** (tú)

traer

PRESENT INDICATIVE: **traigo,** traes, trae, traemos, traéis, traen
PRETERITE: **traje, trajiste, trajo, trajimos, trajisteis, trajeron**
PRESENT SUBJUNCTIVE: **traiga, traigas, traiga, traigamos, traigáis, traigan**

IMPERFECT SUBJUNCTIVE: **trajera, trajeras, trajera, trajéramos, trajerais, trajeran**
trajese, trajeses, trajese, trajésemos, trajeseis, trajesen
GERUNDIO: **trayendo**
PAST PARTICIPLE: **traído**

valer

PRESENT INDICATIVE: **valgo,** vales, vale, valemos, valéis, valen
FUTURE: **valdré, valdrás, valdrá, valdremos, valdréis, valdrán**
CONDITIONAL: **valdría, valdrías, valdría, valdríamos, valdríais, valdrían**
PRESENT SUBJUNCTIVE: **valga, valgas, valga, valgamos, valgáis, valgan**

venir

PRESENT INDICATIVE: **vengo, vienes, viene,** venimos, venís, **vienen**
PRETERITE: **vine, viniste, vino, vinimos, vinisteis, vinieron**
FUTURE: **vendré, vendrás, vendrá, vendremos, vendréis, vendrán**
CONDITIONAL: **vendría, vendrías, vendría, vendríamos, vendríais, vendrían**
PRESENT SUBJUNCTIVE: **venga, vengas, venga, vengamos, vengáis, vengan**
IMPERFECT SUBJUNCTIVE: **viniera, vinieras, viniera, viniéramos, vinierais, vinieran**
viniese, vinieses, viniese, viniésemos, vinieseis, viniesen
GERUNDIO: **viniendo**
COMMAND: **ven** (tú)

ver

PRESENT INDICATIVE: **veo,** ves, ve, vemos, veis, ven
IMPERFECT INDICATIVE: **veía, veías, veía, veíamos, veíais, veían**
PRETERITE: **vi,** viste, **vio,** vimos, visteis, vieron
PRESENT SUBJUNCTIVE: **vea, veas, vea, veamos, veáis, vean**
PAST PARTICIPLE: **visto**

5. Punctuation

Spanish punctuation, though similar to English, has the following major differences:

(a) The comma is used at the end of restrictive relative phrases:

El tema **que eligió,** es muy aburrido.

The subject he chose is very boring.

(b) The comma is not used before **y, e, o, u,** and **ni** in a series:

El viento, la lluvia y el frío
causaron daños al techo.

The wind, the rain, and the
cold damaged the roof.

(c) In Spanish, questions have an inverted question mark (¿) at the beginning and a normal one at the end:

¿Qué estás haciendo?   *What are you doing?*

(d) In Spanish, exclamatory sentences have an inverted exclamation mark (¡) at the beginning and a normal one at the end:

¡Qué calor hace!   *How hot it is!*

(e) In decimals, Spanish uses a comma where English uses a period:

7,5   (siete coma cinco)   *7.5   (seven point five)*

(f) Spanish final quotation marks, contrary to English, precede the comma or period:

Cervantes es el autor de **«Don Quijote».**

Cervantes is the author of
"Don Quixote."

6. Syllabication

Spanish words are generally divided at the end of a line according to units of sound:

(a) A syllable normally begins with a consonant. The division is made before the consonant:

    de/**c**ir   pre/**c**i/**s**o   a/**m**e/**r**i/**c**a/**n**o   re/**p**e/**t**ir

(b) **ch, ll,** and **rr** are never divided:

    ca/**rr**o   ca/**ll**a/do   he/**ch**o

(c) If two or more consonants are combined, the division is made before the last consonant, except in the combinations **bl, br, cl, cr, pl, pr,** and **tr:**

    trans/**p**or/**t**e   des/**c**u/bier/**t**o   con/**t**i/nuar   al/**h**a/ja

    But:

    ha/**bl**ar   a/**br**ir   des/**cr**i/bir   a/**pr**en/der   des/**tr**o/zar

(d) Compound words, including words with prefixes and suffixes, may be divided by components or by syllables:

    sur/a/me/ri/ca/no or **su**/**ra**/me/ri/ca/no
    mal/es/tar or **ma**/**les**/tar

Spanish-English Vocabulary

The Spanish-English Vocabulary is intended to be complete for the contexts of this book. Basic terms usually taught in first-level courses and some obvious cognates are not included.

Nouns are listed in the singular. The gender of nouns is indicated as follows:

m.   = masculine
f.   = feminine
m.&f. = masculine and feminine

Irregular plurals are given in full:

tapiz m. (*pl.* **tapices**)

Adjectives are listed in the masculine form.

Verbs with spelling changes, stem-changing verbs, and irregular verbs are identified by the type of change in parentheses after the verb: **conocer (zc)**; **tener** (irr.). Refer to the Appendix for sample conjugations.

abarcar (qu) to take in, include, encompass; to comprise
abertura f. opening; hole
abismo m. abyss, gulf
abogado m., **abogada** f. lawyer
aborrecer (zc) to hate, loathe
abrazar (c) to embrace, hug
abrochar to fasten
aburrido bored; boring
aburrir to bore; **aburrirse** to get bored, be bored
acabar to finish; **acabar de** to have just
acampar to camp
aceite m. oil; **aceite de oliva** olive oil
aceituna f. olive
acerca de about
acercarse (qu) (a) to approach
acero m. steel
acertar (ie) to hit the mark, guess right
acompañar to accompany
aconsejar to advise

acontecimiento m. happening, event
acordarse (ue) (de) to remember
acostar (ue) to put to bed; **acostarse** to go to bed, lie down
acostumbrarse (a) to accustom oneself, get used to
actual current; present
actuar (ú) to act
acuático aquatic; **el esquí acuático** water skiing
acudir (a) to go or come to
acuerdo m. agreement; **estar de acuerdo (con)** to agree (with), be in agreement (with); **ponerse de acuerdo** to come to an agreement
adelantar to move forward, advance
adivinar to guess
adobar to prepare, dress; to season
adorno m. decoration
adquirir (ie) to acquire

aduana *f.* customs
advertencia *f.* warning
advertir (ie) to notify, warn
aeromozo *m.*, aeromoza *f.* flight
   attendant
afecto attached to, fond of; *m.*
   affection
afeitarse to shave
aficionado *m.*, aficionada *f.* fan,
   devotee; teatro de aficionados
   m. amateur theater
afligirse (j) to grieve
afrontar to confront; to face up to
afuera outside; afueras *f. pl.*
   outskirts
agitado agitated; upset; excited
agitar to stir up, rouse, excite
agradar to be pleased with; to
   please
agradecer (zc) to thank
agregar to add
aguafuerte *m.* etching
aguantar to bear, endure
aguardiente *m.* alcoholic beverage
aguinaldo *m.* bonus; Christmas
   gift
ahogarse (gu) to drown
ahorrar to save
aire *m.* air; al aire libre in the
   open air, outdoors
aislado isolated
ajedrez *m.* chess
ajeno somebody else's; alien,
   foreign
ajo *m.* garlic
alabar to praise
alargar (gu) to lengthen, elongate
alcalde *m.* mayor
alcanzar (c) to reach, catch up with
alcázar *m.* fortress; royal palace
alcoba *f.* bedroom
aldea *f.* village
alegrarse (de) to be glad, rejoice
alegría *f.* happiness
alemán German
alfiler *m.* pin
alfombra *f.* carpet
algodón *m.* (*pl.* algodones) cotton
alguien someone
alguno some
alma *f.* (el alma) soul

almacén *m.* (*pl.* almacenes)
   department store
almendra *f.* almond
almohada *f.* pillow
almorzar (ue, c) to eat (have)
   lunch
almuerzo *m.* lunch
alojamiento *m.* lodgings
alojar(se) to lodge; to be lodged,
   stay
alquilar to rent
alquiler *m.* rent
alrededor de around
altiplanicie *f.* high plateau
altura *f.* height
alzar (c) to raise (up), lift
ama *f.* (el ama) mistress, lady of
   the house; ama de llaves house-
   keeper
amanecer (zc) to dawn; *m.* dawn;
   al amanecer at dawn
amargura *f.* bitterness
amarrar to tie, fasten
ambos both
amenazador threatening
amenazar (c) to threaten
amistad *f.* friendship; *pl.* friends
amo *m.* master
analfabetismo *m.* illiteracy
anciano old; *m.* old man
ancho wide
anchura *f.* width; breath
andar (irr.) to walk, go
andén *m.* (*pl.* andenes) platform
angosto narrow
angustia *f.* anguish, distress
anillo *m.* ring
animado lively
animar to cheer up; to stimulate
anoche last night
anochecer *m.* nightfall, dusk; al
   anochecer at nightfall
anónimo anonymous
ante before, in the presence of
anteojos *m. pl.* eyeglasses
anterior previous, preceding
antes (de) before
antiguo old, ancient; former; old-
   time
antipático disagreeable,
   unpleasant

anuncio m. announcement; advertisement
añadir to add
aparecer (zc) to appear
apatía f. apathy
apenarse to grieve, distress oneself
apenas hardly, scarcely
aplicado studious, industrious
apoyo m. support
apresurarse to hurry
apretar (ie) to tighten; to be tight; to clasp
aprovecharse (de) to take advantage (of)
apuntar to note down, take a note of
apunte m. note, memorandum
archivar to file
archivo m. file
arder to burn
arena f. sand
arete m. earring
armario m. closet, wardrobe
arquitectura f. architecture
arrancar (qu) to root out, pull out; to snatch
arreglar to arrange; **arreglar la cama** to make the bed
arrepentirse (ie) (de) to repent, regret
arroz m. (pl. **arroces**) rice
arrugado wrinkled
arruinar to ruin
artesano m. craftsman
ascendencia f. ancestry, descent, origin
ascender (ie) to ascend; to promote
ascensor m. elevator
asegurar to assure
asequible within reach; available
así so, thus, in this way; **así que** as soon as
asilo m. asylum; **asilo de ancianos** old age home
asistir (a) to attend
asombrarse to be astonished, amazed
aspiradora f. vacuum cleaner; **pasar la aspiradora** to vacuum

aspirar (a) to aspire (to)
asunto m. matter, subject
asustado frightened
asustarse to be frightened, get scared; to get alarmed
atacar (qu) to attack
atención f. (pl. **atenciones**) attention; **prestar atención** to pay attention, to listen to
atender (ie) to wait on; to look after
atentamente attentively; thoughtfully; **le saluda atentamente** yours faithfully
aterrador frightening, terrifying
aterrizar (c) to land
atraer (irr.) to attract
atrapar to trap; to catch
atravesar (ie) to cross, pass through
atreverse (a) to dare
atrevido daring, bold; disrespectful, insolent
auge m. acme, period of prosperity
aumentar to increase
aún still, even
aunque although, even though, even if
auricular m. receiver, earpiece
avanzar (c) to advance
ave f. (**el ave**) bird
averiguar (ü) to find out, ascertain
aviso m. notice, warning
ayuda f. help, assistance
ayudante m.&f. assistant, helper
ayuno m. fasting
azafrán m. (pl. **azafranes**) saffron
azúcar m. sugar
azufre m. sulphur
azulejo m. tile

bajar (de) to lower; to take down; to reduce; to turn down; to get off; to go down
bajo short
baloncesto m. basketball
bandera f. flag
banquero m. banker

bañar to bathe; **bañarse** to take a bath

barato cheap, inexpensive

barco m. boat; ship

barrer to sweep

barro m. clay; mud

bastante enough, sufficient

bastar to be enough, suffice

basura f. garbage

bata f. robe

baúl m. trunk

belleza f. beauty

beréber Berber

billete m. ticket; banknote, bill

bizcocho m. biscuit; sponge cake

blando soft

boda f. wedding

boleto m. ticket

boliche m. bowling; bowling alley

bolsa f. bag; sack

bolso m. bag, purse

bollo m. roll, bun

bombero m. fireman; **cuartel de bomberos** m. firehouse (station)

bombilla f. light bulb; small tube for drinking mate

bondadoso kind

bosque m. woods, forest

bostezar (c) to yawn

bota f. boot

boticario m. pharmacist, druggist

botones m. (pl. **botones**) bellman

bóveda f. dome

bravo angry

breve brief

brillar to shine

broma f. joke; prank

bruja f. witch

burguesía f. bourgeoisie

burlarse (de) to make fun of

burlón mocking

busca f. search; **en busca de** in search of

buscar (qu) to look for

búsqueda f. search

butaca f. armchair

buzón m. (pl. **buzones**) mailbox

caber (irr.) to fit; to be room for

cabo m. end; **llevar a cabo** to carry out, carry through

cabra f. goat

cacique m. Indian chief

cadena f. chain

caer (irr.) to fall; **caerse** to fall down

caja f. box

cajero m., **cajera** f. cashier

calabaza f. gourd, pumpkin

calcetín m. (pl. **calcetines**) sock

calentura f. fever

calidad f. quality

calificación f. (pl. **calificaciones**) grade, mark

calificar (qu) to grade

calumnia f. slander

calzar (c) (footwear) to put on, to wear; to take or wear a certain shoe size

callarse to become silent, stop talking

cámara f. camera; chamber; **pintor de cámara** m. court painter

camarera f. chambermaid; waitress

cambiar to change

cambio m. change; exchange; exchange rate; **en cambio** on the other hand

campamento m. camp

campana f. bell

campaña f. campaign

campeonato m. championship

campesino m., **campesina** f. peasant

campo m. country, countryside

canasta f. basket

cancha f. court; **cancha de tenis** tennis court

cansado tired; **estar cansado** to be tired

cantante m.&f. singer

cantidad f. quantity

capítulo m. chapter

caprichoso whimsical; wilful

cara f. face; **cara a cara** face to face

carbón m. (pl. **carbones**) coal

carcajada f. loud laugh; **reír a**

carcajadas to laugh heartily, roar with laughter

cárcel *f.* jail

carecer (zc) de to lack, be in need of

cargado laden

cargar (gu) to load; to carry

caridad *f.* charity

carnicería *f.* butcher shop

caro expensive; dear

carpintero *m.* carpenter

carrera *f.* race; career

carretera *f.* road

carril *m.* lane

cartaginés Carthaginian

cartel *m.* poster

cartera *f.* wallet, pocketbook; handbag, purse

casarse (con) to marry

caseta *f.* booth

casi almost

caso *m.* case, event; **hacer caso a** to heed, mind; **hacer caso de** to pay attention to

castañuelas *f. pl.* castanets

castigar (gu) to punish

castigo *m.* punishment

castillo *m.* castle

casualidad *f.* chance; coincidence; **por casualidad** by chance

cataratas *f. pl.* waterfall, falls

catre *m.* cot

caucho *m.* rubber

causa *f.* cause, motive; **a causa de** because of, on account of

cautivo captive

cebolla *f.* onion

cegar (gu) to blind

célebre famous

celoso jealous

celta Celt

cena *f.* supper, dinner

centro *m.* center; downtown

ceñir (i) to encircle, surround; to fasten around one's waist

cepillar(se) to brush (oneself)

cepillo *m.* brush

cercano near, close; nearby

cereza *f.* cherry

certidumbre *f.* certainty

cerviz *f.* nape of the neck

cesar to cease, stop

césped *m.* lawn, grass

cesta *f.* basket

ciego blind; *m.* blind man

cielo *m.* sky

ciencia *f.* science

científico *m.*, **científica** *f.* scientist

cine *m.* movie theater, movies

cinta *f.* tape; ribbon

cinturón *m.* (*pl.* **cinturones**) belt

circo *m.* circus

cirujano *m.*, **cirujana** *f.* surgeon

cita *f.* appointment; date

ciudadano *m.*, **ciudadana** *f.* citizen

clima *m.* climate

cobrar to charge; to collect; to acquire; **cobrar fuerzas** to gather strength

cobre *m.* copper

cocer (ue, z) to cook

cocinar to cook, do the cooking

cochero *m.* driver, coachman

cofre *m.* chest; case (for jewels)

coger (j) to seize, grasp, catch, take

cohete *m.* rocket

cola *f.* line; tail

coleccionar to collect

colgar (ue, gu) to hang (up)

colilla *f.* (cigarette) butt

colocar (qu) to place, put; to arrange; to place (in a job)

colorado red; **ponerse colorado** to blush

comedia *f.* play, comedy

comedor *m.* dining room

comentar to comment on; to discuss, gossip about

comenzar (ie) to begin, start

comestible *m.* foodstuff; **comestibles** *m. pl.* foods; groceries

como as; **¡cómo no!** certainly! of course!

cómodo comfortable

compañía *f.* company

compartir to share

competencia *f.* competition

complejo complex

componer (irr.) to compose; to repair

compra f. purchase; **ir de compras** to go shopping

comprador m. buyer

comprender to include; to understand

comprometido engaged; committed

compromiso m. commitment; engagement; obligation

común common

concluir (y) to conclude, finish

concurso m. contest

condenar to sentence, condemn

condesa f. countess

condiscípulo m., **condiscípula** f. classmate

conducir (irr.) to conduct, lead; to drive

conductor m. driver

confesar (ie) to confess

confianza f. trust; **de confianza** reliable, trustworthy

confiar (í) en to rely on; to confide in

confín m. (pl. **confines**) boundary

conforme a consistent with; in accordance with; **estar conforme** to agree

congelar to freeze

congreso m. convention; conference

conmover (ue) to stir, move, affect

conocer (zc) to know, be acquainted with; **dar a conocer** to introduce, to present

conocido known; m. acquaintance; **conocido como** known as

conseguir (i, g) to get, obtain; to succeed in

consejero m. counselor

consejo m. advice

consentir (ie) to consent; to allow; to pamper, spoil

consiguiente resulting; **por consiguiente** therefore, and so

consistir en to consist of; to be made of

constituir (y) to constitute, make up

construir (y) to construct; to build

consultorio m. doctor's office

consumo m. consumption

contado: al contado for cash

contar (ue) to count; to tell

contener (irr.) to contain

contra against

contradecir (irr.) to contradict

contrario m. contrary; **por el contrario** on the contrary

contribuir (y) to contribute

convencer (z) to convince

convenir (irr.) en to agree about (to, that); **convenir con** to agree with

convertir (ie) to convert; **convertirse** to be converted; to turn (into), to become

convidar to invite

convivir to live together, coexist

copa f. glass

cordillera f. mountain range

coro m. chorus

corona f. crown

corregir (i, j) to correct

correo m. mail; post office; **echar al correo** to mail

corrida f. run, dash; **corrida de toros** bullfight

corrido running; fluent, continuous

corriente current; **estar al corriente** to be informed, be aware

cortar to cut

corte f. court; pl. Spanish parliament

cortejar to court, woo

cortés courteous, polite

cortesía f. courtesy

cortina f. curtain

cosecha f. harvest

coser to sew

costar (ue) to cost

costumbre f. custom, habit

creador creative

crecer (zc) to grow

creer (y) to believe; to think

cría f. breeding

criado m., **criada** f. servant

criollo m., **criolla** f. Creole

cruz f. (pl. **cruces**) cross

cruzar (c) to cross

cuadra f. (street) block
cuadro m. painting, picture; frame
cualquier any
cuando when; **cuando quiera** whenever
cuanto all that, whatever; **¿cuánto?** how much?; **¡cuánto!** how!; **en cuanto** as soon as
cuaresma f. Lent
cuartel m. barracks
cuarto fourth; quarter; m. room
cubrir to cover
cuclillas: en cuclillas squatting
cuchillo m. knife
cuenta f. bill, check
cuentista m. & f. storywriter
cuenta f. account; bill; **cuenta corriente** current account
cuento m. story
cuerda f. rope, cord; string; **dar cuerda a un reloj** to wind a clock/watch
cuero m. leather
cueva f. cave
cuidado m. care; **tener cuidado** to be careful; **perder cuidado** not to worry
cuidadoso careful
cuidar to take care of, look after
culpa f. blame; fault; **echar la culpa** to blame; **tener la culpa de** to be to blame for; **Ud. tiene la culpa** it's your fault
cumbre f. top; mountain top; pinnacle
cumplir to fulfill; to do one's duty; **cumplir con la palabra** to keep one's word
cuna f. cradle
cura f. cure; m. priest
curiosidad f. curiosity
curioso curious; odd
cuyo whose

chal m. shawl
chaqueta f. jacket
charlar to chat
chico small; m. boy, **chica** f. girl
chimenea f. fireplace
chiste m. joke

chistoso funny
chocar(se) (qu) con to crash into, collide with

dado given
dama f. lady; **damas** f. pl. checkers
dañar to damage, hurt; **dañarse** to get damaged; to spoil, go bad
daño m. hurt; **hacer (se) daño** to hurt (oneself)
dar (irr.) to give; **dar a** to face
debajo de under
deber ought to, must; to owe
debido a due to
débil weak
decadencia f. decline
décimo tenth
decir (irr.) to say; **querer decir** to mean
declamar to recite
declaración f. (pl. **declaraciones**) statement; explanation
decorado m. scenery, set
dedicar (qu) to dedicate; to devote
defectuoso defective
defender (ie) to defend
delgado thin
dejar to leave out; to leave; to allow
demás: lo demás the rest; **los (las) demás** the others
demasiado too much; excessively; too
dentro de within
dependiente m.&f. clerk, salesperson
deportivo sports; sporting
derecha f. right hand; right side; **a la derecha** to the right
derecho straight
derrotado defeated
derrotar to defeat
derrumbar to knock down
desaparecer (zc) to disappear
desarrollar to develop
desarrollo m. development
desayunarse to have (eat) breakfast
descansar to rest

descanso m. rest, break
descolgar (ue, gu) to take down
desconocer (zc) not to know, be ignorant of
descortés discourteous, impolite
descubierto discovered
descubrir to discover
desde from; since; **desde hace** for + length of time
desembocar (qu) en to flow into, empty into
desenvolvimiento m. unfolding, development
desesperar to despair, lose hope
desfilar to parade, march past
desfile m. parade
desgraciadamente unfortunately
deshacer (irr.) to undo; to destroy
deslizarse (c) to slip, slide; glide
desmayarse to faint
despacio slowly
despacho m. office; study
despedirse (i) (de) to say goodbye (to), take leave (of)
despertador m. alarm clock
despertar(se) (ie) to awaken, wake up
después afterwards, later; **después de** after
destacado outstanding, distinguished
destacarse (qu) to distinguish oneself; to stand out
destruir (y) to destroy
desván m. (*pl.* **desvanes**) attic
detalle m. detail
detener (irr.) to detain; to hold up, delay; to stop
detrás (de) behind
devolver (ue) to return, give back
día m. day; **todos los días** every day, daily; **hoy (en) día** nowadays
dibujante m.&f. sketcher
dibujo m. drawing, sketch
dictadura f. dictatorship
dictar (una sentencia) to pass, pronounce (judgment)
dieta f. diet
dios m. god; idol
dirigir (j) to direct

disculparse to excuse oneself; to apologize
diseñador m., **diseñadora** f. designer
diseño m. design
disfraz m. (*pl.* **disfraces**) disguise; mask
disfrutar to enjoy
disparo m. shot
disponer (irr.) to dispose; **disponer de** to have at one's disposal; **disponerse a** to get ready to
distinguir (g) to distinguish
distraído distracted; absent-minded
distribuir (y) to distribute
diversión f. (*pl.* **diversiones**) amusement, entertainment
divertirse (ie) to enjoy oneself, have a good time
doblar to fold (up, over); to turn, go round
docena f. dozen
doler (ue) to hurt, ache, pain
dolor m. pain, ache
domicilio m. home; **servicio a domicilio** home delivery service
dominio m. control; supremacy
dondequiera wherever
dormitorio m. bedroom
dramaturgo m. playwright
dudar to doubt
dueño m., **dueña** f. owner
dulce m. sweet, candy
dulcería f. candy store
dulzura f. sweetness; gentleness
durar to last, go on for

echar to throw; to throw out, dismiss, expel; to put in, add; **echar(se) a** to start to + inf.
edad f. age; period
educar (qu) to educate; to train
eficaz effective; efficient
ejemplar exemplary, model
ejercer (z) to exert; (*power*) to exercise, wield; (*profession*) to practice
ejército m. army

elaborar to work on

elegir (i, j) to elect; to choose

embajador *m.*, **embajadora** *f.* ambassador •

embarcarse (qu) to embark, go on board

embargo: sin embargo still, however, nonetheless

embestida *f.* charge

emisora *f.* radio station

emocionante exciting, thrilling; moving, touching

empeñarse en to insist on; to persist in; to be determined to

emperador *m.* emperor

emperatriz *f.* (*pl.* **emperatrices**) empress

empezar (ie) to begin, start

empleado *m.*, **empleada** *f.* employee

emplear to employ; to use

emprender to undertake; to embark on

empresa *f.* undertaking; enterprise

enamorado *m.*, **enamorada** *f.* lover, beloved; **estar enamorado** to be in love

encaje *m.* lace

encantador charming, enchanting, delightful

encarcelado imprisoned, jailed

encargar (gu) to entrust; to put in charge; (*goods*) to order; **encargarse de** to take charge of; to see about, attend to

encender (ie) to light; to ignite

encerrar (ie) to lock in; to contain; **encerrarse** to shut (lock) oneself

encima de above, on top of

encogerse (j) to shrink; **encogerse de hombros** to shrug

encontrar (ue) to find; to meet, run into

encuesta *f.* survey; inquiry

energía *f.* energy; power; vigor, drive

enfadarse to get angry, get annoyed

enfermedad *f.* sickness, illness

enfermera *f.*, **enfermero** *m.* nurse

enfermo sick, ill; *m.*, **enferma** *f.* sick person; patient

enfrente de opposite, in front of

engañar(se) to deceive (oneself)

enlace *m.* link

enojar to anger; to upset; **enojarse** to get angry, lose one's temper

enojo *m.* anger; annoyance

enriquecer (zc) to enrich; **enriquecerse** to get rich; to prosper

entablar (*conversation*) to start, strike up

enterarse de to find out about, to learn

enterrar (ie) to bury

entonces then; **en aquel entonces** at that time

entrada *f.* entrance; admission; (*theater, etc.*) ticket

entregar (gu) to deliver; to hand over; to give up, surrender; **entregarse a** to devote onself to

entretener (irr.) to entertain, amuse

entrevista *f.* interview

entrevistar to interview

enviar (í) to send; **enviar por** to send for, fetch

envidiar to envy

envidioso envious, jealous

envolver (ue) to wrap (up)

época *f.* epoch, age; time, period

equipo *m.* team; outfit, gear

equivocarse (qu) to be mistaken, make a mistake

erudito learned, scholarly

escalera *f.* staircase, stairs; ladder

escaparse to escape; to elope

escasez *f.* (*pl.* **escaseces**) scarcity, shortage

escenario *m.* stage

escenografía *f.* scenery

escoger (j) to choose, select

escolar school; scholastic

esconder to hide

escrito *m.* writing; **por escrito** in writing

escritor *m.*, **escritora** *f.* writer

escritorio *m.* desk

escritura *f.* writing

escuchar to listen to; to pay attention to

escudero *m.* squire

escultor *m.*, **escultora** *f.* sculptor

esfuerzo *m.* effort

esmeralda *f.* emerald

eso that; **a eso de** at about; **por eso** therefore, and so

espada *f.* sword

especie *f.* species; kind

esperar to wait for; to hope; to expect

espeso thick

espiar (í) to spy

esquí *m.* (*pl.* **esquís**) ski; skiing

esquiar (í) to ski

esquina *f.* corner

establecer(se) (zc) to establish (oneself); to settle

estación *f.* (*pl.* **estaciones**) season; station

estacionar(se) to park

estadio *m.* stadium

estado *m.* state, condition

estallar to break out; to burst, explode

estante *m.* shelf

estaño *m.* tin

estatua *f.* statue

estilizar (c) to stylize

estilo *m.* style; manner, fashion

estío *m.* summer

estirarse to stretch

estrecharse to become closer

estrecho *m.* strait

estremecerse (zc) to shudder

estreno *m.* first use; first performance

excelencia *f.* excellence; **por excelencia** preeminently, par excellence

exigir (j) to demand, require

éxito *m.* success; **tener éxito** to be successful

experimentar to experience, go through; to suffer

exponer (irr.) to expose, exhibit; to expand, set forth

expulsar to expel

extensión *f.* (*pl.* **extensiones**) area

extinguir (g) to extinguish, put out

extranjero foreign; **al extranjero, en el extranjero** abroad

extrañar to miss; to feel the lack of

extraño strange, odd

fábrica *f.* factory

fabricar (qu) to make, manufacture

facultad *f.* faculty; school (of a university)

falda *f.* skirt

falta *f.* fault, mistake

faltar to be lacking, be wanting; to be missing, be absent from

fama *f.* fame; reputation

fantasma *m.* ghost

fantasmagórico phantasmagoric

fascinar to fascinate; to captivate

fe *f.* faith

felicitar to congratulate

feliz happy

felpa *f.* plush

fenicio Phoenician

feria *f.* fair; weekly market

feroz fierce

ferretería *f.* hardware store

ferrocarril *m.* railroad

fiarse (í) de to trust

fideo *m.* noodle

fiebre *f.* fever

fiel faithful

figurarse to figure, imagine; to suppose

fijarse (en) to stare (at); to notice, pay attention

filólogo *m.* philologist

filoso sharp

fin *m.* end; **fin de semana** *m.* weekend; **hacia fines de** toward the end of

fingir (j) to pretend, feign

firmar to sign

flan *m.* custard

florecer (zc) to flourish

florero *m.* vase; florist

folleto *m.* pamphlet; brochure

fomentar to promote, encourage, foster

fondo *m.* bottom; **a fondo** thoroughly; **fondos** *m. pl.* funds

foro m. upstage area
fortaleza f. fortress, stronghold
foto f. picture, photo; **sacar fotos** to take pictures
fracasar to fail; to fall through
fracaso m. failure
francés French
frecuencia f. frequency; **con frecuencia** frequently, often
frente f. forehead; **frente a** opposite, facing, in front of; **de frente** forward
fresa f. strawberry
fresco fresh; cool
fríjol, frijol m. bean
frontera f. border, frontier; boundary
frontón m. (pl. **frontones**) ball court
fuego m. fire
fuera outside; **fuera de** outside of; in addition to, besides; **estar fuera de sí** to be beside onself
fuerte strong
fuerza f. strength, force; **a fuerza de** by dint of; **cobrar fuerzas** to gather strength
fumar to smoke
función f. (pl. **funciones**) performance, show
fundar to found; to establish
fusilar to shoot, execute

gafas f. pl. eyeglasses
gaita f. bagpipe
galletita f. cookie
gana f. desire, will; **de buena gana** willingly, gladly; **de mala gana** reluctantly, grudgingly
ganadería f. cattle raising
ganado m. cattle
ganar to win; to earn; **ganarse la vida** to earn (make) a living
ganga f. bargain
garbanzo m. chickpea
garganta f. throat
gastar to spend
gemelo m. twin
gemir (i) to groan, moan
género m. genre; kind, sort

gente f. people
gerente m.&f. manager, director
gigante giant
gigantesco gigantic
gimnasio m. gym
girar to turn, revolve
gitano m., **gitana** f. gypsy
globo m. balloon
gobernador m., **gobernadora** f. governor
gobernar (ie) to govern
gobierno m. government
goma f. rubber; gum; **goma de borrar** eraser
gorra f. cap
gota f. drop
gozar (c) to enjoy
grabado m. engraving, print
grabadora f. recorder
grabar to record; to engrave
graduarse (ú) to graduate
granja f. farm
grano m. seed; grain
griego Greek
grito m. cry, scream; shout
grueso thick; bulky
gruñir to growl, grunt
guapo good-looking; (man) handsome; (girl) pretty, attractive
guardar to keep, hold on to; to put away; to keep safe; to preserve; **guardar cama** to stay in bed
guardia f. guard
guerra f. war
guerrero warlike
guía m.&f. guide; f. guidebook
guiar (i) to guide
guisado m. stew
guisante m. pea
gusto m. pleasure; taste; **dar gusto a** to please; **tener gusto por** to have a liking (an eye) for

haba f. (el haba) bean
hábil skillful; able, capable
hablador talkative
hacer (irr.) to do; to make; **hacer de** to act as, play the part of;

hacerse + noun to become;
  hacer saber to inform
hacia towards
hacha *f.* (**el hacha**) ax
hamaca *f.* hammock
harina *f.* flour
hasta until; as far as; up to
hazaña *f.* deed, feat, exploit
hecho *m.* act; fact; **por el solo**
  hecho de just because
helar (ie) to freeze
heredado inherited
herido wounded
hermoso beautiful
hervir (ie, i) to boil
hielo *m.* ice
hierba *f.* grass
hierro *m.* iron
historia *f.* history; story
historiador *m.* historian
hoja *f.* leaf
hombro *m.* shoulder; **encogerse**
  de hombros to shrug
hondo deep
horario *m.* schedule; timetable
huelga *f.* strike
huerta *f.* orchard
huésped *m.*, **huéspeda** *f.* guest
huir (y) to flee
humedad *f.* humidity
humilde humble

ibero Iberian
identidad *f.* identity
iglesia *f.* church
igual equal; the same; **igualmente**
  the same to you; likewise
ilustre illustrious, famous
impedir (i) to prevent; to obstruct,
  hinder
impermeable *m.* raincoat
imponer (irr.) to impose
importar to matter, be important
importe *m.* amount; cost
impreso printed
imprimir to print
impuesto *m.* tax
incluir (y) to include; to enclose
inconformista nonconformist
indeciso indecisive; hesitant

indicar (qu) to indicate; to suggest
indígena indigenous, native;
  m.&f. Indian, native
indio *m.*, **india** *f.* Indian
influir (y) to influence, have influence
informes *m. pl.* references
ingeniero *m.*, **ingeniera** *f.* engi-
  neer
iniciar to initiate
inmigración *f.* (*pl.* **inmigraciones**)
  immigration
inolvidable unforgettable
inscribir(se) to register, enroll
intercambio *m.* exchange
inundar(se) to flood
inútil useless
invitado *m.*, **invitada** *f.* guest
inyección *f.* (*pl.* **inyecciones**)
  injection, shot; **poner(se) una**
  inyección to give (oneself) an
  injection
ir (irr.) to go; **ir más allá de** to go
  beyond
ira *f.* anger, rage
isla *f.* island
izquierdo left; **a la izquierda** to
  the left

jamás never, not ever
jamón *m.* (*pl.* **jamones**) ham
jarabe *m.* cough syrup
jardín *m.* (*pl.* **jardines**) garden
jardinero *m.*, **jardinera** *f.*
  gardener
jarro *m.* jug, pitcher
jefatura *f.* headquarters
jefe *m.*, **jefa** *f.* chief, boss
jinete *m.* horseman
joyería *f.* jewelry
judío *m.*, **judía** *f.* Jew
juez *m.* (*pl.* **jueces**) judge
jugador *m.*, **jugadora** *f.* player
jugar (ue, gu) to play
juguetería *f.* toy store
juguetón playful
juicio *m.* judgement
juntar to join, unite
junto together; **junto a** next to,
  close to

jurado m. jury; panel
juventud f. youth

lado m. side; **al lado de** beside
ladrillo m. brick
ladrón m. (pl. **ladrones**), **ladrona**
  f. thief
lago m. lake
lamentar to be sorry about, regret
lana f. wool
lanzar (c) to throw
largo long; **a lo largo de** along,
  alongside; throughout
lástima f. pity, shame
lastimar(se) to hurt (oneself)
laúd m. lute
lavandería f. laundry
lavaplatos m. (pl. **lavaplatos**)
  dishwasher
leal loyal
lectura f. reading
lechería f. dairy store
lechuga f. lettuce
legumbre f. vegetable
lejano distant
lejos (de) far (from)
lenguaje m. language; speech
lento slow
leña f. firewood
leño m. log
letra f. lyrics
letrero m. sign; poster
ley f. law
leyenda f. legend
libertad f. freedom, liberty
libra f. pound
libre free
librería f. bookstore
libreta f. notebook
lidiar (bull) to fight
ligero quick, rapid; light
limitar (con) to border on, be
  adjacent to
limosna f. alms, charity; **pedir**
  limosna to beg
limpiar to clean
limpio clean, neat
linterna f. lantern; flashlight
lío m. mess; fuss

listo ready; **estar listo** to be ready;
  ser listo to be clever, smart
localidad f. ticket
locutor m., **locutora** f. announcer;
  newscaster
lodo m. mud
lograr to achieve, attain; **lograr +**
  inf. to succeed in, manage to
lona f. canvas
lotería f. lottery
loza f. dishes, china
lucha f. fight, struggle; conflict
luchar to fight, struggle
luego then, next; afterwards; pres-
  ently
lugar m. place; **tener lugar** to take
  place
lugarteniente m. lieutenant,
  deputy
lujoso luxurious
luna f. moon
luz f. (pl. **luces**) light

llamada f. call
llanero m. plainsman
llano flat, level
llanura f. plain
llave f. key; faucet
llegada f. arrival
llegar (gu) to arrive; **llegar a ser** to
  become; **llegar a +** inf. to
  manage to, to succeed in
llenar to fill
lleno (de) full; filled with
llevar to carry, take; to wear

madera f. wood
madrileño of Madrid
madrugada f. dawn, daybreak
madrugar (gu) to get up early, be
  an early riser
maestría f. mastery; skill, exper-
  tise
maíz m. (pl. **maíces**) corn
maleta f. suitcase
malgastar to waste
manco one-armed, one-handed
mancha f. stain, spot
manchar to stain, dirty, soil

mandar to send; to order
mando m. command
manejar to drive; to manage; to handle
manera f. way, manner; de manera que so that
manga f. sleeve
manta f. blanket
mantel m. tablecloth
mantener (irr.) to maintain, support
mantequilla f. butter
manto m. cloak, mantle
manzana f. apple
manzano m. apple tree
Mañanitas f. pl. Mexican birthday song
máquina f. machine; escribir a máquina to type
marca f. brand, make
marcar (qu) to mark; (telephone) to dial; el tono de marcar dial tone
marcharse to leave, go away
marido m. husband
marisco m. shellfish
marrón brown; maroon
Marruecos Morocco
mascar (qu) to chew
máscara f. mask
masticar (qu) to chew
materia f. subject; matter
materno maternal
matricularse to enroll, register
mayor older; greater, larger
mayoría f. majority
media f. stocking; sock
médico m., médica f. doctor
medio half; means; por medio de by means of, through
mediodía m. noon; al mediodía at noon
medir (i) to measure
mejorar to improve
melocotón m. (pl. melocotones) peach
menester m. need; es menester it is necessary
menor younger; minor
menos less; echar de menos to miss

mentir (ie) to lie
mentira f. lie
menudo tiny, minute; a menudo often, frequently
merecer (zc) to deserve, be worthy of
merienda f. afternoon snack
mermelada f. jam, jelly
mesero m. waiter
meter to put in; to fit in
metro m. meter; subway
mezcla f. mixture
mezclar to mix
mezquita f. mosque
mientras while; mientras tanto meanwhile
milagro m. miracle
milla f. mile
miseria f. poverty, destitution; una miseria a tiny amount, a mere pittance
mismo same; himself
misterio m. mystery
mitad f. half; middle
mito m. myth
mochila f. knapsack
moda f. style, fashion; de moda fashionable, in fashion
modismo m. idiom
modo manner, way; de modo que so that
mojarse to get wet
molido ground, crushed
moneda f. coin; currency
monja f. nun
montaña f. mountain; montaña rusa f. roller coaster
montañoso mountainous
montar to mount; montar a caballo to go horseback riding
monte m. mountain
morado purple, violet
morder (ue) to bite
morir(se) (ue) to die, pass away
mostrador m. counter
mostrar (ue) to show; mostrarse to appear
mover (ue) to move
mozo m. waiter
muchedumbre f. crowd
mudarse to move (house)

mudo mute

mueble m. piece of furniture;
muebles m. pl. furniture

muela f. tooth, molar

muerte f. death

muerto dead

multa f. fine, penalty

multar to fine

multitud f. multitude, crowd

mundial world; worldwide

mundo m. world; todo el mundo
everybody

muñeca f. doll; wrist

musulmán Moslem

nacer (zc) to be born

nacimiento m. birth

nada nothing; de nada you're
welcome

nadador m., nadadora f.
swimmer

nadar to swim

nadie no one, nobody

naipe m. playing card

naranja m. orange

natación f. swimming

naturaleza f. nature

nave f. vessel, ship

navegante m. navigator, sailor

Navidad f. Christmas

neblina f. fog

necesitado needy

necesitar to need

negar (ie, gu) to deny; negarse a
to refuse to

negocio m. business

nieta f. granddaughter

nieto m. grandson

ninguno none, not any

niñera f. nursemaid

nivel m. level

noche f. night; esta noche tonight;
por la noche at night

nombrar to name; to appoint

nombre m. name; nombre de pila
first name; nombre y apellido
full name

nota f. grade; note

noticia f. news item; noticias f. pl.
news; information

noticiero m. newscast

novedad f. novelty; sin novedad
as usual

noveno ninth

novia f. girlfriend, fiancée, bride

novio m. boyfriend, fiancé, bride-
groom

nube f. cloud

nublado cloudy

nudo m. knot; hacer un nudo to
tie a knot

nuevo new; de nuevo again

nunca never

obedecer (zc) to obey

obligar (gu) to force, compel

obra f. work

obrero working; m., obrera f.
worker

obstante: no obstante notwith-
standing, nevertheless

obtener (irr.) to obtain, get

occidental western

octavo eighth

ocupado busy; occupied, taken;
estar ocupado to be busy

ocurrir to happen, take place,
occur

odiado hated

oeste m. west

ofrecer (zc) to offer

oír to hear; oír decir que to hear
that; oír hablar de to hear
about, of

¡ojalá que...! I wish (hope)
that..., If only...!

oler (hue) to smell

oliva f. olive; aceite de oliva m.
olive oil

olivar m. olive grove

olvidar to forget

olla f. pot; olla de barro earthen-
ware pot

onda f. wave; de última onda
currently most popular

oponerse (a) (irr.) to be opposed
to; to object to

oprimido oppressed

oprimir to press; to oppress

opuesto opposite

oración *f.* (*pl.* **oraciones**) sentence
orgulloso proud
oriental eastern
orilla *f.* shore; **a orillas de** on the banks of
oro *m.* gold
oscuridad *f.* darkness
oscuro dark
otomano Ottoman
otorgar to grant; to award
oveja *f.* sheep

paisaje *m.* landscape
paja *f.* straw
pájaro *m.* bird
pajita *f.* drinking straw
pálido pale
palito *m.* small stick
palma *f.* palm tree
panadería *f.* bakery
pandereta *f.* tambourine
pantano *m.* swamp
pañuelo *m.* handkerchief
papa *f.* potato
papel *m.* paper; role, part; **hacer el papel de** to play the role of
papelería *f.* stationery store
paquete *m.* package
par *m.* pair
parada *f.* stop
parado: **estar parado** to be stopped, be standing (up)
paraguas *m.* (*pl.* **paraguas**) umbrella
parecer (zc) to seem; **parecerse (a)** to resemble
parecido similar
pareja *f.* couple
pariente *m.* relative
párrafo *m.* paragraph
partidario *m.*, **partidaria** *f.* supporter, follower
partido *m.* game, match; (*politics*) party
partir to start; to depart; **a partir de** from (some specified time)
pasado past; **el sábado pasado** last Saturday
pasajero *m.*, **pasajera** *f.* passenger

pasar to pass; to pass on; to cross; (*time*) to spend
pasatiempo *m.* hobby
pasearse to stroll, take a walk
paseo *m.* stroll; outing
pasillo *m.* aisle
paso *m.* step
pastel *m.* cake
paterno paternal
patinar to skate
patria *f.* native land, fatherland, mother country
patrón *m.* (*pl.* **patrones**), **patrona** *f.* boss, master
patrulla *f.* patrol
pavor *m.* dread, terror
payaso *m.* clown
pedazo *m.* piece; **hacer pedazos** to break (tear) to pieces
pedir (i) to ask for, request; **pedir prestado** to borrow
pegar (gu) to stick (on, up); to glue; to hit, strike, beat
peinar(se) to comb (one's hair)
pelear to fight; to come to blows
película *f.* film, movie
peligroso dangerous
peluquería *f.* hairdresser's, barber shop
peluquero *m.*, **peluquera** *f.* hairdresser
pena *f.* grief, sorrow; penalty; **valer la pena** to be worthwhile
pensamiento *m.* thought
pensar (ie) to think; **pensar + inf.** to intend to; **pensar de** to have an opinion of; **pensar en** to think about, of
pensativo thoughtful, pensive
peor worse
pera *f.* pear
perder (ie) to lose; **echarse a perder** to be spoiled; **perder cuidado** not to worry; **perder de vista** to lose sight of
peregrino *m.*, **peregrina** *f.* pilgrim
perezoso lazy
periodista *m.&f.* journalist
permanecer (zc) to remain, stay
permiso *m.* permission; **con permiso** excuse me; **pedir**

permiso to ask for permission
perseguir (i, g) to pursue; to persecute
personaje m. (*literature*) character
personalidad f. personality
pertenecer (zc) to belong
pesa f. weight; dumbbell
pesado heavy
pesar to weigh; m. regret; sorrow; **a pesar de** in spite of
pesca f. fishing
pescado m. fish
pescador m. fisherman
pescar (qu) to fish
petróleo m. oil, petroleum
pez m. (*pl.* **peces**) fish
picante spicy, hot
pícaro mischievous; sly; m. rogue, rascal
pico m. peak, summit
pie m. foot; **estar de pie** to be standing; **a pie** on foot
piedra f. stone
piel f. skin; leather; fur
pierna f. leg
píldora f. pill
pintar to paint
pinto spotted
pintor m., **pintora** f. painter
pintoresco picturesque
piña f. pineapple
pisar to step on
piscina f. swimming pool
piso m. floor
pista f. clue
placer (zc) to be pleased; m. pleasure, joy
planchar to iron, press
plano flat, level
plata f. silver
plátano m. banana
platino m. platinum
playa f. beach
plaza f. plaza, square; **la plaza mayor** the main square
plomo m. lead
población f. (*pl.* **poblaciones**) population
pobre poor
poco little; **hace poco** a short time ago

poder (irr.) to be able to, can, may; m. power
poesía f. poetry; short poem
poeta m., **poetisa** f. poet
policía f. police force; m. policeman
policíaco police; **novela policíaca** f. detective story
polvo m. dust
poner (irr.) to put; to place; **poner la mesa** to set the table; **ponerse** to put oneself; to put on; **ponerse + adj.** to become, turn; **ponerse a + inf.** to begin to, set about
pordiosero m., **pordiosera** f. beggar
pormenor m. detail, particular
portarse to behave; **portarse mal** to misbehave
portero m. doorman; porter
porvenir m. future
poseer (y) to possess, own
potable drinkable
potaje m. stew
potencia f. power
precio m. price
precioso precious; lovely
preciso necessary, essential; **es preciso** it is necessary
precursor m., **precursora** f. forerunner
preferir (ie, i) to prefer
prejuicio m. prejudice
premio m. prize
prenda f. garment, article of clothing
preocupado worried
preocuparse to worry
preparar to prepare, get ready
preparativo m. preparation
preparatoria f. preparatory school
presenciar to be present at; to witness
presidir to preside at (over)
preso imprisoned; m. prisoner
préstamo m. loan
prestar to lend, loan
presumir to show off; to be conceited
pretender to try to, attempt

prevenir a to warn, forewarn
primaria *f.* elementary school
primo *m.*, **prima** *f.* cousin
principio *m.* beginning; **a principios de** at the beginning of
prisa *f.* hurry, haste; **de prisa** quickly; **estar de prisa** to be in a hurry
probar (ue) to prove; to try; **probarse** to try on
producir (irr.) to produce; to bring about
prometer to promise
pronosticar (qu) to predict, forecast
pronóstico *m.* forecast
pronto soon; **tan pronto como** as soon as
propietario *m.*, **propietaria** *f.* owner
propina *f.* tip
propio own, of one's own
proponer (irr.) to propose
propósito *m.* purpose
proseguir (i, g) to proceed with, continue
protagonista *m.&f.* main character
proteger (j) to protect
próximo next
prueba *f.* test
publicar (qu) to publish
publicidad *f.* publicity
público *m.* public; audience
pueblo *m.* town
puente *m.* bridge
puerco *m.* pig, pork
puerto *m.* port
puesto *m.* place; position; job; **puesto que** since, as
pulga *f.* flea; **mercado de las pulgas** *m.* flea market
punto *m.* point; **en punto** sharp
pureza *f.* purity

quebrar (ie) to break, smash
quedar(se) to remain; to have (be) left; (*place*) to be; **quedarse con** to keep, hold on to; **quedar en que** to agree that
quehacer *m.* chore

quejarse (de) to complain (about)
quemar to burn (up)
querer (irr.) to want, wish, love; **querer decir** to mean
querido dear
queso *m.* cheese
quienquiera whoever
química *f.* chemistry
quinto fifth
quitar(se) to remove, take off
quizás perhaps

rábano *m.* radish
radicar (qu) to be situated (in a place); **radicarse en** to settle
raíz *f.* (*pl.* **raíces**) root; **a raíz de** as a result of
ramo *m.* (*of flowers*) bunch
rana *f.* frog
rápido fast
raqueta *f.* racquet
rasgo *m.* characteristic, trait
rato *m.* while, (short) time; **pasar un buen rato** to have a good time
raza *f.* race
razón *f.* (*pl.* **razones**) reason; right; **tener razón** to be right; **no tener razón** to be wrong
reaccionar to react
real real; royal
realizar (c) to achieve; to fulfill
rebajado reduced
rebozo *m.* wrap, shawl
recado *m.* message; errand
receta *f.* recipe; prescription
recetar to prescribe
recibir to receive
recoger (j) to gather; to pick up
reconocer (zc) to recognize
recordar (ue) to remember
recorrer to travel, tour; **recorrer el mundo** to travel around the world
recorrido *m.* journey, run
recuerdo *m.* remembrance, souvenir; memory; **recuerdos** *m. pl.* regards, best wishes
recursos *m. pl.* resources
rechazar (c) to reject

red *f.* net
redondo round
reducir (irr.) to reduce
referir (ie) to recount; to refer
refrendar to endorse
refresco *m.* cool drink, soft drink
refrito refried
regado irrigated
regalar to give (away), present
regalo *m.* gift, present
regar (ie, gu) to water; to strew (in all directions)
regencia *f.* regency
regla *f.* rule; ruler
regresar to return
rehusar to refuse
reina *f.* queen
reinado *m.* reign
reino *m.* kingdom
reírse (í) de to laugh at
reja *f.* grating, grille
relámpago *m.* lightning
relato *m.* story, tale
rellenar to stuff, fill
relleno filled, stuffed
remar to row
remendar (ie) to patch, mend
Renacimiento *m.* Renaissance
rendir (i) to produce, yield; **rendirse** to surrender
renglón *m.* (*pl.* **renglones**) line (of writing)
renombre *m.* renown, fame
renovación *f.* (*pl.* **renovaciones**) renovation; renewal
renovar (ue) to renew; to restore, redecorate
reñir (i) to quarrel; to scold
reparar to repair; **reparar en** to observe, notice
repartir to distribute; to divide up
repente *m.* sudden movement; **de repente** suddenly; unexpectedly
repentino sudden; unexpected
replicar (qu) to answer back, argue
represa *f.* dam
res *f.* animal, beast; **carne de res** *f.* beef
resfriarse (í) to catch (a) cold
resfrío *m.* cold

resolver (ue) to resolve; to solve
respirar to breathe
restos *m. pl.* remains
retratar to portray
retrato *m.* portrait
reunión *f.* (*pl.* **reuniones**) meeting, gathering; social gathering
reunirse to reunite; to join together, gather
rezar (c) to pray
riego *m.* irrigation
rincón *m.* (*pl.* **rincones**) (inside) corner
riqueza *f.* wealth, riches
risa *f.* laugh; **causar risa a** to make (someone) laugh
risueño smiling; cheerful
robo *m.* theft, robbery
rodear to surround; **estar rodeado de** to be surrounded by
rodilla *f.* knee; **de rodillas** kneeling
rogar (ue, gu) to beg, plead for
rompecabezas *m.* (*pl.* **rompecabezas**) puzzle
romper to break; to tear up
roto broken
ruido *m.* noise
rumor *m.* murmur; buzz; confused noise
ruso Russian

saber (irr.) to know; **saber de** to know about, be aware of; **hacer saber** to inform
sabio *m.*, **sabia** *f.* learned person; scholar
sabor *m.* taste, flavor
sabroso delicious, tasty
sacar (qu) to take out
sacerdote *m.* priest
saco *m.* jacket
sacrificar (qu) to sacrifice
sacudir to shake; **sacudir el polvo** to dust
sagrado sacred
sala *f.* living room; (concerts, etc.) hall, house

salchicha m. frankfurter; sausage
salida f. exit; departure
salir (irr.) to come out; to go out,
   leave; (sun) to rise
saltar to jump
salto m. jump, leap; waterfall
salud f. health
saludable healthy; beneficial
saludar to greet
saludo m. greeting; m. pl. (in
   letter) greetings, regards
salvavidas m. (pl. **salvavidas**) life
   guard
salvo safe; **sano y salvo** safe and
   sound
sandía f. watermelon
sangriento bloody
sano healthy, fit
santo saint
satisfacer (irr.) to satisfy
secadora f. dryer
seco dry
secundaria f. high school
seda f. silk
sede f. headquarters; seat
seguido continuous; **seguidos**
   consecutive; **en seguida** at once,
   right away
seguir (i, g) to continue; to follow
según according to
seguridad f. security; safety
seguro safe; secure; certain; sure;
   m. insurance
selva f. forest; jungle
sello m. stamp
semáforo m. traffic light; **correr
   un semáforo** to run through a
   traffic light
sembrar (ie) to seed, sow
semejante similar
semejanza f. similarity, resem-
   blance
sencillez f. simplicity
sentido m. sense; meaning
sentir (ie, i) to feel; to regret, feel
   sorry; **sentirse** to feel
señal f. sign
señorial lordly, majestic, stately
séptimo seventh
serpentina f. paper streamer
servilleta f. napkin

servir (i) to serve
sexto sixth
sien f. temple
siglo m. century
significado m. meaning
significar (qu) to mean
siguiente following; next
sillón m. (pl. **sillones**) chair
simpático likeable, pleasant, nice
sindicato m. union
sino m. fate, destiny
siquiera at least; even if; **ni
   siquiera** not even
sirena f. siren
sitio m. place; site; siege
sobrar to be left over, be more
   than enough
sobre m. envelope
sobre on; over, above; about
sobrenatural supernatural
sobrenombre m. nickname
sobrepasar to surpass, exceed
sobretodo m. overcoat
sobrevivir to survive
sobrio sober; moderate, restrained
socio m., **socia** f. partner; member
soga f. rope
soldado m. soldier
soledad f. loneliness; solitude
soler (ue) + inf. to be in the habit
   of, to usually
solicitud f. application
solo alone
soltar (ue) to let go of; to turn
   loose
sombra f. shade
sombrero m. hat; **sombrero de
   jipijapa** straw (Panama) hat
sometido subjected
sonar (ue) to sound
sonreír(se) (í) to smile
soñar (ue) con to dream of
sopa f. soup
soplar to blow
sordo deaf
sorprenderse de to be surprised
   (amazed) at
sorpresa f. surprise
sostener (irr.) to sustain; to
   support
sótano m. basement, cellar

subir to raise; to go up; to climb

subrayado underlined

suceder to happen; to succeed, follow

suceso *m.* event, happening

sucio dirty

sueldo *m.* salary

suelo *m.* ground; floor

sueño *m.* dream; sleep

sufrimiento *m.* suffering; misery

sugerencia *f.* suggestion

superficie *f.* surface

suplicar (qu) to beg for, implore

suprimir to suppress

supuesto supposed; assumed; **¡por supuesto!** of course!, naturally!

sur *m.* south

surgir (j) to arise, emerge

suspirar to sigh

suspiro *m.* sigh

sustituir (y) to substitute, replace

tabaco *m.* tobacco; cigar

tabla *f.* plank, board; shelf

talla *f.* (*of clothes*) size

taller *m.* workshop

tamaño *m.* size

tambor *m.* drum

tampoco neither, not either

tapa *f.* lid; cover; snack (*taken with drinks*)

tapiz *m.* (*pl.* **tapices**) tapestry

taquilla *f.* box office

tardanza *f.* delay

tardar to be long; to be late; to delay; to be slow to

tarde late; *f.* afternoon, evening; **por la tarde** in the afternoon (evening); **hacerse tarde** to be getting late

tarea *f.* assignment; chore

tarjeta *f.* card; **tarjeta postal** postcard

techo *m.* roof

tela *f.* cloth, fabric

telefonear to telephone

telefonista *m.&f.* (telephone) operator

teléfono *m.* telephone; **por teléfono** by phone

televisor *m.* television set

tema *m.* theme; topic

temblar (ie) to tremble, shake; to shiver

temer to fear, be afraid of

templado temperate

tenedor *m.* fork

tener (irr.) to have; **tener que +** inf. to have to; **tener por +** adj. to consider (someone) to be

terminar to end, finish

ternura *f.* tenderness

terrateniente *m.&f.* landowner

terraza *f.* terrace; balcony

terremoto *m.* earthquake

terreno *m.* terrain; land

tertulia *f.* regular informal gathering; group, circle

tesoro *m.* treasure

testigo *m.&f.* witness

tiempo *m.* time; weather; **a tiempo** on time

tienda *f.* store

tiento *m.* feeling, touch

tigre *m.* tiger

tijera *f.* scissors

tinto dyed; **vino tinto** *m.* red wine

tipo *m.* type, kind

título *m.* title

toalla *f.* towel

tocadiscos *m.* (*pl.* **tocadiscos**) record player

tocar (qu) to touch; (*music*) to play; **tocarle a uno** to be one's turn

todavía still, yet

todo all; **todos** everyone; **sobre todo** especially, above all

tontería *f.* foolishness; *f. pl.* nonsense

torcer (ue, z) to twist; to bend; to turn

torero *m.* bullfighter

tormenta *f.* storm

toronja *f.* grapefruit

torre *f.* tower

torta *f.* cake

tos *f.* cough

trabajador *m.*, **trabajadora** *f.* worker

traducir (irr.) to translate

traer (irr.) to bring; to carry; to take

traje *m.* suit; **traje de luces** bull-fighter's costume

tranquilo tranquil; peaceful; calm

tranvía *m.* streetcar

tras after

tratar to treat; **tratar de** + inf. to try to; **tratarse de** to concern, be a question of

través: a través de through; across

travesura *f.* prank

trigo *m.* wheat

tristeza *f.* sadness

tronar (ue) to thunder

tropezar (ie, c) to stumble, trip; **tropezarse con** to run into

trozo *m.* fragment; passage, section; **trozos escogidos** selections

trueno *m.* thunder

tumba *f.* tomb, grave

tuna *f.* student music group

único only; unique

unidad *f.* unit; unity

unido close; united

útil useful

uva *f.* grape

vaca *f.* cow

vacilar to hesitate

vacío *m.* emptiness; void

valer (irr.) to be worth; to cost; **valer la pena** to be worthwhile

valioso valuable

valor *m.* value, worth; courage

vanguardia *f.* vanguard; **pintor de vanguardia** *m.* ultramodern painter

vapor *m.* steam

vaquero *m.* cowboy

variar (í) to vary, alter

variedad *f.* variety

varios several

vaso *m.* glass

vecino *m.*, **vecina** *f.* neighbor

vela *f.* candle

veleta *f.* weather vane

veloz swift, quick, fast

vencer (z) to conquer; to defeat; to overcome

vendedor *m.*, **vendedora** *f.* sales-person

vengar (gu) to avenge

veraz truthful

verdad *f.* truth

verdura *f.* green vegetable

vestimenta *f.* clothing

vestuario *m.* wardrobe, costumes; dressing room

vez *f.* (*pl.* **veces**) time; **a veces** sometimes; **a la vez** at the same time; **tal vez** perhaps

vicio *m.* vice

vid *f.* vine

vidrio *m.* glass

viento *m.* wind

vigilar to watch (over); to guard

vigor *m.* vigor; **en vigor** in force, applicable

villancico *m.* (Christmas) carol

vino *m.* wine

virreinato *m.* viceroyship

virrey *m.* viceroy

visigodo Visigoth

víspera *f.* eve, day before; **en vísperas de** on the eve of

vista *f.* sight; **perder de vista** to lose sight of

viuda *f.* widow

viudo *m.* widower

vivo alive; lively

volante flying

volar (ue) to fly

volcar (ue, qu) to overturn

volver (ue) to return, come (go) back; **volver a** + inf. to...again; **volver en sí** to regain consciousness; **volverse** + adj. to become

voz *f.* (*pl.* **voces**) voice

vuelo *m.* flight

vuelta *f.* turn; **dar vuelta** to turn; **estar de vuelta** to be back

zapatería *f.* shoe store

zarzuela *f.* Spanish musical comedy

English-Spanish Vocabulary

The English-Spanish Vocabulary includes only those words that occur in the English-to-Spanish exercises.

able hábil, capaz; **to be able to** poder + inf.

about acerca de; **at about** a eso de; **to be about to** estar para + inf., estar a punto de + inf.

absent ausente

accompany acompañar

according to según

accustom acostumbrar; **to be accustomed to** acostumbrar + inf., tener la costumbre de

ache dolor m.

across a través (de); por

act actuar (ú)

advice consejo m.

afraid: to be afraid temer, tener miedo

after después de, después (de) que, tras

afternoon tarde f.; **in the afternoon** por la tarde

again de nuevo; otra vez; volver (ue) a + inf.

agree to convenir (irr.) en; **to agree with** estar conforme (con); estar de acuerdo (con)

agreement acuerdo m.; **to come to (reach) an agreement** ponerse de acuerdo

air aire m.; **in the open air** al aire libre

allow dejar, permitir

almost casi

alone solo; a solas

already ya

although aunque

always siempre

ambitious ambicioso

among entre

amount cantidad f.

amusement diversión f. (pl. diversiones); **amusement park** parque de diversiones m., parque de atracciones m.

angry enojado; **to become (get) angry** enojarse, enfadarse

anniversary aniversario m.

announcement anuncio m.

annoy molestar

anxiously con ansiedad, ansiosamente

apparently al parecer, por lo visto

appear aparecer (zc)

apple manzana f.

application solicitud f.

approach acercarse (qu) a

around alrededor de

ashamed avergonzado; **to be ashamed of** avergonzarse (üe, c)

ask preguntar; **to ask for** pedir (i)

asleep: to fall asleep dormirse (ue), quedarse dormido

assignment tarea f., deberes m. pl.

astonish asombrar; **to be astonished** asombrarse de

attack atacar (qu)

attend (be present at) asistir a; **to attend school** ir a la escuela (al colegio, a la universidad), seguir estudios en

attention atención f. (pl. atenciones); **to pay attention** poner (prestar) atención

audience público m.

aunt tía f.

away: to go away irse (irr.), marcharse

back atrás; **to be back** estar de vuelta

ball pelota *f.*
bargain ganga *f.*
bank banco *m.*
banker banquero *m.*
bark ladrar
baseball béisbol *m.*
basement sótano *m.*
bath baño *m.*; **to take a bath** bañarse
bathe bañar(se)
bathing suit traje de baño *m.*
beach playa *f.*
beauty belleza *f.*, hermosura *f.*
because porque; **because of** a causa de
become hacerse (irr.); llegar (gu) a ser; ponerse (irr.) + adj.
bed cama *f.*; **to go to bed** acostarse (ue); **to stay in bed** (*sick*) guardar cama
bedroom alcoba *f.*, dormitorio *m.*
before antes de, antes (de) que; (*in the presence of*) ante
beg rogar (ue, gu), suplicar
begin comenzar (ie), empezar (ie), principiar; ponerse a + inf.; echarse a + inf.
beginning principio *m.*; **at the beginning of** a principios de
behave (oneself) portarse bien
believe creer (y)
belt cinturón *m.* (*pl.* cinturones)
beside junto a, al lado de; **beside oneself** fuera de sí
better mejor; **it is better** es mejor, más vale
between entre
bird pájaro *m.*
birth nacimiento *m.*
birthday cumpleaños *m.* (*pl.* cumpleaños)
blame culpar, echar la culpa
bone hueso *m.*
booth caseta *f.*, cabina *f.*; **telephone booth** caseta de teléfono *f.*, cabina telefónica *f.*
bored aburrido; **to get (become) bored** aburrirse
born: to be born nacer (zc)
boss jefe *m.*, jefa *f.*, patrón *m.* (*pl.* patrones), patrona *f.*

bother molestar
break romper, quebrar (ie); **to break in pieces** hacer pedazos
breakfast desayuno *m.*; **to eat (have) breakfast** desayunarse
bright claro, luciente
bring traer (irr.); **to bring back** (*return*) devolver (ue)
broken roto
brother-in-law cuñado *m.*
build construir (y)
bury enterrar (ie)
bus autobús *m.* (*pl.* autobuses), bus *m.*; **bus stop** parada de autobuses (de buses) *f.*
businessman negociante *m.&f.*, comerciante *m.&f.*
busy ocupado

cage jaula *f.*
call llamada *f.*; **to call** llamar; **telephone call** llamada telefónica *f.*
camp campamento *m.*
candidate candidato *m.*, candidata *f.*
capable capaz
captain capitán *m.* (*pl.* capitanes)
care cuidado *m.*; **I don't care** me es igual, no me importa; **to take care of** cuidar (a, de)
careful cuidadoso; **carefully** con cuidado, con cautela, cuidadosamente
carry llevar; traer (irr.); acarrear; cargar (gu)
catalogue catálogo *m.*
catastrophe catástrofe *f.*
cent centavo *m.*
century siglo *m.*
certain cierto
chair silla *f.*
change cambio *m.*; **to change** cambiar
charge cobrar; **to take charge of** encargarse (gu) de
check cheque *m.*; **traveler's checks** cheques de viajero
choose escoger (j), elegir (i, g)

classmate condiscípulo *m.*, condiscípula *f.*, compañero de clase *m.*, compañera de clase *f.*

clean limpiar; limpio

climate clima *m.*

close (*nearby*) cerca, cercano (a)

closet armario *m.*

clothes (clothing) ropa *f.*

comb peine *m.*; peinar; **to comb one's hair** peinarse

come venir (irr.); **to come out** salir (irr.) de; **to come to** volver (ue) en sí; **to come upon** dar con, tropezar (ie, c) con

company compañía *f.*, empresa *f.*

complain (of) quejarse (de)

complaint queja *f.*

complete terminar, acabar, completar; completo

composer compositor *m.*, compositora *f.*

consent (to) consentir (ie) en

consider dar (irr.) por; tener (irr.) por; considerar

contest concurso *m.*

cool fresco; **to be cool** hacer fresco

copy copia *f.*

cost costar (ue)

count contar (ue)

courageous valiente

course: of course por supuesto, desde luego

cousin primo *m.*, prima *f.*

crazy loco

credit crédito *m.*

crew tripulación *f.* (*pl.* tripulaciones)

criminal delincuente *m.&f.*

cross cruzar (c), atravesar (ie)

cry llorar

cup taza *f.*

curiously con curiosidad

curtain cortina *f.*

custom costumbre *f.*

customer cliente *m.&f.*

danger peligro *m.*

dangerous peligroso

dare (to) atreverse (a)

date fecha *f.*; compromiso *m.*

day día *m.*; **the day after tomorrow** pasado mañana; **by day** de día; **every day** todos los días; **some day** algún día; **the next day** el (al) día siguiente; **this very day** hoy mismo

daybreak amanecer *m.*; **at daybreak** al amanecer

dear querido

deceive engañar; **to be deceived** engañarse

delay (in) tardar (en); **without delay** cuanto antes

delicious delicioso, rico

demand exigir (j)

deny negar (ie, gu)

depart partir, salir (irr.)

department departamento *m.*; **department store** almacén *m.* (*pl.* almacenes)

descend bajar, descender (ie)

deserve merecer (zc)

desk escritorio *m.*

destination destino *m.*

destroy destruir (y); acabar con

different distinto, diferente

diligently diligentemente

dining room comedor *m.*

dinner cena *f.*; **to have dinner** cenar

dirty sucio

disappear desaparecer (zc)

dish plato *m.*

distance distancia *f.*; **in the distance** a lo lejos

distinguish distinguir (g); **to distinguish oneself** destacarse (gu)

do hacer (irr.); **to have nothing to do with** no tener nada que ver con

doubt duda *f.*; **there is no doubt** no cabe duda, sin duda

doubtful dudoso

draw dibujar

dream sueño *m.*; **to dream of** soñar (ue) con

drink bebida *f.*; **to drink** beber, tomar

drive conducir (irr.), manejar

drop dejar caer (irr.)

drown (oneself) ahogar(se) (gu)
drugstore botica *f.*, farmacia *f.*
dry seco
during durante
dust polvo *m.*; **to dust** sacudir el
polvo, limpiar; **to be dusty**
haber (irr.) polvo

early temprano; con tiempo, con
anticipación
earn ganar
earring arete *m.*, zarcillo *m.*
effort esfuerzo *m.*
elect elegir (i, j)
electrical eléctrico
elevator ascensor *m.*
elope fugarse (gu), escaparse
embrace abrazar (c), dar un abrazo
employ emplear
employee empleado *m.*, empleada
f.
empty vacío
end fin *m.*; **to end** terminar; **at the
end of** a fines de; al cabo de; **to
end by** acabar por; **not hear the
end of** no olvidarse fácilmente
(pronto) de
enjoy gozar (c) (de), disfrutar (de);
to enjoy oneself divertirse (ie),
pasarlo bien
enjoyable agradable
enough bastante; **to be enough**
bastar
enroll inscribirse; matricularse
enthusiasm entusiasmo *m.*;
enthusiastically con entusiasmo
entire todo; entero
equal igual
escape escaparse
estimate calcular
even: **even though** aunque; **not
even** ni siquiera
evening noche *f.*; **in the evening**
por la noche; **every evening**
todas las noches
every todos los, todas las; **everybody, everyone** todos, todo el
mundo; **everyone else** todos los
demás; **everything** todo; **everywhere** en (por) todas partes

except excepto, con excepción de
exchange cambio *m.*; intercambio
m.; **to exchange** cambiar (por);
exchange student estudiante de
intercambio *m.&f.*; **exchange
rate** (tipo de) cambio *m.*
expensive caro
explain explicar (qu)
eyeglasses anteojos *m. pl.*, gafas *f.
pl.*

face cara *f.*, rostro *m.*; **to face** dar
(irr.) a
fact hecho *m.*; **as a matter of fact**
de hecho, en realidad
fail fracasar; **to fail to** dejar de +
inf.
failure fracaso *m.*
faint desmayarse
fall caída *f.*; **to fall** caer (irr.); **to
fall down** caerse
far, **far away** lejos (de)
fear miedo *m.*; **to fear** temer,
tener miedo
feel sentir(se) (ie, i); **to feel like**
tener ganas de
fence cerca *f.*, valla *f.*
few pocos; **a few** algunos, unos
cuantos, varios
film película *f.*
finally al fin, por fin, finalmente
find encontrar (ue), hallar; **to find
out** enterarse (de)
finish terminar, acabar
fire fuego *m.*
fireman bombero *m.*
fireplace chimenea *f.*
firm firme; **to be firm** mostrarse
(ue) decidido
fit caber (irr.)
fix arreglar, componer (irr.)
flame llama *f.*
flee huir (y)
flood inundar; inundación *f. (pl.*
inundaciones)
floor piso *m.*
fog neblina *f.*; **to be foggy** haber
neblina
follow seguir (i, g)

following siguiente

foot pie *m.*; **on foot** a pie

for para, por; **as for** en cuanto a

forbid prohibir

foreign extranjero

forget olvidar, olvidarse de

former (the) aquél, aquélla, aquéllos, aquéllas

fortunately afortunadamente

freeze helar (ie); **to freeze over** helarse

frequently con frecuencia, a menudo, frecuentemente

frighten asustar; **to be frightened** asustarse, tener miedo

front de frente; **in front of** enfrente de, delante de, ante

full lleno

funny chistoso; **the funny thing** lo curioso

furious furioso

furniture muebles *m. pl.*

garbage basura *f.*; **garbage collector** basurero *m.*

garden jardín *m.* (*pl.* jardines)

gather recoger (j)

generally por lo general, por lo común, generalmente

German alemán

get obtener (irr.); conseguir (i, g); recibir

gift regalo *m.*

glove guante *m.*

go ir (irr.), andar (irr.); **to go out** salir (irr.)

grade nota *f.*, calificación *f.*; (*pl.* calificaciones); clase *f.*; grado *m.*

graduate graduarse (ú) (de)

granddaughter nieta *f.*

grandparents abuelos *m. pl.*

grandson nieto *m.*

greet saludar

guest invitado *m.*, invitada *f.*; huésped *m.*

guide guía *m.&f.*; **travel guide** guía turístico (de turismo) *m.&f.*

guidebook guía *f.*

guy chico *m.*

hair pelo *m.*, cabello *m.*; **to comb one's hair** peinarse

hand mano *f.*; **to hand over** entregar (gu); **on the other hand** en cambio; **to shake hands** darse la mano

hang (up) colgar (ue, gu)

happen pasar, ocurrir, suceder; **to happen to** por casualidad, acertar (ie) a + inf.

have tener (irr.); haber (irr.); **to have just** acabar de + inf.; **to have to** tener que + inf.

hear oír (irr.); **to hear from** tener noticias, recibir carta (respuesta) de; **to hear of (about)** oír hablar de

help ayuda *f.*; **to help** ayudar; **it cannot be helped** no hay remedio, no tiene remedio

hit golpear; (*target*) dar en

hope esperar

however sin embargo, no obstante

hunger hambre *f.* (el hambre); **to be hungry** tener hambre

hurry darse prisa, apresurarse

hurt doler (ue); hacer (irr.) daño (a); **to hurt oneself** hacerse daño

ice hielo *m.*

ice cream helado *m.*

if si; **as if** como si

ill enfermo

illness enfermedad *f.*

imagine imaginarse

immediately en seguida, de inmediato, inmediatamente

inch pulgada *f.*

increase aumentar

inexpensive barato

influence influencia *f.*; **to have influence on** influir (y), afectar

inn posada *f.*

instead of en vez de, en lugar de

intend to pensar (ie) + inf.

interest interés *m.* (*pl.* intereses); **to interest** interesar; **to be interested in** interesarse en (por)

invention invento *m.*

itinerary itinerario *m.*

job empleo *m.*, trabajo *m.*, puesto *m.*
joy alegría *f.*
jump saltar, brincar (qu), dar saltos
just solamente; precisamente; **to have just** acabar de + inf.

keep guardar; quedarse con; **to keep on** seguir (i, g)
kitchen cocina *f.*
know saber (irr.); conocer (zc); **to know about** saber de, estar enterado de, tener conocimiento de; **to know how** saber; **to get to know** (llegar a) conocer

lack carecer (zc) de; **to be lacking** faltar, hacer falta
lady dama *f.*, señora *f.*, señorita *f.*; **young lady** señorita *f.*
lake lago *m.*
last último; **to last** durar; **last** (*month, year*) (el mes, el año) pasado
late tarde; **to be getting late** hacerse tarde; **later** más tarde, después
latter (the) éste, ésta, éstos, éstas
least menos; menor, más pequeño; **at least** a lo (al) menos, por lo menos
leave salir (irr.) (de), irse (irr.); dejar; **to take leave of** despedirse (i) de
left izquierdo; **to the left** a la izquierda
left: to have left (*remaining*) quedarle a uno
lend prestar
less menos
let dejar
liberty libertad f.
library biblioteca *f.*
light luz *f.* (*pl.* luces); **to light** encender (ie)
lightning (bolt) relámpago *m.*
like gustarle (a uno); **to feel like** tener ganas de

line línea *f.*; cola *f.*
listen (to) escuchar; prestar atención
liveliness animación *f.*; energía *f.*
loan préstamo *m.*; **to loan** prestar
locate encontrar (ue), localizar (c)
lock encerrar (ie)
long largo; **a long time** mucho tiempo; **how long** ¿cuánto tiempo?; **longer** más (tiempo); **no longer** ya no
look (at) mirar; **to look for** buscar (qu)
lose perder (ie); **to get lost** perderse
loss pérdida *f.*
lot: a lot mucho
lottery lotería *f.*
love encantarle; amar, querer (irr.); **to be in love (with)** estar enamorado (de); **to fall in love (with)** enamorarse (de)
lucky afortunado; **to be lucky** tener suerte
luggage equipaje *m.*
lunch almuerzo *m.*; **to have (eat) lunch** almorzar (ue, c)
luxurious lujoso

magazine revista *f.*
mail echar al correo
maintain mantener (irr.)
man hombre *m.*; **old man** viejo *m.*
manager gerente *m.&f.*
manufacture fabricar (qu)
marry casarse (con); **to get married** casarse (con)
matter asunto *m.*; **to matter** importar; **as a matter of fact** de hecho, en realidad; en efecto; **no matter how** por + adj. + que + subj.
meanwhile mientras tanto
measure medir (i)
meat carne *f.*
meet encontrarse (ue) con; reunirse; conocer (zc)
memory recuerdo *m.*; memoria *f.*
message recado *m.*, mensaje *m.*
milk leche *f.*

minute minuto *m.*

miss echar de menos

mistake error *m.*, falta *f.*; **to be mistaken** equivocarse (qu); **to make a mistake** cometer un error

more más; **more and more** cada vez más

morning mañana *f.*; **in the morning** por la mañana

movies cine *m.*

much mucho; **how much** ¿cuánto?; **so much** tanto; **too much** demasiado; **to be too much** sobrar

mud lodo *m.*; **to be muddy** haber lodo

multiplied by por

must deber de, tener (irr.) que; **one must** hay que + inf.

near cerca de; **nearby** cercano

necessary necesario, preciso

need necesidad *f.*; **to need** necesitar, hacerle falta (a uno), faltarle (a uno)

nephew sobrino *m.*

nervous nervioso

never nunca, jamás

nevertheless sin embargo, no obstante

new nuevo; **nothing new** sin novedad

news noticia *f.*; noticias *f. pl.*

newspaper periódico *m.*, diario *m.*

next próximo, entrante; siguiente; junto a, al lado de; **the next day** el (al) día siguiente

niece sobrina *f.*

night noche *f.*; **at night** de noche; **last night** anoche; **tonight** esta noche

nightfall anochecer *m.*; **at nightfall** al anochecer

noise ruido *m.*

none ninguno

now ahora; **from now on** de hoy en adelante; **not now** ahora no; **right now** ahora mismo; **nowadays** hoy día, actualmente

nowhere en ninguna parte

numerous numeroso; muchos

obey obedecer (zc)

occur ocurrir, suceder, acontecer (zc), pasar

offer ofrecer (zc)

office oficina *f.*, despacho *m.*

often a menudo; muchas veces

oil aceite *m.*; **suntan oil** aceite bronceador *m.*

old viejo; **oldest** el (la) mayor, los (las) mayores

only solamente; **if only!** ¡ojalá!

orchestra orquesta *f.*

order (*command*) orden *f.* (*pl.* órdenes); **to order** ordenar, mandar; pedir (i)

other otro; **otherwise** de otro modo

owe deber

owner dueño *m.*, dueña *f.*

paint pintar

pair par *m.*

paper ensayo *m.*; papel *m.*, documento *m.*

park parque *m.*; **to park** estacionar; **amusement park** parque de diversiones

participate participar, tomar parte (en)

partner socio *m.*, socia *f.*

passenger pasajero *m.*, pasajera *f.*

passport pasaporte *m.*

pay (for) pagar (gu) (por)

perhaps tal vez, quizás

permit permitir, dejar; admitir

pick escoger (j), elegir (i, j); **to pick up** recoger (j)

picture fotografía *f.*; cuadro *m.*; (*movie*) película *f.*; **to take a picture** sacar (qu) una foto

piece pedazo *m.*; **piece of furniture** mueble *m.*; **to break in pieces** hacer pedazos

pity lástima *f.*; **it is a pity** es lástima

place lugar *m.*, sitio *m.*; **to place** colocar (qu), poner (irr.); **to take place** tener lugar

plan plan *m.*; **to plan** planear

plate plato *m.*

play comedia *f.*; obra dramática *f.*; **to play** (*music*) tocar (qu); (*game*) jugar (ue, gu); (*a role*) hacer el papel de

pleasant agradable

please por favor; **to please** gustar, agradar

poem poesía *f.*, poema *m.*

politician político *m.*, política *f.*

population población *f.* (*pl.* poblaciones)

port puerto *m.*

poster cartel *m.*

pound libra *f.*

prefer preferir (ie)

prepare preparar

pretend fingir (j); pretender

previous anterior

price precio *m.*

pride orgullo *m.*

prince príncipe *m.*

princess princesa *f.*

principal director *m.*, directora *f.*

prize premio *m.*; **first prize** (*lottery*) premio gordo *m.*

prohibit prohibir

project proyecto *m.*

promise promesa *f.*; **to promise** prometer

protect proteger (j)

provided that con tal que, siempre que

pursue perseguir (i, g)

put poner (irr.); **to put on** ponerse; **to put in** meter; **to put out** apagar (gu)

pyramid pirámide *f.*

quality calidad *f.*

question pregunta *f.*; **to be a question of** tratarse de

quickly rápidamente; pronto

quiet tranquilo; **to become quiet** callarse

quite bastante

race carrera *f.*; raza *f.*

railroad ferrocarril *m.*

rain lluvia *f.*; **to rain** llover (ue)

raise aumentar; levantar; alzar (c)

rate tipo *m.*; **exchange rate** (tipo de) cambio *m.*

ray rayo *m.*

reach llegar (gu) a, alcanzar (c)

ready listo; disponible; **to get ready to** disponerse (irr.) a

reality realidad *f.*

realize darse cuenta de

really de veras

receive recibir; admitir; aprobar (ue)

recommend recomendar (ie)

record disco *m.*

refuse negarse (ie, gu) a, rehusar

regard respecto *m.*; **in regard to** en cuanto a, con respecto a; **regards** (*greeting*) recuerdos *m. pl.*

rehearsal ensayo *m.*

rehearse ensayar

relate contar (ue), relatar

relative pariente *m.*

relax descansar; **relaxed** descansado, relajado

remember recordar (ue), acordarse (ue) de

remove quitar

rent alquiler *m.*; **to rent** alquilar

repair reparar, componer (irr.)

request pedir (i)

respect respetar; **respected** respetado, estimado

responsibility responsabilidad *f.*

rest descanso *m.*; **to rest** descansar

retire jubilarse

return volver (ue), regresar; (*give back*) devolver (ue)

right derecho *m.*; **at (to) the right** a la derecha; **to be right** tener razón; **it will be all right** saldrá bien, se arreglará

river río *m.*

role papel *m.*; **to play a role** hacer un papel

room cuarto *m.*, habitación *f.* (*pl.* habitaciones); sitio *m.*, espacio *m.*; **to be room for** caber

routine rutina *f.*
rule regla *f.*; **to rule** gobernar (ie)
run correr
rush apresurarse

sacrifice sacrificio *m.*; **to sacrifice**
sacrificar(se) (qu)
sad triste
sadness tristeza *f.*
safe seguro; **safe and sound** sano
y salvo
same mismo; **at the same time** a la
vez
scene escena *f.*
schedule horario *m.*
scream grito *m.*; **to scream** gritar,
dar voces
script guión *m.* (*pl.* guiones)
seat asiento *m.*; **seated** sentado
seem parecer (zc)
seldom rara vez
sell vender
send mandar, enviar (í)
serve servir (i); **to serve as** servir
de
set juego *m.*; **to set** (*the sun*)
ponerse (irr.); **to set the table**
poner la mesa
several varios
shame vergüenza *f.*
share compartir
shelf estante *m.*
shine brillar
ship barco *m.*, buque *m.*
shopkeeper tendero *m.*, tendera *f.*
short corto; **shortly** dentro de
poco
show mostrar (ue), enseñar
shy tímido
side lado *m.*
sidewalk acera *f.*
similar parecido, semejante
since desde; puesto que, ya que
sit sentar (ie); **to sit down** sentarse
skillfully con habilidad, hábilmente
skit sátira *f.*, parodia *f.*
sleepy soñoliento; **to be sleepy**
tener sueño
sleigh trineo *m.*

smart inteligente
smash hacer pedazos
smile sonrisa *f.*; **to smile** sonreír
(í)
smoke humo *m.*; **to smoke** fumar
snow nieve *f.*; **to snow** nevar (ie)
so tan; **so that** de modo (manera)
que
soap jabón *m.* (*pl.* jabones)
some alguno, algún; **someone**
alguien; **something** algo; **some-**
times a veces
soon pronto; **as soon as** así que,
tan pronto como, en cuanto
sorry ¡perdón!; **to be sorry**
sentirlo (ie)
south sur *m.*
souvenir recuerdo *m.*
spend (*time*) pasar; (*money*) gastar
spite despecho *m.*; **in spite of** a
pesar de
stage escenario *m.*, tablas *f. pl.*
stain mancha *f.*; **to stain** manchar
stamp estampilla *f.*, sello *m.*
stand (up) levantarse; **standing** de
pie, parado
start empezar (ie), comenzar (ie);
echarse a
stay quedar(se), permanecer (zc);
to stay in bed (*ill*) guardar cama
stereo estéreo *m.*
still todavía, aún
stomach estómago *m.*; **stomach**
ache dolor de estómago *m.*
stop parar(se); dejar de + inf.; **bus**
stop parada *f.*
store tienda *f.*
storm tormenta *f.*
strange extraño, raro
strict estricto
stroll dar una vuelta, dar un
paseo, pasearse
strong fuerte
student alumno *m.*, alumna *f.*,
estudiante *m.&f.*; **exchange**
student estudiante de intercambio *m.&f.*
studies estudios *m. pl.*
succeed (in) lograr + inf.
success éxito *m.*; **to be successful**
tener éxito

such tal
suddenly de repente, de pronto
sugar azúcar m.
suit traje m.; **bathing suit** traje de
baño m.
suitcase maleta f.
sunrise salida del sol f.
support apoyo m.; **to support**
apoyar, mantener (irr.)
surprise sorpresa f.; **to surprise**
sorprender; **to be surprised**
asombrarse (de)
swim nadar

table mesa f.; **to set the table**
poner la mesa
tablecloth mantel m.
take tomar; llevar; **to take off**
quitarse; (*plane*) despegar (gu);
salir (irr.); **to take out** sacar (qu)
telegraph telégrafo m.
telephone teléfono m.; **on the telephone** por teléfono
tell decir (irr.)
tent tienda f.
textbook libro de texto m.
thank dar las gracias, agradecer
(zc)
theater teatro m.
then luego; entonces
therefore por consiguiente, por
eso
thing cosa f.; **it's a good thing that**
menos mal que
think pensar (ie); **to think of**
pensar en; **to think about**
(*consider*) considerar, pensar en
thirst sed f.; **to be thirsty** tener sed
threaten (to) amenazar (c) (con)
through por; a través de
throw echar, tirar, arrojar
ticket billete m., boleto m.; **round-
trip ticket** billete de ida y vuelta
tight apretado; **to be tight** apretar
(ie)
time tiempo m.; (*hour*) hora f.; (*in
a series*) vez f. (*pl.* veces); **on
time** a tiempo; **from time to
time** de vez en cuando; **to have**

a good time divertirse (ie), pasar
un buen rato; **for a long time**
durante mucho tiempo, por
largo rato
tired cansado; **to become tired**
cansarse
together junto
tomorrow mañana; **the day after
tomorrow** pasado mañana
ton tonelada f.
tonight esta noche
too demasiado, muy; (*also*)
también
tool herramienta f.
tour excursión f. (*pl.* excursiones)
town pueblo m.
toy juguete m.
travel viajar
tray bandeja f.
trip viaje m.; **to take a trip** hacer
un viaje; **round trip** viaje de ida
y vuelta
trophy trofeo m.
try (to) tratar (de + inf.), intentar;
to try on probar(se) (ue)
twice dos veces
twist torcer (ue, z)

umbrella paraguas m. (*pl.* paraguas)
uncle tío m.
unfortunately por desgracia,
desgraciadamente, desafortuna-
damente
university universidad f.
unless a menos que
until hasta
up arriba; **up and down** de un
lado para otro
use usar; **I used to go** iba, solía ir,
acostumbraba ir
usually por lo común, por lo
general, generalmente

vase florero m., jarrón m. (*pl.*
jarrones)
vegetable legumbre f., verdura f.
visit visitar

wait (for) esperar
waiter mesero m., mozo m.;
    camarero m.
want desear, querer (irr.)
war guerra f.
warm caliente; to warm oneself
    calentarse (ie); to be warm
    (weather) hacer calor; (person)
    tener calor
warn avisar, advertir (ie), pre-
    venir (irr.)
wash lavar(se)
waste (time) perder (ie)
watch reloj m.; to watch mirar,
    reparar en
way camino m.; manera f.; to get
    one's way salirse con la suya
wealth riqueza f.
wedding boda f.
weekend fin de semana m.
welcome bienvenido; you're
    welcome de nada, no hay de
    qué
wet mojado; to get wet mojarse
wheat trigo m.
whenever cuando quiera (que)
wherever dondequiera (que)
while mientras (que); a little
    while ago hace poco; in a little
    while dentro de poco
whistle silbar
whoever quien(es) quiera
wide ancho

wife esposa f., mujer f., señora f.
win ganar; winning (number)
    premiado
wind viento m.; to be windy hacer
    viento
wind (a watch) dar cuerda (a un
    reloj)
wish (for) desear, anhelar
with con; with me conmigo; with
    you contigo, con Ud., con Uds.;
    with him(self) consigo
within dentro de
without sin, sin que
wood madera f.; wooden de
    madera
word palabra f.; to keep one's
    word cumplir con la palabra
work trabajar; funcionar
worry preocupación f. (pl. preo-
    cupaciones); to be worried estar
    preocupado; not to worry
    perder (ie) cuidado, no preocu-
    parse
worse peor; worst el (la) peor, los
    (las) peores
write escribir; written escrito; in
    writing por escrito

yet todavía; not yet todavía no
young joven; younger menor;
    youngest el (la) menor, los (las)
    menores

Index